普通高等教育"十三五"规划教材

电子电气基础课程规划教材

电路基础

主　编　于宝琦　于桂君　马晓娜

副主编　刘德政　王　静　陈亚光

参　编　孙　禾　李　响

电子工业出版社

Publishing House of Electronics Industry

北京·BEIJING

内 容 简 介

本书注重基本理论的讲述,突出理论在实践中的应用,为学生提供电路分析基础方面的基本知识和技能,并为学生今后就业及适应工作岗位打下扎实的基础。

本书主要包括直流电路、交流电路和动态电路三部分,共分为 12 章。第 1 章以直流电路为对象,讨论电路的基本概念及基本定律。第 2 章介绍电阻电路的等效变换。第 3 章介绍电路分析方法。第 4 章介绍正弦稳态电路,包括相量法、谐振等。第 5 章介绍三相电路。第 6 章介绍非正弦周期信号电路的分析。第 7 章介绍互感电路,包括同名端的判断及互感电路的分析。第 8 章介绍线性动态电路的时域分析。第 9 章介绍线性动态电路的复频域分析。第 10 章介绍二端口网络,包括二端口网络的参数、二端口网络参数间的关系及二端口网络的等效电路等。第 11 章介绍磁路和铁芯线圈电路,包括磁路及基本物理量、磁路的基本定律等。第 12 章介绍均匀传输线。

为了使读者更好地掌握和理解课程内容,书中有较多贴近实际的例题和习题,本书最后附有部分习题的参考答案。

本书可作为高等应用型本科学校电类专业的教材,也可作为企业职工技术培训的指导书。

未经许可,不得以任何方式复制或抄袭本书之部分或全部内容。
版权所有,侵权必究。

图书在版编目(CIP)数据

电路基础 / 于宝琦,于桂君,马晓娜主编. —北京:电子工业出版社,2020.6
ISBN 978-7-121-33068-1

Ⅰ. ①电… Ⅱ. ①于… ②于… ③马… Ⅲ. ①电路理论—高等学校—教材 Ⅳ. ①TM13
中国版本图书馆 CIP 数据核字(2019)第 237442 号

责任编辑:刘 璓　　文字编辑:路 越
印　　刷:河北虎彩印刷有限公司
装　　订:河北虎彩印刷有限公司
出版发行:电子工业出版社
　　　　　北京市海淀区万寿路 173 信箱　邮编:100036
开　　本:787×1 092　1/16　印张:15　字数:432 千字
版　　次:2020 年 6 月第 1 版
印　　次:2025 年 7 月第 11 次印刷
定　　价:49.00 元

凡所购买电子工业出版社图书有缺损问题,请向购买书店调换。若书店售缺,请与本社发行部联系,联系及邮购电话:(010)88254888,88258888。
质量投诉请发邮件至 zlts@phei.com.cn,盗版侵权举报请发邮件至 dbqq@phei.com.cn。
本书咨询联系方式:(010)88254115,liuy01@phei.com.cn。

前 言

"电路基础"是高等学校电类专业的一门专业基础课程,是一门理论性和实践性很强的课程。为了进一步加强工学结合、校企合作,本书在编写的过程中针对应用型本科的实际情况,本着"必需、够用"的原则,结合目前电路基础教学内容的改革和新技术的发展趋势,充分考虑到电类专业学生学习电路基础的实际情况,注重基本理论的讲述,突出理论在实践中的应用。本书既满足应用型本科教学需要,又满足企业职工培训需要。

本书主要包括直流电路、交流电路和动态电路三部分,共分为12章。第1章以直流电路为对象,讨论电路的基本概念及基本定律。第2章介绍电阻电路的等效变换。第3章介绍电路分析方法。第4章介绍正弦稳态电路,包括相量法、谐振等。第5章介绍三相电路。第6章介绍非正弦周期信号电路的分析。第7章介绍互感电路,包括同名端的判断及互感电路的分析。第8章介绍线性动态电路的时域分析。第9章介绍线性动态电路的复频域分析。第10章介绍二端口网络,包括二端口网络的参数、二端口网络参数间的关系及二端口网络的等效电路等。第11章介绍磁路和铁芯线圈电路,包括磁路及基本物理量、磁路的基本定律等。第12章介绍均匀传输线。

本书由辽宁科技学院和沈阳工业大学的老师及辽宁溪钢冶金设备股份有限公司的电气高级工程师共同编写,是编者对应用型本科学校电路基础课程改革的成果之一,可作为高等应用型本科学校电类专业的教材,也可作为企业职工技术培训的指导书。

本书由辽宁科技学院的于宝琦、于桂君,沈阳工业大学的马晓娜担任主编,共同负责全书内容的组织和定稿,辽宁溪钢冶金设备股份有限公司的电气高级工程师刘德政,辽宁科技学院的王静、陈亚光担任副主编,辽宁科技学院的孙禾、李响参编。具体编写分工如下:第1章由孙禾和李响编写;第2章由刘德政编写;第3、4、5章由于宝琦编写;第6、11章由王静编写;第7章由陈亚光和刘德政编写;第8、9、10章由于桂君编写;第12章由马晓娜编写。

辽东学院工程技术学院副院长王殿学教授审阅了全书,对全书的内容提出了许多宝贵意见。此外,本书在编写过程中得到了辽宁科技学院许多领导和老师的支持及帮助,在此一并表示感谢。

由于编者能力有限,书中难免有错误和不妥之处,恳请使用本书的师生及其他读者积极地提出批评和改进意见,以便帮助我们不断改进和提高。

编 者

目　录

第1章　电路的基本概念及基本定律 ·· 1
　1.1　电路的组成及电路模型 ··· 1
　1.2　电路的基本物理量 ·· 2
　　　1.2.1　电流 ··· 2
　　　1.2.2　电压 ··· 2
　　　1.2.3　电位 ··· 3
　　　1.2.4　功率和电能 ··· 4
　1.3　基尔霍夫定律 ·· 5
　　　1.3.1　基本术语 ·· 5
　　　1.3.2　基尔霍夫电流定律 ·· 5
　　　1.3.3　基尔霍夫电压定律 ·· 6
　1.4　电路元件 ·· 7
　　　1.4.1　无源电路元件 ·· 7
　　　1.4.2　有源电路元件 ··· 10
　1.5　电路的工作状态 ·· 12
　　　1.5.1　开路 ·· 12
　　　1.5.2　短路 ·· 12
　　　1.5.3　有载状态 ··· 13
　1.6　应用举例 ··· 14
　1.7　技能训练——基尔霍夫定律的验证 ·· 14
　本章小结 ·· 16
　习题 1 ··· 17

第2章　电阻电路的等效变换 ·· 20
　2.1　电路的等效变换 ·· 20
　2.2　电阻的串联和并联 ··· 21
　　　2.2.1　电阻的串联 ·· 21
　　　2.2.2　电阻的并联 ·· 21
　　　2.2.3　电阻的混联 ·· 22
　2.3　电阻 Y 形连接与 △ 形连接及其等效变换 ·· 23
　　　2.3.1　电桥电路 ··· 23
　　　2.3.2　电阻的 Y-△ 等效变换 ·· 23
　2.4　一端口网络的输入电阻 ··· 26
　2.5　一端口网络电源模型及其等效变换 ·· 26
　　　2.5.1　理想电源模型的等效变换 ·· 26
　　　2.5.2　实际电源的两种模型及其等效变换 ·· 27

  2.5.3 受控源的等效变换 ································ 29
 2.6 应用举例 ·· 29
 本章小结 ·· 30
 习题 2 ·· 31

第 3 章 电路分析方法 ·································· 35
 3.1 支路电流法 ······································ 35
 3.2 网孔电流法 ······································ 36
 3.3 节点电压法 ······································ 39
 3.4 叠加定理 ·· 41
 3.5 等效电源定理 ···································· 43
  3.5.1 戴维南定理 ································ 43
  3.5.2 诺顿定理 ·································· 45
 3.6 最大功率传输定理 ································ 47
 *3.7 互易定理 ······································· 49
 3.8 应用举例 ·· 51
 3.9 技能训练 ·· 52
  3.9.1 叠加定理的验证及仿真测试 ·················· 52
  3.9.2 戴维南定理的验证及仿真测试 ················ 55
 本章小结 ·· 58
 习题 3 ·· 59

第 4 章 正弦稳态电路 ·································· 63
 4.1 正弦量的基本概念 ································ 63
  4.1.1 正弦量的"三要素" ························· 63
  4.1.2 瞬时值、最大值、有效值 ···················· 63
  4.1.3 周期、频率和角频率 ························ 64
  4.1.4 相位、初相、相位差 ························ 64
 4.2 正弦量的相量表示法 ······························ 66
  4.2.1 复数 ······································ 66
  4.2.2 正弦量的相量表示法 ························ 67
 4.3 元件伏安关系的相量形式 ·························· 68
  4.3.1 电阻元件伏安关系的相量形式 ················ 68
  4.3.2 电感元件伏安关系的相量形式 ················ 69
  4.3.3 电容元件伏安关系的相量形式 ················ 71
 4.4 基尔霍夫定律的相量形式 ·························· 73
 4.5 阻抗和导纳 ······································ 74
  4.5.1 阻抗 ······································ 74
  4.5.2 导纳 ······································ 76
  4.5.3 阻抗的串联和导纳的并联 ···················· 77
 4.6 正弦稳态电路的分析 ······························ 78
 4.7 正弦稳态电路的功率 ······························ 79

  4.7.1 二端网络的功率 ·· 79
  4.7.2 提高功率因数的方法及意义 ·· 81
  4.7.3 最大功率传输定理 ··· 82
 4.8 正弦交流电路的谐振 ·· 83
  4.8.1 串联谐振 ··· 83
  4.8.2 并联谐振 ··· 84
 4.9 应用举例 ·· 85
 4.10 技能训练 ·· 85
  4.10.1 RLC无源端口网络的设计与参数的测定 ··· 85
  4.10.2 日光灯电路的连接及功率因数的提高 ··· 87
 本章小结 ··· 90
 习题4 ·· 91

第5章 三相电路 ·· 93
 5.1 三相电源 ·· 93
  5.1.1 三相电源的产生及特点 ·· 93
  5.1.2 三相电源的连接 ·· 94
 5.2 对称三相电路的分析和计算 ·· 95
  5.2.1 负载Y形连接 ··· 96
  5.2.2 负载△形连接 ··· 98
 5.3 不对称三相电路的分析和计算 ·· 99
 5.4 三相电路的功率 ··· 103
  5.4.1 三相电路功率的计算 ··· 103
  5.4.2 三相电路功率的测量 ··· 104
 5.5 应用举例 ·· 106
 5.6 技能训练 ·· 107
  5.6.1 三相电路电压和电流的测量 ·· 107
  5.6.2 三相电路功率的测量及相序指示器 ·· 110
 本章小结 ··· 113
 习题5 ·· 114

第6章 非正弦周期信号电路的分析 ·· 117
 6.1 非正弦周期信号的谐波分析法 ·· 117
  6.1.1 非正弦周期量的傅里叶级数分解 ·· 117
  6.1.2 非正弦周期信号的频谱 ··· 120
 6.2 非正弦周期信号的平均值、有效值和非正弦周期信号电路的平均功率 ······ 120
 6.3 非正弦周期信号电路的谐波分析法 ·· 123
 6.4 应用举例 ·· 124
 本章小结 ··· 126
 习题6 ·· 127

第7章 互感电路 ·· 128
 7.1 互感电路的基本概念 ··· 128

· VII ·

		7.1.1 互感电压	128
		7.1.2 互感系数	128
		7.1.3 互感线圈的同名端	129
		7.1.4 耦合电感的伏安关系	131
	7.2	互感线圈的连接及等效电路	131
	7.3	含有耦合电感电路的分析	135
	7.4	空芯变压器	138
	7.5	理想变压器	139
	7.6	应用举例	140
	本章小结		142
	习题 7		142
第 8 章	线性动态电路的时域分析		145
	8.1	换路定律和初始值的计算	145
		8.1.1 换路定律	145
		8.1.2 初始值的计算	146
	8.2	一阶电路的零输入响应	147
		8.2.1 RC 电路的零输入响应	147
		8.2.2 RL 电路的零输入响应	149
	8.3	一阶电路的零状态响应	151
		8.3.1 RC 电路的零状态响应	151
		8.3.2 RL 电路的零状态响应	152
	8.4	一阶电路的全响应和三要素法	153
		8.4.1 一阶电路的全响应	153
		8.4.2 三要素法	154
	8.5	阶跃函数和一阶电路的阶跃响应	155
		8.5.1 阶跃函数	155
		8.5.2 一阶电路的阶跃响应	157
	8.6	冲激函数和一阶电路的冲激响应	158
		8.6.1 冲激函数	158
		8.6.2 一阶电路的冲激响应	159
	8.7	RLC 串联电路的零输入响应	160
	8.8	应用举例	163
	8.9	技能训练——一阶电路的暂态过程	165
	本章小结		166
	习题 8		167
第 9 章	线性动态电路的复频域分析		171
	9.1	拉普拉斯变换的定义及性质	171
		9.1.1 拉普拉斯变换的定义	171
		9.1.2 拉普拉斯变换的性质	172
	9.2	拉普拉斯反变换的部分公式展开法	175

9.3 复频域中的电路定律和电路模型 ·········· 179
    9.3.1 基尔霍夫定律的复频域形式 ·········· 179
    9.3.2 电路元件的复频域分析 ·········· 179
9.4 线性动态电路的复频域分析 ·········· 183
9.5 网络函数及其零极点 ·········· 184
9.6 应用举例 ·········· 186
本章小结 ·········· 186
习题 9 ·········· 187

第 10 章 二端口网络 ·········· 190
10.1 二端口网络概述 ·········· 190
10.2 二端口网络方程及参数 ·········· 190
    10.2.1 Y 参数 ·········· 190
    10.2.2 Z 参数 ·········· 192
    10.2.3 T 参数 ·········· 194
    10.2.4 H 参数 ·········· 196
    10.2.5 二端口网络参数间的关系 ·········· 197
10.3 二端口网络的连接和等效电路 ·········· 197
    10.3.1 二端口网络的连接 ·········· 197
    10.3.2 二端口网络的等效电路 ·········· 198
10.4 二端口网络的特性阻抗 ·········· 201
10.5 应用举例 ·········· 202
本章小结 ·········· 202
习题 10 ·········· 203

第 11 章 磁路和铁芯线圈电路 ·········· 206
11.1 磁路及基本物理量 ·········· 206
11.2 铁磁材料的磁性能 ·········· 207
11.3 磁路的基本定律 ·········· 209
11.4 交流铁芯线圈的电路模型 ·········· 211
本章小结 ·········· 214
习题 11 ·········· 215

第 12 章 均匀传输线 ·········· 216
12.1 分布参数电路 ·········· 216
12.2 均匀传输线及方程 ·········· 216
12.3 均匀传输线方程的正弦稳态解 ·········· 217
12.4 均匀传输线的原参数和副参数 ·········· 221
习题 12 ·········· 222

部分习题的参考答案 ·········· 224
参考文献 ·········· 230

第1章　电路的基本概念及基本定律

本章主要阐述了电路的基本概念及基本定律，介绍了电路、电路模型和电路的基本物理量，讲述了基本电路元件、受控源、理想电压源和理想电流源，并讨论了它们的特性，重点讲述了电路的基本定律——基尔霍夫定律。

1.1　电路的组成及电路模型

若干电气设备或器件按照一定方式连接起来，构成的电流的通路，称为电路。复杂的电路也称为网络。

在实际生产和生活中，有些电路比较复杂，例如，传输、分配电能的电力网络和转换、传输信号的通信网络，它们都是非常庞大而复杂的电路。而有些电路则特别简单，如手电筒照明电路，如图 1.1(a)所示，其中包括电池、开关、连接导线和灯泡，其对应的电路模型如图 1.1(b)所示。由此可以看出，电路由 3 部分组成，即电源、负载和中间环节。

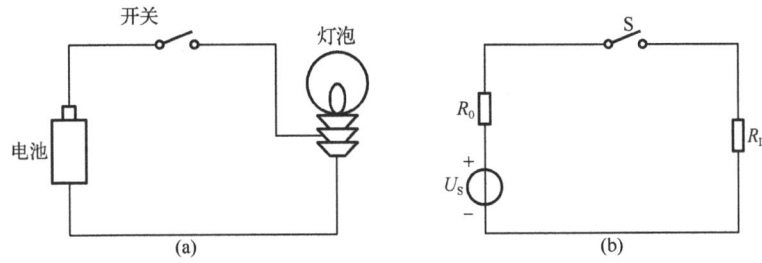

图 1.1　手电筒照明电路及其电路模型

向电路提供电能或电信号的发生器称为电源，如发电机、蓄电池等；用电设备称为负载，如照明灯、电视机等；将电源和负载连接起来构成电路的部分称为中间环节，如导线、开关、保护装置等。由于在电源的作用下，电路才会产生电压、电流，因此电源又称为激励，由激励所产生的电压和电流统称为响应。

在生产和生活中，实际电路的种类繁多。根据电路的作用，其可以大致分为两类：一类是实现能量的转换和传输的电路，如电力网络，传输、分配和使用电能；另一类是实现信号的传递和处理的电路，如由信号源、信号处理装置、通信电缆等构成的通信网络，对信号进行传输、变换和处理。

分析实际电路时有两种办法，一种是用电工仪表对实际电路进行测量；另一种是将实际电路抽象为电路模型，然后用电路理论进行分析计算。将实际电路抽象为电路模型，需要将实际电路各组成部分的电磁性能进行科学的抽象和概括。

在分析实际电路时，要抓住其主要的电磁性能，在一定条件下忽略其次要的电磁性能。而理想电路元件正是将实际电路的主要电磁性能进行科学抽象后得到的，简称元件。例如，用电阻元件来反映电路消耗电能的电磁性质，如图 1.2(a)所示；用电感元件来反映电路储存磁场能量的电磁性质，如图 1.2(b)所示；用电容元件来反映电路储存电场能量的电磁性质，如图 1.2(c)所示；用电源元件（电压源和电流源）来反映电能，如图 1.2(d)、图 1.2(e)所示。

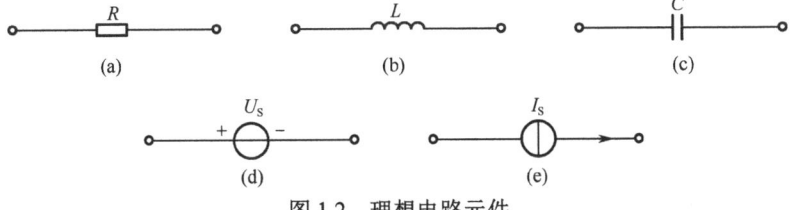

图 1.2　理想电路元件

理想电路元件及其组合的相互连接就构成了实际电路的电路模型。若无特殊说明，本书中所提到的元件均为理想电路元件，电路即电路模型。

值得注意的是，用电路模型近似表示实际电路是有条件的，如果条件变了，电路模型也要做相应的改变。理想电路元件是抽象的模型，没有体积大小，其特性集中表现在空间的一个点上，因而称为集总参数元件。由集总参数元件组成的电路称为集总参数电路，简称集总电路。确定集总电路的依据是电路本身的几何尺寸 l 远远小于电路工作频率所对应的波长λ，所以在分析电路时可以忽略元件和电路本身的几何尺寸；而电路本身的几何尺寸 l 相对于电路工作频率所对应的波长λ不可忽略的电路，称为分布参数电路。集总电路又按其元件参数是否为常数，分为线性电路和非线性电路。本书重点学习集总参数线性电路的分析方法。

1.2　电路的基本物理量

描述电路的主要物理量有电流、电压、电位、功率、电能、磁通等，其中常用的是电流、电压、功率和电能等基本物理量。

1.2.1　电流

带电粒子有规则的定向移动形成了电流，导体中自由电子、电解液、电离气体中的自由离子、半导体中的电子和空穴，都属于带电粒子。电流大小用电流强度来表示。在工程上，电流强度简称电流，等于单位时间内通过导体横截面的电荷量，即

$$i = \frac{dq}{dt} \tag{1.1}$$

在国际单位制（SI）中，电流的单位是安培，简称安（A）。此外，电流的单位还有千安（kA）、毫安（mA）、微安（μA）等，它们之间的换算关系为：$1A = 10^{-3}kA$，$1A = 10^3 mA$，$1mA = 10^3 \mu A$。

物理学中规定，电流的实际方向为正电荷定向移动的方向。但在电路分析计算中，有时不能预知电路中各段电流的实际方向，需要先假设各段电流的方向，才能列出有关电流和电压的方程，这个假定的方向称为电流的参考方向。

电流的参考方向是人们任意假定的电流方向，在电路图中用箭头表示。引入参考方向后，电流就变成代数量。当电流的参考方向与实际方向一致时，电流为正值（i>0）；反之，电流为负值（i<0），如图1.3所示。

(a) 参考方向与实际方向一致　　(b) 参考方向与实际方向相反

图1.3　电流的参考方向

1.2.2　电压

在电路中，电场力将单位正电荷从某一点移动到另一点所做的功定义为两点间的电压，若电荷 q 在电路中从某点移到另一点，电场力做功为 W，则两点间的电压为

$$u(t) = \frac{dW}{dq} \tag{1.2}$$

直流电压可表示为

$$U = \frac{W}{Q}$$

在SI中，电压的单位是伏特，简称伏（V）。此外，电压的单位还有千伏（kV）、毫伏（mV）、微伏（μV）等，它们之间的换算关系为：$1V = 10^{-3}kV$，$1V = 10^3 mV$，$1mV = 10^3 \mu V$。

在分析电路时，电压也需要选取参考方向。电压的参考方向也是任意指定的方向，当电压的参考方向与实际方向一致时，电压为正值（$u>0$）；反之，电压为负值（$u<0$）。电压的参考方向可用双下标、双极性或箭头来表示，如图1.4所示。

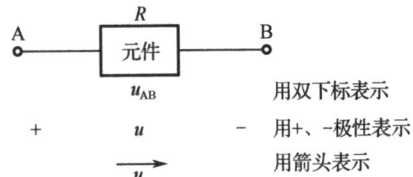

图1.4 电压参考方向的表示

电压和电流的参考方向在分析电路时有非常重要的作用。在分析电路之前，必须先选定电压和电流的参考方向，通常情况下，若一条支路或元件的电压和电流的参考方向一致，则称为关联参考方向，如图1.5(a)所示。若两者方向相反，则称为非关联参考方向，如图1.5(b)所示。

图1.5 关联和非关联参考方向

参考方向是人为选定的，电压（电流）的正负值都是对应于所选定的参考方向而言的，不说明参考方向而谈论电压（电流）为正或负是没有意义的。

1.2.3 电位

在电场中，某一点电位等于电场力把单位正电荷从该点移动到参考点所做的功，用符号 V 表示，单位为伏特（V）。a点的电位可以记为 V_a，b点的电位可以记为 V_b。电位是对某一参考点而言的，规定参考点电位值为0。a、b两点间的电压等于a点与b点的电位之差，即

$$U_{ab}=V_a-V_b \tag{1.3}$$

电位具有两个重要性质：相对性和单值性。

电位的相对性是指电位值是相对于某一参考点而言的。参考点不同，即使是电路中的同一点，其电位也不同。

电位的单值性是指一个电路的参考点一旦选定，电路中各点的电位就有唯一确定的数值。

值得注意的是，一个电路只能选定一个参考点。通常当电路中有接地点时，选择接地点为零电位点。若没有接地点，则选择较多导线汇集点或设备外壳作为参考点。

【例1.1】 求图1.6所示电路中各点的电位。（1）取a为参考点；（2）取d为参考点；（3）分别求以上两种情况下a、c两点间的电压 U_{ac}。

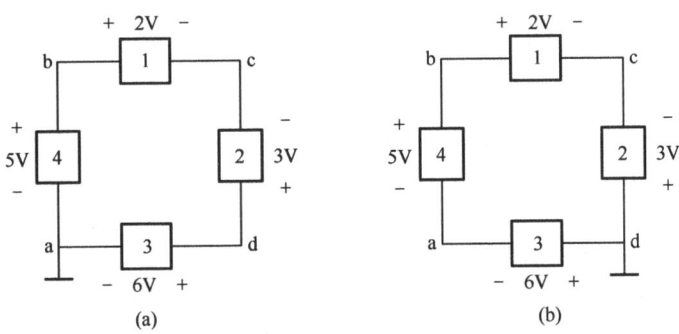

图1.6 例1.1图

解：(1) 取 a 为参考点，如图 1.6(a)所示，则有

$$V_a = 0V \qquad V_b = 5V \qquad V_c = 5 - 2 = 3V \qquad V_d = 3 + 3 = 6V$$
$$U_{ac} = V_a - V_c = 0 - 3 = -3V$$

(2) 取 d 为参考点，如图 1.6(b)所示，则有

$$V_d = 0V \qquad V_a = -6V \qquad V_b = -6 + 5 = -1V \qquad V_c = -1 - 2 = -3V$$
$$U_{ac} = V_a - V_c = -6 - (-3) = -3V$$

1.2.4 功率和电能

在实际电路中，当正电荷从元件电压的正极经过元件运动到负极时，即从高电位移动到低电位时，相应的电场力对电荷做功，电荷的电势能减少，元件吸收功率。反之，元件发出功率。

功率可以用来描述电路中电能转换或传递的速率，是指单位时间内电场力做功的大小，用符号 p 表示。若在时间 t 内，有电荷 q 通过电路元件，元件的电压和电流分别为 u、i，则其能量的改变为 W，有

$$dW = udq$$

则功率 p 的大小为

$$p = \frac{dW}{dt} = u\frac{dq}{dt} = ui \tag{1.4}$$

当元件的电压、电流为关联参考方向时，用式（1.4）所求的功率 p 为吸收的功率。当 $p>0$ 时，电路元件实际吸收功率；当 $p<0$ 时，电路元件实际发出功率。反之，若电压、电流为非关联参考方向时，用式（1.4）所求的功率 p 为发出的功率。当 $p>0$ 时，电路元件实际发出功率；当 $p<0$ 时，电路元件实际吸收功率。一个元件吸收 10W 功率，也可以认为该元件发出-10W 功率。根据能量守恒定律，整个电路的功率代数和为零，即电路发出的功率和吸收的功率相等，也称为功率平衡。

在 t_0 到 t 的时间内，元件吸收的电能为

$$W = \int_{t_0}^{t} p\,dt \tag{1.5}$$

在 SI 中，功率的单位是瓦特，简称瓦（W）。此外，功率的单位还有千瓦（kW）、兆瓦（MW）等，它们的换算关系为：$1W = 10^{-3}kW$，$1kW = 10^{-3}MW$。电能的单位是焦耳，简称焦（J），常用单位为千瓦时（kW·h），简称度。

$$1kW \cdot h = 10^3 W \times 3600s = 3.6 \times 10^6 J$$

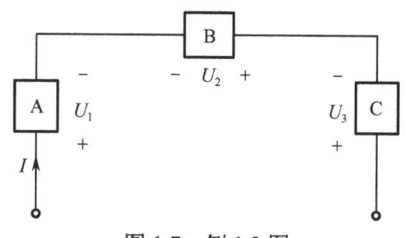

图 1.7 例 1.2 图

【例 1.2】 图 1.7 为某电路中的一部分，三个元件中流过相同电流，$I = -4A$，$U_1 = 8V$，$U_2 = 10V$。求：(1) 元件 A 的功率 p_1，并说明其吸收还是发出功率；(2) 元件 B 的功率 p_2，并说明其吸收还是发出功率；(3) 元件 C 发出的功率为 16W，求 U_3。

解：(1) 对于元件 A，U_1、I 为关联参考方向，所以
$$p_1 = U_1 I = 8 \times (-4) = -32W$$

说明元件 A 吸收功率-32W 或者发出功率 32W。

(2) 对于元件 B，U_2、I 为非关联参考方向，所以
$$p_2 = U_2 I = 10 \times (-4) = -40W$$

说明元件 B 吸收功率 40W 或者发出功率-40W。

或者在 U、I 为关联参考方向的前提下，U_2、I 为非关联参考方向，所以
$$p_2 = -U_2 I = -10 \times (-4) = 40W$$

因为 $p>0$，所以元件 B 吸收功率 40W。

（3）对于元件 C，U_3、I 为非关联参考方向，所以

$$U_3 = \frac{p_3}{I} = \frac{16}{-4} = -4\text{V}$$

1.3 基尔霍夫定律

基尔霍夫定律是电路分析计算的基础和依据，是电路的基本定律。由于构成电路的元件性质不同，所以电路有线性、非线性和时变、非时变之分。由独立源、线性时不变元件和受控源构成的电路称为线性非时变电路。除非特别说明，本书所涉及的电路均属于线性非时变电路。

1.3.1 基本术语

基尔霍夫定律包括基尔霍夫电流定律和基尔霍夫电压定律。基尔霍夫电流定律描述了针对电路中某节点的各支路电流之间的关系，基尔霍夫电压定律描述了针对电路中某回路的各部分电压之间的关系。在介绍基尔霍夫定律之前，先了解电路的一些基本术语，电路如图1.8所示。

（1）支路：电路中每一个二端元件就是一条支路。为了分析方便，常把电路中流过同一电流的几个元件构成的分支也称为一条支路，用 b 表示。图1.8中有6条支路。

（2）节点：元件之间的连接点就是节点。但是如果以分支为支路，则3条或3条以上支路的连接点称为节点，用 n 表示。图1.8中有4个节点。

（3）回路：由若干支路所组成的闭合路径称为回路，用 l 表示。图1.8中有ABDA、ABCDA、BCDB 等7条回路。

（4）网孔：平面电路中，内部不包含其他支路的回路称为网孔，用 m 表示。图1.8中有3个网孔：ABDA、BCDB、ABCA。

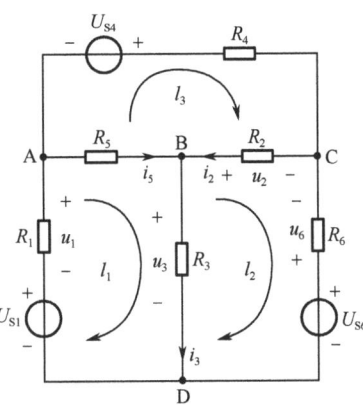

图 1.8 基本术语示例电路

1.3.2 基尔霍夫电流定律

基尔霍夫电流定律简写为 KCL，其内容是：在集总电路中，任一时刻，对任一节点，所有支路电流的代数和恒等于零，即

$$\sum_{k=1}^{n} i_k = 0 \tag{1.6}$$

式（1.6）称为节点电流方程或 KCL 方程。建立 KCL 方程时，首先要设定各支路电流的参考方向，根据参考方向取符号，若流入该节点的电流取正，则流出该节点的电流取负，反之亦然，然后即可列写 KCL 方程。

电路如图1.8所示，根据 KCL，对节点 B，有

$$i_5 + i_2 - i_3 = 0$$

即

$$i_5 + i_2 = i_3$$

即对节点 B，流入节点的电流等于流出节点的电流。推广到任一节点，可以写成

$$\sum i_\text{入} = \sum i_\text{出} \tag{1.7}$$

KCL 不仅适用于节点，也可以推广应用于包围几个节点的闭合面。例如在图1.9(a)所示的三极管中，对虚线所示的闭合面来说，3个电极的电流关系满足 $I_\text{B} + I_\text{C} - I_\text{E} = 0$；如图1.9(b)所示，对于封闭面（图中虚线框），有 $I_1 + I_2 + I_3 = 0$。

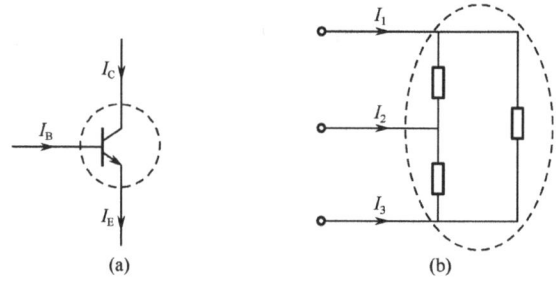

图1.9 KCL的推广应用

【例1.3】 电路如图1.10所示，已知 $i_1=5\text{A}$，$i_2=-3\text{A}$，$i_3=-2\text{A}$，求 i_4。

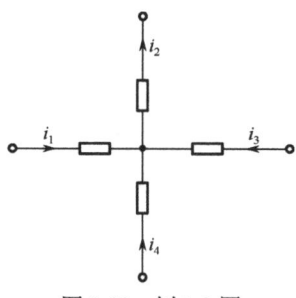

图1.10 例1.3图

解：由 KCL 可列出

$$i_1+i_3+i_4-i_2=0$$

代入数据

$$5+(-2)+i_4-(-3)=0$$

得

$$i_4=-6\text{A}$$

1.3.3 基尔霍夫电压定律

基尔霍夫电压定律简写为 KVL，其内容是：在集总电路中，任一时刻，沿任一闭合回路绕行一周，各部分元件电压的代数和等于零，即

$$\sum_{k=1}^{n}u_k=0 \tag{1.8}$$

式（1.8）称为回路电压方程或 KVL 方程。建立 KVL 方程时，首先要设定各支路或元件的电压的参考方向，然后规定回路的绕行方向（顺时针或逆时针），在绕行方向上，当元件电压方向与回路绕行方向一致时取"+"号，相反时取"-"号，最后列写 KVL 方程。

如图1.8所示的电路，在回路 l_2 中，设回路绕行方向为顺时针，根据 KVL，有

$$u_2-u_6+U_{S6}-u_3=0$$

整理上式，有

$$u_2+U_{S6}=u_3+u_6$$

对于回路 l_2，支路电压降之和等于支路电压升之和。推广到任一回路，可以写成

$$\sum u_升=\sum u_降 \tag{1.9}$$

KVL 不仅适用于闭合电路，也可以推广应用于开口电路（虚拟回路）。即电路中任一虚拟回路各电压的代数和恒等于零。电路如图1.11所示，设逆时针方向为回路绕行方向，根据 KVL 列方程，

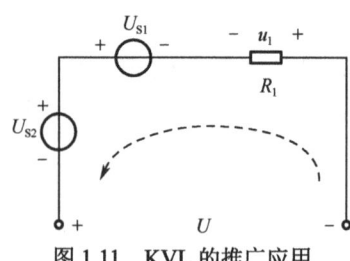

图1.11 KVL 的推广应用

整理可得
$$U = U_{S1} - U_{S2} - u_1$$

总而言之，基尔霍夫定律与构成电路的元件性质无关，只与电路的连接方式有关，这种连接关系称为拓扑约束。

【例 1.4】 如图 1.12 所示，已知 $U_{S1}=12\text{V}$，$U_{S2}=6\text{V}$，$R_1=3.5\Omega$，$R_2=2.5\Omega$，求电流 I 及 U_{ab}。

解：设电流的参考方向如图 1.12 所示，从 a 点出发，按顺时针方向绕行一周，列回路的 KVL 方程为
$$IR_2 + U_{S2} - U_{S1} + IR_1 = 0$$
所以
$$I = \frac{U_{S1} - U_{S2}}{R_1 + R_2} = \frac{12-6}{3.5+2.5} = 1\text{A}$$

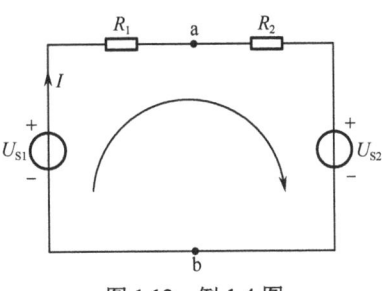

图 1.12　例 1.4 图

电流为正值，说明电流的实际方向与参考方向一致。

循着右边的路径计算可得
$$U_{ab} = U_{S2} + IR_2 = 6 + 1 \times 2.5 = 8.5\text{V}$$

循着左边的路径计算可得
$$U_{ab} = -IR_1 + U_{S1} = 12 - 1 \times 3.5 = 8.5\text{V}$$

由此可见，沿两条路径计算的结果是一样的。

1.4　电路元件

电路元件是电路的基本组成单元，是实际电气元件的理想模型，按元件与外部连接的端子数目可分为二端、三端、四端元件等，按其可否向电路提供能量可分为无源电路元件和有源电路元件。

1.4.1　无源电路元件

1）电阻

用于反映电能消耗特性的理想元件称为电阻，它是从实际电阻抽象出来的理想模型，像电灯泡、电阻炉、电烙铁等这类实际电阻，当忽略其电感、电容作用时，可将它们抽象为只具有消耗电能性质的电阻。电阻的符号为 R，如图 1.13(a)所示。电阻的伏安特性曲线遵从欧姆定律，在关联参考方向下，表达式为
$$u = iR \tag{1.10}$$

在非关联参考方向下，表达式为
$$u = -iR \tag{1.11}$$

如果电阻的伏安特性曲线是一条通过坐标原点的直线，如图 1.13(b)所示，则为线性电阻，否则为非线性电阻。

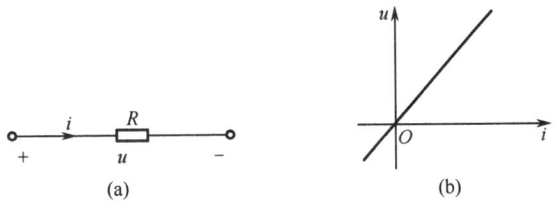

图 1.13　电阻的表示及其伏安特性曲线

在 SI 中，电阻的单位是欧姆（Ω），较大的单位有千欧（kΩ）、兆欧（MΩ），其换算关系为
$$1\text{M}\Omega = 10^3 \text{k}\Omega = 10^6 \Omega$$

电阻也可用电导来表征，它是电阻 R 的倒数，用 G 表示，即

$$G = \frac{1}{R}$$

电导的单位是西门子（S）。式（1.10）可变为

$$i = Gu$$

在非关联参考方向下，式（1.11）变为

$$i = -Gu$$

R 和 G 均为电阻的参数。

在关联参考方向下，电阻吸收的功率为

$$p = ui = i^2 R = \frac{u^2}{R} \tag{1.12}$$

或

$$p = ui = Gu^2 = \frac{i^2}{G}$$

式（1.12）表明：无论是关联参考方向，还是非关联参考方向，电阻的功率 p 总是正值，所以电阻总是吸收功率，因此电阻既是耗能元件，也是无源元件。

电阻 R 从 t_1 到 t_2 的时间内吸收的电能为

$$W = \int_{t_1}^{t_2} Ri^2(\xi) \mathrm{d}\xi$$

电阻是耗能元件的理想化模型，但在某些特定场合，电阻又有其特定的用途，如利用某些材料的电阻值随温度变化的特性，通过测量阻值来测量温度，以及通过测量电阻应变片的阻值来得到物体因受力而发生应变的程度等。不仅如此，某些电子器件（如运算放大器等）构成的电子电路可以实现负电阻，其伏安特性曲线位于第二、四象限，电压和电流的实际方向总是相反的，它向外提供的能量来自电路工作时所需的电源。

2）电感

用于反映磁场储能特性的理想化元件称为电感，它是从实际电感线圈抽象出来的理想化模型。当电感线圈中通电流后，将产生磁通，在其内部及周围建立磁场，储存能量。当忽略导线电阻及线圈匝与匝之间的电容时，可将其抽象为只具有储存磁场能性质的电感。

当电感的电流 i 的参考方向与它产生的磁通的参考方向符合右手螺旋定则时，电感的韦安关系为

$$L = \frac{\psi}{i} \tag{1.13}$$

由此可见，在任一时刻，电感的磁通链 ψ 与通过它的电流 i 之间的关系（韦安特性曲线）是一条通过原点的直线，且不随时间变化。

电感的符号为 L，电感的表示及其韦安特性曲线如图 1.14 所示。式（1.13）表明，磁通链与电流的比值为正常数，称为自感系数或电感系数，简称自感或电感。

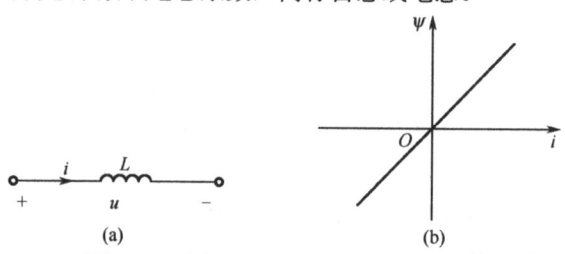

图 1.14 电感的表示及其韦安特性曲线

在 SI 中，电感的基本单位是亨利，简称亨（H）。常用的单位还有毫亨（mH）和微亨（μH），

它们之间的换算关系为

$$1H = 10^3 mH = 10^6 \mu H$$

当通入电感的电流 i 随时间变化时，磁通链 ψ 也相应发生变化，于是在电感两端会产生感应电压。若电压和电流取关联参考方向且电流和磁通的参考方向符合右手螺旋定则，则根据电磁感应定律，可得电感的伏安关系为

$$u = -e = \frac{d\psi}{dt} = L\frac{di}{dt} \tag{1.14}$$

式（1.14）中，e 为电流 i 变化时，在电感两端产生的感应电动势。电感电压的大小与其电流变化率成正比，与电流大小无关，体现了电感的动态特性，所以电感为动态元件。在直流稳态情况下，电感中电流恒定，其电压为零，相当于短路。如果某时刻电感电压为有限值，则其电流变化率必然为有限值，即电流在该时刻必然连续，而不能跃变。

同样，已知电感电压可求得电流

$$i = \frac{1}{L}\int_{-\infty}^{t} u d\xi = \frac{1}{L}\int_{-\infty}^{t_0} u d\xi + \frac{1}{L}\int_{t_0}^{t} u d\xi = i(t_0) + \frac{1}{L}\int_{t_0}^{t} u d\xi \tag{1.15}$$

式（1.15）中，$i(t_0) = \frac{1}{L}\int_{-\infty}^{t_0} u d\xi$ 称为电感的初始电流。式（1.15）说明电感在 t 时刻的电流与 t 时刻以前电压变化的全部历史有关，即电感的电流记录了电压变化的全部信息，所以电感也称为记忆元件。

在关联参考方向下，电感的瞬时功率为

$$p = ui = L\frac{di}{dt}i$$

根据式（1.5），电感从 t_1 到 t_2 时间段内储存的能量为

$$W_L = \int_{t_1}^{t_2} p dt = \int_{t_1}^{t_2} L\frac{di}{dt} i dt = \int_{i(t_1)}^{i(t_2)} Li di = \frac{1}{2}Li^2(t_2) - \frac{1}{2}Li^2(t_1)$$

若 $i(t_0)=0$，即电感无初始储能，从 t_0 到 t 这段时间内电感吸收的电能即电感的储能。值得注意的是，电感能够释放的能量总是等于它原来储存的能量。

3）电容

用于反映电场储能特性的理想元件称为电容，它是从实际电容中抽象出来的理想化模型。实际电容加上电压后，两极板上将出现等量异号电荷，并在两极间形成电场，储存电磁能。当忽略电容的漏电阻和电感时，可将其抽象为只具有储存电磁能性质的电容。

在任一时刻，如果一个二端元件的电荷 q 与其端电压 u 之间的关系（库伏关系）可用 q-u 平面上的一条曲线来确定，则此二端元件称为电容。如果 q-u 平面上的曲线是通过原点的一条直线，且不随时间变化，则该元件称为线性时不变电容，简称电容。

电容的符号为 C，电容的表示及其库伏特性曲线如图 1.15 所示。

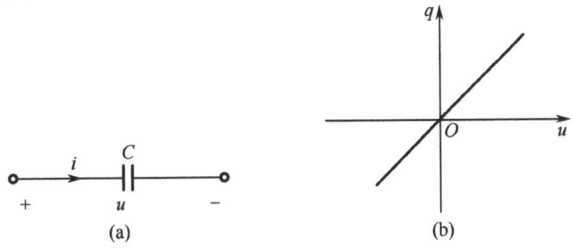

图 1.15 电容的表示及其库伏特性曲线

电容元件的库伏关系为

$$C = \frac{q}{u} \tag{1.16}$$

式（1.16）表明电荷与电压的比值为正常数，称为电容；所以 C 既表示电容，又表示元件的参数。

在 SI 中，电容的基本单位是法拉，简称法（F）。常用的单位还有微法（μF）和皮法（pF），它们之间的换算关系为

$$1F = 10^6 \mu F = 10^{12} pF$$

在关联参考方向下，电容的伏安关系为

$$i = \frac{dq}{dt} = C\frac{du}{dt} \tag{1.17}$$

式（1.17）表明，流过电容的电流大小与其电压的变化率成正比，与电压的大小无关，体现了电容的动态特性。在直流稳态情况下，电容上电压恒定，则其电流为零，相当于开路。如果某时刻电容的电流为有限值，则其电压变化率必然为有限值，即电压在该时刻必然连续，而不能跃变。

同样，已知流过电容的电流可求得电压

$$u = \frac{1}{C}\int_{-\infty}^{t} id\xi = \frac{1}{C}\int_{-\infty}^{t_0} id\xi + \frac{1}{C}\int_{t_0}^{t} id\xi = u(t_0) + \frac{1}{C}\int_{t_0}^{t} id\xi \tag{1.18}$$

式（1.18）中，$u(t_0) = \frac{1}{C}\int_{-\infty}^{t_0} id\xi$ 称为电容的初始值。式（1.18）说明电容元件在 t 时刻的电压与 t 时刻以前电流变化的全部历史有关，即电容元件的电压记录了电流变化的全部信息，所以电容元件也称为记忆元件。

在关联参考方向下，电容元件的瞬时功率为

$$p = ui = uC\frac{du}{dt}$$

根据式（1.5），电容元件从 t_1 到 t_2 时间段内储存的能量为

$$W_C = \int_{t_1}^{t_2} p dt = \int_{t_1}^{t_2} uC\frac{du}{dt}dt = \int_{u(t_1)}^{u(t_2)} Cudu = \frac{1}{2}Cu^2(t_2) - \frac{1}{2}Cu^2(t_1)$$

若 $u(t_0) = 0$，即电容无初始储能，从 t_0 到 t 这段时间内电容吸收的电能即电容的储能。值得注意的是，电容能够释放的能量总是等于它原来所储存的能量，因此电容是无源元件。

1.4.2 有源电路元件

有源电路元件可分为独立源和受控源，独立源分为电压源和电流源，受控源也分为受控电压源和受控电流源。

1）电压源

能够向外电路提供恒定或按规律变化电压的元件称为电压源，其符号及参数如图 1.16(a)所示。其中"+""-"表示电压源电压的参考极性，u_S 称为电压源的参数，即电压源的数值。当电压源的电压为恒定值时，称为恒压源或直流电压源，其伏安特性曲线如图 1.16(b)所示，为平行于 i 轴的直线，表明其端电压与电流的大小及方向无关。

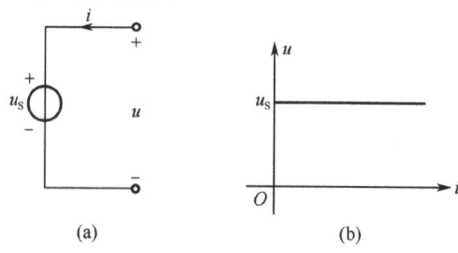

图 1.16 电压源

电压源具有两个基本性质：

（1）电压源的电压恒定或为与时间相关的函数，而与通过它的电流无关；

（2）电压源的电流由与它连接的外电路决定。

当电压源 u_s=0 时，电压源的伏安特性曲线与 i 轴重合，相当于短路；当电压源不接外电路时，流过的电流为零，相当于开路。电压源作为一个电路元件，可以向外电路发出功率，也可以从外电路吸收功率。

2）理想电流源

能够向外电路提供恒定或按规律变化电流的元件称为电流源，其符号及参数如图 1.17(a)所示。其中箭头表示电流源电流的参考极性，i_s 称为电流源的参数，即电流源的数值。当电流源的电流为恒定值时，称为恒流源或直流电流源，其伏安特性曲线如图 1.17(b)所示，为平行于 u 轴的直线，表明电流与其端电压的大小及方向无关。

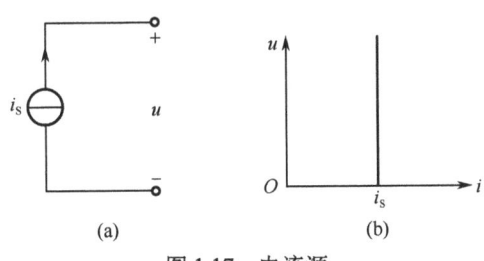

图 1.17 电流源

电流源具有两个基本性质：

（1）电流源的电流恒定或为与时间相关的函数，而与其两端的电压无关；

（2）电流源的电压由与它所连接的外电路决定。

当电流源 i_s=0 时，电流源的伏安特性曲线与电压轴重合，相当于开路；当电流源两端短接时，其端电压为零，而流过的电流为 i_s。同样，电流源作为一个电路元件，可以向外电路发出功率，也可以从外电路吸收功率。

3）受控源

与独立源相对应的电源称为受控源。受控源可以提供电压或电流，但该电压或电流不是独立的，而是受电路中某个电压或电流控制的。本节仅讨论线性受控源。

由于控制量有电压和电流两种，所以受控源有四种，分别是电压控制电压源（VCVS）、电流控制电压源（CCVS）、电压控制电流源（VCCS）和电流控制电流源（CCCS），如图 1.18 所示。图中 U_1 和 I_1 分别表示控制电压和控制电流，μ、r、g 和 β 分别是有关的控制系数，其中 μ 和 β 没有量纲，r 具有电阻的量纲，g 具有电导的量纲。这些系数为常数时，被控制量和控制量成正比，这种受控源即线性受控源。

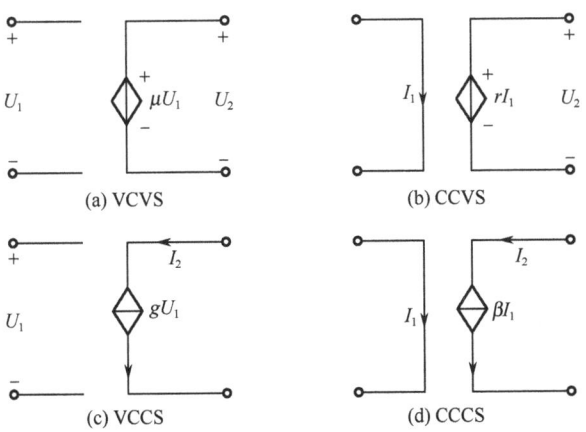

图 1.18 受控源的种类

受控源与独立源在电路中的作用不同,独立源在电路中可以直接起激励作用,而受控源不能脱离控制量而独立存在。在分析和计算含有受控源的电路时,可以把受控源当成独立源处理,但需要具体问题具体分析。例如,对含有受控源电路进行等效变换时,应保持含有控制变量的支路不变,否则控制变量将受到影响。

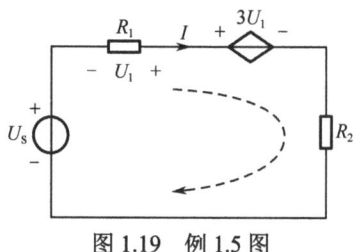

图 1.19 例 1.5 图

【例 1.5】 电路如图 1.19 所示,U_S=6V,R_1=2Ω,R_2=6Ω,求电流 I 和控制变量 U_1 的值。

解:选择回路的绕行方向如图 1.19 所示,根据 KVL,有
$$(R_1 + R_2)I + 3U_1 = 6$$
受控电压源的控制变量
$$U_1 = -R_1 I = -2I$$
联立解得
$$I = 3\text{A}, \quad U_1 = -6\text{V}$$

1.5 电路的工作状态

根据电源与负载的连接情况,电路有三种工作状态:开路、短路、有载。以图 1.20 所示的简单直流电路为例来分析电路的各种工作状态,图中电压源电压为 U_S,其内阻为 R_0,U_1 是电源的端电压,U_2 是负载的端电压,R_L 是负载的等效电阻。

1.5.1 开路

开路又称断路或空载,如图 1.20(a)所示,当开关 S 断开或连接导线断开时,电路处于开路状态,此时电源和负载未构成通路,外电路所呈现的电阻可视为无穷大,电路具有如下特征。

(1)电路中的电流为零,即 $I = 0$。

(2)电源的端电压等于电源的电压,即
$$U_1 = U_S - R_0 I = U_S$$
此电压称为空载电压或开路电压,用 U_{OC} 表示。因此,要想测电源的电压,只要用电压表测量电路的开路电压即可。

(3)电源的输出功率 p_1 和负载所吸收的功率 p_2 均为零,即
$$p_1 = U_1 I = 0, \quad p_2 = U_2 I = 0$$

1.5.2 短路

在图 1.20(b)所示的电路中,当电源两端的导线由于某种事故而直接相连时,电源输出的电流不经过负载,只经过连接导线直接流回电源,这种状态称为短路。短路时电路所呈现的电阻可视为零,电路具有以下特征。

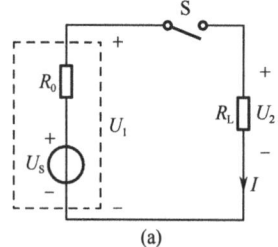
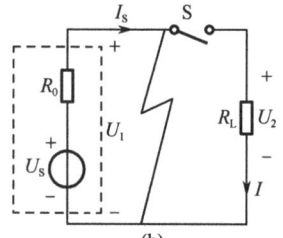

图 1.20 简单直流电路

(1)短路电流 $I_S = 0$。在一般供电系统中,电源的内阻很小,短路电流很大。但对外电路无输出电流,即 $I_S = 0$。

(2)电源和负载的端电压均为零,即

$$U_1 = U_S - R_0 I_S = 0$$
$$U_2 = 0$$
$$U_S = R_0 I_S \qquad (1.19)$$

式（1.19）表明电源的电压全部落在电源的内阻上，因而无输出电压。

（3）电源的输出功率 p_1 和负载所吸收的功率 p_2 均为零，这时电源电动势发出的功率全部消耗在内阻上，即

$$\begin{cases} p_1 = U_1 I \\ p_2 = U_2 I \\ p_{U_S} = U_S I_S = \dfrac{U_S^2}{R_0} = I_S^2 R_0 \end{cases} \qquad (1.20)$$

由于电源发出的功率全部消耗在内阻上，因而会使电源发热以致损坏。所以在实际工作中，应经常检查电气设备和线路的绝缘情况，以防止电源短路事故的发生。此外，通常还在电路中接入熔断器等保护装置，以便在发生短路时能迅速切除故障，达到保护电源及电路元件的目的。

1.5.3 有载状态

在图 1.20(a)中，当开关 S 闭合时，电路中有电流流过，电源输出功率，负载吸收功率，这种状态称为有载状态。此时电路有以下特征。

（1）电路中的电流为

$$I = \dfrac{U_S}{R_0 + R_L} \qquad (1.21)$$

当 U_S 和 R_0 一定时，电流由负载电阻 R_L 的大小决定。

（2）电源的端电压为

$$U_1 = U_S - R_0 I \qquad (1.22)$$

电源的端电压总是小于电源的电压。若忽略线路上的压降，则负载的端电压等于电源的端电压，即

$$U_1 = U_2$$

（3）电源的输出功率为

$$p_1 = U_1 I = U_S I - R_0 I^2 \qquad (1.23)$$

如果忽略导线上的电阻所消耗的功率，则负载所吸收的功率为

$$p_2 = U_2 I = U_1 I = p_1$$

为了保证电气设备和器件能安全、可靠、经济地工作，规定了每种设备和器件在工作时所允许的最大电压、最大电流和最大功率，这些参数称为电气设备的额定值，常用下标符号 N 表示，如额定电压 U_N、额定电流 I_N、额定功率 p_N。

电气设备应尽量工作在额定状态，这种状态又称为满载状态。电流和功率低于额定值的工作状态称为轻载；高于额定值的工作状态称为过载。在一般情况下，设备不应过载运行。在实际电路中常安装自动开关、热继电器等保护装置，用于在过载时自动切断电源，保证设备安全。

【例 1.6】 在图 1.21 所示的电路中，已知 $U_S = 36V$，$R_1 = 2k\Omega$，$R_2 = 8k\Omega$，试在下列三种情况下，分别求出电压 U_2 和电流 I_2、I_3。（1）$R_3 = 8k\Omega$；（2）$R_3 = \infty$（即 R_3 处断开）；（3）$R_3 = 0$（即 R_3 处短路）。

解：（1）当 $R_3 = 8k\Omega$ 时，电路中的总电阻为

$$R = R_1 + \dfrac{R_2 R_3}{R_2 + R_3} = 2 + \dfrac{8 \times 8}{8 + 8} = 6k\Omega$$

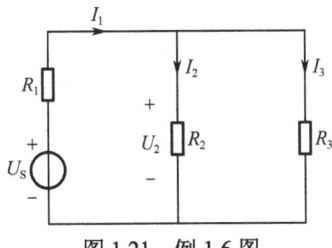

图 1.21 例 1.6 图

故
$$I_1 = \frac{U_s}{R} = \frac{36}{6} = 6\text{mA}$$

$$I_2 = I_3 = \frac{1}{2}I_1 = 3\text{mA}$$

$$U_2 = R_2 I_2 = 8 \times 3 = 24\text{V}$$

（2）当 $R_3 = \infty$ 时，电路中的总电阻为
$$R = R_1 + R_2 = 10\text{k}\Omega$$

故
$$I_2 = I_1 = \frac{U_s}{R} = \frac{36}{10} = 3.6\text{mA}$$

$$I_3 = 0$$

$$U_2 = R_2 I_2 = 8 \times 3.6 = 28.8\text{V}$$

（3）当 $R_3 = 0$ 时，R_2 被短路，电路中的总电阻为
$$R = R_1 = 2\text{k}\Omega$$

$$I_2 = 0$$

$$I_3 = I_1 = \frac{U_s}{R} = \frac{36}{2} = 18\text{mA}$$

$$U_2 = 0\text{V}$$

1.6 应用举例

汽车后窗玻璃除霜器的栅格是电阻电路一个非常典型的应用实例，它是一系列水平、陶瓷混银并烧结进窗户玻璃表层里面的线，这些线可以视为电阻。

通常将这些水平栅格线两端焊接到垂直汇流条中，当在两根汇流条之间加上电压时，将在所有水平栅格线中产生电流，栅格线的电阻因消耗电能而发热，进而使后窗玻璃发热，消除掉后窗玻璃上的冰霜。水平栅格线的数量与汽车的样式和结构有关，典型范围是 9~16。

1.7 技能训练——基尔霍夫定律的验证

一、实验目的

① 验证基尔霍夫定律的正确性，加深对基尔霍夫定律的理解。
② 掌握电流表的使用，以及学会用电流表测量各支路电流的方法。
③ 学习检查、分析电路简单故障的能力。

二、实验原理

KCL 和 KVL 是电路的基本定律，它们分别描述节点电流和回路电压，即对电路中的任一节点而言，在设定电流的参考方向下，应有 $\Sigma I = 0$。一般流出节点的电流取负号，流入节点的电流取正号；对任何一个闭合回路而言，在设定电压的参考方向下，绕行一周，应有 $\Sigma U = 0$，一般电压方向与绕行方向一致的取正号，电压方向与绕行方向相反的取负号。

在实验前，必须设定电路中所有电流、电压的参考方向，其中电阻上的电压方向应与电流方向一致，基尔霍夫定律实验电路图如图 1.22 所示。

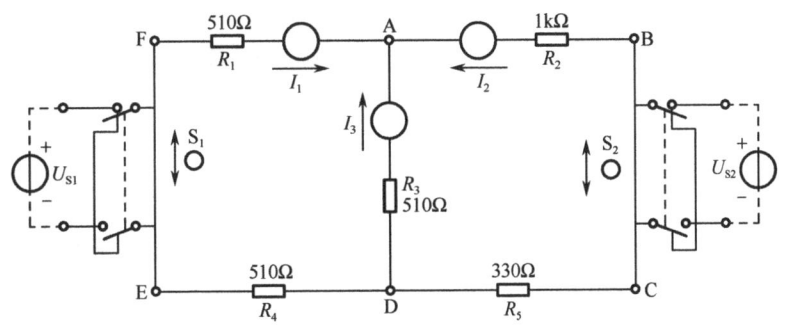

图 1.22 基尔霍夫定律实验电路图

三、实验设备

实验设备见表 1.1。

表 1.1 实验设备

序 号	名 称	型号与规格	数 量
1	可调直流稳压源	双路 0～30V 可调	1
2	电压表	0～200V	1
3	电流表	0～2A	1
4	基尔霍夫定律电路实验板		1

四、实验内容

图 1.22 中的电源 U_{S1} 用可调直流稳压源 I 路 0～30V 可调电压输出端,并将输出电压调到+6V,U_{S2} 用可调直流稳压源 II 路 0～30V 可调电压输出端,并将输出电压调到+12V。开关 S_1 投向 U_{S1} 侧,开关 S_2 投向 U_{S2} 侧。

① 实验前先任意设定三条支路的电流参考方向,如图 1.22 中的 I_1、I_2、I_3 所示。
② 分别将两路可调直流稳压源接入电路,令 U_{S1}=6V,U_{S2}=12V。
③ 熟悉电流插头的结构,将电流插头的两端接到电流表的"+""-"两端。
④ 将电流插头分别插入三条支路的三个电流插座中,记录电流值。
⑤ 用电压表分别测量两路电源及电阻上的电压值,记入表 1.2 中。

表 1.2 实验记录表

被测量	I_1（mA）	I_2（mA）	I_3（mA）	U_{FA}（V）	U_{AB}（V）	U_{DA}（V）	U_{CD}（V）	U_{DE}（V）
仿真值								
测量值								
相对误差								

五、基尔霍夫定律的验证仿真

① 创建电路。用万用表 XMM,测得 I_1=1.926mA,I_2=5.988mA,I_3=-7.914mA,如图 1.23 所示。

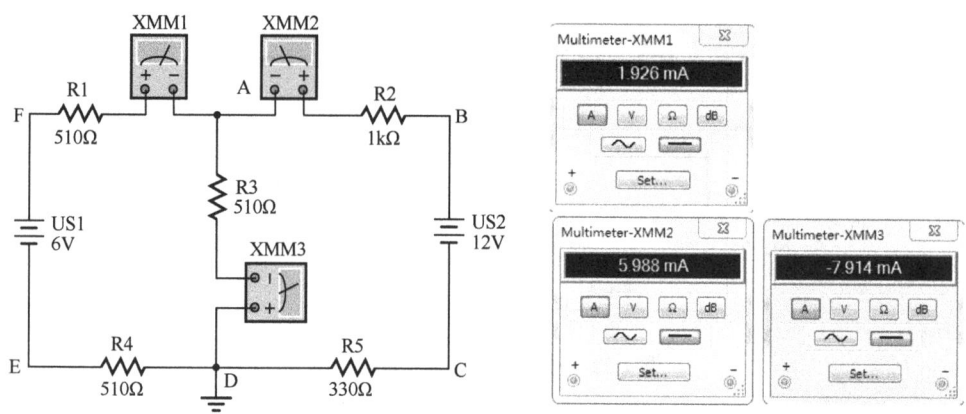

图 1.23 测电流仿真电路

② 用万用表 XMM 测得 U_{AB}=-5.988V，U_{CD}=-1.976V，U_{DA}=-4.036V，如图 1.24 所示。

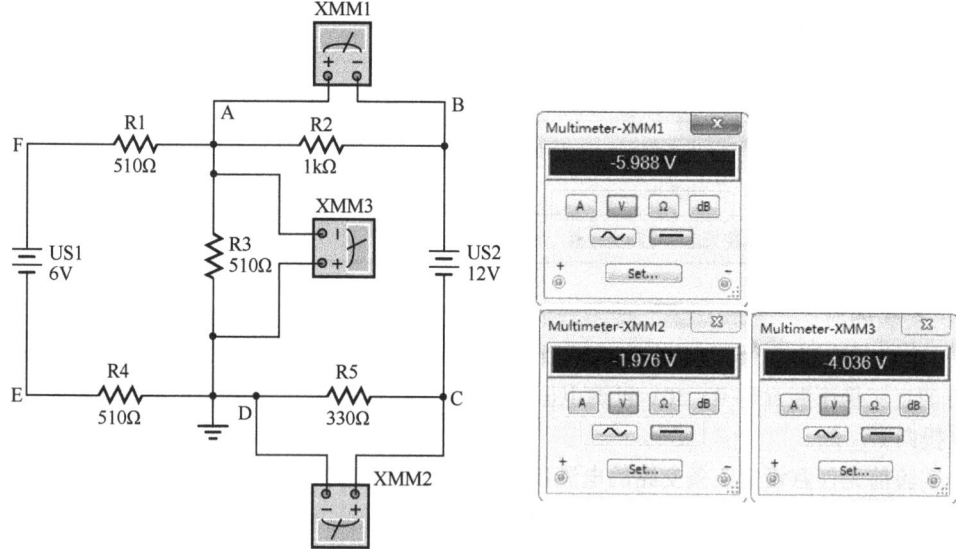

图 1.24 测电压仿真电路

同理可用万用表测得 U_{FA}、U_{DE} 的电压，将仿真结果记入表 1.2 第一行中，由仿真结果验证基尔霍夫定律的正确性。

六、实验报告要求

① 根据实验数据，选定实验电路中的任一节点，验证 KCL 的正确性。
② 根据实验数据，选定实验电路中的任一闭合回路，验证 KVL 的正确性。
③ 误差原因分析。

本章小结

1．电路模型是对实际电路的电磁性质进行科学抽象的结果，是理想电路元件的组合。

2．进行电路分析时，首先标出电压、电流的参考方向，才能对电路进行分析计算。在规定参考方向的条件下，功率有正负之分。任一时刻，整个电路功率平衡。

3．基尔霍夫定律和欧姆定律是电路分析的基本定律。欧姆定律体现了电阻元件的伏安关系，基尔霍夫定律体现了电路的拓扑约束关系。

4．独立源是忽略实际电源内阻损耗的结果。电压源的电压为给定的时间函数，其电流由外电路决定；而电流源的电流也为给定的时间函数，其电压由外电路决定。

5．受控源的电压或电流受到其他支路的电压或电流控制，通常有 4 种类型：VCVS、VCCS、CCVS 和 CCCS。

习题 1

1.1 电路如图 1.25 所示，求各元件的端电压或通过的电流。

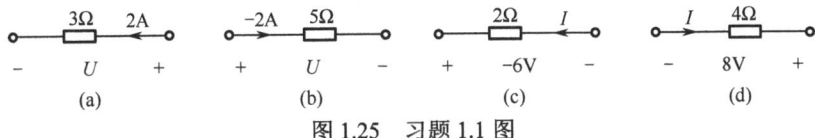

图 1.25　习题 1.1 图

1.2 求图 1.26 所示电路中的 a 点电压。

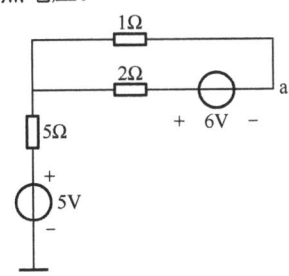

图 1.26　习题 1.2 图

1.3 电压、电流的参考方向如图 1.27 所示，写出各元件的 u 和 i 的约束方程。

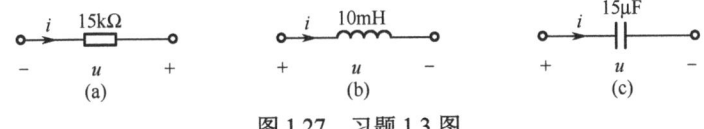

图 1.27　习题 1.3 图

1.4 试确定图 1.28 中每个图中二端元件的未知量，并说明其是电源还是负载。

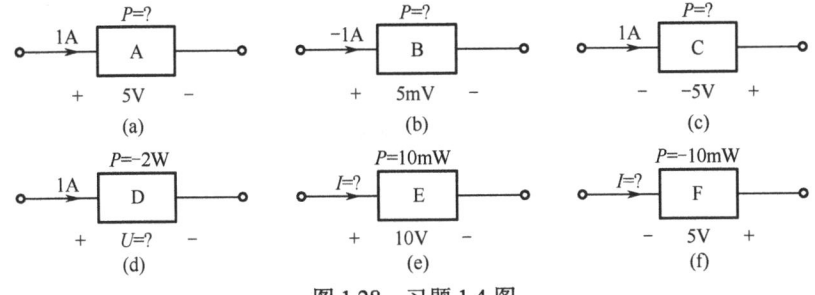

图 1.28　习题 1.4 图

1.5 电路如图 1.29 所示，求各图中的未知量。

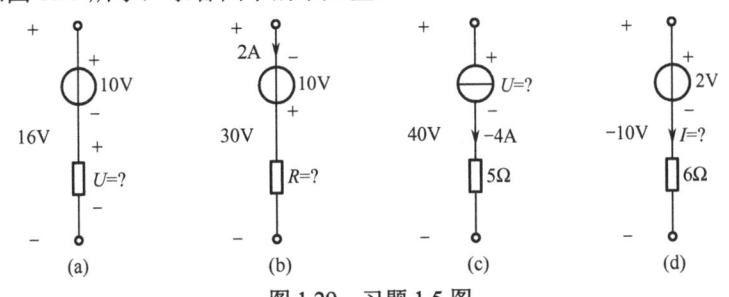

图 1.29　习题 1.5 图

1.6 求图 1.30 所示电路中的电压 U_{ab}。

1.7 试写出图 1.31 所示各支路中电压与电流的关系。

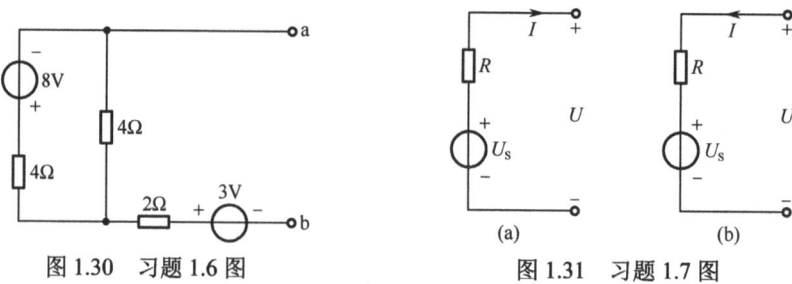

图 1.30 习题 1.6 图　　　　　　图 1.31 习题 1.7 图

1.8 电路如图 1.32 所示。(1) 计算电流源的端电压；(2) 计算电流源和电压源的功率，指出其是吸收还是发出功率。

1.9 已知 0.1H 电感的电流为 $i = 5(1-e^{-100t})$ A，电压、电流参考方向一致，求电感两端的电压。

1.10 已知 2F 电容的电压分别为：(1) $5\sin(2\pi t)$ V；(2) $-5e^{-2t}$ V。电压、电流参考方向一致，求通过电容的电流。

1.11 6μF 电容的电压波形如图 1.33 所示。(1) 绘制电容电流波形图；(2) 分别确定 $t=2\mu s$ 和 $t=10\mu s$ 时电容的储能。

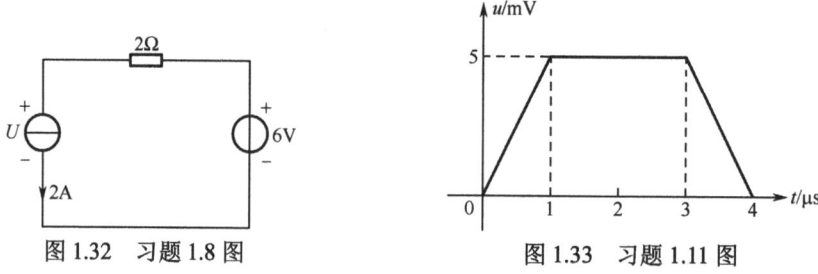

图 1.32 习题 1.8 图　　　　　　图 1.33 习题 1.11 图

1.12 求图 1.34(a) 所示电路的电流 I 和电压 U，求图 1.34(b) 所示电路的电流 I_1、I_2 和电压 U。

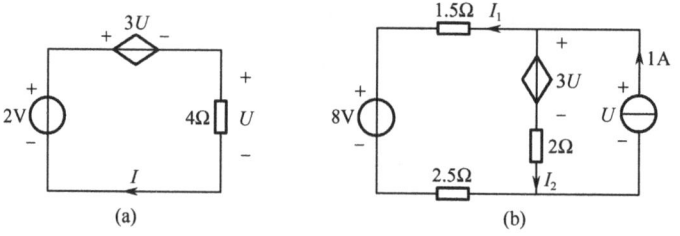

图 1.34 习题 1.12 图

1.13 求图 1.35 所示各电路中电流源发出的功率。

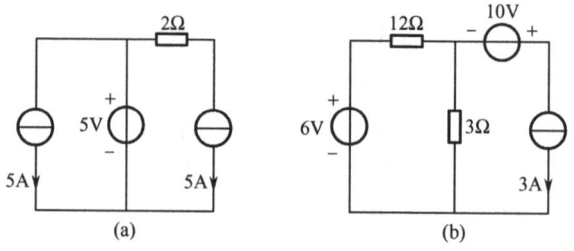

图 1.35 习题 1.13 图

1.14 写出图 1.36 所示电路中 $U=f(I)$ 的端口特征方程。

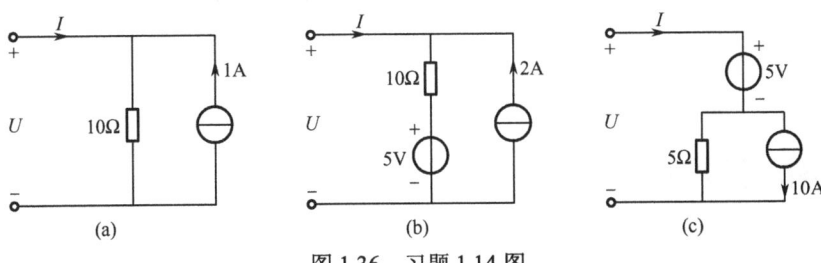

图 1.36 习题 1.14 图

1.15 计算图 1.37 所示各电路中的电压 U。

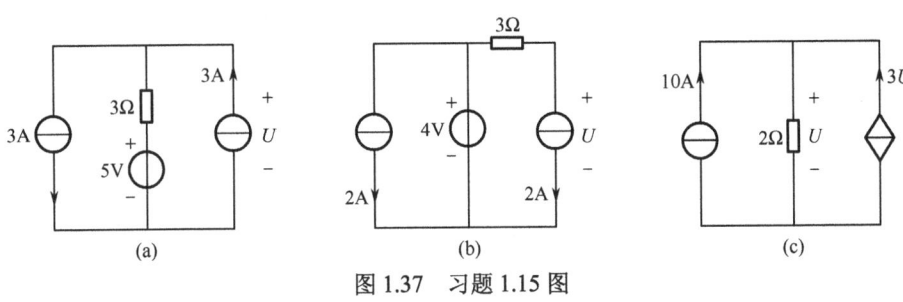

图 1.37 习题 1.15 图

第 2 章　电阻电路的等效变换

本章介绍电阻电路等效变换的概念与方法。内容包括：电阻的串联、并联，电阻的 Y 形连接与△形连接之间的等效变换，实际电源模型及其等效变换，一端口网络输入电阻的计算。

2.1　电路的等效变换

等效变换在研究深层次的电路理论问题及电路简化分析中有着重要的作用。本节介绍电路等效变换的相关基本概念。

电路也称为网络，任何一个电路如果向外引出两个端子，则称为二端网络。若二端网络满足从一个端子的流入电流等于从另一端子的流出电流，则称该网络为一端口网络，如图 2.1 所示（$i = i'$）。若一端口网络内部不含独立源，则称为无源一端口网络。本章所接触的由电阻或电阻与受控源组合构成的网络均属于无源一端口网络。此外，在电路分析中还会遇到三端口网络、二端口网络（第 10 章）等。

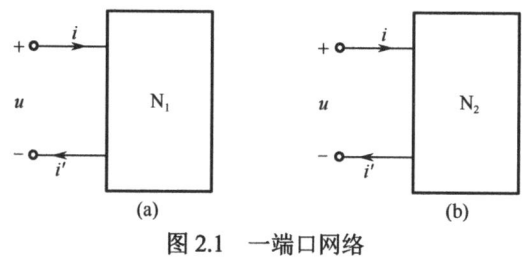

图 2.1　一端口网络

对于图 2.1(a)、图 2.1(b)所示的内部结构和参数完全不相同的两个一端口网络 N_1 和 N_2，当它们的端口具有相同伏安关系时，则称 N_1 和 N_2 互为等效电路。将电路的某一部分用其等效电路来替代的过程称为电路的等效变换。

等效的条件是等效网络的端口具有相同的伏安关系，而电路中未被等效部分的电压与电流均保持不变。注意：等效只是对外电路而言的，N_1 和 N_2 的内部并不等效。电路等效变换的目的，一方面是简化电路的分析计算；另一方面是进一步研究更深层次的电路理论。

例如，在图 2.2(a)中，右方虚线框中由几个电阻构成的电路可以用一个电阻 R_{eq} 替代，如图 2.2(b)所示，使整个电路得以简化。进行替代的条件是使图 2.2(a)、图 2.2(b)中端子 1–1′ 以右的部分有相同的伏安特性。电阻 R_{eq} 称为等效电阻，其值由被替代的原电路中各电阻的值及它们的连接方式决定。

另外，当图 2.2(a)中端子 1–1′ 以右虚线框中的电路被 R_{eq} 替代后，1–1′ 以左部分电路的任何电压和电流都将维持与原电路相同，这就是电路等效的概念。更一般地说，当电路中某一部分用其等效电路替代后，未被替代部分的电压和电流均应保持不变。

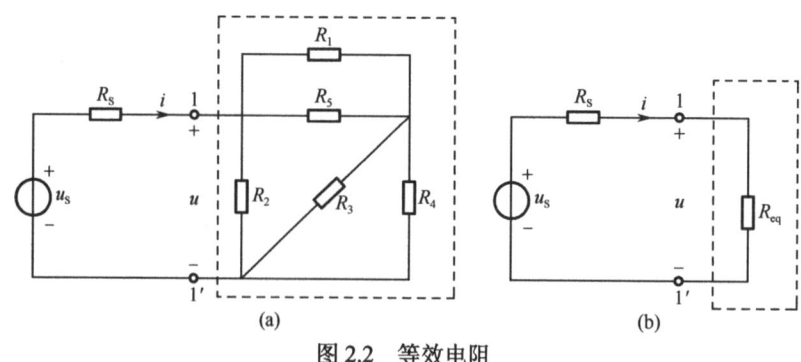

图 2.2　等效电阻

用等效电路的方法求解电路时,电压和电流保持不变的部分仅限于等效电路以外,这就是"对外等效"的概念。等效电路与被它代替的那部分电路显然是不同的,将图 2.2(a)所示的电路简化后,即可按图 2.2(b)求得端子 1—1′以左部分的电流 i 和端子 1—1′的电压 u,它们分别等于原电路中的电流 i 和电压 u。如果要求图 2.2(a)中虚线框内的各电阻的电流,就必须回到原电路,根据已求得的电流 i 和电压 u 求解。所以,对外等效是对外部特性的等效。

2.2 电阻的串联和并联

2.2.1 电阻的串联

将电路中各元件首尾依次相连成一串,该电路称为串联电路。串联是电路元件一种常见的连接方式,图 2.3(a)所示的电路为 n 个电阻 $R_1, R_2, \cdots, R_n$ 的串联组合。电阻串联时,流过每个电阻的电流相等。

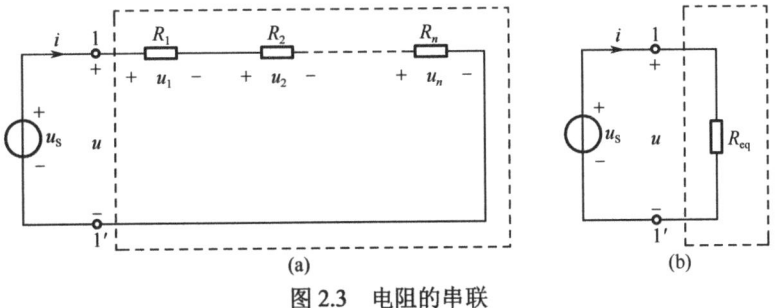

图 2.3 电阻的串联

应用 KVL,有 $u = u_1 + u_2 + \cdots + u_n$。

由于每个电阻的电流均为 i,将 $u_1 = iR_1, u_2 = iR_2, \cdots, u_n = iR_n$ 代入上式,可得

$$R_{eq} \stackrel{\text{def}}{=} R_1 + R_2 + \cdots + R_n = \sum_{k=1}^{n} R_k \tag{2.1}$$

其中,R_{eq} 是这些串联电阻的等效电阻。显然,等效电阻必大于任意一个串联电阻。

电阻串联时,各电阻上的电压为

$$u_k = iR_k = \frac{R_k}{R_{eq}} u \quad (k = 1, 2, \cdots, n) \tag{2.2}$$

可见,串联的每个电阻,其电压与电阻值成正比。或者说,总电压根据各个串联电阻的值进行分配。式(2.2)称为电压分配公式,简称分压公式。

2.2.2 电阻的并联

将电路中各元件首尾两端分别接在一起,连成一排,该电路称为并联电路。并联也是电路元件一种常见的连接方式,图 2.4(a)所示的电路为 n 个电阻的并联组合。电阻并联时,各电阻的电压为同一电压。由于电压相等,总电流 i 可根据 KCL 写成

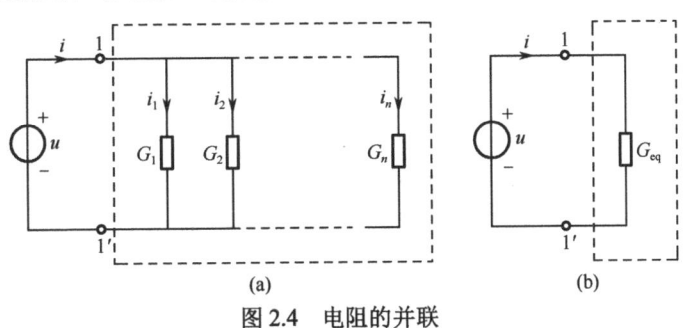

图 2.4 电阻的并联

$$i = i_1 + i_2 + \cdots + i_n = G_1 u + G_2 u + \cdots + G_n u$$
$$= (G_1 + G_2 + \cdots + G_n)u = G_{eq} u \quad (2.3)$$

式中 $G_1, G_2, \cdots, G_n$ 为电阻 $R_1, R_2, \cdots, R_n$ 的电导，而

$$G_{eq} \stackrel{\text{def}}{=} \frac{i}{u} = G_1 + G_2 + \cdots + G_n = \sum_{k=1}^{n} G_k \quad (2.4)$$

其中，G_{eq} 是 n 个电阻并联后的等效电导。并联后的等效电阻 R_{eq} 为

$$R_{eq} = \frac{1}{G_{eq}} = \frac{1}{\sum_{k=1}^{n} G_k} = \frac{1}{\sum_{k=1}^{n} \frac{1}{R_k}}$$

即

$$\frac{1}{R_{eq}} = \sum_{k=1}^{n} \frac{1}{R_k} \quad (2.5)$$

可见，并联电路的等效电阻小于任意一个并联的电阻。

电阻并联时，各电阻中的电流为

$$i_k = G_k u = \frac{G_k}{G_{eq}} i \quad (k=1,2,\cdots,n) \quad (2.6)$$

因此，并联电路中各个并联电阻的电流与它们各自的电导值成正比。上式称为电流分配公式，简称分流公式。

当 $n=2$ 时，即两个电阻并联，如图2.5所示，等效电阻为

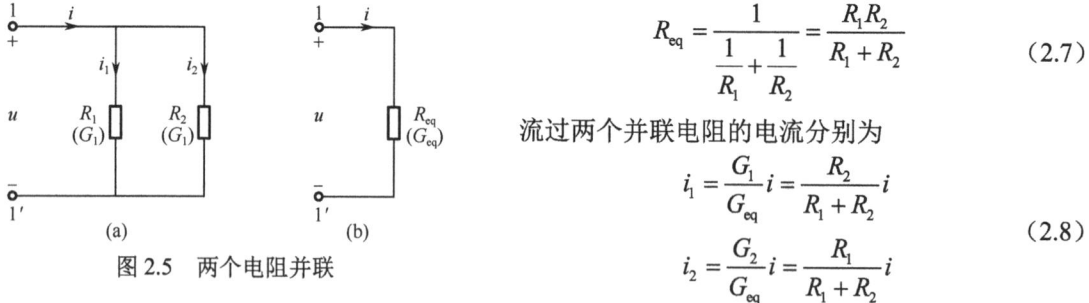

$$R_{eq} = \frac{1}{\frac{1}{R_1} + \frac{1}{R_2}} = \frac{R_1 R_2}{R_1 + R_2} \quad (2.7)$$

流过两个并联电阻的电流分别为

$$i_1 = \frac{G_1}{G_{eq}} i = \frac{R_2}{R_1 + R_2} i$$
$$i_2 = \frac{G_2}{G_{eq}} i = \frac{R_1}{R_1 + R_2} i \quad (2.8)$$

图2.5 两个电阻并联

2.2.3 电阻的混联

当电阻的连接中既有串联又有并联时，称为电阻的串、并联，简称混联。图2.6所示的电路为电阻的混联电路。其中，R_3 与 R_4 串联后与 R_2 并联，再与 R_1 串联。故有

$$R_{eq} = R_1 + [R_2 /\!/ (R_3 + R_4)] = R_1 + \frac{R_2(R_3 + R_4)}{R_2 + R_3 + R_4}$$

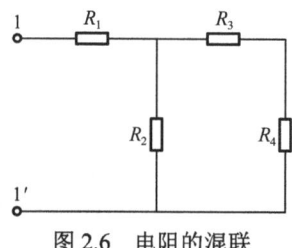

图2.6 电阻的混联

2.3 电阻Y形连接与△形连接及其等效变换

2.3.1 电桥电路

1）电桥电路的结构与作用

电桥电路是测量中的常用电路，一般用于检测微弱信号的变化，然后经放大电路进行放大后测量。

电桥电路是由4个二端元件连接成四边形且具有桥形结构的电路，如图2.7所示。构成4边的电阻R_1、R_2、R_3、R_4称为电桥电路的桥臂。激励源U_S接到桥臂的一条对角线ac上，另一条对角线bd接电桥的负载R_5或电桥的输出电路。

2）平衡电桥

当电桥电路4个桥臂的电阻R_1、R_2、R_3、R_4达到平衡时，称电桥达到平衡。即

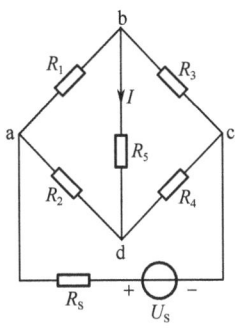

图2.7 电桥电路

$$\frac{R_1}{R_2}=\frac{R_3}{R_4} \tag{2.9}$$

电桥平衡时，其对角线bd支路的b点与d点的电位相等，流经负载R_5的电流$I=0$，这是平衡电桥两个重要特点。可以利用平衡电桥的特点对电阻电路进行分析和计算。

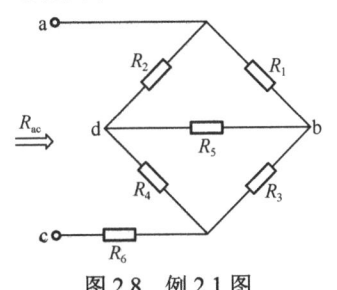

图2.8 例2.1图

【例2.1】 电桥电路如图2.8所示，已知电阻$R_1=R_3=4\Omega$，$R_2=R_4=R_5=2\Omega$，$R_6=\frac{1}{3}\Omega$。求电路中对角线ac上的等效电阻R_{ac}。

解：这是一个含有电桥的电路，因为$\frac{R_1}{R_2}=\frac{R_3}{R_4}=2$。

方法1：视bd支路开路，如图2.9(a)所示，则
$$R_{ac}=(R_1+R_3)//(R_2+R_4)+R_6=3\Omega$$

方法2：视bd支路短路，如图2.9(b)所示，则
$$R_{ac}=(R_1//R_2)+(R_3//R_4)+R_6=3\Omega$$

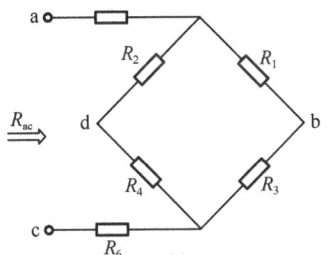
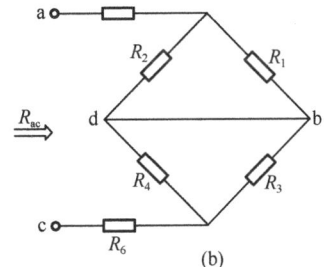

图2.9 例2.1 电桥电路等效电阻的求解图

2.3.2 电阻的Y-△等效变换

1）电阻的Y形连接和△形连接

在Y形连接中，各个电阻都有一端接在一个公共节点上，另一端则分别接到3个端子上；在△形连接中，各个电阻分别接在3个端子之间。这两种连接方式中的电阻既非串联又非并联。例如，在图2.7所示的电桥电路中，电阻R_1、R_3、R_5构成一个Y形连接；电阻R_1、R_2、R_5构成一个△形连接。

2）Y-△等效变换

Y 形连接和△形连接都是通过 3 个端子与外部相连。图 2.10(a)、图 2.10(b)分别表示接于端子 1、2、3 的 Y 形连接和△形连接的 3 个电阻，端子 1、2、3 与电路的其他部分相连，但在该图中并没有画出电路的其他部分。当两种连接的电阻之间满足一定关系时，它们在端子 1、2、3 以外的特性可以相同，也就是说，它们可以互相等效变换。如果在它们的对应端子之间具有相同的电压 u_{12}、u_{23} 和 u_{31}，而流入对应端子的电流分别相等，即 $i_1 = i_1'$，$i_2 = i_2'$，$i_3 = i_3'$。在这种条件下，它们彼此等效。这就是 Y-△等效变换的条件。

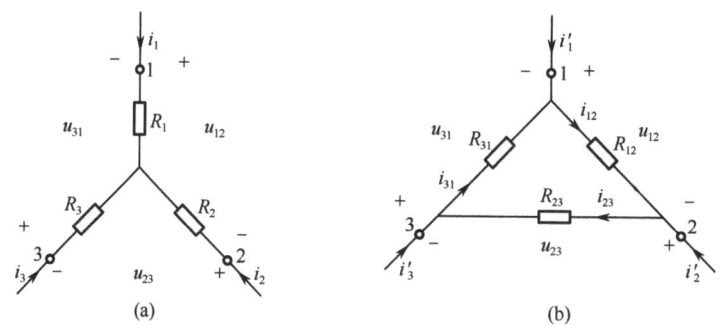

图 2.10 Y-△等效变换

对于△形连接电路，各电阻中电流为

$$i_{12} = \frac{u_{12}}{R_{12}},\ i_{23} = \frac{u_{23}}{R_{23}},\ i_{31} = \frac{u_{31}}{R_{31}}$$

根据 KCL，端子电流分别为

$$\begin{cases} i_1' = i_{12} - i_{31} = \dfrac{u_{12}}{R_{12}} - \dfrac{u_{31}}{R_{31}} \\ i_2' = i_{23} - i_{12} = \dfrac{u_{23}}{R_{23}} - \dfrac{u_{12}}{R_{12}} \\ i_3' = i_{31} - i_{23} = \dfrac{u_{31}}{R_{31}} - \dfrac{u_{23}}{R_{23}} \end{cases} \quad (2.10)$$

对于 Y 形连接电路，应根据 KCL 和 KVL 列出端子电压与电流之间的关系为

$$\begin{cases} i_1 + i_2 + i_3 = 0 \\ R_1 i_1 - R_2 i_2 = u_{12} \\ R_2 i_2 - R_3 i_3 = u_{23} \end{cases}$$

联立求解，得出 3 个端子电流

$$\begin{cases} i_1 = \dfrac{R_3 u_{12}}{R_1 R_2 + R_2 R_3 + R_3 R_1} - \dfrac{R_2 u_{31}}{R_1 R_2 + R_2 R_3 + R_3 R_1} \\ i_2 = \dfrac{R_1 u_{23}}{R_1 R_2 + R_2 R_3 + R_3 R_1} - \dfrac{R_3 u_{12}}{R_1 R_2 + R_2 R_3 + R_3 R_1} \\ i_3 = \dfrac{R_2 u_{31}}{R_1 R_2 + R_2 R_3 + R_3 R_1} - \dfrac{R_1 u_{23}}{R_1 R_2 + R_2 R_3 + R_3 R_1} \end{cases} \quad (2.11)$$

不论 u_{12}、u_{23}、u_{31} 为何值，两个等效电路对应的端子电流均相等，这两种连接才等效。故式(2.10)与式（2.11）中电压 u_{12}、u_{23} 和 u_{31} 前面的系数对应相等，可得

$$\begin{cases} R_{12} = \dfrac{R_1R_2 + R_2R_3 + R_3R_1}{R_3} \\ R_{23} = \dfrac{R_1R_2 + R_2R_3 + R_3R_1}{R_1} \\ R_{31} = \dfrac{R_1R_2 + R_2R_3 + R_3R_1}{R_2} \end{cases} \quad (2.12)$$

式（2.12）就是根据 Y 形连接的电阻确定△形连接的电阻的公式。

将式（2.12）中三式相加，并在右方通分可得

$$R_{12} + R_{23} + R_{31} = \frac{(R_1R_2 + R_2R_3 + R_3R_1)^2}{R_1R_2R_3}$$

代入 $R_1R_2+R_2R_3+R_3R_1=R_{12}R_3=R_{31}R_2$ 就可得到 R_1 的表达式，同理可求得 R_2 和 R_3，有

$$\begin{cases} R_1 = \dfrac{R_{12}R_{31}}{R_{12} + R_{23} + R_{31}} \\ R_2 = \dfrac{R_{23}R_{12}}{R_{12} + R_{23} + R_{31}} \\ R_3 = \dfrac{R_{31}R_{23}}{R_{12} + R_{23} + R_{31}} \end{cases} \quad (2.13)$$

式（2.13）就是根据△形连接的电阻确定 Y 形连接的电阻的公式。

为了便于记忆，以上互换公式可归纳为（Y 形连接的电阻简称 Y 形电阻，△形连接的电阻简称△形电阻）

$$Y形电阻 = \frac{△形相邻电阻的乘积}{△形电阻之和}$$

$$△形电阻 = \frac{Y形电阻两两乘积之和}{Y形不相邻电阻}$$

若 Y 形连接中 3 个电阻相等，即 $R_1=R_2=R_3=R_Y$，则等效△形连接中 3 个电阻也相等，它们之间的关系为

$$R_\triangle = 3R_Y \quad 或 \quad R_Y = \frac{1}{3}R_\triangle$$

【例 2.2】 如图 2.11(a)所示，在例 2.1 中，利用 Y-△等效变换，求电路中端子 a、c 上的等效电阻 R_{ac}。

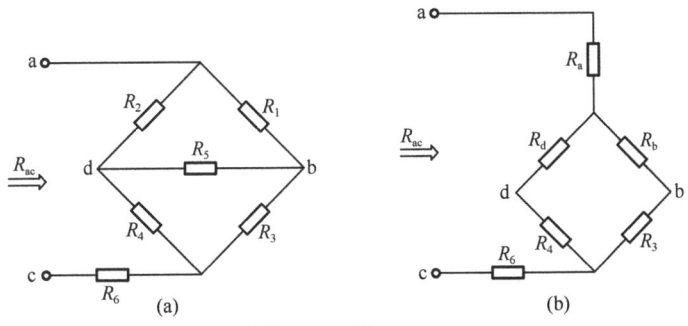

图 2.11 例 2.2 图

解：将 R_1、R_2、R_5 构成的△形连接用等效的 Y 形连接替代，得到如图 2.11(b)所示的电路，其中

$$R_a = \frac{R_1 R_2}{R_1 + R_2 + R_5} = \frac{4 \times 2}{4 + 2 + 2} = 1\Omega$$

$$R_b = \frac{R_1 R_5}{R_1 + R_2 + R_5} = \frac{4 \times 2}{4 + 2 + 2} = 1\Omega$$

$$R_d = \frac{R_2 R_5}{R_1 + R_2 + R_5} = \frac{2 \times 2}{4 + 2 + 2} = 0.5\Omega$$

再用电阻串、并联等效方法，可得

$$R_{ac} = R_a + (R_b + R_3)//(R_d + R_4) + R_6 = 3\Omega$$

2.4 一端口网络的输入电阻

如果一个一端口网络内部仅含有电阻，则应用电阻的串、并联和 Y-△等效变换等方法，可以求得它的等效电阻。如果一端口网络内部不仅含有电阻，还含有受控源（不含独立源），则不论内部如何复杂，端口电压与端口电流成正比。因此，定义此一端口网络的输入电阻为

$$R_{in} \stackrel{\text{def}}{=} \frac{u}{i} \tag{2.14}$$

端口的输入电阻也就是端口的等效电阻，但两者的含义有区别。求端口输入电阻的一般方法称为电压、电流法，即在端口加电压源 u_S，然后求出端口电流 i；或在端口加电流源 i_S，然后求出端口电压 u。根据式（2.14），可以采用这种方法测量一个电阻的电阻值。

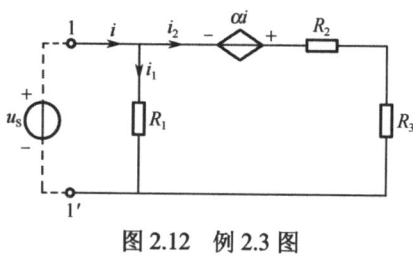

图 2.12 例 2.3 图

【例 2.3】 求图 2.12 所示一端口网络的输入电阻 R_{in}。

解： 在端口 1-1′ 处加电压源 u_S，求出 i，再由式（2.14）求出输入电阻 R_{in}。根据 KVL，有

$$u_S = -\alpha i + (R_2 + R_3)i_2$$
$$u_S = R_1 i_1$$

由 KCL 得

$$i_2 = i - i_1 = i - \frac{u_S}{R_1}$$

将以上三式整理后得

$$R_{in} = \frac{u_S}{i} = \frac{R_1(R_2 + R_3 - \alpha)}{R_1 + R_2 + R_3}$$

上式分子中有负号出现，因此，当有受控源存在时，在一定的参数条件下，R_{in} 有可能是零，也有可能是负值。

2.5 一端口网络电源模型及其等效变换

类似于电阻电路的等效变换，本节介绍含有电源情况下的一端口网络的等效变换。

2.5.1 理想电源模型的等效变换

电路分析中经常会遇到多个理想电源串联、并联的情况，也可以运用等效的概念将其简化。

1) 理想电压源的串联

图 2.13(a)为 n 个理想电压源的串联电路。根据 KVL，可以用一个电压源等效替代，如图 2.13(b)所示，这个等效电压源的电压为

$$u_S = u_{S1} + u_{S2} + \cdots + u_{Sn} = \sum_{k=1}^{n} u_{Sk} \tag{2.15}$$

如果 u_{Sk} 的参考方向与图 2.13(b)中 u_S 的参考方向一致，则式（2.15）中 u_{Sk} 的前面取"+"号，

否则取"–"号。

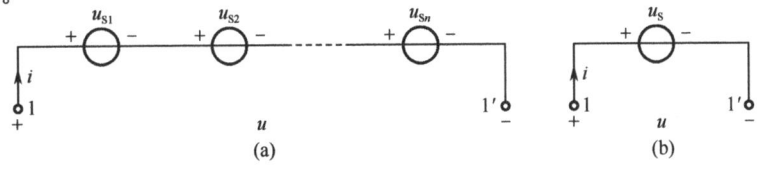

图 2.13 理想电压源的串联

2）理想电流源的并联

图 2.14(a)为 n 个理想电流源的并联电路。根据 KCL，可以用一个电流源等效替代，如图 2.14(b)所示，这个等效电流源的电流为

$$i_S = i_{S1} + i_{S2} + \cdots + i_{Sn} = \sum_{k=1}^{n} i_{Sk} \tag{2.16}$$

如果 i_{Sk} 的参考方向与图 2.14(b)中 i_S 的参考方向一致，则式（2.16）中 i_{Sk} 的前面取"+"号，否则取"–"号。

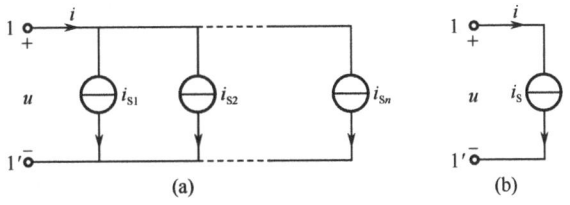

图 2.14 理想电流源的并联

只有电压相等、极性一致的理想电压源才允许并联，否则违背 KVL。其等效电路为其中任一理想电压源，但是这个并联组合向外部提供的电流在各个理想电压源之间如何分配则无法确定。

同理，只有电流相等且方向一致的电流源才允许串联，否则违背 KCL。其等效电路为其中任一理想电流源，但是这个串联组合的总电压如何在各个理想电流源之间分配则无法确定。

2.5.2 实际电源的两种模型及其等效变换

一个实际电源如图 2.15(a)所示，如蓄电池，图 2.15(b)是它的输出电压 u 与输出电流 i 的伏安特性曲线。可见电压 u 随电流 i 的增大而减小，而且不呈线性关系。电流 i 不可超过一定的限值，否则会导致电源损坏。不过在一段范围内电压和电流的关系近似为直线。如果把这条直线加以延长，如图 2.15(c)所示，可以看出，它在 u 轴和 i 轴上各有一个交点，前者相当于 $i=0$ 时的电压，即开路电压 U_{OC}；后者相当于 $u=0$ 时的电流，即短路电流 I_{SC}。根据此伏安特性曲线，可以用电压源和电阻的串联组合或电流源和电导的并联组合作为实际电源的电路模型。

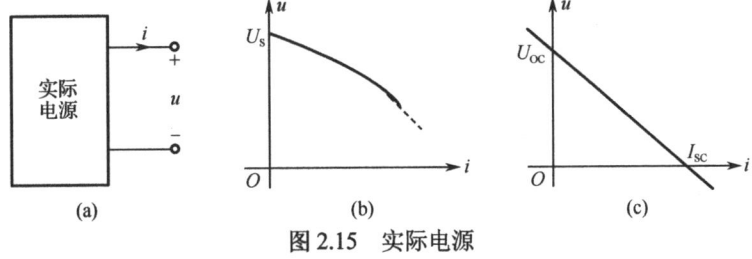

图 2.15 实际电源

1）实际电压源模型

如图 2.16(a)所示，当实际电源用一个电压为 u_S 的电压源和一个电阻 R_S 串联组成的电路模型来表示时，据 KVL 可得

$$u = u_S - R_S i \tag{2.17}$$

其伏安特性曲线如图 2.16(b)所示，该模型称为实际电压源模型。

2）实际电流源模型

由式（2.17）变形可得

$$i = \frac{u_S}{R_S} - \frac{u}{R_S}$$

令

$$i_S = \frac{u_S}{R_S},\ G_S = \frac{1}{R_S} \tag{2.18}$$

则有

$$i = i_S - G_S u \tag{2.19}$$

即可以用如图 2.16(c)所示的一个电流为 i_S 的电流源和一个电导 G_S（或电阻 R_S）并联组成的电路模型来表示实际电源，其伏安特性曲线如图 2.16(d)所示，该模型称为实际电流源模型。

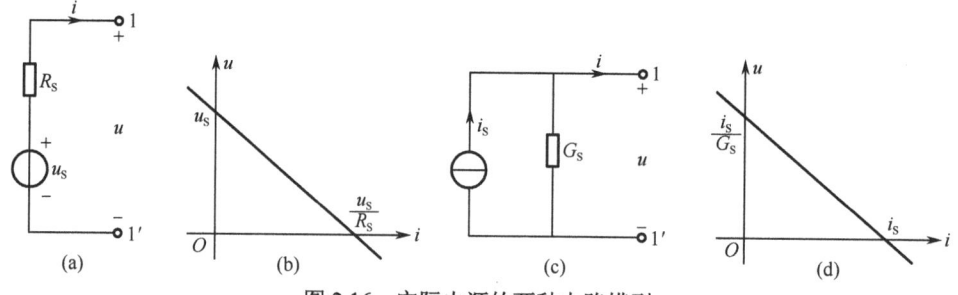

图 2.16 实际电源的两种电路模型

3）电源模型的等效变换

实际电压源模型与实际电流源模型都是实际电源的等效模型，并且这两种模型在满足式(2.18)的条件下可以进行等效互换，式（2.18）是实际电压源模型与实际电流源模型进行互换的等效条件。

等效时，一定要注意 u_S 和 i_S 的参考方向：i_S 的参考方向由 u_S 的负极指向正极。还应注意这种等效只是其对外特性的等效，而不是内部等效。

【例 2.4】 试用电源等效变换计算图 2.17(a)中3Ω电阻的端电压 u。

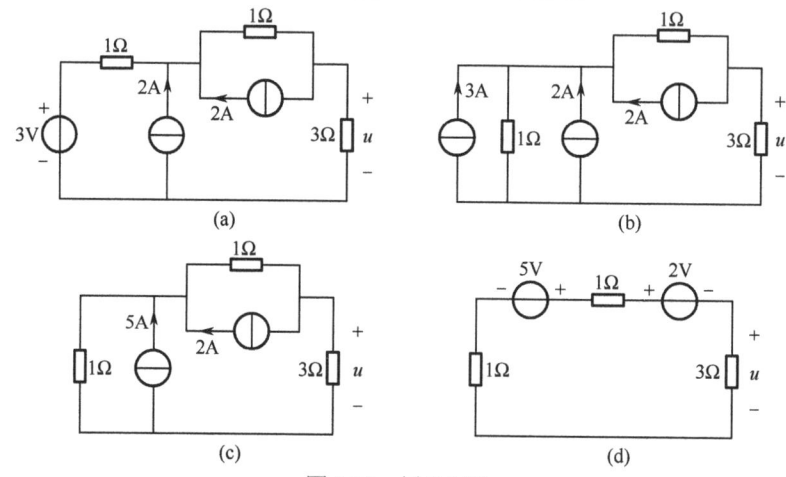

图 2.17 例 2.4 图

解：根据图 2.17 所示的变换次序，最后将图 2.17(a)简化为图 2.17(d)，由此可得

$$u = \frac{5-2}{5} \times 3 = 1.8\text{V}$$

变换时应注意电流源的方向和电压源的极性。

2.5.3 受控源的等效变换

通过分析图 2.18(a)所示电路的端口伏安关系,来讨论受控源的等效变换。

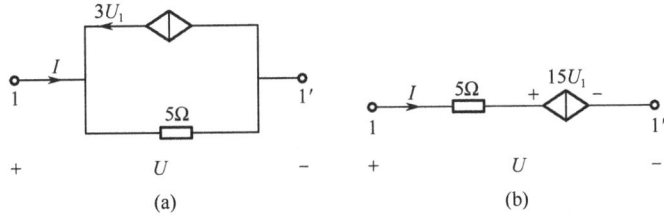

图 2.18 受控源的等效变换

图 2.18(a)中受控电流源的控制量 U_1 在所分析的一端口网络之外,对该图进行等效变换不会影响到 U_1。应用 KCL 和欧姆定律可得该电路的端口伏安关系为

$$I = \frac{U}{5} - 3U_1 \tag{2.20}$$

另外,将图 2.18(a)中的受控电流源视为电流为 $3U_1$ 的独立电流源,可对其进行电源等效变换,得到图 2.18(b)所示的等效电路。

应用 KVL 和欧姆定律可得图 2.18(b)所示电路的端口伏安关系为

$$U = 5I + 15U_1 \tag{2.21}$$

比较式(2.20)与式(2.21)可知:图 2.18(a)与图 2.18(b)所示电路在端口上的伏安关系相同,这两个电路是等效的。因此,在保证变换前后受控源的控制量不变的前提下,能够对受控源进行等效变换。

【例 2.5】 电路如图 2.19(a)所示,求电路中的 I。

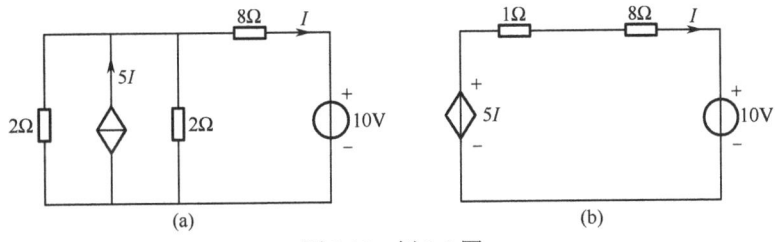

图 2.19 例 2.5 图

解:根据等效变换,将 CCCS 与电阻并联组合变换为 CCVS 与电阻串联的组合,如图 2.19(b)所示,由 KVL 可得

$$I + 8I + 10 - 5I = 0$$
$$I = -2.5 \text{A}$$

2.6 应用举例

1) 电压表的改装

电压表可由微安表改装得到,如图 2.20 所示。设微安表的内阻为 R_g,允许通过的最大电流(满偏电流)为 I_g,微安表所能测量的最大电压(量程)为 $U_g = I_g R_g$。为了测量较高的电压 U,必须为微安表串联分压电阻 R。设 $U = kU_g$(k 为量程倍率),由欧姆定律有

$$U = I_g(R_g + R) = I_g R_g(1 + R/R_g) = U_g(1 + R/R_g) \Rightarrow \begin{cases} k = 1 + R/R_g & (2.22) \\ R = (k-1)R_g & (2.23) \end{cases}$$

其中,式(2.22)为电压表量程倍率 k 的计算公式;式(1-23)为分压电阻 R 的计算公式。

可见，串联的分压电阻越大，量程倍率越大，可测量的电压范围越宽。分压电阻有时也称倍压器，它除了分压的作用，还起到限流作用，一方面防止大电流损坏表头，另一方面减小对被测支路电流的影响。

使用万用表时，通过旋转开关分别选取不同的分压电阻与微安表串联，即可实现多量程的电压测量，如图 2.21 所示（图中只画出了 3 个电压量程 U_1、U_2、U_3）。设量程 U_i 的倍率为 k_i，即 $U_i=k_iU_g$ ($i=1,2,\cdots,n$)，可以证明，各个分压电阻的计算公式为

$$R_i = (k_i - k_{i-1})R_g \quad (k_0 = 1) \tag{2.24}$$

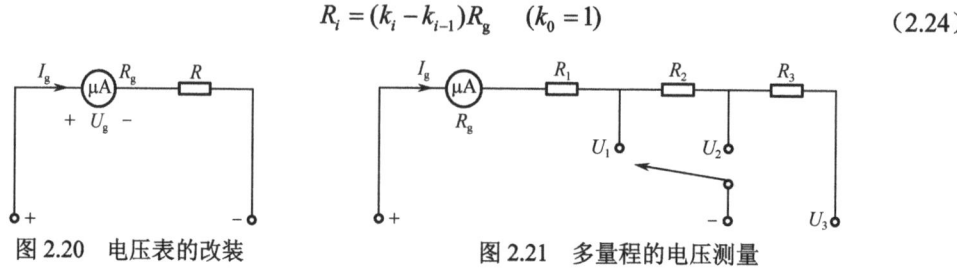

图 2.20 电压表的改装   图 2.21 多量程的电压测量

2）扩大电流表量程

为了扩大电流表的量程，通常给微安表安装并联电阻，分担一部分电流，以免大电流损坏微安表，如图 2.22 所示。设微安表的内阻为 R_g，允许通过的最大电流（量程）为 I_g，设微安表并联分流电阻 R 后的量程为 I，且 $I=kI_g$（k 为量程倍率），由欧姆定律有

$$I_gR_g = (I-I_g)R = (k-1)I_gR \Rightarrow \begin{cases} R = R_g/(k-1) & (2.25) \\ k = 1 + R_g/R & (2.26) \end{cases}$$

其中，式（2.25）为分流电阻 R 的计算公式；式（2.26）为电流表量程倍率 k 的计算公式。可见，并联的分流电阻越小，电流表的量程越大，可测量的电流范围越宽。

在万用表中，常采用闭路抽头式分流结构来扩大电流表的量程，如图 2.23 所示（图中只画出了 3 个电流量程 I_1、I_2、I_3）。使用万用表时，通过旋转开关分别选取不同的分流电阻与微安表并联，即可实现多量程的电流测量。设量程 I_i 的倍率为 k_i，即 $I_i=k_iI_g$ ($i=1, 2, \cdots, n$)，可以证明，各个分流电阻的计算公式为

$$\begin{cases} R_{总} = R_g + \sum R_i = R_g + \dfrac{R_g}{k_n-1} = \dfrac{k_n}{k_n-1}R_g \\ R_i = \left(\dfrac{1}{k_i} - \dfrac{1}{k_{i-1}}\right)R_{总} \quad (k_0 \to \infty) \end{cases} \tag{2.27}$$

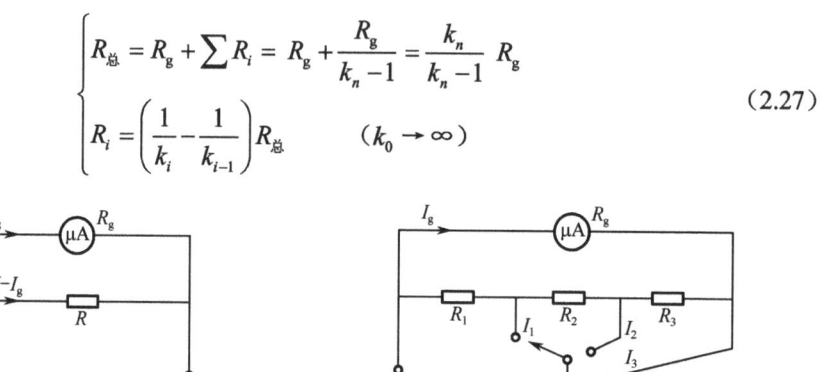

图 2.22 并联电阻扩大电流表的量程   图 2.23 多量程电流表

本章小结

本章介绍电阻电路等效变换的概念与方法。内容包括电阻的串联、并联和混联；电阻的 Y 形连接与△形连接之间的等效变换；理想电源的串联、并联；实际电源模型及其等效变换等。本章学习的重点内容是：理解"等效变换"的思想，掌握"等效变换"的方法。

在本章的学习中应注意以下三个问题。

1．从电路结构上讲，几个电阻（或其他元件）串联，就是它们一个连一个，其中通过相同的电流；几个电阻（或支路）并联，就是它们连在两个公共节点之间，并受到同一电压作用。

电阻串联起分压作用，电阻并联起分流作用；尤其要注意两个电阻串联的分压关系式和两个电阻并联的分流关系式。

2．任何一个实际电源都可以等效为电压源与电阻的串联或电流源与电阻的并联两种电路模型。两者对外电路等效，即两者的外特性是一样的，但两者的内部则是不等效的。至于理想电压源和理想电流源，它们是不等效的。理想电压源和理想电流源实际上并不存在，只是抽象出来的一种元件模型。

3．两个电路等效是指：

（1）两个结构、参数不同的电路在端子上有相同的电压、电流关系，因而可以互相等效。

（2）等效的结果是不改变外电路（或电路中未被置换部分）中的电压、电流和功率。

由此得出电路等效变换的条件是：相互置换的两部分电路具有相同的伏安特性。等效的对象是外电路（或电路未变化部分）中的电压、电流和功率。

习题 2

2.1 有人打算将 110V、100W 和 110V、40W 两盏白炽灯串联后接在 220V 的电源上使用，是否可以？为什么？

2.2 在图 2.24 所示的两个电路中，要在 12V 的直流电源上使 6V、50mA 的灯泡正常发光，应该采用哪一个连接电路？

2.3 电路如图 2.25 所示，当 ab 间因故障断开后，用电压表测得 ab 间的电压值为多少？

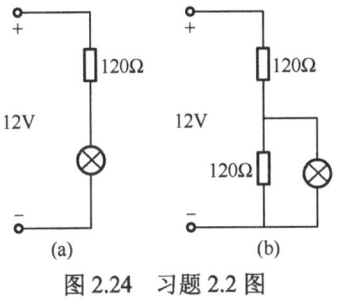

图 2.24 习题 2.2 图

图 2.25 习题 2.3 图

2.4 电路如图 2.26 所示，求各电路的等效电阻 R_{ab}。

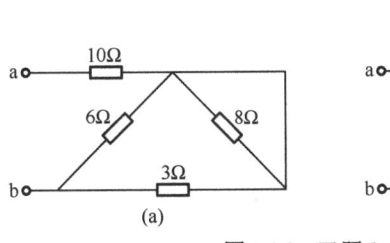
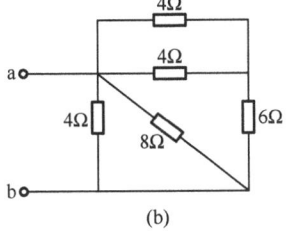

图 2.26 习题 2.4 图

2.5 求图 2.27 所示的各电路的等效电阻 R_{ab}。

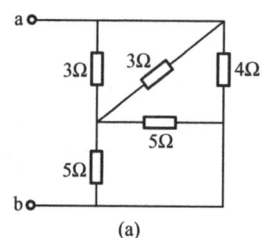
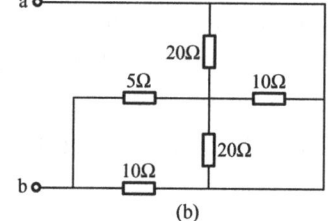

图 2.27 习题 2.5 图

2.6 求图 2.28 所示的各电路的等效电阻 R_{ab}。

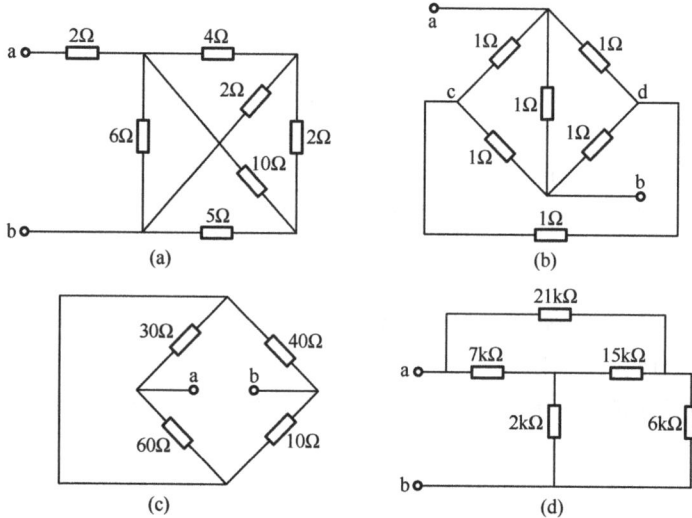

图 2.28 习题 2.6 图

2.7 如图 2.29 所示,电路中各电阻的阻值均为 R,求等效电阻 R_{ab}。

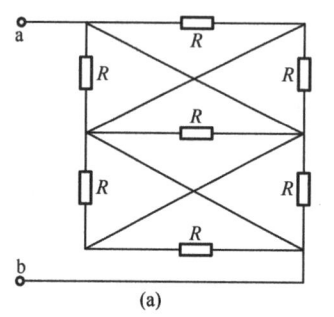
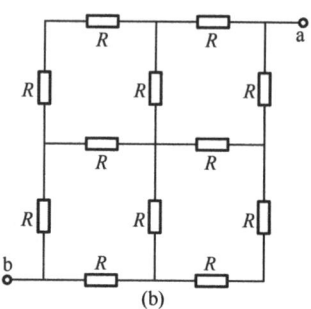

图 2.29 习题 2.7 图

2.8 将图 2.30 所示的电路等效简化为一个电压源模型。

2.9 将图 2.31 所示的电路等效简化为一个电流源模型。

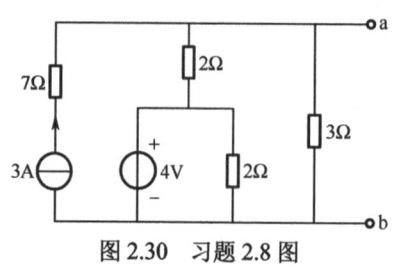

图 2.30 习题 2.8 图

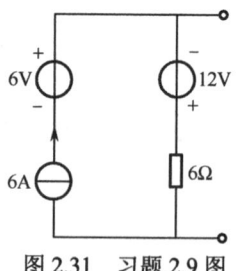

图 2.31 习题 2.9 图

2.10 对图 2.32 所示的电桥电路，应用 Y-△ 等效变换求解：(1) 对角线电压 U；(2) 电压 U_{ab}。

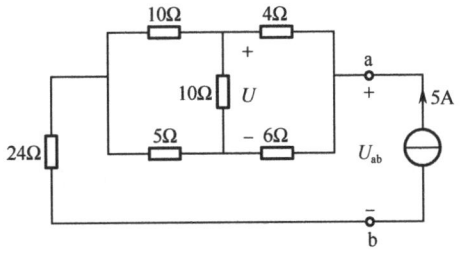

图 2.32 习题 2.10 图

2.11 求图 2.33 所示电路的最简等效电源模型。

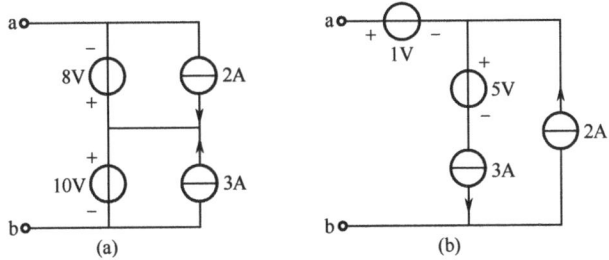

图 2.33 习题 2.11 图

2.12 如图 2.34 所示，电路中 $I_S = 8A$，$U_S = 10V$。试用电源的等效变换求 3Ω 电阻所在支路的电流。

2.13 试用电源的等效变换求图 2.35 所示电路中 12Ω 电阻所在支路的电流。

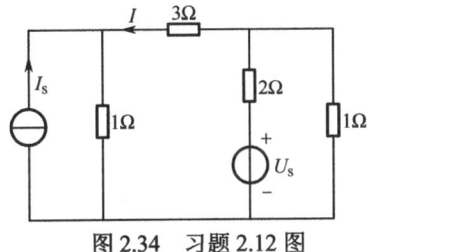

图 2.34 习题 2.12 图   图 2.35 习题 2.13 图

2.14 在图 2.36 所示的电路中，$R_1=R_3=R_4$，$R_2=2R_1$，CCVS 的电压 $u_C=4R_1i_1$，利用电源等效变换求电压 u。

2.15 试用等效变换计算图 2.37 中流过 2Ω 电阻的电流 I。

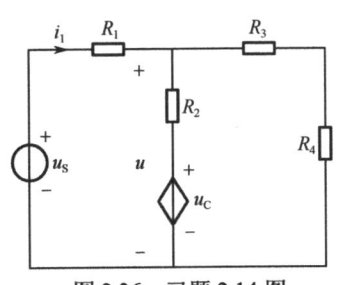 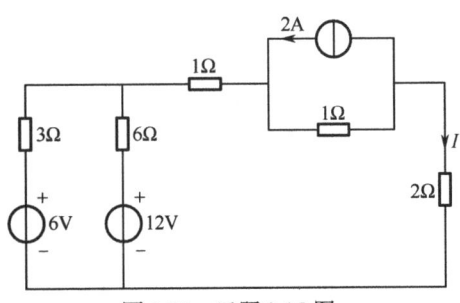

图 2.36 习题 2.14 图   图 2.37 习题 2.15 图

2.16 电路如图 2.38 所示，利用电源的等效变换求电压 u。

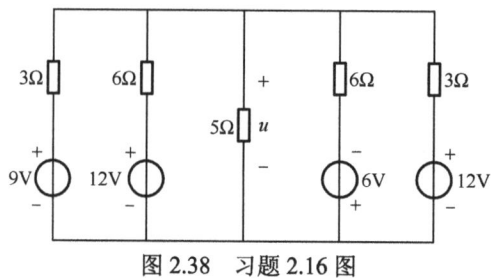

图 2.38　习题 2.16 图

第3章 电路分析方法

在电路分析中,对于结构较为简单的电路,可以根据 KCL、KVL 和欧姆定律直接列写方程求解,或者利用电阻等效变换及电源等效变换等方法先对原电路进行简化,然后再列写方程求解。但是对于结构复杂(如多个电源)的电路,上述方法不再适用。本章介绍的电路分析方法就是针对复杂电路常用的一些分析计算方法,其中包括支路电流法、网孔电流法、节点电压法、叠加定理和等效电源定理等。

3.1 支路电流法

基尔霍夫定律是分析电路的基本定律。但是,盲目地列写 KCL、KVL 方程不一定能解决问题,这里涉及 KCL、KVL 方程独立性的问题。下面先研究这个问题。

1) KCL 和 KVL 的独立方程数

在图 3.1 所示的电路中,为了简便,这里把电压源 u_{S1} 与电阻 R_1 的串联、电压源 u_{S2} 与电阻 R_2 的串联、电阻 R_3 分别视为一条支路,则该电路有两个节点(节点 a 和节点 b)和 3 条支路。对于这两个节点可列出两个 KCL 方程:

节点 a $i_1 + i_2 - i_3 = 0$
节点 b $i_3 - i_2 - i_1 = 0$

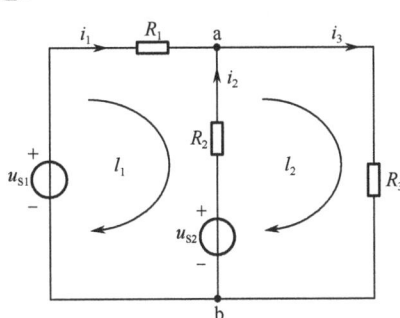

图 3.1 一个简单电路

以上两个方程中,每一支路电流都出现两次,一次为正,一次为负。因此这两个方程只有一个是独立的。这个结果可推广到一般情形:在含有 n 个节点的电路中,独立的 KCL 方程可列写 $(n-1)$ 个。

观察图 3.1 中的两个回路 l_1 和 l_2,按照所设定的回路绕行方向,可列 KVL 方程为

回路 l_1 $i_1 R_1 - i_2 R_2 + u_{S2} - u_{S1} = 0$ (3.1)

回路 l_2 $i_3 R_3 + i_2 R_2 - u_{S2} = 0$ (3.2)

该电路还有一个回路,即 u_{S1}、R_1、R_3 构成的大回路,它的 KVL 方程为

$$i_1 R_1 + i_3 R_3 - u_{S1} = 0 \quad (3.3)$$

观察可知,式(3.3)可由式(3.1)和式(3.2)相加得到,所以式(3.3)不是独立的,而式(3.1)和式(3.2)是互相独立的,也就是说,该电路的两个网孔所对应的 KVL 方程是互相独立的。

一般而言,如果电路有 b 条支路、n 个节点,则独立的 KVL 方程数为 $m = b-n+1$ 个。这 $(b-n+1)$ 个回路称为独立回路。在平面电路中(即可以画在平面上而没有任何支路相互交叉的电路),网孔数恰巧等于 $(b-n+1)$ 个,这些网孔也称为独立网孔。

归纳起来,对于有 n 个节点和 b 条支路的电路一定有 $(n-1)$ 个独立的 KCL 方程,$(b-n+1)$ 个独立的 KVL 方程。联立求解这些方程,可得各支路电流和节点电压。

2) 支路电流法

支路电流法是指以支路电流为未知量,通过列写电路的独立的 KCL 和 KVL 方程来求解电路的方法。现以图 3.1 所示电路为例说明具体方法。

若把流过相同电流的串联元件作为一条支路,在图 3.1 中共有 3 条支路和 2 个节点。若选节点 b 为参考点,则对节点 a 有一个独立的 KCL 方程,即

$$i_1 + i_2 - i_3 = 0$$

选网孔为独立回路,并按 l_1 和 l_2 的绕行方向可列两个独立的 KVL 方程。注意,元件电压与其电流取关联参考方向,当元件电压与绕行方向一致时取正,反之取负。从而有

$$i_1R_1 - i_2R_2 + u_{S2} - u_{S1} = 0$$
$$i_2R_2 + i_3R_3 - u_{S2} = 0$$

与电流方程联立,得方程组

$$\begin{cases} i_1 + i_2 = i_3 \\ i_1R_1 - i_2R_2 + u_{S2} - u_{S1} = 0 \\ i_2R_2 + i_3R_3 - u_{S2} = 0 \end{cases} \quad (3.4)$$

式(3.4)即以支路电流 i_1、i_2 和 i_3 为求解变量的一组独立方程,其中电阻上的电压根据欧姆定律求得。通常电源和电阻参数为已知量,从而可解得各支路电流。各支路电流求解出来后,各支路对应的电压、功率也就迎刃而解了。

由此可得支路电流法的一般步骤:
(1) 选定各支路电流的参考方向和回路的绕行方向;
(2) 根据 KCL,列出 $(n-1)$ 个独立的节点电流方程;
(3) 根据 KVL,列出 $(b-n+1)$ 个独立的回路电压方程;
(4) 联立求解上述 b 个独立方程,求出待求的支路电流,进而求出其他变量。

【例 3.1】 电路如图 3.2 所示,试用支路电流法求电流 I_1、I_2、I_3。已知 $U_{S1} = 220\text{V}$,$U_{S2} = U_{S3} = 100\text{V}$,电阻 $R_1 = R_2 = R_3 = 10\Omega$。

解:电路有 3 条支路、2 个节点和 2 个网孔。

节点 a 的 KCL 方程　　　$I_1 + I_2 + I_3 = 0$
回路 l_1 的 KVL 方程　　$I_1R_1 - I_2R_2 + U_{S2} - U_{S1} = 0$
回路 l_2 的 KVL 方程　　$I_2R_2 - I_3R_3 + U_{S3} - U_{S2} = 0$
代入数值联立求解,可得 $I_1 = 8\text{A}$,$I_2 = I_3 = -4\text{A}$。

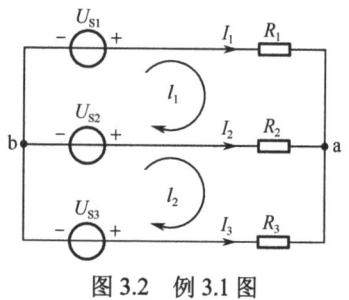

图 3.2　例 3.1 图

【例 3.2】 在图 3.3 中,$i_S = 8\text{A}$,$u_S = 4\text{V}$,$R_1 = R_2 = 2\Omega$,求 i_1、i_2 和 u。

解:此电路有 3 条支路,$b = 3$;2 个节点,$n = 2$。

节点 a　　　　　$i_S + i_1 = i_2$
回路 l_1　　　　$u_S = i_1R_1 + i_2R_2$
解方程得　　　　$i_1 = -3\text{A}$、$i_2 = 5\text{A}$
由欧姆定律得　　$u = i_2R_2 = 10\text{V}$

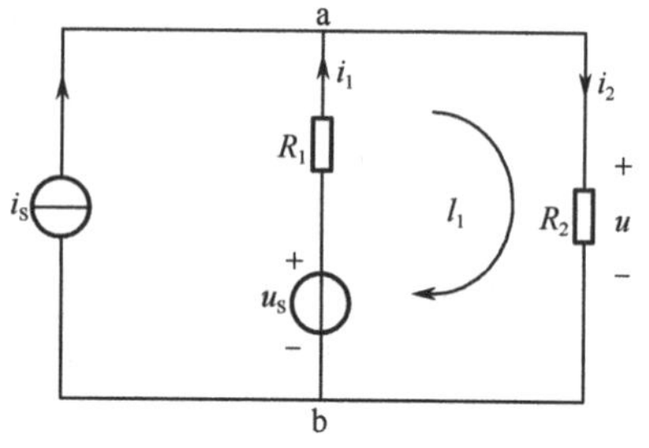

图 3.3　例 3.2 图

由此看出,当电路中某一支路仅含有电流源时,可少列写一个 KVL 方程,且在列写 KVL 方程时要避开电流源。

用支路电流法求解电路时,必须解多元方程,求出每条支路的电流,因此多用于支路数较少且需要求解全部支路电流的电路。对于支路数较多的电路,若只需求出某一条支路的电流,支路电流法就显得比较烦琐,这时可选用其他方法。

3.2 网孔电流法

在平面电路中,内部不包含其他支路的回路称为网孔,用 m 表示。网孔是一组独立的回路。如何利用这些网孔分析电路,是本节讨论的重点问题。

对于图 3.4 所示的电路,假想在网孔中有电流 i_{m1}、i_{m2} 和 i_{m3} 按顺时针方向流动,如图 3.4 中虚线所示,那么各支路电流是各网孔电流的代数和,即有

$$i_1 = i_{m1},\ i_2 = i_{m1} - i_{m2},\ i_3 = i_{m2},\ i_4 = i_{m2} - i_{m3},\ i_5 = i_{m3} \quad (3.5)$$

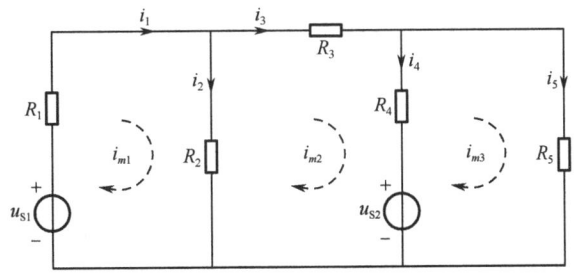

图 3.4 网孔电流法举例

取绕行方向与网孔电流的方向一致,对 3 个网孔,根据 KVL 列写电压方程,有

$$\begin{cases} i_1R_1 + i_2R_2 - u_{S1} = 0 \\ i_3R_3 + i_4R_4 - i_2R_2 + u_{S2} = 0 \\ i_5R_5 - i_4R_4 - u_{S2} = 0 \end{cases} \quad (3.6)$$

将支路电流与网孔电流之间的关系代入,整理得到

$$\begin{cases} (R_1 + R_2)i_{m1} - R_2 i_{m2} = u_{S1} \\ -R_2 i_{m1} + (R_2 + R_3 + R_4)i_{m2} - R_4 i_{m3} = -u_{S2} \\ -R_4 i_{m2} + (R_5 + R_4)i_{m3} = u_{S2} \end{cases} \quad (3.7)$$

式(3.7)就是以 3 个网孔电流作为未知量的网孔电流方程。R_1、R_2、R_3、R_4、R_5 和 u_{S1}、u_{S2} 已知时,可以解出网孔电流 i_{m1}、i_{m2} 和 i_{m3}。一旦求出电路的网孔电流,就可以由式(3.5)求得各支路电流。由于网孔是一组独立回路,针对每个网孔列写的网孔电流方程也将是独立的,且独立方程个数与电路变量数均为全部网孔数,因此可以解出网孔电流。这种以网孔电流作为未知量来分析电路的方法就是网孔电流法,它仅适用于平面电路。

需要指出的是,网孔电流在相应网孔中环流一周是假想的,网孔电流的方向可以任意假设。下面归纳网孔电流法的一般规律。

设平面电路有 b 条支路,n 个节点,则网孔数 $m = b - n + 1$。以网孔电流为未知量,根据 KVL,可以列出 m 个网孔方程。根据式(3.7),可写出运用网孔电流法列写 KVL 方程的一般表达式为

$$\begin{cases} R_{11}i_{m1} + R_{12}i_{m2} + \cdots + R_{1m}i_{mm} = \sum_{m1} u_S \\ R_{21}i_{m1} + R_{22}i_{m2} + \cdots + R_{2m}i_{mm} = \sum_{m2} u_S \\ \vdots \\ R_{m1}i_{m1} + R_{m2}i_{m2} + \cdots + R_{mm}i_{mm} = \sum_{mm} u_S \end{cases} \quad (3.8)$$

式(3.8)中,$R_{ii}(i=1,2,\cdots,m)$ 称为网孔 i 的自阻,等于网孔 i 的各电阻之和,恒为正;R_{ij}($i,j=1,2,\cdots,m$ 且 $i \neq j$)称为网孔 i、j 之间的互阻,等于网孔 i、j 公共支路上的电阻之和。当网孔 i、j 的网孔电流流经公共支路的方向一致时,互阻为正;反之,互阻为负。式(3.8)的方程右边是各个网孔中电压源电压的代数和,当电压源电压升高方向与网孔绕行方向一致时取负,反之取正。

由以上分析,可归纳网孔电流法的步骤如下:
(1)选定一组网孔,并假设各网孔电流的参考方向;
(2)以网孔电流的方向为网孔的绕行方向,按式(3.8)的形式列写各网孔的 KVL 方程;
(3)由各网孔的 KVL 方程解出网孔电流;
(4)原电路非公共支路的电流等于网孔电流,公共支路的电流等于网孔电流的代数和。

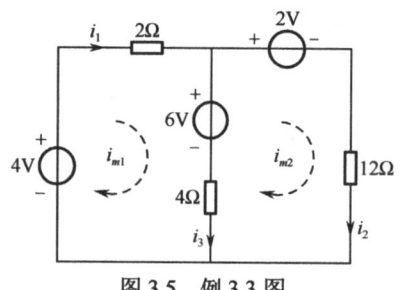

图 3.5 例 3.3 图

【例 3.3】 电路如图 3.5 所示，试求各支路电流。

解：设网孔电流为 i_{m1} 和 i_{m2}，由 KVL 写出网孔方程为

$$\begin{cases} (2+4)i_{m1} - 4i_{m2} = 4-6 \\ -4i_{m1} + (12+4)i_{m2} = 6-2 \end{cases}$$

整理得

$$\begin{cases} 6i_{m1} - 4i_{m2} = -2 \\ -4i_{m1} + 16i_{m2} = 4 \end{cases}$$

解得网孔电流

$$i_{m1} = -0.2\text{A}, \quad i_{m2} = 0.2\text{A}$$

支路电流

$$i_1 = i_{m1} = -0.2\text{A}, \quad i_2 = i_{m2} = 0.2\text{A}, \quad i_3 = i_{m1} - i_{m2} = -0.4\text{A}$$

【例 3.4】 电路如图 3.6 所示，i_S=2A，u_S=10V，R_1=2Ω，R_2=5Ω，R_3=3Ω，试求各支路电流。

解：设网孔电流 i_{m1} 和 i_{m2} 的方向如图 3.6 所示。因为 i_S 在非公共支路，所以网孔电流 $i_{m2}=i_2=i_S$ 为已知量。所以只要列写 i_{m1} 所在网孔的 KVL 方程即可，即

$$(R_1 + R_3)i_{m1} - R_3 i_{m2} = u_S$$

代入数据

$$5i_{m1} - 3i_{m2} = 10$$

又 $i_S = 2$A，故解得

$$i_{m1} = 3.2\text{A}$$

所以支路电流

$$i_1 = i_{m1} = 3.2\text{A}, \quad i_2 = i_{m2} = i_S = 2\text{A}, \quad i_3 = i_{m1} - i_{m2} = 1.2\text{A}$$

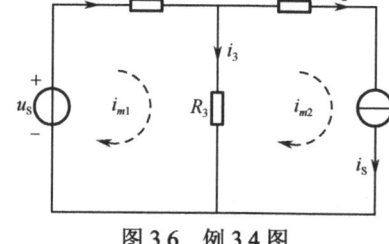

图 3.6 例 3.4 图

由此题可知，当电路中某一支路仅含有电流源时，可少列写一个网孔的 KVL 方程。

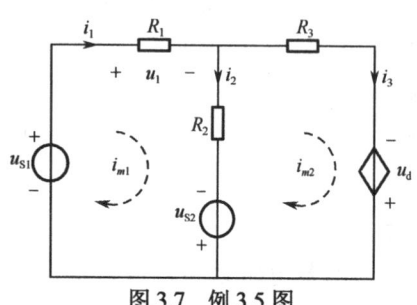

图 3.7 例 3.5 图

【例 3.5】电路如图 3.7 所示，u_{S1}=5V，u_{S2}=10V，R_1=10Ω，R_2=30Ω，R_3=100Ω，$u_d=5u_1$，试求各支路电流。

解：设网孔电流 i_{m1} 和 i_{m2}，则有

$$u_d = 5u_1 = 5R_1 i_{m1} = 50 i_{m1}$$

列 KVL 方程得

$$\begin{cases} (R_1 + R_2)i_{m1} - R_2 i_{m2} = u_{S1} + u_{S2} \\ -R_2 i_{m1} + (R_2 + R_3)i_{m2} = u_d - u_{S2} \end{cases}$$

整理得

$$\begin{cases} 8i_{m1} - 6i_{m2} = 3 \\ -8i_{m1} + 13i_{m2} = -1 \end{cases}$$

解得网孔电流

$$i_{m1} = \frac{33}{56}\text{A}, \quad i_{m2} = \frac{2}{7}\text{A}$$

支路电流

$$i_1 = i_{m1} = \frac{33}{56}\text{A}, \quad i_2 = i_{m1} - i_{m2} = \frac{17}{56}\text{A}, \quad i_3 = i_{m2} = \frac{2}{7}\text{A}$$

可见，当回路中含有受控电压源时，先把受控电压源的控制量用网孔电流表示，并暂时将受控

电压源视为独立电压源，列写网孔的 KVL 方程。同样，当回路中含有受控电流源时，先把受控电流源的控制量用网孔电流表示，并暂时将受控电流源视为独立电流源，列写网孔的 KVL 方程。若受控电流源并联电阻，也可以把受控电流源先等效成受控电压源，然后再进行处理。

3.3 节点电压法

在网孔电流法中，以网孔电流为独立变量，利用 $(b-n+1)$ 个网孔的 KVL 方程来求出网孔电流，然后根据网孔电流与支路电流的关系求出支路电流。那么能否仅利用 $(n-1)$ 个独立节点的 KCL 方程来分析电路呢？下面介绍的节点电压法就来解决这个问题。

在电路中，当选取任一节点作为参考节点时，其他节点就是独立节点，这些节点与此参考节点之间的电压称为节点电压。节点电压的参考极性是以参考节点为负，其余独立节点为正。在图 3.8 所示电路中，当选择节点 0 作为参考节点时，节点 1 的节点电压为 u_{n1}，节点 2 的节点电压为 u_{n2}。

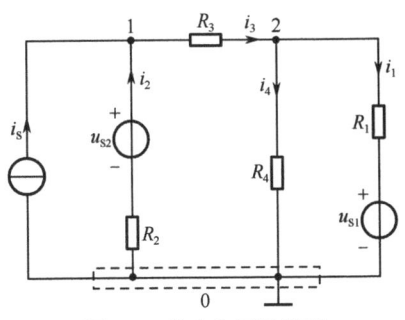

图 3.8 节点电压法举例

节点电压法是以节点电压为未知量，对 $(n-1)$ 个独立节点列写 KCL 方程，得到 $(n-1)$ 个节点电压方程，由这些方程解出节点电压，从而求出所需的电压和电流的方法。

下面以图 3.8 所示的电路为例，推导节点电压法的一般方程。假设已知 R_1、R_2、R_3、R_4 和 u_{S1}、u_{S2}、i_S，以节点 0 为参考节点，选择各支路电流参考方向如图 3.8 所示，对独立节点 1、2 列写 KCL 方程，得到

节点 1 $\qquad i_2 + i_S - i_3 = 0$ （3.9）

节点 2 $\qquad i_3 - i_1 - i_4 = 0$ （3.10）

其中

$$i_1 = \frac{u_{n2} - u_{S1}}{R_1} = G_1(u_{n2} - u_{S1}) \tag{3.11}$$

$$i_2 = \frac{u_{S2} - u_{n1}}{R_2} = G_2(u_{S2} - u_{n1}) \tag{3.12}$$

$$i_3 = \frac{u_{n1} - u_{n2}}{R_3} = G_3(u_{n1} - u_{n2}) \tag{3.13}$$

$$i_4 = \frac{u_{n2}}{R_4} = G_4 u_{n2} \tag{3.14}$$

将式（3.11）～式（3.14）分别代入式（3.9）和式（3.10）中整理，得

$$\begin{cases} (G_2 + G_3)u_{n1} - G_3 u_{n2} = G_2 u_{S2} + i_S \\ -G_3 u_{n1} + (G_1 + G_3 + G_4)u_{n2} = G_1 u_{S1} \end{cases} \tag{3.15}$$

联立求解，可得 u_{n1}、u_{n2}。将 u_{n1} 和 u_{n2} 代入式（3.11）～式（3.14）中，即得到各支路电流。式（3.15）可写成如下形式

$$\begin{cases} G_{11}u_{n1} + G_{12}u_{n2} = \sum_1 i_S \\ G_{21}u_{n1} + G_{22}u_{n2} = \sum_2 i_S \end{cases} \tag{3.16}$$

对照式（3.16），可以看出节点电压方程有以下规律：

（1）G_{11}、G_{22} 分别为节点 1 和节点 2 的自导，它等于与该节点相连的各支路电导之和，恒取正；

（2）G_{12}（G_{21}）称为节点 1 和节点 2 之间（节点 2 和节点 1 之间）的互导，它等于节点 1 和节点 2 之间各支路电导之和，恒取负；

(3) $\sum_1 i_S$ 和 $\sum_2 i_S$ 分别为流入节点 1 和节点 2 的电流源电流的代数和，流入取正，流出取负。

对于一个含有 n 个节点、b 条支路的一般电路，可对 $(n-1)$ 个独立节点列写节点电压方程

$$\begin{cases} G_{11}u_{n1} + G_{12}u_{n2} + \cdots + G_{1(n-1)}u_{n(n-1)} = \sum_1 i_S \\ G_{21}u_{n1} + G_{22}u_{n2} + \cdots + G_{2(n-1)}u_{n(n-1)} = \sum_2 i_S \\ \vdots \\ G_{(n-1)1}u_{n1} + G_{(n-1)2}u_{n2} + \cdots + G_{(n-1)(n-1)}u_{n(n-1)} = \sum_{n-1} i_S \end{cases} \quad (3.17)$$

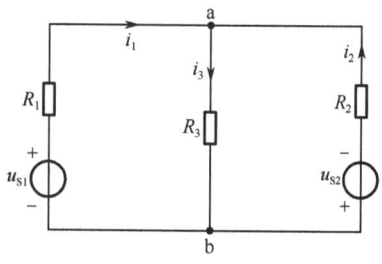

图 3.9 弥尔曼定理举例

对于有多条支路，只含两个节点的电路，用节点电压法求解比较方便，如图 3.9 所示，求各支路电流。可以选择节点 b 为参考节点，则节点 a 的节点电压方程为

$$\left(\frac{1}{R_1} + \frac{1}{R_2} + \frac{1}{R_3}\right)u_a = \frac{u_{S1}}{R_1} - \frac{u_{S2}}{R_2} \quad (3.18)$$

$$u_a = \frac{\dfrac{u_{S1}}{R_1} - \dfrac{u_{S2}}{R_2}}{\dfrac{1}{R_1} + \dfrac{1}{R_2} + \dfrac{1}{R_3}} = \frac{G_1 u_{S1} - G_2 u_{S2}}{G_1 + G_2 + G_3} = \frac{\sum G_i u_{Si}}{\sum G_i} \quad (3.19)$$

式（3.19）为弥尔曼定理公式。

【例 3.6】 试列出图 3.10 所示电路的节点电压方程。

解：此电路含有一个无伴电压源 u_{S1}（没有电阻与之串联），设该支路电流为 i，选择理想电压源的一端节点 0 为参考点。

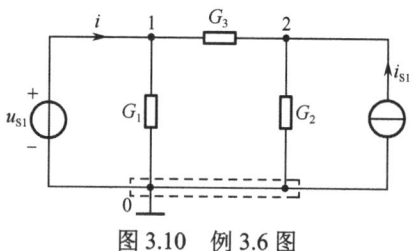

图 3.10 例 3.6 图

$$(G_1 + G_3)u_{n1} - G_3 u_{n2} = i$$
$$-G_3 u_{n1} + (G_2 + G_3)u_{n2} = i_{S1}$$
$$u_{n1} = u_{S1}$$

【例 3.7】 试用节点电压法求图 3.11 所示电路中的电流 I。

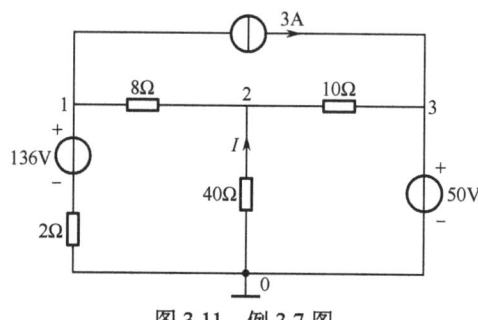

图 3.11 例 3.7 图

解：选择理想电压源的一端的节点 0 为参考点，列出节点电压方程

节点 1 $\qquad \left(\dfrac{1}{8} + \dfrac{1}{2}\right)u_{n1} - \dfrac{1}{8}u_{n2} = \dfrac{136}{2} - 3$

节点 2 $\qquad -\dfrac{1}{8}u_{n1} - \left(\dfrac{1}{8} + \dfrac{1}{40} + \dfrac{1}{10}\right)u_{n2} - \dfrac{1}{10}u_{n3} = 0$

节点 3 $\qquad u_{n3} = 50\text{V}$

解得 $\qquad u_{n2} = 80\text{V}$

$$I = -\frac{u_{n2}}{40} = -2\text{A}$$

综上所述，节点电压法的步骤归纳如下：

（1）指定参考节点，其余节点与参考节点间的电压就是节点电压，节点电压均以参考节点为负极性。

（2）列出节点电压方程。如果电路中有电压源和电阻串联组合，要先等效变换成电流源和电阻并联组合；如果电路中含有无伴电压源支路，可将无伴电压源支路的一端设为参考点，则它的另一端的节点电压为已知量，等于该电压源的电压或差一个负号，此节点的电压方程可省去。

（3）由节点电压方程解出节点电压，然后求出各支路电压或电流。

【例 3.8】 电路如图 3.12 所示，试用节点电压法求电流 i 和电压 u。

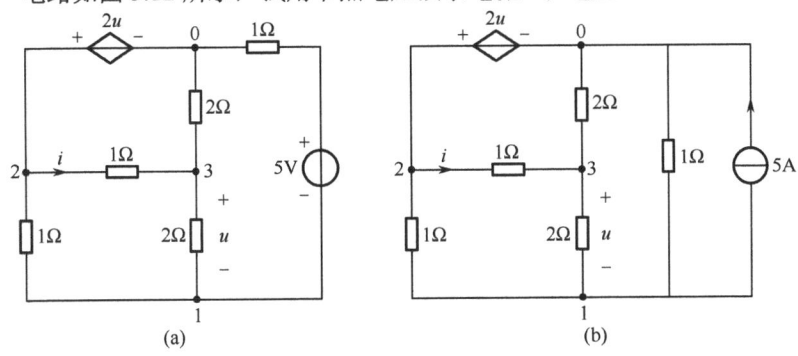

图 3.12 例 3.8 图

解：节点 0 和节点 2 之间连接有一个无伴受控电压源，设节点 0 为参考节点，则 $u_{n2}=2u$。将原图化成如图 3.12(b)所示，列出节点电压方程及辅助方程。

节点 1
$$\left(1+1+\frac{1}{2}\right)u_{n1} - u_{n2} - \frac{1}{2}u_{n3} = -5$$

节点 3
$$-\frac{1}{2}u_{n1} - u_{n2} + \left(1+\frac{1}{2}+\frac{1}{2}\right)u_{n3} = 0$$

辅助方程
$$u_{n2} = 2u$$
$$u = u_{n3} - u_{n1}$$

联立求解以上方程可得 $u_{n2}=4\text{V}$，$u_{n3}=2\text{V}$，$u_{n1}=0$

故有
$$u = \frac{u_{n2}}{2} = 2\text{V} \qquad i = \frac{u_{n2}-u_{n3}}{1} = 2\text{A}$$

当电路中含有受控源时，可将受控源按独立源一样对待，列写节点电压方程，然后再增加相应的辅助方程，即将受控源的控制量用节点电压表示。

3.4 叠加定理

当一个电路中存在多个独立源时，可以用前面介绍的网孔电流法和节点电压法去分析电路中的响应，也可以用叠加定理来分析。叠加定理是线性电路分析的基本方法之一，可以使复杂激励问题简化为单一激励问题。

叠加定理是指在存在多个电源的线性电路中，任一元件上产生的电压或电流可以看成各个电源单独作用时，在该元件上产生的电压或电流的代数和。

现在通过一个实例来说明叠加定理。如图 3.13(a)所示，求电流 i_1。

解：由节点电压法可求得

$$i_1 = \frac{u_S}{R_1+R_2} + \frac{R_2}{R_1+R_2}i_S \qquad (3.20)$$

若将上式中第一项设为 $$i_1' = \frac{u_S}{R_1 + R_2}$$

第二项设为 $$i_1'' = \frac{R_2}{R_1 + R_2} i_S \tag{3.21}$$

则 $$i = i_1' + i_1''$$

从式（3.20）和式（3.21）可以看出：i 由两项组成，而每一项只与一个激励成比例，相当于两个独立源 u_S 和 i_S 分别单独作用时，在 R_1 支路产生的电流的代数和，如图3.13(b)和图3.13(c)所示。

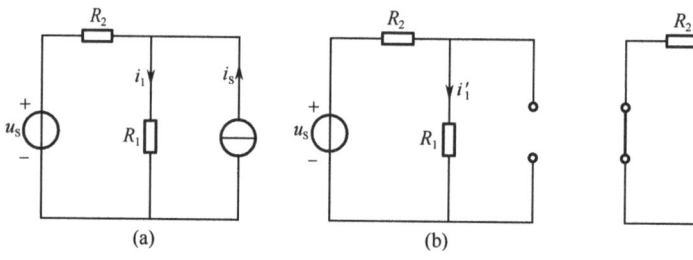

图3.13 叠加定理举例

应用叠加定理时要注意以下几个问题。

（1）叠加定理只适用于线性电路，不适用于非线性电路。

（2）独立源可以作为激励源，受控源不能作为激励源。

（3）在叠加的各分电路中，置零的独立电压源用短路代替，置零的独立电流源用开路代替，受控源保留在各分电路中，但其控制量和被控制量都有所改变。

（4）功率不是电压或电流的一次函数，因此不能用叠加定理计算。

（5）电路的响应是各独立源单独作用的分量的代数和，与原电路中电压或电流的参考方向相同的分电压或分电流前为"+"，方向相反的分电压或分电流前为"-"。

（6）叠加的方式是任意的，可以一次使一个独立源单独作用，也可以一次使几个独立源同时作用，方式的选择取决于分析问题的复杂程度。

【例3.9】 电路如图3.14所示，$R_1=1\text{k}\Omega$，$R_2=R_3=4\text{k}\Omega$，$u_S=12\text{V}$，$i_S=3\text{mA}$，应用叠加定理求电流 I。

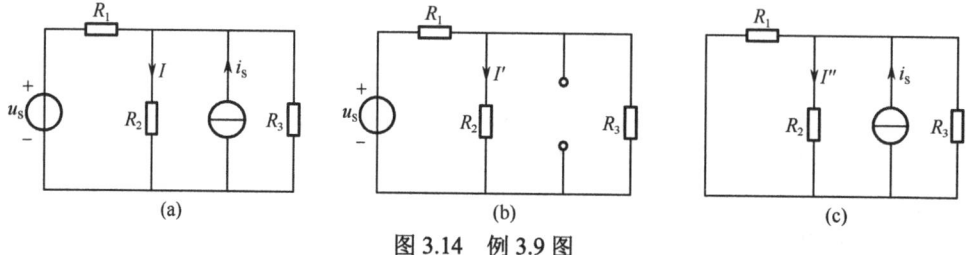

图3.14 例3.9图

解：（1）电压源单独作用时，将不作用的电流源做开路处理，如图3.14(b)所示。

$$I' = \frac{u_S}{R_1 + \frac{R_2 \times R_3}{R_2 + R_3}} \times \frac{R_3}{R_2 + R_3} = \frac{12}{1 + \frac{4 \times 4}{4+4}} \times \frac{4}{4+4} = 2\text{mA}$$

（2）电流源单独作用时，将不作用的电压源做短路处理，如图3.14(c)所示。

$$I'' = \frac{\frac{1}{R_2}}{\frac{1}{R_1} + \frac{1}{R_2} + \frac{1}{R_3}} \times i_S = \frac{\frac{1}{4}}{1 + \frac{1}{4} + \frac{1}{4}} \times 3 = 0.5\text{mA}$$

（3）根据叠加定理，电压源、电流源共同作用时，电路中的电流为
$$I = I' + I'' = 2 + 0.5 = 2.5\text{mA}$$

【例3.10】 用叠加定理计算图3.15(a)所示电路中的电流i和电压u。

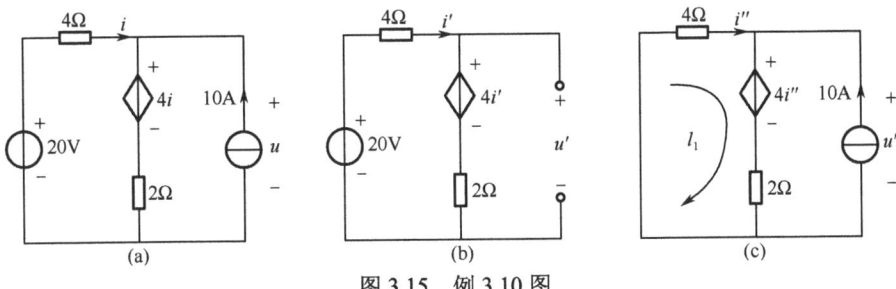

图3.15 例3.10图

解：（1）当20V电压源单独作用时
$$(4+2)i' + 4i' - 20 = 0$$

解得
$$i' = 2\text{A}, \quad u' = 4i' + 2i' = 6i' = 12\text{V}$$

（2）当5A电流源单独作用时，对左边网孔应用KVL可得
$$4i'' + 2\times(10 + i'') + 4i'' = 0$$

解得
$$i'' = -2\text{A}, \quad u'' = -4i'' = 8\text{V}$$

所以
$$u = u' + u'' = 12 + 8 = 20\text{V}$$
$$i = i' + i'' = 2 + (-2) = 0\text{A}$$

注意：受控源电压的大小和方向均随分电路中的控制量i'和i''变化。受控源的电压或电流不是电路的激励源，不能单独作用。在运用叠加定理时，受控源和电阻一样，始终保留在电路中，但要注意控制量的大小和方向在各分电路中可能会改变。

3.5 等效电源定理

利用基尔霍夫定律可以求出一个复杂电路中的全部未知电流或电压，但在许多实际问题中，往往只需要求出其中一个电流或电压。在这种情况下，可以考虑等效电源定理。等效电源定理有两种，即戴维南定理和诺顿定理。

3.5.1 戴维南定理

对于一个复杂的电路，如果将所要研究的支路移走，便可得到一个二端网络，即只有两个端子与外电路相连的电路。将内部不含独立源的二端网络称为无源二端网络，如图3.16(a)所示，可用一个电阻等效替代；将内部含有独立源的二端网络称为有源二端网络，如图3.16(b)所示。

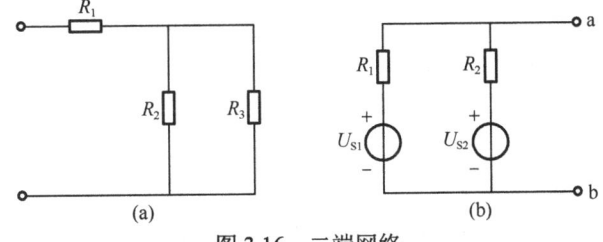

图3.16 二端网络

戴维南定理：一个含源二端网络的对外作用可以用一个电压源和电阻的串联组合来等效代替，等效电压源的电压等于含源二端网络的开路电压，而等效电阻等于含源二端网络的全部独立源置零后端

口间的等效电阻。含源二端网络的电压源和电阻串联的等效电路（等效电源），称为戴维南等效电路。

在图 3.17(a)所示的电路中，若只求支路电流 i，可以把这个电路划分为两部分，一部分是待求支路，另一部分是具有两个输出端的有源二端网络。根据戴维南定理，可以把有源二端网络简化为一个恒压源 u_{OC} 和一个内阻 R_{eq} 相串联的电路，则复杂电路就变成一个电压源与待求支路相串联的简单电路，如图 3.17(b)所示。该电压源的电压 u_{OC} 等于有源二端网络的开路电压，其串联的电阻 R_{eq} 等于该有源二端网络中所有独立源置零（电压源短路，电流源开路）时无源二端网络的等效电阻。

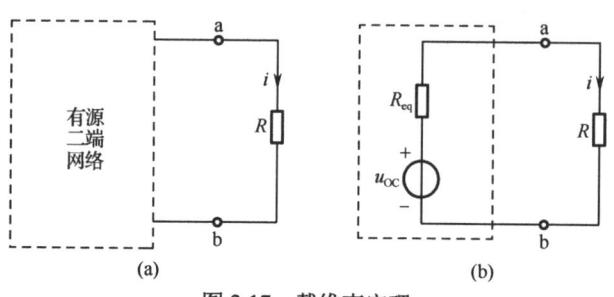

图 3.17 戴维南定理

应该注意的是，用一个电压源代替有源二端网络，只是指它们对外电路的作用等效，它们对内电路的电流、电压和功率一般并不等效。

【例 3.11】 求如图 3.18(a)所示电路的戴维南等效电路。

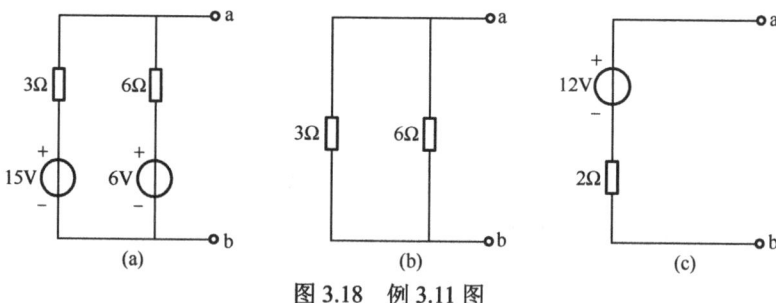

图 3.18 例 3.11 图

解：由图 3.18(a)所示的电路可得开路电压 u_{OC} 为

$$u_{OC} = 6 + \frac{15-6}{3+6} \times 6 = 12\text{V}$$

将图 3.18(a)所示电路中的所有独立源置零，得到无源二端网络，如图 3.18(b)所示。从而求得等效电阻为

$$R_{eq} = 6//3 = 2\Omega$$

画出戴维南等效电路，如图 3.18(c)所示。

【例 3.12】 用戴维南定理求如图 3.19(a)所示电路中的电流 i。

解：应用戴维南定理简化图 3.19(a)虚线左边的有源二端网络。

（1）计算有源二端网络的开路电压 u_{OC}，如图 3.19(b)所示，则

$$\frac{u_1}{1} + 0.25u_1 = 10, \quad u_1 = \frac{10}{1.25} = 8\text{V}$$

$$u_{OC} = 10 - 0.25u_1 \times 2 + u_1 = 10 - 0.25 \times 8 \times 2 + 8 = 14\text{V}$$

（2）把有源二端网络中的全部独立源置零，如图 3.19(c)所示，在 a、b 端加电压 u，a 端流入电流为 i，则

$$i = \frac{u_1}{1} + 0.25u_1 = 1.25u_1 = 1.25 \times \frac{1}{1+2}u$$

$$R_{eq} = \frac{u}{i} = \frac{3}{1.25} = 2.4\Omega$$

(3) 戴维南等效电路如图 3.19(d)所示，则

$$i = \frac{u_{OC}}{R_{eq} + 4.6} = \frac{14}{2.4 + 4.6} = 2A$$

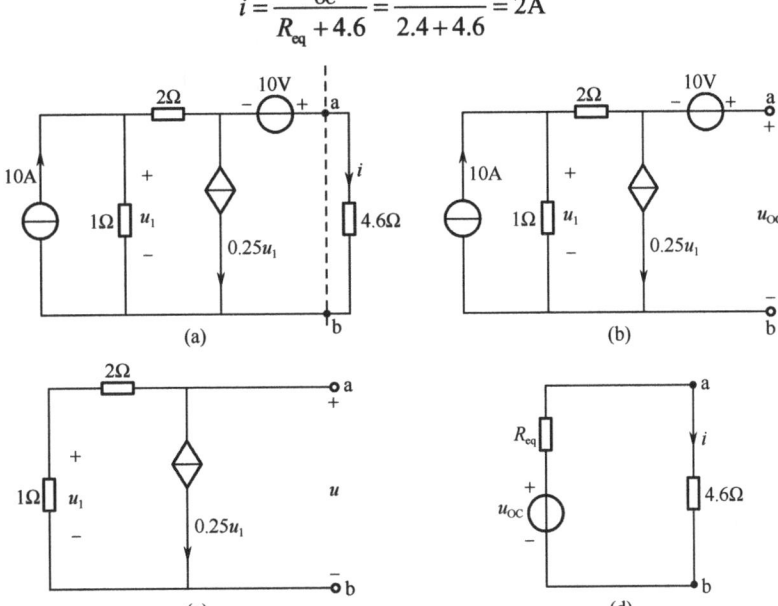

图 3.19　例 3.12 图

本例题中给出了求有源二端网络等效电阻 R_{eq} 的一种方法，即在不含独立源的二端网络的两个端子间加电压 u，计算电流 i，u 与 i 的参考方向是关联的，则

$$R_{eq} = \frac{u}{i}$$

3.5.2　诺顿定理

诺顿定理：任何一个线性有源二端网络，对外电路的作用都可以用理想电流源 i_{SC} 与一个电阻 R_{eq} 并联的组合等效代替，其中 i_{SC} 等于该有源二端网络的短路电流，R_{eq} 等于该有源二端网络中所有独立源置零后，所得无源二端网络的等效电阻，其中 $i_{SC} = \dfrac{u_{OC}}{R_{eq}}$。图 3.20(b)为图 3.20(a)的诺顿等效电路。

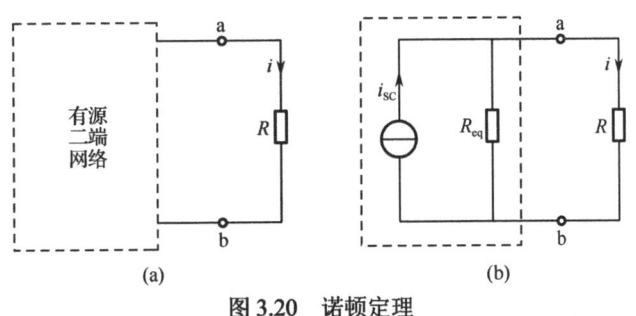

图 3.20　诺顿定理

【例 3.13】　求图 3.21(a)所示电路的诺顿等效电路。

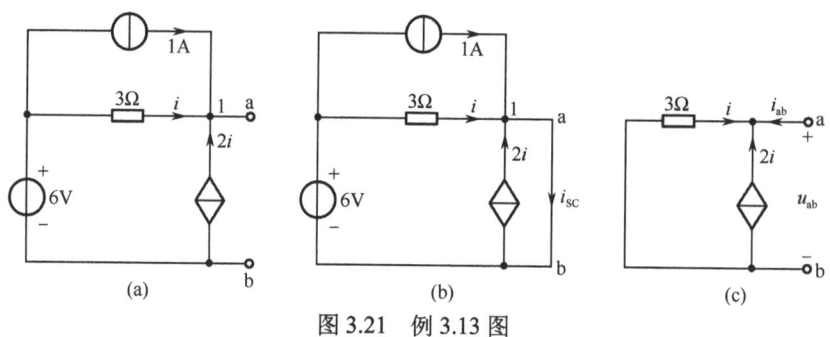

图 3.21 例 3.13 图

解：(1) 求短路电流 i_{SC}。将 a、b 两端短路，如图 3.21(b) 所示。

由 KVL 有

$$3i = 6$$

得

$$i = 2A$$

在节点 1，由 KCL 有

$$1 + i + 2i = i_{SC}$$

$$i_{SC} = 7A$$

(2) 求 a、b 两端的等效电阻。把电压源和电流源置零，受控源仍然保留，得到图 3.21(c) 所示的电路。

$$u_{ab} = 3 \times (-i)$$
$$i_{ab} = -i - 2i = -3i$$
$$R_{eq} = \frac{u_{ab}}{i_{ab}} = 1\Omega$$

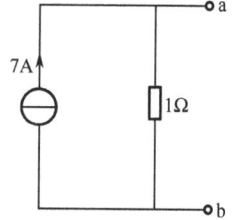

图 3.22 诺顿等效电路

(3) 图 3.21(a) 所示电路的诺顿等效电路如图 3.22 所示。

如果要求网络中某一条支路的电压或电流，可将该支路从网络中抽出，而将网络的其余部分视为一个有源二端网络，应用戴维南定理或诺顿定理将该有源二端网络用相应的等效电路等效，从而把原电路简化为一个单回路或单节点电路，在此电路中计算待求支路的电压或电流。

因此，应用等效电源定理分析电路的基本步骤可归纳为：

(1) 断开待求支路，求出其余有源二端网络的开路电压 u_{OC} 或短路电流 i_{SC}；

(2) 将有源二端网络内所有独立源置零（电压源短路，电流源开路），求等效电阻 R_{eq}；

(3) 将待求支路接入等效后的戴维南等效电路或诺顿等效电路，求出待求量。

在这个过程中，开路电压和短路电流的求解用前面学过的方法即可解决，需要注意的是等效电阻的求解。归纳起来，其求解方法有以下几种。

(1) 若二端网络为纯电阻网络（无受控源），则可利用电阻串联、并联和 Y-△ 等效变换等方法进行计算。

(2) 若二端网络中含有受控源，则采用外加电源法。在无源二端网络的端口处施加电压 u 或电流 i，在端口电压和电流关联参考方向下，求得端口处电压与电流的比值则为等效电阻。

$$R_{eq} = \frac{u}{i}$$

(3) 开路短路法。当求得有源二端网络的开路电压 u_{OC} 后，将端口 ab 短路，求出短路电流 i_{SC}（注意 u_{OC} 和 i_{SC} 参考方向对外电路一致），如图 3.23 所示，等效电阻 $R_{eq} = \frac{u_{OC}}{i_{SC}}$。此方法同样适用于任何线性电阻电路，尤其适用于含受控源的有源二端网络的等效电阻的计算。需要注意的是，求

u_OC 和 i_SC 时，N_0 内所有的独立源均应保留。

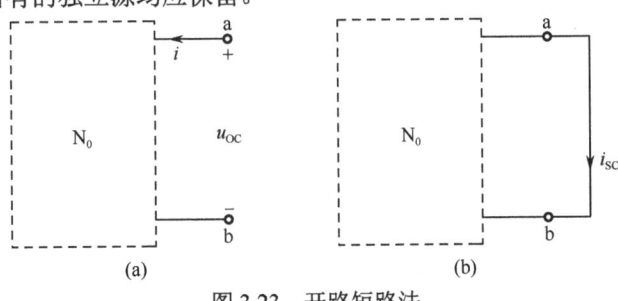

图 3.23　开路短路法

3.6　最大功率传输定理

在分析计算从含源网络向负载传输的功率时，会遇到传输功率大小的问题。例如，在通信系统和测量系统中，如何从给定的信号源取得尽可能大的信号功率，就是最大功率传输的问题。

如图 3.24 所示，N_0 为供给负载能量的有源二端网络，可用戴维南或诺顿等效电路来代替。若接在 N_0 两端的负载的电阻阻值不同，其向负载传输的功率也不同，那么在什么情况下，负载获得的功率最大呢？如图 3.24(b)所示，假设负载电阻 R_L 是可变的，其吸收的功率为

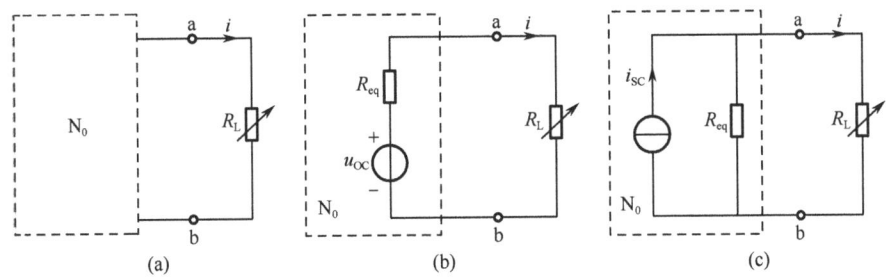

图 3.24　最大功率传输定理

$$p = i^2 R_\text{L} = \left(\frac{u_\text{OC}}{R_\text{eq} + R_\text{L}}\right)^2 R_\text{L} \tag{3.22}$$

当 $\dfrac{\mathrm{d}p}{\mathrm{d}R_\text{L}} = 0$ 时，p 获得最大值，即

$$\frac{\mathrm{d}p}{\mathrm{d}R_\text{L}} = \frac{(R_\text{eq} - R_\text{L}) u_\text{OC}^2}{(R_\text{eq} + R_\text{L})^2} = 0$$

由此求得 p 获得极值的条件是

$$R_\text{L} = R_\text{eq} \tag{3.23}$$

由于

$$\left|\frac{\mathrm{d}^2 p}{\mathrm{d}R_\text{L}^2}\right|_{R_\text{L}=R_\text{eq}} = -\frac{u_\text{OC}^2}{8R_\text{L}^2} < 0$$

所以式（3.23）是负载从有源二端网络获得最大功率的条件。

最大功率传输定理：有源线性二端网络传递给可变电阻负载 R_L 最大功率的条件是负载 R_L 与二端网络的端口等效电阻 R_eq 相等。满足 $R_\text{L} = R_\text{eq}$ 条件时，称为最大功率匹配，此时负载获得的最大功率为

$$p_\text{max} = \frac{u_\text{OC}^2}{4R_\text{eq}} \tag{3.24}$$

若用诺顿等效电路，则有

$$p_{max} = \frac{i_{SC}^2}{4G_{eq}} \tag{3.25}$$

需要注意的是：

（1）最大功率传输定理用于有源二端网络给定负载电阻可调的情况。如果负载电阻一定，而内阻可变，则内阻越小，负载获得的功率越大；当内阻为零时，负载获得的功率最大。

（2）端口等效电阻消耗的功率一般并不等于端口内部消耗的功率，因此当负载获取最大功率时，电路的传输效率并不一定是50%。

（3）计算最大功率问题结合应用戴维南定理或诺顿定理比较方便。

【**例 3.14**】 在图 3.25(a)所示的电路中，当 R_L 为何值时其能取得最大功率？最大功率为多少？

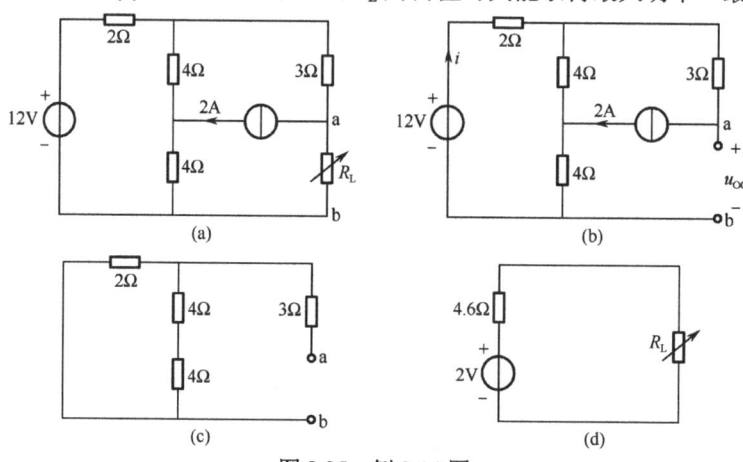

图 3.25 例 3.14 图

解：（1）求开路时的电压 u_{OC}，断开电阻 R_L，如图 3.25(b)所示。设左网孔电流为 i，列出该网孔的 KVL 方程为

$$(2+4+4)i - 4 \times 2 = 12$$

解得

$$i = 2A$$

由 KVL 得

$$u_{OC} = -3 \times 2 - 2i + 12 = 2V$$

（2）求等效电阻 R_{eq}，将独立源置零，如图 3.25(c)所示，求等效电阻 R_{eq}。

$$R_{eq} = 3 + 2//(4+4) = 4.6\Omega$$

（3）根据求出的 u_{OC} 和 R_{eq}，画出戴维南等效电路，并接上负载，如图 3.25(d)所示。根据最大功率传输定理，当 $R_L = R_{eq} = 4.6\Omega$ 时，负载可获得最大功率，其最大功率为

$$p_{max} = \frac{u_{OC}^2}{4R_{eq}} = \frac{2^2}{4 \times 4.6} = \frac{5}{23} W$$

【**例 3.15**】 在图 3.26(a)所示的电路中，负载电阻 R_L 可调，试问 R_L 为何值时其能取得最大功率？最大功率是多少？

解：（1）求开路电压 u_{OC}，断开 ab，如图 3.26(b)所示，并等效变换成图 3.26(c)。

在左侧网孔中应用 KVL，有 $2i_1 + 2i_1 + 8i_1 = 6$

解上述方程得

$$i_1 = 0.5A$$
$$u_{OC} = 2i_1 + 2i_1 + 8i_1 = 6V$$

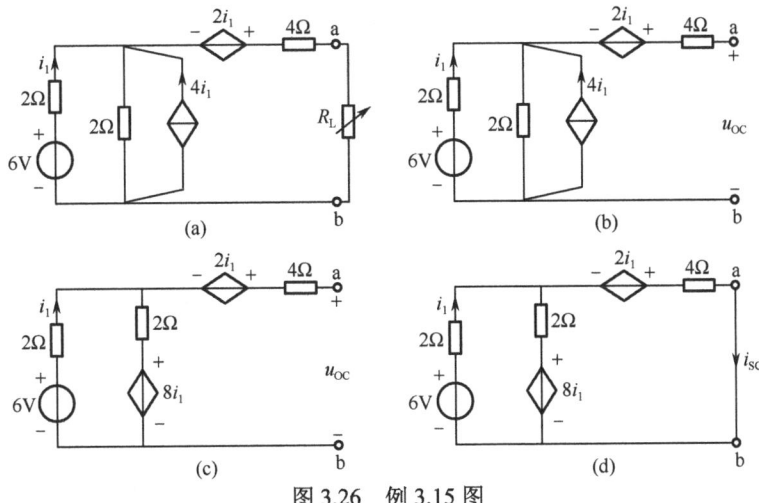

图 3.26 例 3.15 图

（2）求短路电流 i_{SC}，如图 3.26(d)所示。

左侧网孔，应用 KVL，有 $\quad 2i_1 + 2(i_1 - i_{SC}) + 8i_1 = 6$

右侧网孔，应用 KVL，有 $\quad -2i_1 + 4i_{SC} - 2(i_1 - i_{SC}) - 8i_1 = 0$

由以上两式，求得

$$i_{SC} = 1.5\text{A}$$

（3）求等效电阻 R_{eq}

$$R_{eq} = \frac{u_{OC}}{i_{SC}} = 4\Omega$$

当 $R_L = R_{eq} = 6\Omega$ 时，负载可获得最大功率，最大功率为

$$p_{max} = \frac{u_{OC}^2}{4R_{eq}} = \frac{6^2}{4 \times 4} = \frac{9}{4}\text{W}$$

*3.7 互易定理

互易定理用来描述一类特殊的线性电路的互易性质，广泛应用于网络的灵敏度分析、测量技术等方面。在图 3.27(a)所示的电路中，只含一个独立源、无受控源，在 12Ω电阻的支路中串入一块电流表，不难算出 12Ω电阻所在的支路电流（即电流表读数）为

$$i_2 = \frac{8}{6//12 + 4} \times \frac{6}{6 + 12} = \frac{1}{3}\text{A}$$

现将 8V 电压源和电流表的位置互换，如图 3.27(b)所示。计算 4Ω电阻所在的支路电流（即电流表读数）为

$$i_1 = \frac{8}{12 + 4//6} \times \frac{6}{4 + 6} = \frac{1}{3}\text{A}$$

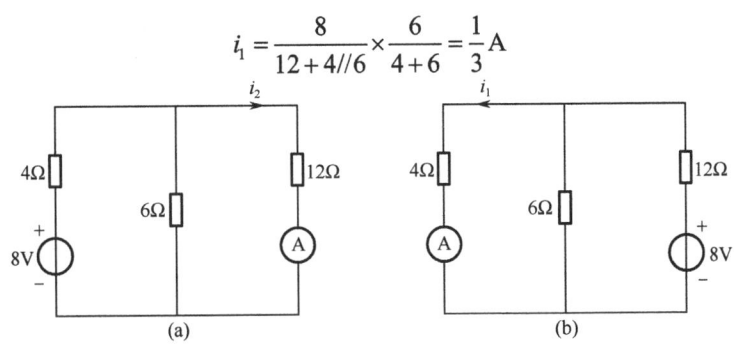

图 3.27 互易定理

这说明当电压源和电流表位置互换以后，电流表读数不变，这就是互易性。互易性表明当外加激励的端口和观测响应的端口互换位置时，网络不改变对相同输入的响应。

互易定理：对于仅含线性电阻的二端口网络 N，其中一个端口加激励源，另一个端口作为响应端口（所求响应在该端口），在只有一个激励的情况下，当激励与响应互换位置时，同一激励所产生的响应相同。

根据激励与响应变量的不同，互易定理有以下 3 种形式。

（1）在图 3.28 所示的电路中，N 只含有线性电阻，当端口 1-1′ 接入电压源 u_S 时，在端口 2-2′ 的响应为短路电流 i_2；若将激励源移到端口 2-2′，在端口 1-1′ 的响应为短路电流 i_1'。在图 3.28 所示的电压、电流参考方向条件下，有

$$i_2 = i_1' \tag{3.26}$$

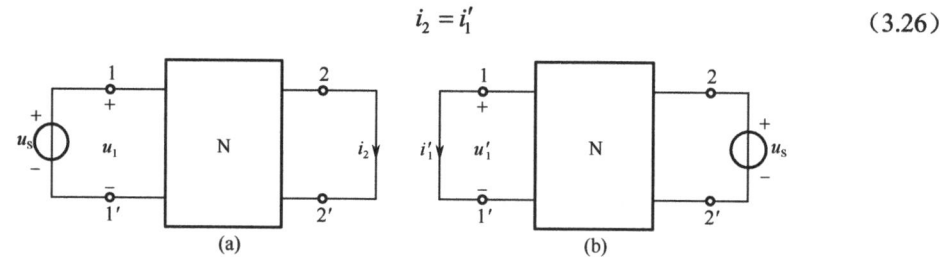

图 3.28 互易定理的第 1 种形式（$i_2 = i_1'$）

（2）在图 3.29 所示的电路中，N 只含有线性电阻，当端口 1-1′ 接入电流源 i_S 时，在端口 2-2′ 的响应为开路电压 u_2；若将激励源移到端口 2-2′，在端口 1-1′ 的响应为开路电压 u_1'。在图 3.29 所示的电压、电流参考方向条件下，有

$$u_2 = u_1' \tag{3.27}$$

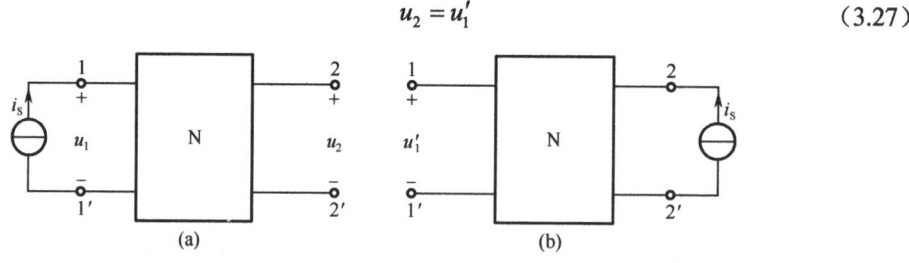

图 3.29 互易定理的第 2 种形式（$u_2 = u_1'$）

（3）在图 3.30 所示的电路中，N 只含有线性电阻，当端口 1-1′ 接入电压源 u_S 时，在端口 2-2′ 的响应为开路电压 u_2；当端口 2-2′ 接入电流源 i_S 时，在端口 1-1′ 的响应为短路电流 i_1'。在图 3.30 所示的电压、电流参考方向条件下，有

$$\frac{u_2}{u_S} = \frac{i_1'}{i_S} \tag{3.28}$$

互易定理可用网孔电流法或其他定理加以证明，本书略，感兴趣的读者可参考其他教材和资料自行证明。

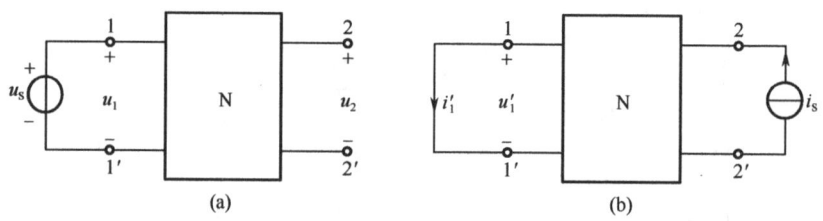

图 3.30 互易定理的第 3 种形式（$\frac{u_2}{u_S} = \frac{i_1'}{i_S}$）

【例 3.16】 线性无源电阻网络 N 如图 3.31(a)所示,当 u_S=100V 时,u_2=20V,求当电路改为图 3.31(b)时的电流 i。

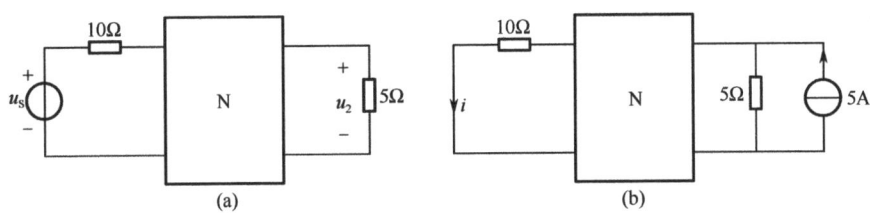

图 3.31　例 3.16 图

解:本题不能在图 3.31(a)中直接对网络 N 应用互易定理,而应将 N 与其外接的两个电阻一起作为一个新网络 N′ 来应用互易定理,如图 3.32 所示。其中,虚线框内为新网络 N′,仍然满足互易定理。

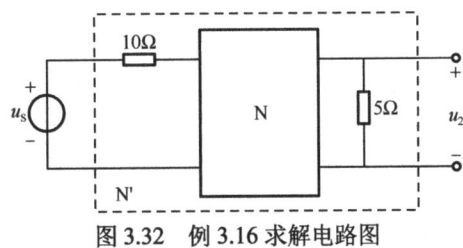

图 3.32　例 3.16 求解电路图

图 3.32 中激励为电压源,响应为电压变量,满足互易定理第 3 种形式的条件,故可将其互换位置,并将电压源 u_S 改成 5A 电流源,即图 3.31(b)。

应用互易定理的第 3 种形式,可得

$$\frac{20}{100} = \frac{i}{5}$$

故电流 $i = 1\text{A}$。

应用互易定理时,需要注意以下几点。

(1) 该定理只适用于一个独立源作用下的线性互易网络,对其他网络一般不适用。需要说明的是,不包含受控源的线性电阻网络一定是互易网络;包含受控源的线性电阻网络则有可能是互易网络,也有可能不是互易网络。而常见的包含受控源的线性电阻网络不是互易网络,故互易定理一般只是针对线性电阻网络 N 提出的。

(2) 互易前后应保持网络的拓扑结构及参数不变。在互易定理的第 1 种形式和第 2 种形式中,只需要将激励和响应位置互易即可,但在第 3 种形式中,除互易位置外,还需要将电压源改为电流源,电压响应改为电流响应。

(3) 以上 3 种互易定理形式中,特别要注意激励支路的参考方向。对于第 1 种形式和第 2 种形式,两个电路激励支路电压、电流的参考方向关系一致,即要关联都关联,要非关联都非关联;对于第 3 种形式,两个电路激励支路电压、电流的参考方向不一致,即一个电路的激励支路关联,而另一电路的激励支路非关联。

3.8　应用举例

目前计算机在自动控制、自动检测及许多其他领域中应用非常广泛,而计算机处理的信号都是数字信号,生产设备一般使用模拟信号,因此,需要将数字信号转换为模拟信号。将数字信号转换为模拟信号可以通过数模转换电路(D/A 转换器)来实现。D/A 转换器有多种不同的电路结构,本节介绍由 T 形电阻网络、模拟电子开关和运算放大器组成的 D/A 转换器。图 3.33 所示为 D/A 转换器中 T 形电阻网络和模拟电子开关部分，其中 d_0、d_1、d_2、d_3 表示输入的 4 位二进制数（数字信号），当 $d_i=1$ 时，对应开关接电源 u_S；当 $d_i=0$ 时，对应开关接地。u_o 为输出模拟信号。下面应用节点电压法说明该电路数模转换的原理。

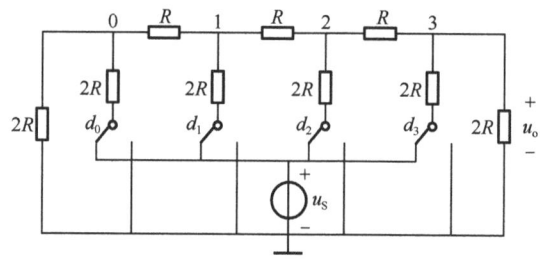

图 3.33　D/A 转换器电路图

由图 3.33 所示的电路可知，电路中共有 4 个独立节点，根据节点电压法可列出下列电压方程：

$$\left(\frac{1}{2R}+\frac{1}{2R}+\frac{1}{R}\right)u_{n0}-\frac{1}{R}u_{n1}=\frac{d_0 u_S}{2R}$$

$$-\frac{1}{R}u_{n0}+\left(\frac{1}{R}+\frac{1}{R}+\frac{1}{2R}\right)u_{n1}-\frac{1}{R}u_{n2}=\frac{d_1 u_S}{2R}$$

$$-\frac{1}{R}u_{n1}+\left(\frac{1}{R}+\frac{1}{R}+\frac{1}{2R}\right)u_{n2}-\frac{1}{R}u_{n3}=\frac{d_2 u_S}{2R}$$

$$-\frac{1}{R}u_{n2}+\left(\frac{1}{R}+\frac{1}{2R}+\frac{1}{2R}\right)u_{n3}=\frac{d_3 u_S}{2R}$$

解方程得

$$u_{n3}=\frac{u_S}{24}(d_3\times 2^3+d_2\times 2^2+d_1\times 2^1+d_0\times 2^0)$$

输出电压

$$u_o=u_{n3}=\frac{u_S}{24}(d_3\times 2^3+d_2\times 2^2+d_1\times 2^1+d_0\times 2^0)$$

上式表明，图 3.33 所示的电路可以将 4 位二进制数 d_0、d_1、d_2、d_3 转换为其所对应的十进制数 u_o，并通过运算放大器输出。

3.9　技能训练

3.9.1　叠加定理的验证及仿真测试

一、实验目的

① 验证线性电路叠加定理的正确性。
② 加深对线性电路叠加定理的认识和理解。

二、实验原理

叠加定理指出：在有几个电源共同作用下的线性电路中，通过每一个元件的电流或其两端的电压，可以看成由每一个电源单独作用时在该元件上所产生的电流或电压的代数和。具体方法是：一个电源单独作用时，其他的电源必须置零（电压源短路，电流源开路）；在求电流或电压的代数和时，当电源单独作用时电流或电压的参考方向与共同作用时的参考方向一致时，符号取正，否则取负。在图 3.34 中有

$$I_1=I_1'-I_1'' \qquad I_2=-I_2'+I_2'' \qquad I_3=I_3'+I_3'' \qquad U=U'+U''$$

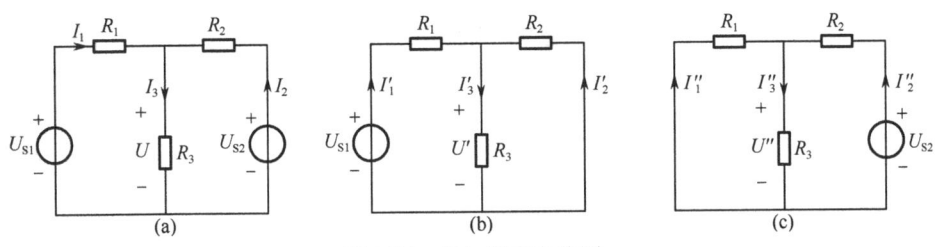

图 3.34 叠加定理电路图

叠加定理反映了线性电路的叠加性，线性电路的齐次性是指当激励信号（某独立源的值）增加或减小 K 倍时，电路的响应（即在电路其他各电阻上所产生的电流和电压值）也将增加或减小 K 倍。

三、实验设备

实验设备见表 3.1。

表 3.1 叠加定理实验设备

序 号	名 称	型号与规格	数 量
1	可调直流恒压源	双路 0～30V 可调	1
2	可调直流恒流源	0～20mA	1
3	万用表	FM-47 或其他	1
4	电压表	0～200V	1
5	电流表	0～2A	1
6	叠加定理实验电路板	EEL-53 组件	1

四、实验内容

实验电路如图 3.35 所示，$R_1 = R_3 = R_4 = 510\Omega$，$R_2 = 1\text{k}\Omega$，$R_5 = 330\Omega$，图中的电源 I_S 用可调直流恒流源调到 15mA，U_S 用可调直流恒压源调到 12V（以电压表读数为准），开关 S_2 投向 R_2 侧。

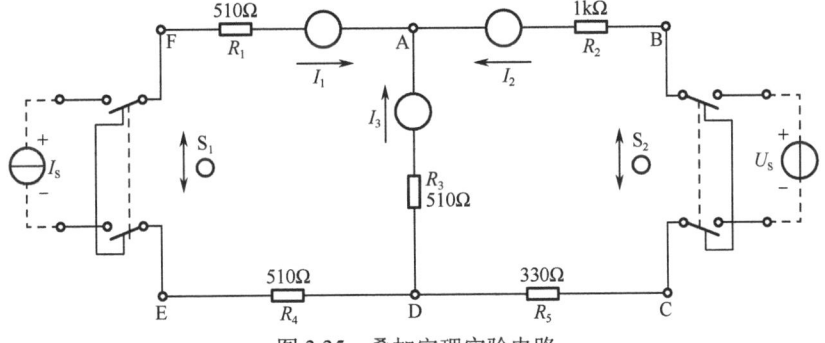

图 3.35 叠加定理实验电路

① I_S 单独作用（将开关 S_1 投向 I_S 侧，开关 S_2 投向短路侧）时，画出电路图，标明各电流、电压的参考方向。

用电流表接电流插头测量各支路电流：将电流插头的红接线端插入电流表的红（正）接线端，电流插头的黑接线端插入电流表的黑（负）接线端，测量各支路电流，按规定：在节点 A，电流表读数为正表示电流流入节点，读数为负表示电流流出节点，然后根据电路中的电流参考方向，确定各支路电流的正、负号，并将数据记入表 3.2 中。

用电压表测量各电阻两端电压：电压表的红（正）接线端插入被测电阻电压参考方向的正端，电压表的黑（负）接线端插入电阻的另一端（电阻的电压参考方向与电流参考方向一致），测量各电阻两端电压，数据记入表 3.2 中。

表 3.2 叠加定理实验及仿真数据

实验内容\测量项目	I_S（mA）	U_S（V）	I_1（mA）	I_2（mA）	I_3（mA）	U_{AB}（V）	U_{CD}（V）	U_{AD}（V）	U_{DE}（V）	U_{FA}（V）
I_S 单独作用	15	0								
U_S 单独作用	0	12								
I_S、U_S 共同作用	15	12								
仿真 I_S 单独作用	15	0								
仿真 U_S 单独作用	0	12								
仿真 I_S、U_S 共同作用	15	12								

② U_S 单独作用（将开关 S_1 投向短路侧，开关 S_2 投向 U_{S2} 侧）时，画出电路图，标明各电流、电压的参考方向。重复步骤①的测量并将数据记入表 3.2 中。

③ I_S 和 U_S 共同作用时（开关 S_1 和 S_2 分别投向 I_S 和 U_S 侧），画出电路图，标明各电流、电压的参考方向。完成上述电流、电压的测量并将数据记入表 3.2 中。

五、叠加定理的验证仿真

① 创建电路。用万用表 XMM 测得 I_2=2.364mA。如图 3.36 所示，同理测出电流源和电压源共同作用时其他元件的电压和电流，记入表 3.2 中。

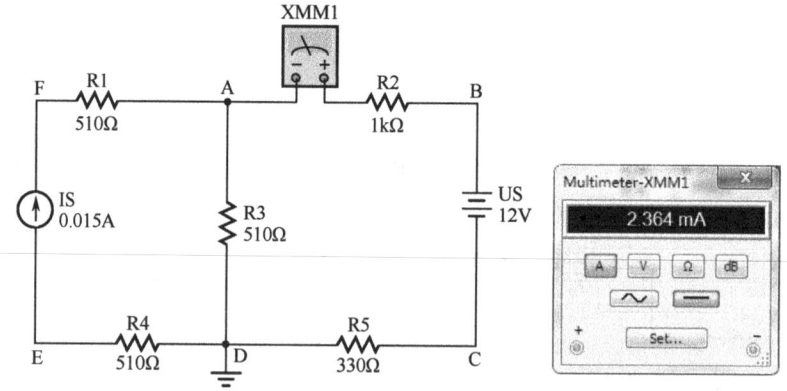

图 3.36 电压源和电流源共同作用时的仿真电路

② 让 I_S=15mA 电流源单独作用，U_S=12V 电压源短路，用万用表 XMM 测得 I'_2=-4.158mA。如图 3.37 所示，同理测出电流源单独作用时其他元件的电压和电流，记入表 3.2 中。

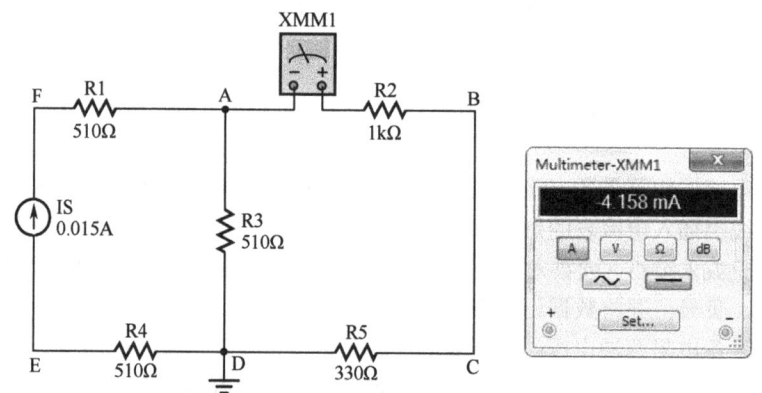

图 3.37 电流源单独作用时的仿真电路

③ 让 U_S=12V 电压源单独作用，I_S=15mA 电流源开路，用万用表 XMM 测得 I_2''=6.522mA。如图 3.38 所示，同理测出电压源单独作用时其他元件的电压和电流，记入表 3.2 中。

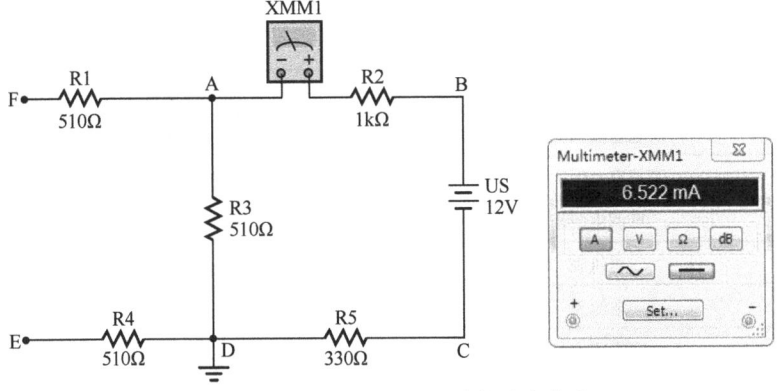

图 3.38　电流源单独作用时的仿真电路

六、实验报告要求

① 根据表 3.2 中的实验数据，通过求各支路电流和各电阻两端电压，验证线性电路的叠加定理。
② 各电阻所消耗的功率能否用叠加定理计算得出？试用上述实验数据计算并说明。
③ 根据表 3.2 中的实验数据，验证叠加定理的正确性。

3.9.2　戴维南定理的验证及仿真测试

一、实验目的

① 验证戴维南定理的正确性，加深对该定理的理解。
② 掌握测量有源二端网络等效参数的一般方法。

二、实验原理

（1）戴维南定理

任何一个线性含源网络，如果仅研究其中一条支路的电压和电流，即可将电路的其余部分视为一个有源二端网络。

戴维南定理指出：任何一个线性有源网络，总可以用一个等效电压源模型来代替，该电压源模型的 U_S 等于这个有源二端网络的开路电压 U_{OC}，其等效内阻 R_{eq} 等于该网络中所有独立源均置零（电压源短路，电流源开路）时的等效电阻，U_S 和 R_{eq} 称为有源二端网络的等效参数。

（2）有源二端网络等效参数的测量方法

① 开路短路法测量 R_{eq}。在有源二端网络输出端开路时，用内阻较大的电压表直接测其输出端的开路电压 U_{OC}；将二端网络的输出端短路，用电流表测其短路电流 I_{SC}，则内阻为

$$R_{eq} = \frac{U_{OC}}{I_{SC}}$$

若二端网络的内阻值很低，则不宜测其短路电流。

② 半电压法测量 R_{eq}。如图 3.39 所示，当负载电压为被测网络开路电压 U_{OC} 的一半时，负载电阻 R_L 的大小（由电阻箱的读数确定）即被测有源二端网络的等效内阻值。

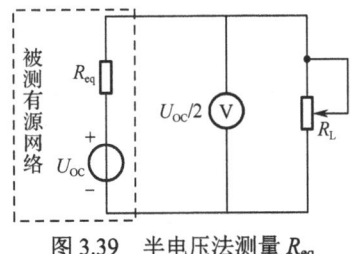

图 3.39　半电压法测量 R_{eq}

三、实验设备

实验设备见表3.3。

表3.3 戴维南定理实验设备

序 号	名 称	型号与规格	数 量
1	可调直流恒压源	双路 0~30V 可调	1
2	可调直流恒流源	0~200mA 可调	1
3	可调电阻箱	0~99999.9Ω	1
4	电压表	0~200V	1
5	电流表	0~2A	1
6	戴维南定理实验电路	EEL-53 实验箱	1
7	可调电阻	EEL-51N 实验箱	1

四、实验内容

（1）用开路短路法测量 U_{OC}、I_{SC}，计算 R_{eq}

被测有源二端网络如图 3.40(a)所示。线路接入可调直流恒压源 $U_S = 12V$、可调直流恒流源 $I_S = 20mA$ 及可变电阻 R_L。

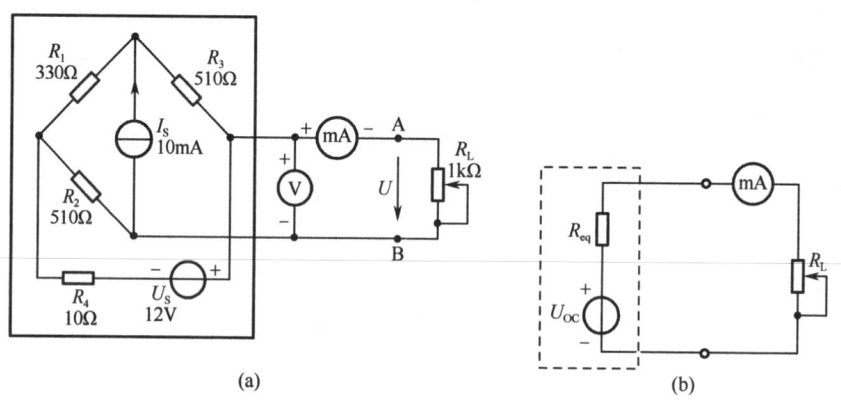

图 3.40 戴维南定理实验电路

① 测量开路电压 U_{OC}。在图 3.40(a)中，断开负载 R_L，用电压表测量开路电压 U_{OC}，将数据记入表3.4中。

② 测量短路电流 I_{SC}。在图 3.40(a)中，将负载 R_L 短路，用电流表测量短路电流 I_{SC}，将数据记入表3.4中。

③ 计算 R_{eq}。计算 $R_{eq} = U_{OC}/I_{SC}$，记入表3.4中。

表3.4 开路短路法实验数据

测量内容	U_{OC}（V）	I_{SC}（mA）	$R_{eq} = U_{OC}/I_{SC}$
测量值			
仿真值			

（2）测量被测网络的等效内阻 R_{eq} 及其开路电压 U_{OC}

用半电压法测量被测网络的等效内阻 R_{eq} 及其开路电压 U_{OC}，记入表3.5中。

表 3.5 半压法实验数据

R_{eq} (Ω)	U_{OC} (V)

在图 3.40(a)中,首先断开负载电阻 R_L,测量有源二端网络的开路电压 U_{OC},然后接入负载电阻 R_L,调节 R_L,直到两端电压等于 $U_{OC}/2$,此时负载电阻 R_L 的大小与等效电源的内阻 R_{eq} 相等,记录 U_{OC} 和 R_{eq} 数值。

（3）负载实验

在图 3.40(a)中,改变负载电阻 R_L 的阻值,逐点测量对应的电压、电流,将数据记入表 3.6 中。

表 3.6 负载实验数据

测量内容	R_L (Ω)	900	800	700	600	500	400	300	200	100
测量值	U (V)									
	I (mA)									
仿真值	U (V)									
	I (mA)									

（4）验证戴维南定理

使用一个可调范围为 0~99999.9Ω 的电阻箱,将其阻值调整为步骤（1）所得的等效电阻 R_{eq} 的值,然后令其与恒压源（电压调为步骤（1）时所测得的开路电压 U_{OC}）串联,如图 3.40(b) 所示,仿照步骤（2）对戴维南定理进行验证,将数据记入表 3.7 中。

表 3.7 验证戴维南定理实验数据

测量内容	R_L (Ω)	900	800	700	600	500	400	300	200	100
测量值	U (V)									
	I (mA)									
仿真值	U (V)									
	I (mA)									

五、戴维南定理的仿真

① 创建电路。将 AB 端开路,利用万用表 XMM 测出开路电压 U_{OC} 和短路电流 I_{SC},如图 3.41 所示,将仿真结果记入表 3.4 中。

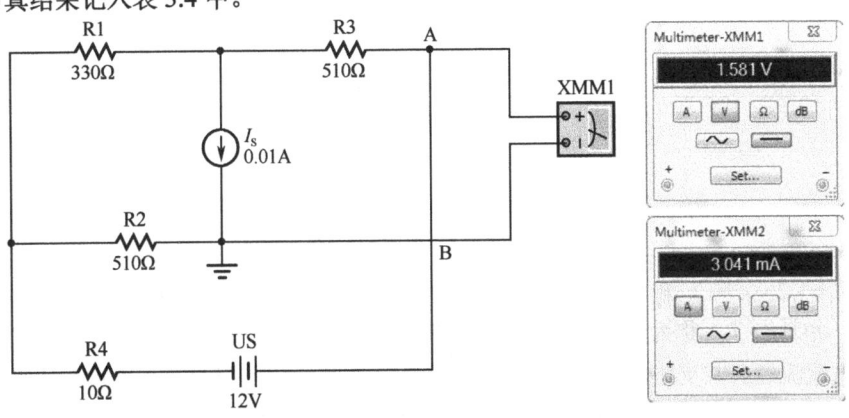

图 3.41 开路短路法仿真电路及数据

② 在 AB 端接入负载 R_L，使其阻值在 100～900Ω 变化，利用万用表 XMM 测出负载两端的电压及流过负载的电流，仿真电路如图 3.42 所示，将仿真结果记入表 3.6 中。

③ 根据开路电压和等效电阻，画出戴维南等效电路的仿真电路，如图 3.43 所示。将仿真结果记入表 3.7 中。

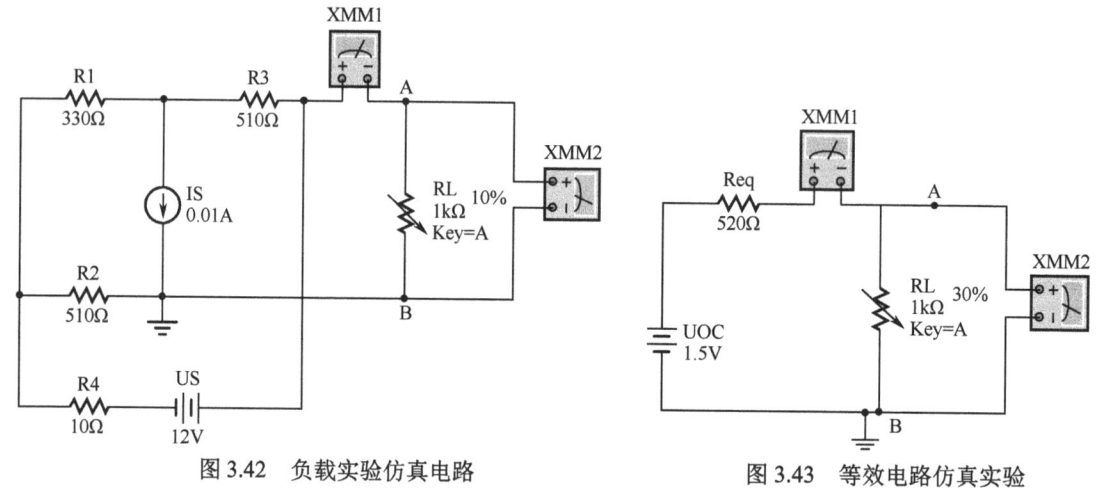

图 3.42　负载实验仿真电路　　　　　　图 3.43　等效电路仿真实验

六、实验报告要求

① 进行实验数据处理，尽量以表格形式整理数据。

② 根据实验内容（3）绘制外特性曲线。

③ 根据表 3.6、表 3.7 的数据，验证戴维南定理的正确性。

④ 进行必要的误差分析。

本章小结

1. 支路电流法

以支路电流为待求量，则根据 KCL 可列写 $n-1$ 个节点电流方程，根据 KVL 可列写 $m=b-n+1$ 个回路电压方程，共得到以支路电流为待求量的 b 个独立方程，这就是支路电流法。

2. 网孔电流法

以网孔电流为待求量，对于一个具有 m 个独立网孔的电路，由 KVL 可列写 m 个网孔电流方程，这就是网孔电流法。为保证 m 个网孔电流方程的各自独立性，常把网孔电流方程写成如下普遍形式：

$$R_{11}i_{m1} + R_{12}i_{m2} + \cdots + R_{1m}i_{mm} = \sum_{m1} u_S$$

$$R_{21}i_{m1} + R_{22}i_{m2} + \cdots + R_{2m}i_{mm} = \sum_{m2} u_S$$

$$\vdots$$

$$R_{m1}i_{m1} + R_{m2}i_{m2} + \cdots + R_{mm}i_{mm} = \sum_{mm} u_S$$

式中 R_{ii}（$i=1,2,\cdots,m$）称为网孔 i 的自阻，等于网孔 i 的各电阻之和，恒为正；R_{ij}（i，$j=1,2,\cdots,m$ 且 $i \neq j$）称为网孔 i、j 之间的互阻，等于网孔 i、j 公共支路上的电阻之和。当网孔 i、j 的网孔电流流经公共支路的方向一致时，互阻为正；反之，互阻为负。方程右边是各个网孔中各电压源电压的代数和，即电压源电压升高的方向与网孔方向一致时取正，反之取负。

3. 节点电压法

在节点电压法中，节点电压方程有如下普遍形式：

$$\begin{cases} G_{11}u_{n1} + G_{12}u_{n2} + \cdots + G_{1(n-1)}u_{n(n-1)} = \sum_1 i_S \\ G_{21}u_{n1} + G_{22}u_{n2} + \cdots + G_{2(n-1)}u_{n(n-1)} = \sum_2 i_S \\ \quad\quad\quad\quad\quad\quad\quad\vdots \\ G_{(n-1)1}u_{n1} + G_{(n-1)2}u_{n2} + \cdots + G_{(n-1)(n-1)}u_{n(n-1)} = \sum_{n-1} i_S \end{cases}$$

式中，相同下标的电导，如 G_{11}、G_{22} 等，称为各节点的自导，它等于与节点相连的各支路电导之和，恒取正；不同下标的电导，如 G_{12}、G_{13} 等，称为各节点间的互导，它等于两节点间各支路电导之和，恒取负。方程右端如 $\sum_1 i_S$ 和 $\sum_2 i_S$ 分别为各节点电流源的代数和，流入取正，流出取负。

4. 叠加定理

在线性电路中，n 个独立源同时作用在某一支路上所产生的电流或电压，等于各个独立源单独作用（此时其他独立源均为零值）时，在该支路上所产生的电流或电压的代数和。叠加定理只适用于线性电路。

5. 戴维南定理

任何线性有源二端网络，总可以用电压源与电阻的串联支路来等效。电压源的电压等于原有源二端网络的开路电压；串联电阻等于原有源二端网络所有独立源置零时在其端口所得的等效电阻。

6. 诺顿定理

任何线性有源二端网络，总可以用电流源与电阻的并联组合来等效。电流源的电流等于原有源二端网络在端口处的短路电流；并联电阻等于原有源二端网络所有独立源置零时，当端口开路时在端口处的等效电阻。

当有源二端网络除含独立源外，还含有受控源时，等效电源定理仍成立。只是计算开路电压或短路电流时，控制量应随着端口开路或短路做相应改变。但在求等效电阻时，不能用电阻串、并联公式来计算，只能用：(1) 根据外施电压 u，求出 i-u 关系式，由 $R_0 = \dfrac{u}{i}$ 而得；(2) 求出端口电路电压 u_{OC} 和短路电流 i_{SC} 后，由 $R_0 = \dfrac{u_{OC}}{i_{SC}}$ 求得。

7. 最大功率传输定理

对于一个给定的线性含源二端网络 N_0，设其戴维南等效电路中的参数为 u_{OC} 和 R_0，若接上可变负载电阻 R_L，则当 $R_L = R_0$ 时，负载电阻 R_L 从 N_0 获得最大功率。

8. 互易定理

对于仅含线性电阻的二端口网络 N，其中一个端口加激励，另一个端口作为响应端口（所求响应在该端口），在只有一个激励的情况下，当激励与响应互换位置时，同一激励所产生的响应相同。

习题 3

3.1 试用支路电流法求出图 3.44 所示电路中的各支路电流，已知 $u_{S1} = 18\text{V}$，$u_{S2} = 12\text{V}$。

3.2 试用支路电流法求出图 3.45 所示电路中的各支路电流。

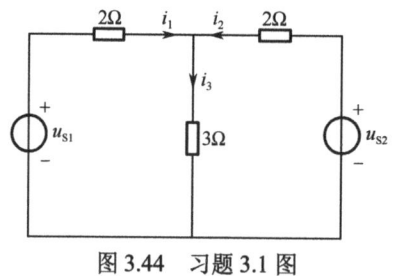

图 3.44 习题 3.1 图

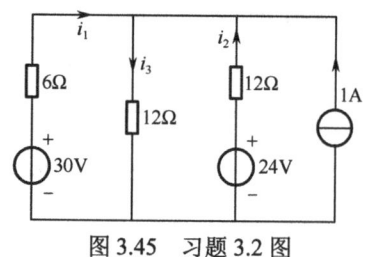

图 3.45 习题 3.2 图

3.3 用支路电流法求图 3.46 所示电路中的电流 i_1。

3.4 试用网孔电流法求出图 3.45 所示电路中的各支路电流。

3.5 试用网孔电流法求出图 3.47 所示电路中的各支路电流（只列方程，不必求解）。

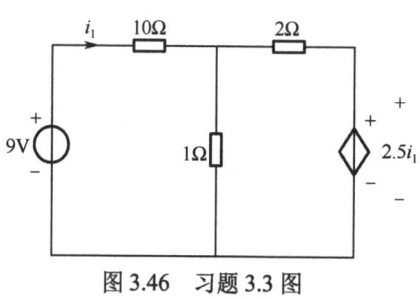

图 3.46 习题 3.3 图

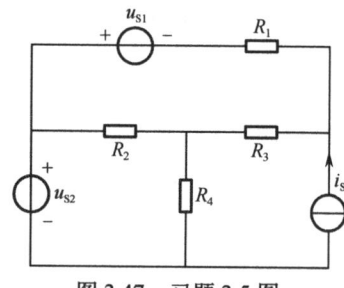

图 3.47 习题 3.5 图

3.6 如图 3.48 所示，试分别列出网孔电流方程（只列方程，不必求解）。

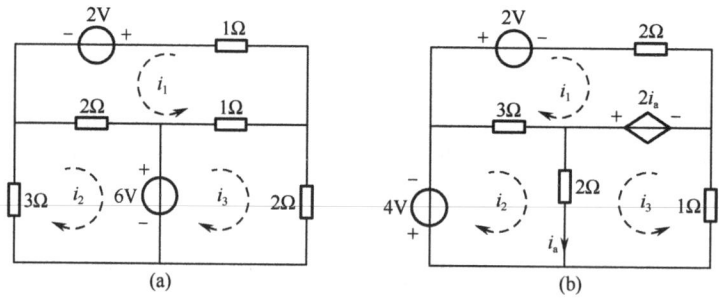

图 3.48 习题 3.6 图

3.7 试用节点电压法求出图 3.45 所示电路中的各支路电流。

3.8 试列出图 3.49 所示电路的节点电压方程。

3.9 如图 3.50 所示，列出各节点的节点电压方程及求电流 i 的方程（只列方程，不必求解）。

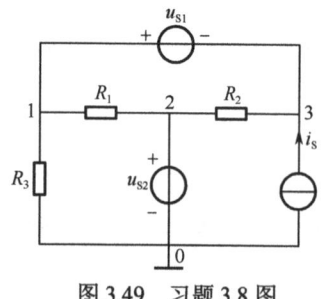

图 3.49 习题 3.8 图

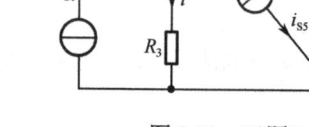

图 3.50 习题 3.9 图

3.10 如图 3.51 所示，$i_S = 8A$，$u_S = 10V$。试用叠加定理求 3Ω 电阻所在支路的电流 i。

3.11 如图 3.52 所示，试用叠加定理求电压 u。

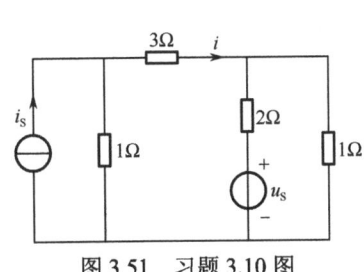

图 3.51 习题 3.10 图

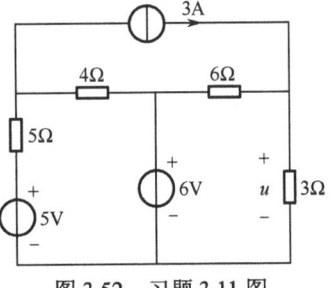

图 3.52 习题 3.11 图

3.12 如图 3.53 所示，试用叠加定理求电压 u。

3.13 如图 3.54 所示，试用叠加定理求电路中的电压 u 和电流 i。

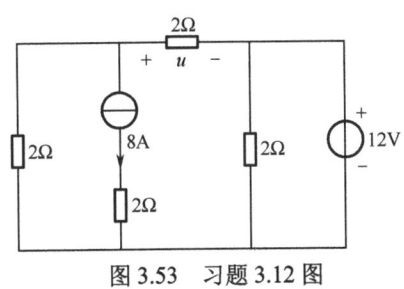

图 3.53 习题 3.12 图

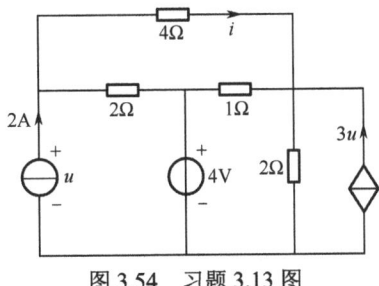

图 3.54 习题 3.13 图

3.14 如图 3.55 所示，求端口 ab 的戴维南等效电路和诺顿等效电路。

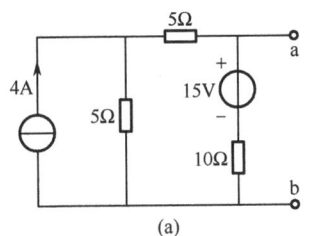

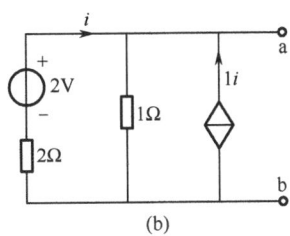

图 3.55 习题 3.14 图

3.15 如图 3.51 所示，$i_S = 8A$，$u_S = 10V$。用戴维南定理求流过 3Ω 电阻的电流 i。

3.16 如图 3.52 所示，试用戴维南定理求电路中的电压 u。

3.17 如图 3.56 所示，试用戴维南定理求电路中的电流 i。

3.18 如图 3.57 所示，当 R_L 为何值时，它能获得最大功率？此最大功率是多少？

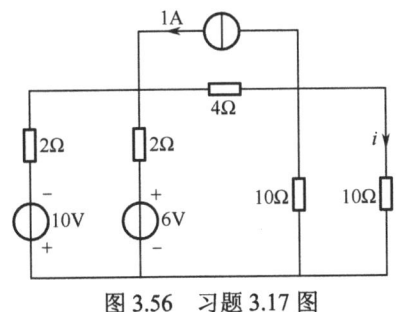

图 3.56 习题 3.17 图

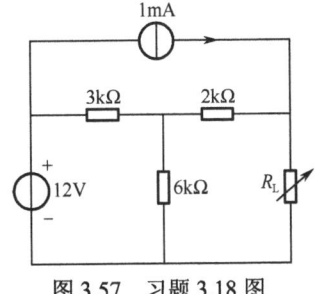

图 3.57 习题 3.18 图

3.19 如图 3.58 所示，当 R_L 为何值时，它能获得最大功率？此最大功率是多少？

3.20 如图 3.59 所示，当 R_L 为何值时，它能获得最大功率？此最大功率是多少？

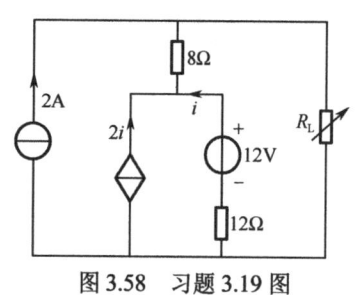
图 3.58 习题 3.19 图

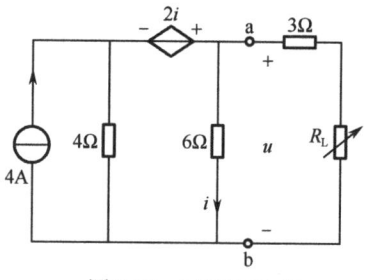
图 3.59 习题 3.20 图

3.21 如图 3.60 所示，N 为不含独立源的线性电阻网络。已知当 $u_S=12V$, $i_S=4A$ 时，$u=0$；当 $u_S=-12V$, $i_S=-2A$ 时，$u=-1V$。求当 $u_S=9V$, $i_S=-1A$ 时的电压 u。

3.22 在图 3.61 所示的直流电路中，当电压源 $u_S=18V$，电流源 $i_S=2A$ 时，测得 a、b 端开路电压 $u=0$；当 $u_S=18V$，$i_S=0$ 时，测得 $u=-6V$。(1) 当 $u_S=30V$，$i_S=4A$ 时，$u=$？(2) 当 $u_S=30V$，$i_S=4A$ 时，测得 ab 端的短路电流为 1A。问在 ab 端接 $R=2\Omega$ 的电阻时，通过电阻 R 的电流是多少？

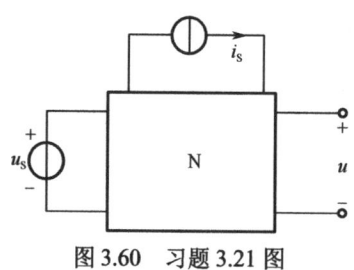
图 3.60 习题 3.21 图

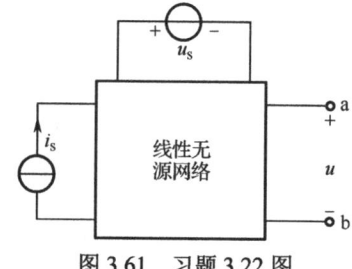
图 3.61 习题 3.22 图

第4章 正弦稳态电路

在生产和生活的各个领域中,所用的电主要是正弦交流电。因为交流电容易产生,并且电压能用变压器改变,便于输送和使用,而且交流电机结构简单、工作可靠、经济性好,所以交流电得到了广泛应用。因此,分析和讨论正弦交流电路具有重要的意义。

在正弦稳态电路中,所有响应和激励都是具有相同频率的正弦量,因此它们可以用相量表示。引入相量后,可将求解电路所列写的微分方程转换为复数表示的代数方程,从而大大简化电路的分析计算过程。正弦稳态电路的基本理论和基本分析方法是学习交流电机、电器及电子技术的重要基础,也是本课程的重要内容之一。

4.1 正弦量的基本概念

4.1.1 正弦量的"三要素"

在电路中,凡是随时间按正弦规律周期性变化的电压和电流统称为正弦量,或称为正弦交流电。下面以电流为例,说明正弦量的特征。

设正弦电流的数学表达式为

$$i = I_m \sin(\omega t + \psi_i) \tag{4.1}$$

式中,I_m(最大值)、ω(角频率)、Ψ_i(初相)为常数,时间 t 为变量;式(4.1)的波形图如图4.1所示。

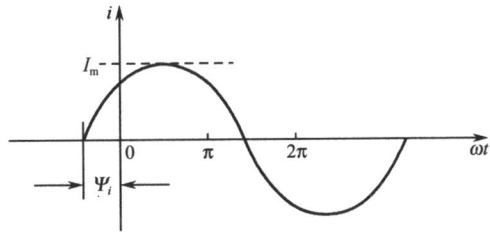

图 4.1 正弦电流的波形图

由式(4.1)可以看出,对正弦电流 i 来说,如果 I_m、ω、Ψ_i 已知,那么它与时间 t 的关系就是唯一确定的。因此,把 I_m、ω、Ψ_i 称为正弦量的"三要素"。

4.1.2 瞬时值、最大值、有效值

正弦量在任意瞬间的值,称为瞬时值,用小写字母表示,如电压、电流、电动势的瞬时值分别用 u、i、e 表示。

正弦量在整个变化过程中所能达到的极值称为最大值,又称幅值,它确定了正弦量变化的范围,用大写字母加下标 m 表示,如正弦电压、电流、电动势的最大值分别用 U_m、I_m、E_m 表示。

正弦量的瞬时值是随时间的变化而变化的,因此不能代表整个正弦量的大小;最大值只能代表正弦量达到极值的一瞬间的大小,同样不适合表征正弦量的大小,在工程技术中通常需要一个特定值来表征正弦量的大小。

由于正弦电流(电压)和直流电流(电压)作用于电阻时都会产生热效应,因此考虑根据其热效应来确定正弦量的大小。若一个正弦电流和一个直流电流,在相等的时间 t 内通过同一电阻 R 所产生的热量相同,则这个直流电流值就称为该正弦电流的有效值,用大写字母表示,如 U、I、E 分别表示正弦电压、电流、电动势的有效值。

正弦电流 i 在一个周期 T 内通过电阻 R 所产生的热量为

$$Q_1 = 0.24\int_0^T i^2 R\mathrm{d}t$$

某直流电流 I 在相同的时间 T 内通过同一电阻 R 所产生的热量为

$$Q_2 = 0.24 I^2 RT$$

当 $Q_1 = Q_2$ 时，得

$$\int_0^T i^2 R\mathrm{d}t = I^2 RT$$

由上式可得

$$I = \sqrt{\frac{1}{T}\int_0^T i^2 \mathrm{d}t} \tag{4.2}$$

这就是正弦电流的有效值。

由式（4.2）可知，正弦电流的有效值为它在一个周期内的均方根值。同理，得到正弦电压、电动势的有效值为

$$U = \sqrt{\frac{1}{T}\int_0^T u^2 \mathrm{d}t},\quad E = \sqrt{\frac{1}{T}\int_0^T e^2 \mathrm{d}t}$$

把 $i = I_\mathrm{m}\sin\omega t$ 代入式（4.2）中，得

$$I = \sqrt{\frac{1}{T}\int_0^T I_\mathrm{m}^2 \sin^2\omega t \mathrm{d}t} = \frac{I_\mathrm{m}}{\sqrt{2}} \approx 0.707 I_\mathrm{m}$$

即 $I_\mathrm{m} = \sqrt{2}I$。

与此类似，正弦电压、电动势的有效值与最大值的关系为

$$U_\mathrm{m} = \sqrt{2}U \tag{4.3}$$

$$E_\mathrm{m} = \sqrt{2}E \tag{4.4}$$

由此可见，正弦量的最大值等于其有效值的 $\sqrt{2}$ 倍。因此正弦量 i 可改写为

$$i = \sqrt{2}I\sin(\omega t + \mathit{\Psi}_i) \tag{4.5}$$

也可以用 I、ω、$\mathit{\Psi}_i$ 来表示正弦量的三要素。一般的交流电压表和电流表的读数指的是有效值，电气设备标牌上的额定值等都是有效值。但是，电气设备与电子器件的耐压是按最大值选取的；否则，当设备的交流电流（电压）达到最大值时，设备就有被击穿而损坏的危险。

4.1.3 周期、频率和角频率

正弦量变化一次所需的时间称为周期，用字母 T 表示，单位是秒（s）。正弦量每秒内变化的次数称为频率，用字母 f 表示，单位是赫兹（Hz）。从定义可知，周期与频率互为倒数，即

$$f = \frac{1}{T} \tag{4.6}$$

我国电力系统采用 50Hz 作为标准频率，又称工业频率，简称工频。在式（4.1）中，ω 是正弦量在每秒内变化的弧度，称为角频率，单位为弧度每秒（rad/s）。周期、频率、角频率的关系为

$$\omega = \frac{2\pi}{T} = 2\pi f \tag{4.7}$$

式（4.6）和式（4.7）表明，周期、频率和角频率都是说明正弦量变化快慢的物理量；三个量中只要知道一个，便可以求出其他两个。

4.1.4 相位、初相、相位差

在式（4.5）中，随时间变化的角度 $(\omega t + \mathit{\Psi}_i)$ 称为正弦量的相位或相位角，它反映了正弦量随时间变化的进程。其中，$\mathit{\Psi}_i$ 是正弦量在 $t = 0$ 时的相位，称为初相，其单位用弧度或度来表示，取值范围为 $|\mathit{\Psi}_i| \leq \pi$。

在正弦交流电路中，两个同频率正弦量的相位之差称为相位差，用字母 φ 表示。例如，设两个同频率的正弦量为

$$u = U_\mathrm{m} \sin(\omega t + \varPsi_u)$$
$$i = I_\mathrm{m} \sin(\omega t + \varPsi_i)$$

则它们的相位差 φ 为

$$\varphi = (\omega t + \varPsi_u) - (\omega t + \varPsi_i) = \varPsi_u - \varPsi_i \tag{4.8}$$

可见，两个同频率正弦量的相位差等于它们的初相之差，通常情况下，$|\varphi| \leq \pi$。

相位差的存在表示两个同频率正弦量的变化进程不同，根据 φ 的不同有以下几种变化进程：

- 当 $\varphi > 0$ 即 $\varPsi_u > \varPsi_i$ 时，在相位上电压 u 比电流 i 先达到最大值，称电压超前电流 φ，或称电流滞后电压 φ，如图 4.2(a)所示。
- 当 $\varphi = 0$ 即 $\varPsi_u = \varPsi_i$ 时，表示两个正弦量的变化进程相同，称电压 u 与电流 i 同相，如图 4.2(b)所示。
- 当 $\varphi = \pm\pi$ 时，表示两个正弦量的变化进程相反，称电压 u 与电流 i 反相，如图 4.2(c)所示。
- 当 $\varphi = \pm\pi/2$ 时，表示两个正弦量的变化进程相差 90°，称电压 u 与电流 i 正交，如图 4.2(d)所示。

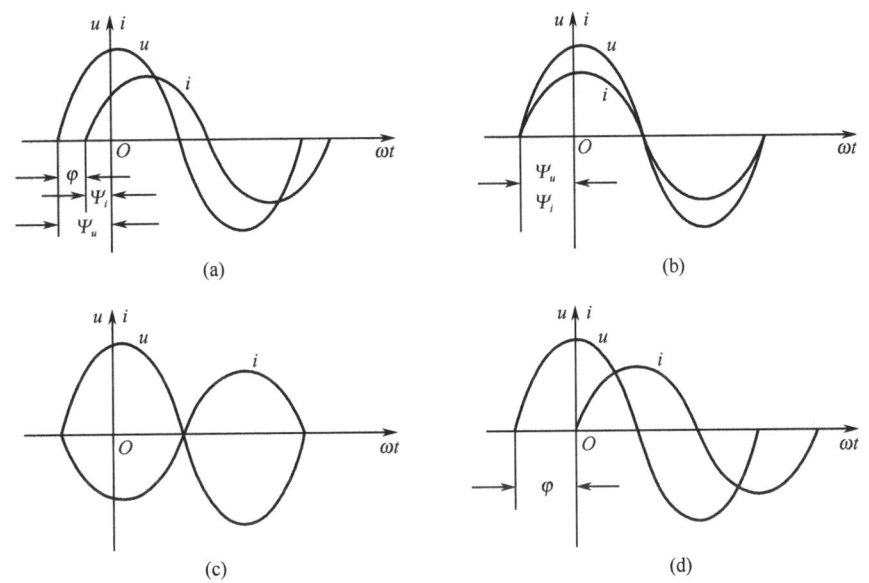

图 4.2　两个同频率正弦量的相位关系

应当注意，以上关于相位关系的讨论，只是针对相同频率的正弦量而言；两个不同频率的正弦量的相位差是随时间变化的，不是常数，因此讨论其相位关系是没有意义的。

【例 4.1】 正弦电压的最大值为 380V，$f = 50$Hz，当 $t = 0$ 时，其瞬时值为 190V，试写出其瞬时值的表达式。

解： 设该正弦电压的瞬时值表达式为

$$u = U_\mathrm{m} \sin(\omega t + \varPsi_u)$$

当 $t = 0$ 时，其瞬时值为 190V，最大值为 380V，则 $190 = 380\sin\varPsi_u$，于是有

$$\varPsi_u = 30° \text{ 或 } 150°$$

又因为

$$\omega = 2\pi f = 2\pi \times 50 = 314 \text{rad/s}$$

因此，正弦电压瞬时值表达式为
$$u = 380\sin(314t + 30°)\text{V} \quad \text{或} \quad u = 380\sin(314t + 150°)\text{V}$$

【例 4.2】 两个正弦电流分别为 $i_1 = 5\sin(\omega t + 60°)\text{A}$ 和 $i_2 = 3\sin(\omega t - 15°)\text{A}$，试求两者的相位差，并说明两者的相位关系。

解：i_1 的初相 $\Psi_1 = 60°$，i_2 的初相 $\Psi_2 = -15°$，所以 i_1 与 i_2 的相位差为
$$\varphi = \Psi_1 - \Psi_2 = 75°$$
所以，i_1 要比 i_2 超前 75°，或者说 i_2 要比 i_1 滞后 75°。

4.2 正弦量的相量表示法

正弦量可以用正弦函数及其波形图表示。但是，利用这两种方法分析计算电路时，运算十分烦琐。为此，引入了"相量表示法"（简称"相量法"）的概念，即把三角函数运算简化为复数形式的代数运算，进而极大地简化正弦交流电路的分析计算过程。相量法是以复数和复数的运算为基础的，为此首先介绍复数的基础知识。

4.2.1 复数

1）复数的表示方法

（1）复数的代数形式

设 A 为一个复数，则其代数形式为
$$A = a + \text{j}b$$
式中，a、b 是任意实数，分别是复数的实部和虚部；$\text{j} = \sqrt{-1}$ 为虚数单位。虚数单位在数学中用 i 表示，在电路分析中，为了与电流 i 相区别，用 j 来表示。

复数 A 也可以用复平面内的一条有向线段来表示，如图 4.3 所示，线段的长度用 r 表示，称为复数 A 的模，其与实轴方向的夹角用 φ 表示，称为复数 A 的辐角：

$$r = \sqrt{a^2 + b^2}, \quad \varphi = \arctan\frac{b}{a} \qquad (4.9)$$

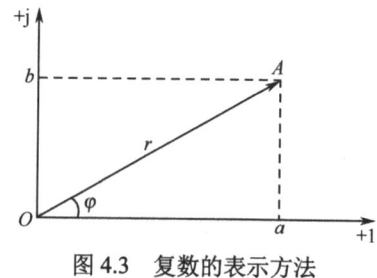

图 4.3 复数的表示方法

（2）复数的三角函数形式

由式（4.9）得
$$a = r\cos\varphi, \quad b = r\sin\varphi$$
于是有
$$A = r\cos\varphi + \text{j}r\sin\varphi = r(\cos\varphi + \text{j}\sin\varphi)$$

（3）复数的指数形式

根据欧拉公式 $\text{e}^{\text{j}\varphi} = \cos\varphi + \text{j}\sin\varphi$，可以得出复数的指数形式。复数的指数形式为
$$A = r\text{e}^{\text{j}\varphi}$$

（4）复数的极坐标形式

复数的极坐标形式为
$$A = r\underline{/\varphi}$$

以上是 4 种复数的表示方法，它们之间可以相互转换。

2）复数的运算

（1）复数的加减运算

复数的加减运算一般采用代数形式和三角函数形式，即复数的实部与实部相加减，虚部与虚部相加减。例如，如果

$$A_1 = a_1 + jb_1, \quad A_2 = a_2 + jb_2$$

那么有
$$A_1 \pm A_2 = (a_1 \pm a_2) + j(b_1 \pm b_2)$$

复数的加减运算也可以在复平面内用平行四边形法则作图来完成，如图 4.4 所示。

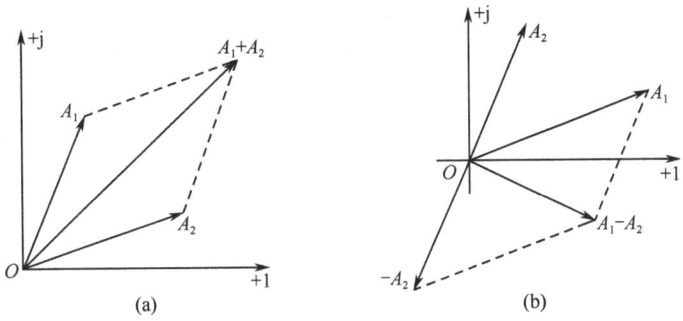

图 4.4 复数的加减运算

（2）复数的乘除运算

复数的乘除运算一般采用指数形式和极坐标形式进行。两个复数相乘时，其模相乘，辐角相加；两个复数相除时，其模相除，辐角相减。例如，若
$$A_1 = r_1 e^{j\varphi_1}, \quad A_2 = r_2 e^{j\varphi_2}$$

则有
$$A_1 A_2 = r_1 r_2 e^{j(\varphi_1 + \varphi_2)}, \quad \frac{A_1}{A_2} = \frac{r_1}{r_2} e^{j(\varphi_1 - \varphi_2)}$$

注意：复数中关于虚数单位 j，常有下列关系：
$$j^2 = -1, \quad j^3 = -j, \quad j^4 = 1, \quad j^{-1} = \frac{1}{j} = -j$$

另外，j 与 90°辐角之间的关系如下：
$$j = \cos 90° + j\sin 90° = e^{j90°} = \underline{/90°}$$
$$-j = \cos 90° - j\sin 90° = e^{-j90°} = \underline{/-90°}$$

4.2.2 正弦量的相量表示法

一个正弦量是由其最大值（有效值）、角频率和初相来决定的。在分析线性电路时，正弦激励和响应均为同频率的正弦量，因此可将角频率这一要素作为已知量，这样，正弦量就可以由最大值（有效值）、初相来决定。由复数的指数形式可知，复数也有两个要素，即复数的模和辐角。因此，可以将正弦量用复数来描述，即用复数的模表示正弦量的大小，用复数的辐角表示正弦量的初相。这种用来表示正弦量的复数称为正弦量的相量。

例如，正弦电流 $i = I_m \sin(\omega t + \Psi_i)$，其最大值的相量形式为 $\dot{I}_m = I_m e^{j\Psi_i}$，其有效值的相量形式为 $\dot{I} = I e^{j\Psi_i}$。可见，正弦量与表示正弦量的相量是一一对应的关系。

为了与一般的复数相区别，用来表示正弦量的复数用其上方加"·"的大写字母表示。

相量是一个复数，它在复平面上的图形称为相量图。画在同一个复平面上表示各正弦量的相量，其频率相同。在画相量图时应注意，相同的物理量应成比例；还要注意各个正弦量之间的相位关系。例如，对于正弦电流

$$i_1 = 6\sqrt{2}\sin(314t + 60°)\text{V}，i_2 = 4\sqrt{2}\sin(314t - 30°)\text{V}$$

其有效值相量分别为 $\dot{I}_1 = 6\text{e}^{\text{j}60°}\text{A}$ 和 $\dot{I}_2 = 4\text{e}^{-\text{j}30°}\text{A}$，两者的相位差 $\varphi = \Psi_1 - \Psi_2 = 90°$，如图 4.5 所示。

需要注意的是，正弦量是时间的函数，而相量并非时间的函数；相量可以表示正弦量，但不等于正弦量；只有同频率的正弦量才能画在同一幅相量图上，不同频率的正弦量不能画在同一幅相量图上，也无法用相量来进行分析计算。

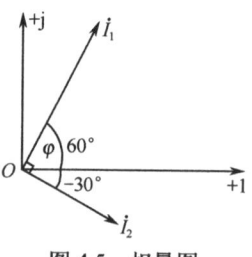

图 4.5 相量图

【例4.3】试写出正弦电压 $u_1 = 220\sqrt{2}\sin(\omega t + 75°)\text{V}$，$u_2 = 110\sqrt{2}\sin(\omega t + 15°)\text{V}$ 的相量，并画出相量图。

解：u_1 对应的有效值相量为 $\dot{U}_1 = 220\underline{/75°}\text{V}$，$u_2$ 对应的有效值相量为 $\dot{U}_2 = 110\underline{/15°}\text{V}$，相量图如图 4.6 所示。

【例 4.4】已知正弦电流 $i_1 = 10\sqrt{2}\sin(\omega t + 36.8°)\text{A}$，$i_2 = 10\sqrt{2}\sin(\omega t + 53.2°)\text{A}$，试求 $i = i_1 + i_2$。

解：i_1 对应的有效值相量为
$$\dot{I}_1 = 10\underline{/36.8°} = (8 + \text{j}6)\text{A}$$

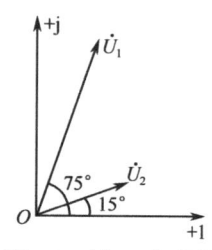

图 4.6 例 4.3 相量图

i_2 对应的有效值相量为
$$\dot{I}_2 = 10\underline{/53.2°} = (6 + \text{j}8)\text{A}$$

i 对应的有效值相量为
$$\dot{I} = \dot{I}_1 + \dot{I}_2 = 14 + \text{j}14 = 14\sqrt{2}\underline{/45°}\text{A}$$

对应的正弦量为
$$i = 28\sin(\omega t + 45°)\text{A}$$

4.3 元件伏安关系的相量形式

在正弦稳态电路中，电阻、电感、电容元件的电压、电流都是同频率的正弦量。为了适应使用相量对正弦稳态电路进行分析，下面将元件的伏安关系表示为相量形式。

4.3.1 电阻元件伏安关系的相量形式

图 4.7(a)所示为仅含有电阻元件的交流电路。设在关联参考方向下，任意瞬时在电阻 R 两端施加的电压为
$$u_\text{R} = \sqrt{2}U_\text{R}\sin\omega t\,\text{V}$$

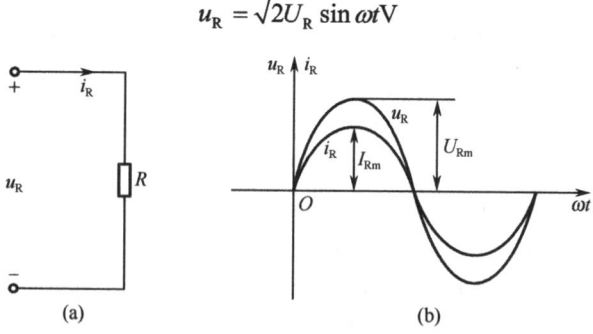

图 4.7 仅含有电阻元件的交流电路

根据欧姆定律，通过电阻 R 的电流为
$$i_\text{R} = \frac{u_\text{R}}{R} = \frac{\sqrt{2}U_\text{R}\sin\omega t}{R} = \sqrt{2}I_\text{R}\sin\omega t \tag{4.10}$$

因此，在电阻元件的正弦交流电路中，通过电阻的电流 i_R 与其电压 u_R 是同频率、同相位的两个正弦量，其波形图如图 4.7(b)所示；且电压与电流的瞬时值、有效值、最大值之间均符合欧姆定律。

用相量的形式来分析电阻电路时，其相量模型如图 4.8(a)所示。将电阻元件的电压和电流用相量形式表示有

$$\dot{U}_R = U_R\underline{/0°}$$

$$\dot{I}_R = I_R\underline{/0°} = \frac{U_R}{R}\underline{/0°} = \frac{\dot{U}_R}{R} \quad (4.11)$$

式（4.11）是电阻元件伏安关系的相量形式，即电阻电路中欧姆定律的相量形式。由此也可看出，电阻电路的电压和电流同相，其相量图如图 4.8(b)所示。

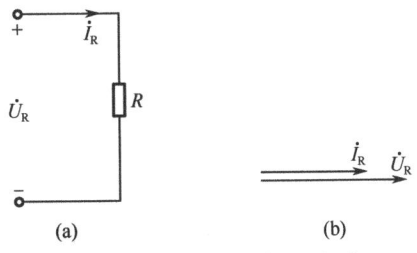

图 4.8 电阻元件的相量关系

【例 4.5】 把一个 100kΩ 的电阻接到频率为 50Hz 且电压有效值为 220V 的正弦交流电源上，通过电阻的电流有效值是多少？如果电压值不变，电源频率改为 500Hz，那么这时的电流又是多少？

解：电阻电流的有效值为

$$I = \frac{U}{R} = \frac{220}{100000} = 2.2\text{mA}$$

由于电阻的大小与频率无关，所以频率改变后，电流仍为 2.2mA。

【例 4.6】 一白炽灯工作时的电阻为 400Ω，两端的正弦电压为 $u = 220\sqrt{2}\sin(314t - 30°)\text{V}$，求通过白炽灯的电流的相量形式及瞬时值表达式。

解：依题意，电压的相量形式为

$$\dot{U} = U\underline{/\varphi_u} = 220\underline{/-30°}\text{V}$$

电流的相量形式为

$$\dot{I} = \frac{\dot{U}}{R} = \frac{220}{400}\underline{/-30°}\text{A} = 0.55\underline{/-30°}\text{A}$$

于是，电流的瞬时值表达式为

$$i = 0.55\sqrt{2}\sin(314t - 30°)\text{A}$$

4.3.2 电感元件伏安关系的相量形式

图 4.9(a)所示为仅含有电感元件的交流电路。设任意瞬时，电压 u_L 和电流 i_L 在关联参考方向下的关系为

$$u_L = L\frac{di_L}{dt} \quad (4.12)$$

设电流为参考相量，即 $i_L = \sqrt{2}I_L\sin\omega t$，则有

$$u_L = L\frac{di_L}{dt} = \sqrt{2}\omega LI_L\cos\omega t = \sqrt{2}\omega LI_L\sin(\omega t + 90°) = \sqrt{2}U_L\sin(\omega t + 90°) \quad (4.13)$$

式中，$U_L = \omega LI_L = X_LI_L$ 或 $U_{Lm} = \omega LI_{Lm} = X_LI_{Lm}$，其中，

$$X_L = \frac{U_L}{I_L} = \omega L \tag{4.14}$$

这里，X_L 称为电感元件的电抗，简称感抗，单位为欧姆（Ω）。

由式（4.12）和式（4.13）可以看出，当正弦电流通过电感元件时，在电感上产生一个同频率的、相位超前电流 90°的正弦电压，其波形图如图 4.9(b)所示。

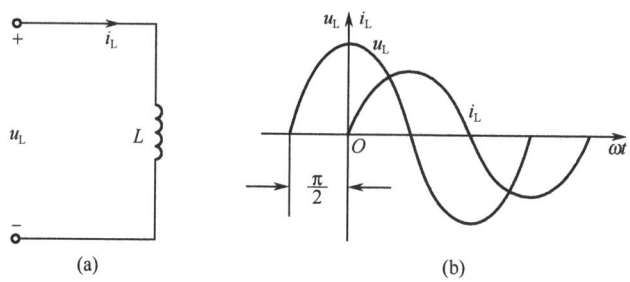

图 4.9 仅含电感元件的交流电路

式（4.14）表明，电感元件端电压和电流的有效值之间符合欧姆定律。

用相量形式来分析电感电路时，其相量模型如图 4.10(a)所示。由式（4.12）和式（4.13）可以写出电感元件电流和电压的相量形式分别为

$$\dot{I}_L = I_L \underline{/0°}$$

和

$$\dot{U}_L = \omega L I_L \underline{/90°} = jX_L \dot{I}_L \tag{4.15}$$

式（4.15）就是电感元件伏安关系的相量形式，即电感电路欧姆定律的相量形式，其相量图如 4.10(b)所示。

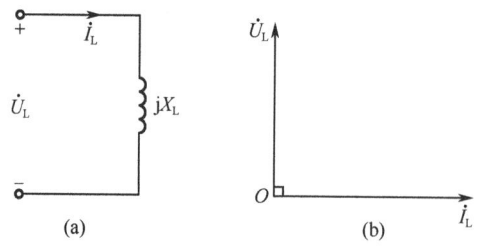

图 4.10 电感元件的相量关系

【例 4.7】把一个 0.15H 的电感元件接到频率为 50Hz、电压有效值为 180V 的正弦交流电源上，通过电感的电流有效值是多少？如果电压值不变，电源频率改为 1000Hz，那么这时的电流有效值又是多少？

解：当 f = 50Hz 时，

$$X_L = 2\pi f L \approx 2 \times 3.14 \times 50 \times 0.15 = 47.1\Omega$$

$$I_L = \frac{U}{X_L} = \frac{180}{47.1} = 3.82\text{A}$$

当 f = 1000Hz 时，

$$X_L = 2\pi f L \approx 2 \times 3.14 \times 1000 \times 0.15 = 942\Omega$$

$$I_L = \frac{U}{X_L} = \frac{180}{942} = 0.19\text{A}$$

【例 4.8】一电感线圈的电感为 L = 0.5H，电阻可略去不计，将其接到频率为 50Hz、电压有效值为 220V 的正弦交流电源上，试求：（1）该电感的感抗 X_L；（2）电路中的电流 I 及其与电压的

相位差 φ。

解：(1) 感抗 $X_L = 2\pi f L = 2\pi \times 50 \times 0.5 \approx 157\Omega$。

(2) 设电压 $\dot{U}$ 为参考相量，即
$$\dot{U} = 220\underline{/0°}\text{V}$$

于是有
$$\dot{I} = \frac{\dot{U}}{jX_L} = \frac{220\underline{/0°}}{j157} = -j1.4\text{A}$$

即电流的有效值 $I = 1.4\text{A}$，与电压的相位差为 $90°$。

4.3.3 电容元件伏安关系的相量形式

图 4.11(a)所示为仅含有电容元件的交流电路。设任意瞬时，电压 u_C 和电流 i_C 在关联参考方向下的关系为
$$i_C = C\frac{du_C}{dt}$$

设电压为参考相量，即
$$u_C = \sqrt{2}U_C \sin\omega t \tag{4.16}$$

则有
$$i_C = C\frac{du_C}{dt} = \sqrt{2}\omega C U_C \cos\omega t = \sqrt{2}\omega C U_C \sin(\omega t + 90°) = \sqrt{2}I_C \sin(\omega t + 90°) \tag{4.17}$$

式中，$I_C = \omega C U_C$，即
$$\frac{U_C}{I_C} = \frac{1}{\omega C} = \frac{1}{2\pi f C} = X_C \tag{4.18}$$

式 (4.18) 中，X_C 称为电容的电抗，简称容抗，单位为欧姆（Ω）。

由式 (4.16) 和式 (4.17) 可以看出，当电容元件两端施加正弦电压时，在电容上产生一个同频率的、相位超前电压 $90°$ 的正弦电流，其波形图如图 4.11(b)所示。

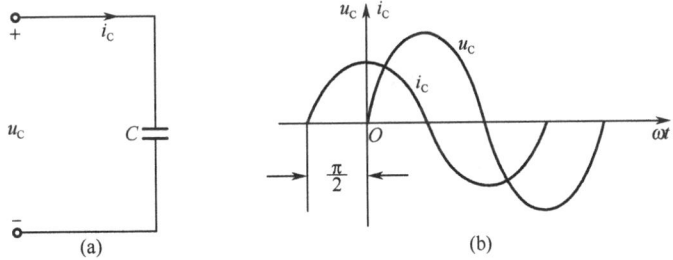

图 4.11 仅含电容元件的交流电路

式 (4.18) 表明，电容元件端电压和电流的有效值之间符合欧姆定律。

用相量的形式来分析电容电路时，其相量模型如图 4.12(a)所示。由式 (4.16) 和式 (4.17) 可以写出电容元件电压和电流的相量形式分别为
$$\dot{U}_C = U_C\underline{/0°}$$
$$\dot{I}_C = \omega C U_C\underline{/90°} = \frac{\dot{U}_C}{-j\frac{1}{\omega C}} = \frac{\dot{U}_C}{-jX_C} \quad \text{或} \quad \dot{U}_C = -jX_C \dot{I}_C \tag{4.19}$$

式 (4.19) 就是电容元件伏安关系的相量形式，即电容电路欧姆定律的相量形式，其相量图如图 4.12(b)所示。

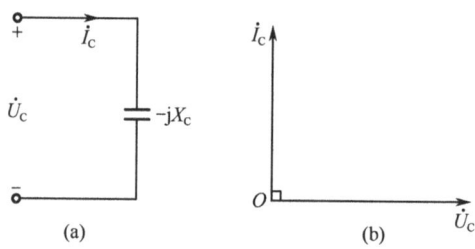

图 4.12 电容元件的相量关系

【例 4.9】在 796μF 的电容两端加 $u = 220\sqrt{2}\sin(314t + 60°)$V 的正弦电压，试求电容电流。

解：
$$X_C = \frac{1}{\omega C} = \frac{1}{314 \times 637 \times 10^{-6}} = 5\Omega$$

因为 $U_C = 220$V，所以电容电流的有效值为
$$I_C = \frac{U_C}{X_C} = \frac{220}{4} = 55\text{A}$$

由于电容电流要超前电压 90°，而 $\Psi_u = 60°$，所以 $\Psi_i = 150°$，于是有
$$i_C = 55\sqrt{2}\sin(314t + 150°)\text{A}$$

【例 4.10】设有一电容元件，其电容 $C = 10\mu F$，电阻可略去不计，将其接到频率为 50Hz、电压有效值为 220V 的正弦交流电源上，试求：(1) 该电容的容抗 X_C；(2) 电路中的电流 I 及其与电压的相位差 φ。

解：(1) 容抗 $X_C = \dfrac{1}{2\pi f C} = \dfrac{1}{2\pi \times 50 \times 10 \times 10^{-6}} = 320\Omega$。

(2) 设电压 $\dot{U}$ 为参考相量，即
$$\dot{U} = 220\underline{/0°}\text{V}$$
$$\dot{I} = \frac{\dot{U}}{-jX_C} = \frac{220\underline{/0°}}{-j320} = j0.6875\text{A}$$

即电流的有效值 $I = 0.6875$A，相位上超前于电压 90°。

由以上讨论，可把电阻电路、电感电路、电容电路的基本性质列表比较，如表 4.1 所示。

表 4.1 正弦交流电路中电路元件的基本性质

电路模型		电阻 R	电感 L	电容 C
电路参数		电阻 R	电感 L	电容 C
电压与电流的关系	瞬时值	$u = iR$	$u = L\dfrac{di}{dt}$	$i = C\dfrac{du}{dt}$
	有效值	$U = IR$	$U = IX_L$	$U = IX_C$
	相位	电压与电流同相	电压超前电流 90°	电压滞后电流 90°
电阻或电抗		R	$X_L = \omega L$	$X_C = \dfrac{1}{\omega C}$

	相量模型	![IR/UR/R circuit]	![IL/UL/jXL circuit]	![IC/UC/-jXC circuit]
用相量表示电压与电流的关系	相量关系式	$\dot{U} = R\dot{I}$	$\dot{U} = jX_L\dot{I}$	$\dot{U} = -jX_C\dot{I}$
	相量图	$\dot{I}_R \to \dot{U}_R$	$\dot{U}_L \uparrow, \dot{I}_L \to$	$\dot{I}_C \to, \dot{U}_C \downarrow$

4.4 基尔霍夫定律的相量形式

前面推导出了正弦交流电路中元件伏安关系的相量形式；同理，我们也可以推导出基尔霍夫定律的相量形式。直流电路中由欧姆定律和基尔霍夫定律所推导出的结论、分析方法和定理，都可以扩展到正弦交流电路中。

根据基尔霍夫电流定律，在电路中的任意节点，任意时刻都有

$$i_1 + i_2 + \cdots + i_n = 0$$

即

$$\sum i_K = 0 \quad (K = 1, 2, \cdots, n)$$

若这些电流都是同频率的正弦量，则可以用相量形式表示为

$$\dot{I}_1 + \dot{I}_2 + \cdots + \dot{I}_n = 0$$
$$\sum \dot{I}_K = 0 \quad (K = 1, 2, \cdots, n) \tag{4.20}$$

式（4.20）就是基尔霍夫电流定律在正弦交流电路中的相量形式，它与直流电路中的基尔霍夫电流定律 $\sum I_K = 0$ 在形式上相似。

基尔霍夫电压定律对电路中的任意回路在任意时刻都是成立的，即 $\sum U_K = 0$。同样，这些电压 U_K 都是同频率的正弦量，可以用相量形式表示为

$$\sum \dot{U}_K = 0 \quad (K = 1, 2, \cdots, n) \tag{4.21}$$

式（4.21）就是基尔霍夫电压定律在正弦交流电路中的相量形式，它与直流电路中的基尔霍夫电压定律 $\sum U_K = 0$ 在形式上相似。

【例 4.11】 在图 4.13(a)所示的电路中，已知电流表 A_1、A_2、A_3 的读数都是 5A，图 4.13(b)中电压表 V_1、V_2、V_3 的读数分别是 30V、40V、80V，试求电路中电流表 A 和电压表 V 的读数。

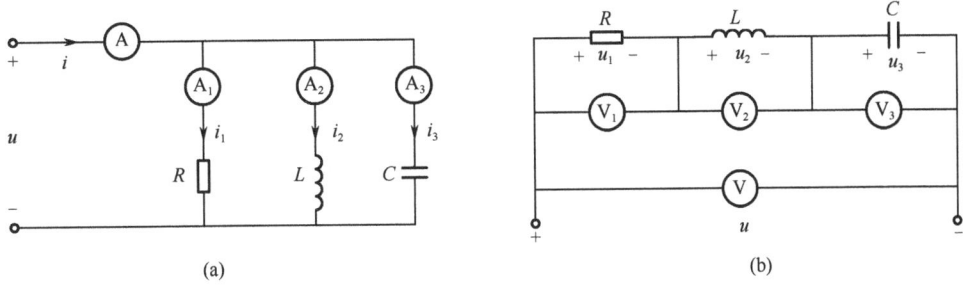

图 4.13 例 4.11 图

解：在图 4.13(a)中，由于并联电路中各支路的电压相同，所以设端电压为参考相量，即

则有

$$\dot{U} = U\underline{/0°}$$

$$\dot{I}_1 = 5\underline{/0°} \text{ A} \quad \text{（电阻元件上的电流与电压同相）}$$
$$\dot{I}_2 = 5\underline{/-90°} \text{ A} \quad \text{（电感元件上的电流滞后电压90°）}$$
$$\dot{I}_3 = 5\underline{/90°} \text{ A} \quad \text{（电容元件上的电流超前电压90°）}$$

由 KCL 得

$$\dot{I} = \dot{I}_1 + \dot{I}_2 + \dot{I}_3 = 5\underline{/0°} + 5\underline{/-90°} + 5\underline{/90°} = (5 - j5 + j5) = 5 \text{A}$$

所以图 4.13(a)中电压表 A 的读数为 5A。

在图 4.13(b)中，由于串联电路中各元件的电流相同，所以设电流为参考相量，即

$$\dot{I} = I\underline{/0°}$$

则有

$$\dot{U}_1 = 30\underline{/0°} \text{ V} \quad \text{（电阻元件上电流与电压同相）}$$
$$\dot{U}_2 = 40\underline{/90°} \text{ V} \quad \text{（电感元件上电流滞后电压90°）}$$
$$\dot{U}_3 = 80\underline{/-90°} \text{ V} \quad \text{（电容元件上电流超前电压90°）}$$

由 KCL 得

$$\dot{U} = \dot{U}_1 + \dot{U}_2 + \dot{U}_3 = 30\underline{/0°} + 40\underline{/90°} + 80\underline{/-90°}$$
$$= 30 + j40 - j80 = 50\underline{/-53.13°} \text{ V}$$

所以图 4.13(b)中电压表 V 的读数为 50V。

4.5 阻抗和导纳

4.5.1 阻抗

如图 4.14(a)所示，若以电流 i 为参考相量，即

$$i = \sqrt{2}I \sin \omega t$$

则根据基尔霍夫电压定律有

$$u = u_R + u_L + u_C$$

对应的相量形式为

$$\dot{U} = \dot{U}_R + \dot{U}_L + \dot{U}_C \tag{4.22}$$

其相量模型如图 4.14(b)所示。

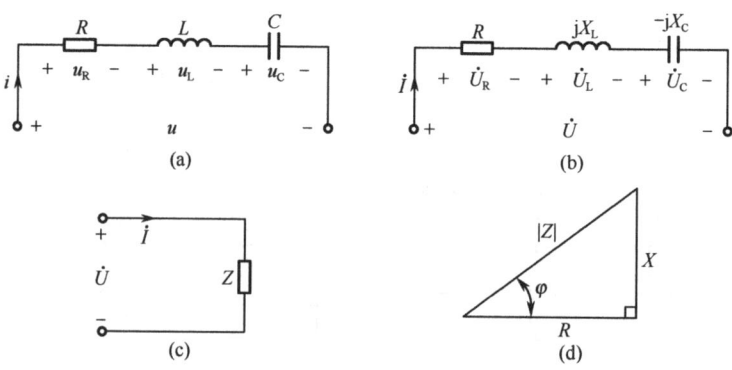

图 4.14 阻抗

将 $\dot{U}_R = R\dot{I}$、$\dot{U}_L = j\omega L\dot{I}$ 和 $\dot{U}_C = -j\dfrac{1}{\omega C}\dot{I}$ 代入式（4.22）中，得

$$\dot{U} = \left[R + \mathrm{j}\left(\omega L - \frac{1}{\omega C}\right)\right]\dot{I}$$

$$\dot{U} = Z\dot{I} \tag{4.23}$$

式中，

$$Z = R + \mathrm{j}\left(\omega L - \frac{1}{\omega C}\right) = R + \mathrm{j}(X_L - X_C) = R + \mathrm{j}X = |Z|\underline{/\varphi} \tag{4.24}$$

式（4.24）为正弦交流电路中欧姆定律的相量形式。Z 称为 RLC 串联电路的复阻抗，简称阻抗，如图 4.14(c)所示，单位为欧姆（Ω）；$|Z|$ 为阻抗的阻抗值，单位为欧姆（Ω）；X 称为电抗，单位为欧姆（Ω）；φ 称为阻抗角。由式（4.24）可知

$$|Z| = \sqrt{R^2 + X^2} = \sqrt{R^2 + \left(\omega L - \frac{1}{\omega C}\right)^2} \tag{4.25}$$

$$\varphi = \arctan\frac{X}{R} = \arctan\frac{\omega L - \dfrac{1}{\omega C}}{R} \tag{4.26}$$

由式（4.23）可得

$$Z = \frac{\dot{U}}{\dot{I}} = \frac{U\underline{/\varphi_u}}{I\underline{/\varphi_i}} = |Z|\underline{/\varphi_u - \varphi_i} = |Z|\underline{/\varphi} \tag{4.27}$$

式中，$\varphi = \varphi_u - \varphi_i$，可见阻抗角 φ 也是电压和电流的相位差。由式（4.24）可以看出，阻抗的实部是电阻 R，虚部是电抗 X。这里要注意阻抗虽然是复数，但它不是时间的函数，所以不是相量，因此 Z 的上面没有"·"。

由式（4.25）和式（4.26）可以看出，阻抗 Z 仅由电路的参数及电源的频率决定，与电压、电流的大小无关。

若 $X_L > X_C$，则 $X > 0$，$\varphi > 0$，电压超前电流，电路呈感性，如图 4.15(a)所示。
若 $X_L < X_C$，则 $X < 0$，$\varphi < 0$，电压滞后电流，电路呈容性，如图 4.15(b)所示。
若 $X_L = X_C$，则 $X = 0$，$\varphi = 0$，电压与电流同相位，电路呈电阻性，如图 4.15(c)所示。

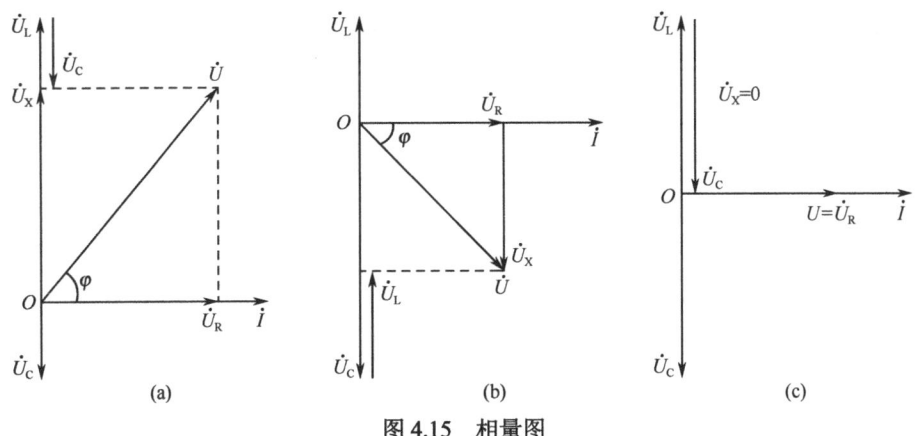

图 4.15 相量图

单一的电阻、电感、电容可视为阻抗的特例，它们的阻抗分别为 $Z=R$、$Z=\mathrm{j}\omega L$ 和 $Z=-\mathrm{j}\dfrac{1}{\omega C}$。

根据式（4.24），R、X、$|Z|$ 之间的关系可用一个直角三角形表示，这个三角形称为阻抗三角形，如图 4.14(d)所示。R、Z、X、X_L、X_C 的单位为欧姆（Ω）。

【例 4.12】 在 RLC 串联电路中，已知 $R=30\Omega$，$L=127\mathrm{mH}$，$C=45.5\mu\mathrm{F}$，电压源的正弦电压

$u = 220\sqrt{2}\sin(314t+15°)\text{V}$,求该串联电路的阻抗 Z 及电路中的电流 i。

解:
$$X_L = \omega L = 40\Omega, \quad X_C = \frac{1}{\omega C} = 70\Omega$$
$$Z = R + j(X_L - X_C) = 30 + j(40-70) = 30 - j30 = 42.42\underline{/-45°}\Omega$$
$$\dot{I} = \frac{\dot{U}}{Z} = \frac{220\underline{/15°}}{42.42\underline{/-45°}} = 5.19\underline{/60°}\text{A}$$
$$i = 5.19\sqrt{2}\sin(314t + 60°)\text{A}$$

【例4.13】 一线圈的电阻 $R = 4\Omega$,电感 $L = 12.7\text{mH}$,通过线圈的正弦电流为 $i = 3\sin(314t + 10°)\text{A}$,求线圈两端的电压有效值 U 及 u 与 i 之间的相位差 φ。

解: 线圈的电抗为
$$X_L = \omega L = 4\Omega$$
$$Z = R + j\omega L = 4 + j4 = 4\sqrt{2}\underline{/45°}\ \Omega$$

线圈的阻抗为
$$|Z| = 4\sqrt{2}\Omega$$

电压有效值为
$$U = I|Z| = \frac{3}{\sqrt{2}} \times 4\sqrt{2} = 12\text{V}$$

u 与 i 之间的相位差 $\varphi = 45°$。

4.5.2 导纳

阻抗的倒数定义为复导纳,简称导纳,用 Y 表示:
$$Y = \frac{1}{Z} = \frac{\dot{I}}{\dot{U}} = \frac{I}{U}\underline{/\varphi_i - \varphi_u} = |Y|\underline{/\varphi'} \tag{4.28}$$
$$Y = |Y|\cos\varphi' + j|Y|\sin\varphi' \tag{4.29}$$

式中,$|Y| = \frac{I}{U}$ 为导纳的模,$\varphi' = \varphi_i - \varphi_u$ 为导纳角。

若 $G = |Y|\cos\varphi'$,$B = |Y|\sin\varphi'$,则导纳 Y 的代数形式可写为
$$Y = G + jB \tag{4.30}$$

式中,Y 的实部 G 为电导,虚部 B 为电纳。

对于单个元件 R、L、C,它们的导纳分别为
$$Y_R = G = \frac{1}{R}, \quad Y_L = \frac{1}{j\omega L} = -j\frac{1}{\omega L}, \quad Y_C = j\omega C$$

式中,$B_L = \frac{1}{\omega L}$ 称为感纳,$B_C = \omega C$ 称为容纳。

如果二端网络为 RLC 并联电路,如图 4.16(a) 所示,那么其导纳为
$$Y = \frac{\dot{I}}{\dot{U}}$$

根据 KCL 得
$$\dot{I} = \dot{I}_1 + \dot{I}_2 + \dot{I}_3$$
$$\dot{I}_1 = \frac{\dot{U}}{R}, \quad \dot{I}_2 = \frac{\dot{U}}{j\omega L}, \quad \dot{I}_3 = j\omega C\dot{U}$$

$$\dot{I} = \left(\frac{1}{R} + \frac{1}{\mathrm{j}\omega L} + \mathrm{j}\omega C\right)\dot{U}$$

$$Y = \frac{1}{R} + \frac{1}{\mathrm{j}\omega L} + \mathrm{j}\omega C = \frac{1}{R} + \mathrm{j}\left(\omega C - \frac{1}{\omega L}\right) \qquad (4.31)$$

Y 的实部是电导 $G = \frac{1}{R}$，虚部是电纳 $B = \omega C - \frac{1}{\omega L} = B_{\mathrm{C}} - B_{\mathrm{L}}$。$Y$ 的模和导纳角分别为

$$|Y| = \sqrt{G^2 + B^2}, \quad \varphi' = \arctan\left[\frac{\omega C - \frac{1}{\omega L}}{G}\right] \qquad (4.32)$$

当 $B > 0$ 即 $\omega C > \frac{1}{\omega L}$ 时，Y 呈容性；当 $B < 0$ 即 $\omega C < \frac{1}{\omega L}$ 时，Y 呈感性。

显然，$Y = \frac{1}{Z}$，$\varphi' = -\varphi$；导纳三角形如图 4.16(b) 所示，G、Y、B、B_{L}、B_{C} 的单位为西门子（S）。

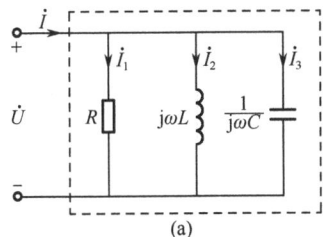
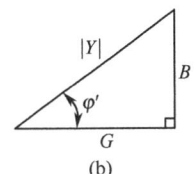

图 4.16 二端网络的导纳

4.5.3 阻抗的串联和导纳的并联

1）阻抗的串联

图 4.17 所示为若干阻抗的串联电路，它的等效阻抗为

$$\begin{aligned} Z_{\mathrm{eq}} &= Z_1 + Z_2 + \cdots + Z_n \\ &= (R_1 + \mathrm{j}X_1) + (R_2 + \mathrm{j}X_2) + \cdots + (R_n + \mathrm{j}X_n) \\ &= (R_1 + R_2 + \cdots + R_n) + \mathrm{j}(X_1 + X_2 + \cdots + X_n) \\ &= R + \mathrm{j}X = |Z|\underline{/\varphi} \end{aligned}$$

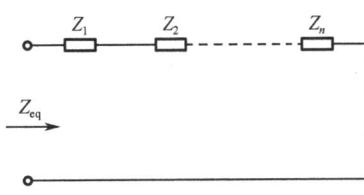

图 4.17 阻抗的串联

式中，R 称为串联电路的等效电阻，它等于各串联电阻的和；X 称为串联电路的等效电抗，它等于各串联电抗的代数和（感抗取正值，容抗取负值）。

2）导纳的并联

图 4.18 所示为若干导纳的并联电路，它的等效阻抗 Z 的倒数等于各并联阻抗的倒数和，即

$$\frac{1}{Z_{\mathrm{eq}}} = \frac{1}{Z_1} + \frac{1}{Z_2} + \cdots + \frac{1}{Z_n}$$

$$Y_{\mathrm{eq}} = Y_1 + Y_2 + \cdots + Y_n$$

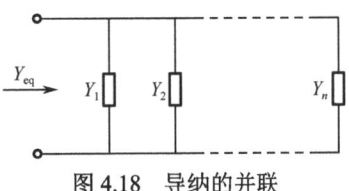

图 4.18 导纳的并联

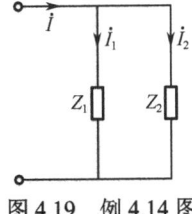

图 4.19 例 4.14 图

【例 4.14】在图 4.19 所示的电路中，阻抗 $Z_1 = (6-\mathrm{j}8)\Omega$，$Z_2 = (4+\mathrm{j}3)\Omega$，外加电压 $\dot{U} = 220\underline{/0°}\mathrm{V}$，试求各支路的电流 $\dot{I}_1$、$\dot{I}_2$、$\dot{I}$。

解：
$$Z_1 = (6-\mathrm{j}8)\Omega = 10\underline{/-53.1°}\Omega$$
$$Z_2 = (4+\mathrm{j}3)\Omega = 5\underline{/36.8°}\Omega$$

总阻抗为

$$Z = \frac{Z_1 Z_2}{Z_1 + Z_2} = 4.46\underline{/26.4°}\,\Omega$$

所以

$$\dot{I}_1 = \frac{\dot{U}}{Z_1} = \frac{220\underline{/0°}}{10\underline{/-53.1°}} = 22\underline{/53.1°}\,\text{A}$$

$$\dot{I}_2 = \frac{\dot{U}}{Z_2} = \frac{220\underline{/0°}}{5\underline{/36.8°}} = 44\underline{/-36.8°}\,\text{A}$$

$$\dot{I} = \frac{\dot{U}}{Z} = \frac{220\underline{/0°}}{4.46\underline{/26.4°}} = 49.3\underline{/-26.4°}\,\text{A}$$

4.6 正弦稳态电路的分析

在正弦稳态电路中，以相量形式表示的欧姆定律和基尔霍夫定律与直流电路有相似的表达式，因而在直流电路中，由欧姆定律和基尔霍夫定律推导出的支路电流法、节点电压法、叠加定理、等效电源定理等，都可以同样扩展到正弦稳态电路中。直流电路中的各物理量在交流电路中用相量的形式来代替；直流电路中的电阻 R 用阻抗 Z 来代替，电导 G 用导纳 Y 来代替。

【例 4.15】在图 4.20 所示的电路中，两个电源的电压有效值均为 220V，相位相差 60°，内阻抗 $Z_1 = Z_2 = (1+j1)\Omega$，负载阻抗 $Z = (5+j5)\Omega$，试求负载电流 $\dot{I}$。

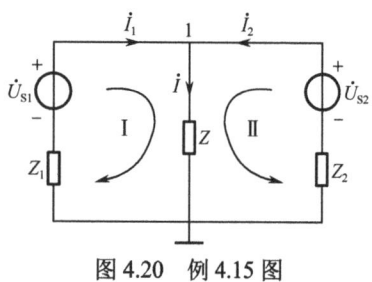

图 4.20 例 4.15 图

解：（1）用支路电流法求解。

设 $\dot{U}_{S1}$ 为参考相量，$\dot{U}_{S2}$ 比 $\dot{U}_{S1}$ 超前 60°，则有

$$\dot{U}_{S1} = 220\underline{/0°}\,\text{V}，\quad \dot{U}_{S2} = 220\underline{/60°}\,\text{V}$$

各支路电流的参考方向如图 4.20 所示。

由 KCL 得

$$\dot{I}_1 + \dot{I}_2 = \dot{I}$$

由 KVL 得

$$\dot{I}_1 Z_1 + \dot{I} Z = \dot{U}_{S1}，\quad \dot{I}_2 Z_2 + \dot{I} Z = \dot{U}_{S2}$$

联立以上三个方程，解得 $\dot{I} = 6.85\underline{/-60°}\,\text{A}$。

（2）用叠加定理求解。

在图 4.21 所示的电路中，图 4.21(a)可视为图 4.21(b)和图 4.21(c)的叠加，负载电流 $\dot{I} = \dot{I}' + \dot{I}''$。

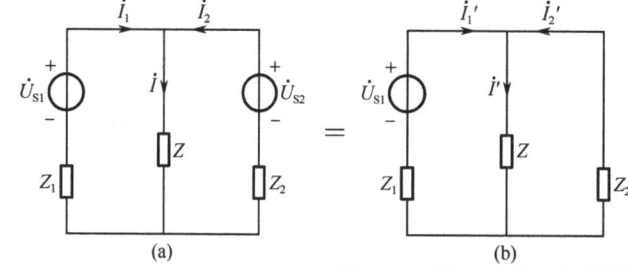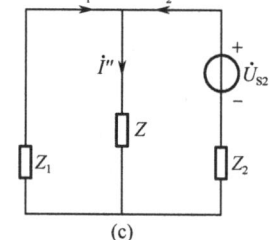

图 4.21 例 4.15 叠加定理图

（3）用节点电压法求解。

$$\dot{U}_1 = \frac{\dot{U}_{S1}\dfrac{1}{Z_1} + \dot{U}_{S2}\dfrac{1}{Z_2}}{\dfrac{1}{Z_1} + \dfrac{1}{Z_2} + \dfrac{1}{Z}}，\quad \dot{I} = \frac{\dot{U}_1}{Z}$$

此题还可以用戴维南定理求解，所得结果与上述完全一致，在此不一一叙述。

【例 4.16】在图 4.22 所示的电路中，已知 $R=5\Omega$，$X_\mathrm{L}=5\Omega$，$X_\mathrm{C}=5\Omega$，$\dot{I}=2\mathrm{e}^{\mathrm{j}60°}\mathrm{A}$，试求该电路的等效阻抗及各支路的电流。

解：设等效阻抗为 Z_eq，则有

$$\frac{1}{Z_\mathrm{eq}} = \frac{1}{-\mathrm{j}X_\mathrm{C}} + \frac{1}{R+\mathrm{j}X_\mathrm{L}}$$

$$Z_\mathrm{eq} = \frac{(-\mathrm{j}X_\mathrm{C})(R+\mathrm{j}X_\mathrm{L})}{-\mathrm{j}X_\mathrm{C}+R+\mathrm{j}X_\mathrm{L}} = 5\sqrt{2}\underline{/45°}\ \Omega$$

$$\dot{U} = \dot{I}Z_\mathrm{eq} = 10\sqrt{2}\underline{/15°}\ \mathrm{V}$$

$$\dot{I}_1 = \frac{\dot{U}}{R+\mathrm{j}X_\mathrm{L}} = 2\underline{/-30°}\ \mathrm{A}$$

$$\dot{I}_2 = \frac{\dot{U}}{-\mathrm{j}X_\mathrm{C}} = 2\sqrt{2}\underline{/105°}\mathrm{A}$$

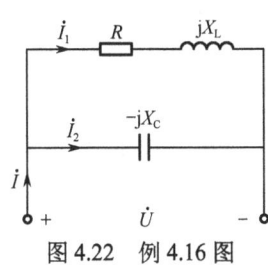

图 4.22 例 4.16 图

【例 4.17】在图 4.23(a)所示的电路中，$U_\mathrm{S}=380\mathrm{V}$，$f=50\mathrm{Hz}$，电容可调，当 $C=80.95\mathrm{\mu F}$ 时，交流电流表 A 的读数最小，其值为 2.59A。求图中交流电流表 A_1 的读数。

解：当电容 C 变化时，$\dot{I}_1$ 始终不变，可先定性画出相量图。

设 $\dot{U}_\mathrm{S} = 380\underline{/0°}\ \mathrm{V}$，则

$$\dot{I}_1 = \frac{\dot{U}_\mathrm{S}}{R+\mathrm{j}\omega L_1}$$

故 $\dot{I}_1$ 滞后电压 $\dot{U}_\mathrm{S}$，$\dot{I}_\mathrm{C} = \mathrm{j}\omega C\dot{U}_\mathrm{S}$。表示 $\dot{I} = \dot{I}_1 + \dot{I}_\mathrm{C}$ 的电流相量组成的三角形如图 4.23(b)所示。当 C 变化时，$\dot{I}_\mathrm{C}$ 始终与 $\dot{U}_\mathrm{S}$ 正交，故 $\dot{I}$ 的末端将沿图中所示的虚线变化，到达 a 点时，$\dot{I}$ 值最小。$I_\mathrm{C} = \omega C U_\mathrm{S} = 9.66\mathrm{A}$，这时 $I=2.59\mathrm{A}$，用电流三角形解得电流表 A_1 的读数为

$$\sqrt{9.66^2+2.59^2} = 10\mathrm{A}$$

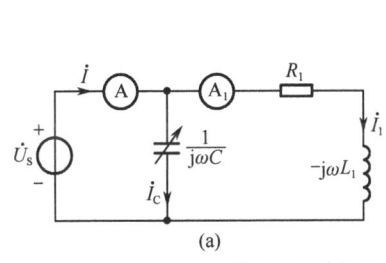 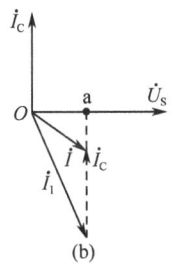

图 4.23 例 4.17 图

4.7 正弦稳态电路的功率

4.7.1 二端网络的功率

1）瞬时功率

图 4.24 所示为含有 R、L、C 的无源二端网络，端口电压 u 和端口电流 i 的参考方向如图 4.24 所示。

设 $i = \sqrt{2}I\sin\omega t$，$u = \sqrt{2}U\sin(\omega t+\varphi)$，则瞬时功率为

$$p = ui = \sqrt{2}U\sin(\omega t+\varphi) \times \sqrt{2}I\sin\omega t$$
$$= UI\cos\varphi - UI\cos(2\omega t+\varphi)$$

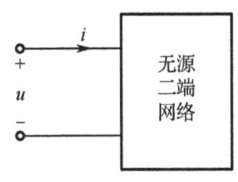

图 4.24 无源二端网络

瞬时功率用 p 表示，单位为瓦（W）。

2）有功功率

瞬时功率在一个周期内的平均值称为平均功率或有功功率，用 P 表示，即

$$P = \frac{1}{T}\int_0^T p\,\mathrm{d}t = \frac{1}{T}\int_0^T [UI\cos\varphi - UI\cos(2\omega t + \varphi)]\mathrm{d}t = UI\cos\varphi \tag{4.33}$$

式中，U、I 分别是正弦稳态电路中电压、电流的有效值，φ 为电压与电流的相位差。可见，正弦稳态电路的有功功率不仅与电压和电流的有效值有关，而且与它们的相位差 φ 有关。φ 又称功率因数角。因此，$\cos\varphi$ 称为功率因数，用 λ 表示，它是交流电路中一个非常重要的指标。有功功率的单位为瓦（W）。

对于电阻 R，由于其电压和电流同相，即 $\varphi = 0$，所以 R 的有功功率 $P_R = U_R I_R = I^2 R = \dfrac{U_R^2}{R}$。
对于电感 L，其电压超前电流 $90°$，即 $\varphi = 90°$，所以 L 的有功功率 $P_L = U_L I_L \cos 90° = 0$。对于电容 C，其电压滞后电流 $90°$，即 $\varphi = -90°$，所以 C 的有功功率 $P_C = U_C I_C \cos(-90°) = 0$。

可见，在正弦稳态电路中，只有电阻是消耗电能的，因此电阻是耗能元件；电感和电容是不消耗电能的，它们只与外电路进行能量交换，是储能元件。

3）无功功率

在正弦稳态电路中，元件不仅相互之间要进行能量的转换，而且还要与电源之间进行能量的交换；电感和电容与电源之间进行能量的交换规模的大小用无功功率来衡量。无功功率用 Q 来表示，单位为乏（var）或千乏（kvar），其表达式为

$$Q = UI\sin\varphi \tag{4.34}$$

由于电感元件的电压超前电流 $90°$，电容元件的电压滞后电流 $90°$，因此感性无功功率与容性无功功率之间可以相互补偿，即

$$Q = Q_L - Q_C \tag{4.35}$$

4）视在功率

在交流电路中，电气设备是根据其发热情况（电流的大小）耐压（电压的最大值）来设计使用的，通常将电压和电流有效值的乘积定义为视在功率（设备的容量），用 S 表示，单位为伏安（VA），其表达式为

$$S = UI = |Z|I^2 \tag{4.36}$$

5）功率三角形

由式（4.33）、式（4.34）、式（4.36）可以看出 $S = UI = \sqrt{P^2 + Q^2}$，因此，可以用直角三角形来表示有功功率 P、无功功率 Q、视在功率 S 之间的关系，如图4.25所示。由图4.25得

$$\varphi = \arctan\frac{Q}{P}$$

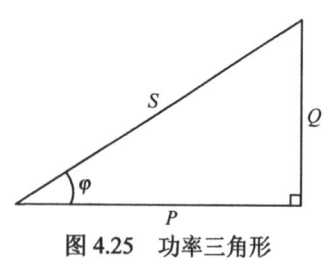

图 4.25 功率三角形

【例4.18】如图4.26所示，已知电压表的读数为100V，电流表的读数为2A，功率表的读数为120W，电源的频率 $f = 50$Hz，求电阻 R 和电感 L 的值。

解：R 和 L 的串联阻抗为 $Z = R + \mathrm{j}\omega L$，其模为

$$|Z| = \frac{U}{I} = \frac{100}{2} = 50\Omega$$

由 $P = UI\cos\varphi = 100 \times 2\cos\varphi = 120$W 得 $\cos\varphi = 0.6$，因此 $\sin\varphi = 0.8$，则

$$R = |Z|\cos\varphi = 50 \times 0.6 = 30\Omega$$

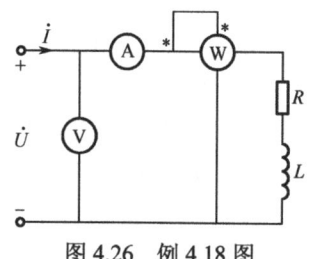

图 4.26 例 4.18 图

$$\omega L = |Z|\sin\varphi = 50 \times 0.8 = 40\Omega$$

$$L = \frac{40}{2\pi \times 50} = 127\text{mH}$$

6）复功率

上面介绍了有功功率、无功功率和视在功率，三者之间的关系可以通过"复功率"来表述。

设某端口的电压相量为 $\dot{U}$，电流相量为 $\dot{I}$，且 $\dot{U}$ 与 $\dot{I}$ 为关联参考方向，复功率定义为

$$\begin{aligned}\bar{S} &= \dot{U}\cdot\dot{I}^* = UI\underline{/\Psi_u - \Psi_i}\\ &= UI\cos\varphi + \mathrm{j}UI\sin\varphi\\ &= P + \mathrm{j}Q\end{aligned}$$

式中，$\dot{I}^*$ 是 $\dot{I}$ 的共轭复数；$\bar{S}$ 表示复功率，单位为伏安（VA）。

应当注意，复功率 $\bar{S}$ 是一个辅助计算功率的复数，不代表正弦量，它适用于单个电路元件或任何一段电路。

【例 4.19】 求例 4.18 中线圈吸收的复功率 $\bar{S}$。

解： 设电压 $\dot{U}=100\underline{/0°}$ V，由例 4.18 可知，$\cos\varphi = 0.6$，则 $\varphi = 53.1°$，因此 $\dot{I} = 2\underline{/-53.1°}$ A，从而有

$$\bar{S} = \dot{U}\cdot\dot{I}^* = 100\underline{/0°}\times 2\underline{/53.1°} = (120 + \mathrm{j}160)\text{VA}$$

4.7.2 提高功率因数的方法及意义

功率因数 $\lambda = \cos\varphi$，取值在 0 和 1 之间。白炽灯的功率因数接近 1，日光灯的功率因数约为 0.5。由于电力系统中接有大量的感性负载，电路中的功率因数一般不高，为此，需要提高功率因数。

1）提高功率因数的方法

由于电力系统中接有大量的感性负载，因此提高功率因数主要采用在感性负载两端并联电容的方法对无功功率进行补偿。如图 4.27(a)所示，设负载的端电压为 $\dot{U}$，在未并联电容时，感性负载中的电流 $\dot{I}_1$ 与 $\dot{U}$ 的相位差为 φ_1；并联电容后，$\dot{I}_1$ 不变，电容支路的电流为 $\dot{I}_\mathrm{C}$，且端电流 $\dot{I} = \dot{I}_1 + \dot{I}_\mathrm{C}$，$\dot{I}$ 与 $\dot{U}$ 的相位差为 φ_2，相量图如图 4.27(b)所示。显然，$\varphi_1 > \varphi_2$，因此，$\cos\varphi_1 < \cos\varphi_2$，故并联电容后功率因数提高了。

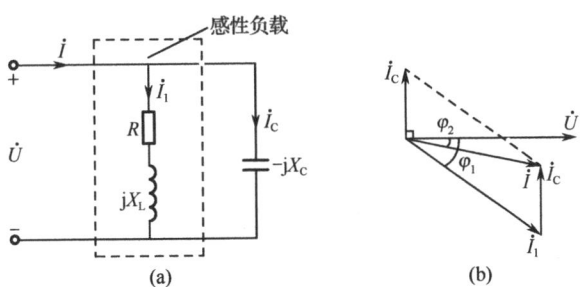

图 4.27 感性负载并联电容提高功率因数

2）提高功率因数的意义

（1）使电源设备得到充分利用

普通交流电源设备（发电机、变压器）都是根据额定电压 U_N 和额定电流 I_N 来进行设计、制造和使用的，它能够供给负载的有功功率 $P_1 = U_\mathrm{N}I_\mathrm{N}\cos\varphi$。当 U_N、I_N 值一定时，若 $\cos\varphi$ 小，则电源能够供给负载的有功功率 P_1 也小，电源的容量就无法得到充分利用。因此，提高功率因数可以提高电源设备的利用率。

（2）降低线路损耗和线路压降

输电线上的损耗为 $P_L = I^2 R_L$（R_L 为线路电阻），线路电压为 $U_L = IR_L$，而线路电流为 $I = \dfrac{P_1}{U\cos\varphi}$。可见，当电源电压 U 及输出有功功率 P_1 一定时，提高 $\cos\varphi$，可以使线路电流减小，从而降低输电线上的损耗，提高传输效率。同时，线路上的压降减小，负载的端电压变化减小，提高了供电的质量。

【例 4.20】如图 4.28 所示，感性负载吸收的有功功率 $P = 9\text{kW}$，功率因数为 0.6，将其接到频率为 50Hz、电压有效值为 220V 的交流电源上，现欲将其功率因数提高到 0.9，问需要并联的电容值为多大？所需补偿的无功功率 Q_C 是多少？

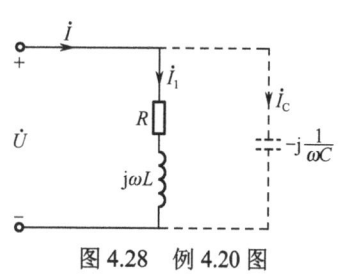

图 4.28　例 4.20 图

解：未并联电容时，功率因数为 0.6，即
$$\cos\varphi_1 = 0.6,\quad \varphi_1 = 53°$$
电路的无功功率为 $Q_1 = P\tan\varphi_1 = 12\text{kvar}$，并联电容后，功率因数为 0.9，即
$$\cos\varphi_2 = 0.9,\quad \varphi_2 = 26°$$
电路的无功功率为 $Q_2 = P\tan\varphi_2 = 4.38\text{kvar}$，所需补偿的无功功率为 $Q_C = Q_1 - Q_2 = 7.62\text{kvar}$。由于
$$Q_C = \dfrac{U^2}{\dfrac{1}{\omega C}} = 2\pi f C U^2$$

因此所需并联的电容值为
$$C = \dfrac{Q_C}{2\pi f U^2} = 500\mu\text{F}$$

4.7.3　最大功率传输定理

图 4.29(a)所示电路的作用是，含源二端网络 N_S 向负载 Z 传输功率，当传输的功率较小或不必计较传输效率时，常常要研究使负载获得最大功率的条件。根据戴维南定理，问题可以简化为图 4.29(b)所示的等效电路进行研究。

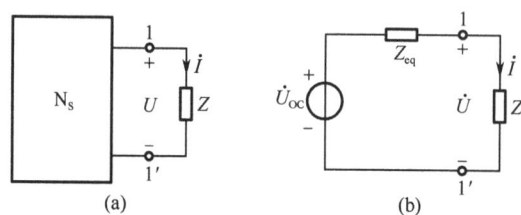

图 4.29　最大功率传输

设 $Z_{eq} = R_{eq} + jX_{eq}$，$Z = R + jX$，则负载吸收的有功功率为
$$P = I^2 R = \dfrac{U_{OC}^2 R}{(R+R_{eq})^2 + (X+X_{eq})^2}$$

如果 R 和 X 可以任意变动，而其他参数不变，那么获得最大功率的条件为
$$X + X_{eq} = 0$$
$$\dfrac{d}{dR}\left[\dfrac{(R+R_{eq})^2}{R}\right] = 0$$

解得 $X = -X_{eq}$，$R = R_{eq}$，则获得最大功率的条件为

$$Z = R_{eq} - jX_{eq} = Z_{eq}^*$$

此时，获得的最大功率为

$$P_{max} = \frac{U_{OC}^2}{4R_{eq}}$$

使用诺顿定理时，获得最大功率的条件为

$$Y = Y_{eq}^*$$

上述获得最大功率的条件称为最佳匹配。

4.8 正弦交流电路的谐振

在 R、L、C 组成的电路中，当电感上的电压与电容上的电压大小相等时，由于 $\dot{U}_L$ 与 $\dot{U}_C$ 的方向相反，它们正好互相抵消，电路呈电阻性；这时，端口电压和端口电流同相位，电路处于谐振状态。发生在串联电路中的谐振称为串联谐振，发生在并联电路中的谐振称为并联谐振。

4.8.1 串联谐振

1) 串联谐振

在图 4.30 所示的 R、L、C 串联电路中，电路的阻抗为

$$Z = R + j(X_L - X_C) = R + j\left(\omega L - \frac{1}{\omega C}\right)$$

$$|Z| = \sqrt{R^2 + (X_L - X_C)^2} = \sqrt{R^2 + \left(\omega L - \frac{1}{\omega C}\right)^2} \tag{4.37}$$

$$\varphi = \arctan\frac{X_L - X_C}{R} = \arctan\frac{\omega L - \frac{1}{\omega C}}{R} \tag{4.38}$$

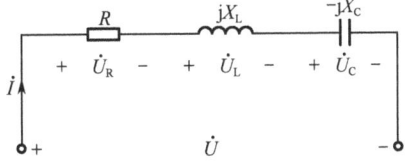

图 4.30 串联谐振电路

电路发生谐振时，电路呈电阻性，端口电压和端口电流同相位，即 $\varphi = 0$，所以有

$$X_L = X_C \text{ 或 } \omega L = \frac{1}{\omega C} \tag{4.39}$$

由式（4.39）可以看出，调整 ω、L 和 C 三个数值中的任意一个均可使方程成立，从而使电路发生谐振。当电路发生谐振时，角频率用 ω_0 表示，称为谐振角频率，此时有

$$\omega_0 = \frac{1}{\sqrt{LC}} \text{ 或 } f_0 = \frac{1}{2\pi\sqrt{LC}} \tag{4.40}$$

f_0 称为谐振频率。

2) 串联谐振电路的特征

（1）由式（4.37）可知，当电路发生串联谐振时，$|Z| = R$，这时 $|Z|$ 具有最小值。因此，当电压一定时电流值最大，$I_0 = \frac{U}{R}$，I_0 称为串联谐振电流。

（2）由图 4.30 可知，$\dot{U}_L = -\dot{U}_C$，即电感上的电压与电容上的电压大小相等、方向相反，互相抵消。如果 $X_L = X_C \gg R$，那么有 $U_L = U_C \gg U$，即电感或电容上的电压远大于电路两端的电压，

这种现象称为过高压现象，往往会造成元件的损坏。通常将串联谐振电路中 U_L 或 U_C 与 U 的比值称为品质因数，用 Q 来表示，即

$$Q = \frac{U_L}{U} = \frac{U_C}{U} = \frac{\omega_0 L}{R} = \frac{1}{\omega_0 RC} = \frac{1}{R}\sqrt{\frac{L}{C}} \tag{4.41}$$

4.8.2 并联谐振

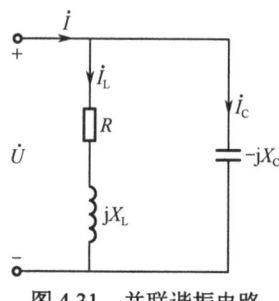

图 4.31 并联谐振电路

1) 并联谐振

谐振也可以发生在并联电路中，如图 4.31 所示，电阻 R 和电感 L 串联表示实际线圈，与电容 C 并联组成并联谐振电路。

电感支路的电流为

$$\dot{I}_L = \frac{\dot{U}}{R + jX_L} = \frac{\dot{U}}{R + j\omega L}$$

电容支路的电流为

$$\dot{I}_C = \frac{\dot{U}}{-jX_C} = j\omega C \dot{U}$$

总电流为

$$\dot{I} = \dot{I}_L + \dot{I}_C = \frac{\dot{U}}{R + j\omega L} + j\omega C \dot{U}$$

$$\dot{I} = \left[\frac{R - j\omega L}{R^2 + (\omega L)^2} + j\omega C\right]\dot{U} \tag{4.42}$$

发生谐振时，$\dot{I}$ 与 $\dot{U}$ 同相，上式中虚部为零，即

$$\omega C = \frac{\omega L}{R^2 + (\omega L)^2}$$

一般情况下，R 值很小，尤其在频率较高时，$\omega L \gg R$，因此有

$$\omega C = \frac{1}{\omega L}$$

所以谐振角频率为

$$\omega_0 = \frac{1}{\sqrt{LC}}$$

谐振频率为

$$f_0 = \frac{1}{2\pi\sqrt{LC}}$$

2) 并联谐振电路的特征

并联电路发生谐振时，电压和电流同相，电路呈电阻性，因此式（4.42）中的虚部为零，电流最小，阻抗最大。所以并联谐振时的电流为

$$\dot{I}_0 = \frac{R}{R^2 + (\omega L)^2}\dot{U} = \frac{\dot{U}}{\frac{R^2 + (\omega L)^2}{R}} = \frac{\dot{U}}{Z}$$

式中，$Z = \frac{R^2 + (\omega_0 L)^2}{R} \approx \frac{(\omega_0 L)^2}{R} = \frac{L}{RC}$，所以

$$\dot{I}_0 = \frac{\dot{U}}{\frac{L}{RC}} \tag{4.43}$$

发生并联谐振时，由于电路呈电阻性，电感电流 $\dot{I}_L$ 和电容电流 $\dot{I}_C$ 几乎大小相等、相位相反，

总电流很小,因此电感或电容的电流大小有可能远超总电流,电感或电容的电流与总电流的比值称为品质因数,用 Q 来表示,其值为

$$Q = \frac{I_L}{I_0} = \frac{\omega_0 L}{R} \tag{4.44}$$

在无线电系统中,谐振的应用是比较广泛的,但在电力工程中,要避免谐振给电气设备带来的危害。

4.9 应用举例

为节约用电起见,楼房及家庭的楼梯、过道和厨房等不需要很亮,只需安上一只小瓦数灯泡,但这种灯泡市场供应较少。这里介绍一种电容降压的节能灯,可使大瓦数灯泡变成小瓦数灯泡,还能延长灯泡的使用寿命,并且能改善供电线路功率因数。

图 4.32 所示为电容降压的节能灯电路。其工作原理是利用电容作为降压元件串联在灯泡回路中,降低灯泡工作电压,达到使灯泡功率变小的目的。

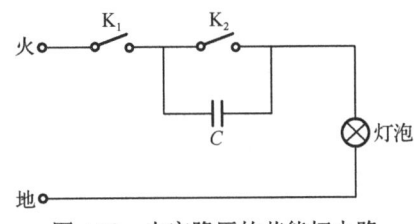

图 4.32　电容降压的节能灯电路

4.10 技能训练

4.10.1 RLC 无源端口网络的设计与参数的测定

1. 实验目的

① 掌握交流电压表、电流表、双线圈仪表的使用方法,强化基本技能的实际训练。
② 掌握测试(间接测试)交流参数的方法。
③ 初步掌握非工频电路元件各项参数的测试与计算方法。

2. 实验原理

(1) 三表法

交流电路中常用的实际无源元件有电阻、电感和电容。在工频情况下,常需要测定电阻的电阻参数、电容的电容参数和电感的电阻参数与电感参数。测量电路交流参数的方法主要分为两类。一类是应用电压表、电流表及功率表等测量有关的电压、电流和功率,根据测得的相应量计算出待测电路参数,属于仪表间接测量法。另一类是应用专用仪表,如各种类型的电桥直接测量电阻、电感和电容等。本实验采用仪表间接测量法,又称三表法。下面对这一方法做简要介绍。

首先用电压表、电流表及功率表分别测量出元件两端的电压 U、流过该元件的电流 I 和它所消耗的功率 P,然后通过计算得到所求的各值。这种方法即三表法,是用于测量频率为 50Hz 交流电路参数的基本方法。

基本的计算公式如下。

串联电路阻抗的模 $|Z| = \dfrac{U}{I}$;阻抗角 $\varphi = \arctan \dfrac{X}{R}$;等效电阻 $R = |Z|\cos\varphi$ 或 $R = \dfrac{P}{I^2}$。

等效电抗 $X = |Z|\sin\varphi$ 或 $X = \sqrt{|Z|^2 - R^2}$，$X = X_L = 2\pi fL$ 或 $X = X_C = \dfrac{1}{2\pi fC}$。

（2）功率表的结构、接线与使用

功率表（又称瓦特表）是一种线圈式仪表，其电流线圈与负载串联（两个电流线圈可串联或并联，因而可得两个量程），其电压线圈与负载并联，有三个量程，电压线圈可以与电源并联使用，也可以与负载并联使用，即并联电压线圈的前接法与后接法。后接法测量会使读数产生较大的误差，因为并联电压线圈所消耗的功率也计入了功率表的读数。图 4.33 所示为功率表的结构及连接图，图 4.33(a)所示为功率表的电气原理图，图 4.33(b)所示为功率表的图形符号，图 4.33(c)所示为电压线圈前接法连线图。

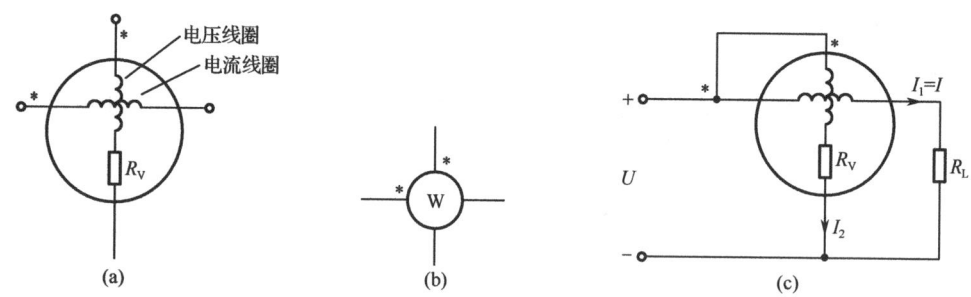

图 4.33　功率表的结构及连接图

3. 实验设备

实验设备见表 4.2。

表 4.2　RLC 无源端口网络实验设备

序　号	名　称	型号与规格	数　量
1	三相交流电源	0～450V	1
2	电压表	0～500V 数字表	1
3	电流表	0～3A 数字表	1
4	功率表	0～500V，0～3A	1
5	日光灯负载	30W/220V 日光灯	1
6	电容负载	2.2μF/630V	1
7	镇流器	30W 日光灯镇流器	1
8	自耦调压器	0～450V	1

4. 实验内容

（1）测量镇流器的参数

设计一个电路，测量感性负载电压、电流、功率及功率因数并计算电路等效参数。将实验数据记入表 4.3。感性负载可用镇流器充当。

（2）测量 RLC 构成的电路等效参数

设计一个电路，同时含有 R、L、C，连接方式不限，测量负载电压、电流、功率及功率因数，并计算电路等效参数。其中，电阻元件用 300Ω 电阻，电感元件用日光灯镇流器，电容元件由 400V/2.2μF 的电容构成。将实验数据记入表 4.3。

表 4.3 实验数据表格

测量内容	测量值			计算值		电路等效参数		
	U(V)	I(A)	P(W)	$|Z|$(Ω)	$\cos\varphi$	R(Ω)	L(mH)	C(μF)
30W 日光灯镇流器 L								
同时含有 R、L、C								

5. 实验电路的仿真

根据实验测量数据，计算出电路等效参数。利用等效参数建立仿真电路，接入电压表、电流表和功率表。验证计算参数的正确性。

6. 实验报告要求

① 根据实验内容（1）的数据，计算镇流器的参数（电阻 R 和电感 L）。
② 根据实验内容（2）的数据，计算同时含有 R、L、C 的电路等效参数。

4.10.2 日光灯电路的连接及功率因数的提高

1. 实验目的

① 熟悉日光灯电路的接线与工作原理。
② 研究并联感性负载的电容提高功率因数的作用，通过实验进一步体会提高功率因数的实际意义。
③ 掌握功率表的正确使用方法。

2. 实验原理

（1）日光灯电路简述

图 4.34 所示是日光灯电路的接线图，它是由灯管、镇流器和启辉器等主要部件组成的。

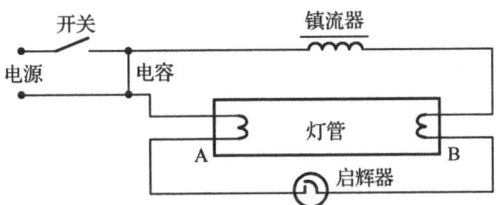

图 4.34 日光灯电路的接线图

① 灯管，如图 4.35(a)所示。日光灯的灯管是一根玻璃管，在管子的内壁均匀地涂有一层薄的荧光粉，灯管两端各有一个阳极和灯丝，灯丝是用钨丝绕制的，作用是发射电子，灯丝上焊有两根镍丝作为阳极，与灯丝具有同样的电位。它起到帮助管子点燃的作用，但其主要作用是它在电位为正（即交流的正半波）时吸收部分电子。为了减少电子对灯丝的冲击，管内充有惰性气体（如氖气、氩气）和水银蒸气，当管内产生弧光放电时，会放射出紫外线，激励管壁上的荧光粉，使它发出像日光一样的光线。

② 启辉器，如图 4.35(b)所示。其构造是封在玻璃泡（内充惰性气体）内的一个双金属片和静触片，外带一个小电容，同装在一个铝壳内。双金属片由两个膨胀系数相差很大的金属片粘合而成。启辉器的作用是与镇流器配合，使日光灯放电。

③ 镇流器是带铁芯的电感线圈，其作用有两个：一是产生足够的自感电动势（即瞬时高压）使灯管放电；二是在正常情况下限制灯管电流，简称限流。日光灯电路的工作原理如下：当日光灯刚接通电源时，灯管尚未放电，启辉器的两个触点是断开的，电路中没有电流，电源电压全部加在启辉器上，使它的两个触点间产生辉光放电。这时，电流通过由灯丝、启辉器、镇流器构成的电路，灯丝发热，放射出大量电子，产生大量的热量，使双金属片受热膨胀变弯曲而使两个触点互相接触，

导致放电熄灭；双金属片冷却后，使两个触点断开，回路被切断，在触点断开的瞬间，镇流器产生相当高的自感电动势，并与电源电压一起加在灯管的两端，足以启动管内的水银蒸气放电，放电时辐射出的紫外线照到灯管内壁的荧光粉上，发出可见光。

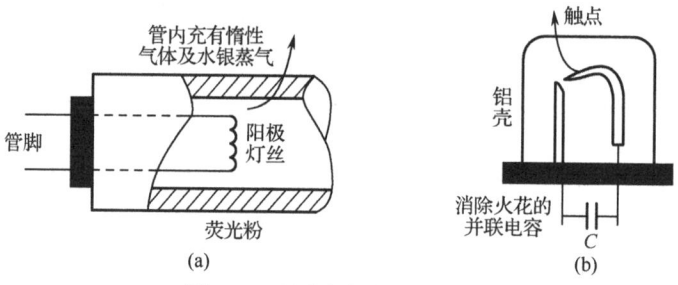

图 4.35 日光灯灯管和启辉器

灯管放电后，一半以上的电压降落在镇流器上，灯管两端的电压即启辉器两触点之间的电压较低，不足以使启辉器辉光放电，因此它的触点不再闭合。

在灯管内，两端电极交替地起阳极的作用，即当 A 端电位为正时，B 端发射电子，而 A 端吸收电子；当 B 端电位为正时，A 端发射电子，而 B 端吸收电子。

（2）日光灯电路各电压之间的关系

日光灯电路是一个电阻与电感串联的电路，由于电阻上的电压与电感上的电压的相位不同，它们的有效值不能直接相加，而必须用相量相加，因此电源电压 U、灯管端电压 U_R、镇流器端电压 U_L 之间应有 $U_R + U_L > U$ 及 $U = \sqrt{U_R^2 + U_L^2}$ 的关系。

（3）提高功率因数的原因

电力系统的主要用户是工厂，工厂的负载如感应电动机、变压器、感应炉等都是感性的，它们的功率因数一般都较低，低功率因数的负载对电力系统的运行有以下影响。

① 不能充分利用电源的容量。也就是说，一定容量的电源，只能供给较少的功率；或者对于一定功率的负载，需要较大容量的电源。

② 对于一定的负载功率，需要较大的电流，因此增大了输电线路的功率损耗，降低了传输效率。

由于以上原因，往往需要在感性负载两端并联电容或同步补偿器以提高功率因数。在本实验中，按图 4.36 所示的电路，在日光灯上并联电容以提高功率因数。

3. 实验设备

实验设备见表 4.4。

表 4.4 日光灯电路的连接及功率因数的提高实验设备

序 号	名 称	型号与规格	数 量
1	三相交流电源		1
2	电压表	0～500V 数字表	1
3	电流表	0～500V 数字表	1
4	功率表	0～450V，0～5A	1
5	日光灯负载	30W/220V 日光灯	1
6	电容负载	400V/6.5μF 400V/4.4μF 400V/2.2μF	3
7	镇流器	30W 日光灯镇流器	1
8	自耦调压器	0～450V	1

4. 实验内容

（1）验证启辉器的作用

按图 4.36 所示的电路接好线路，经教师检查后合上电源开关，观察日光灯在启辉情况下的状态，并在日光灯启辉后，将启辉器去掉，观察对日光灯有无影响。再在日光灯启辉前，将启辉器去掉，观察日光灯是否能启辉发光。

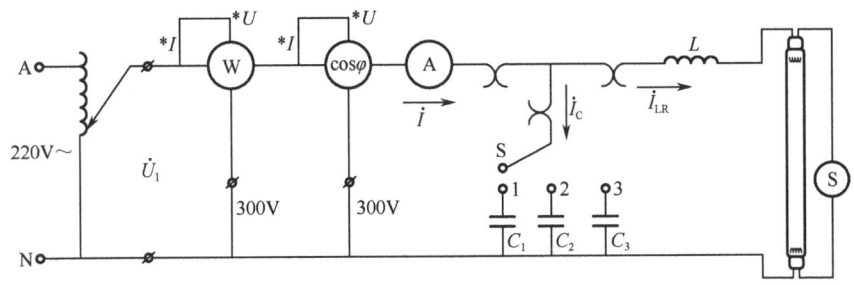

图 4.36 日光灯电路的连接及功率因数的提高实验电路

（2）日光灯线路连接及参数计算

按图 4.36 所示的电路接好线路，将 S 打开，在不接电容的情况下用电压表、电流表、功率表测量日光灯电路的基本参数，将数据记录于表 4.5 中。

调节自耦变压器，使输出电压 U_1 慢慢增大，直到日光灯启辉发光为止，将 U、P、I 等值记入表 4.5 后，将 U_1 调为 220V，重测上述值并记入表 4.5。

（3）提高日光灯电路的功率因数

S 闭合，接入电容，将电容值从小到大逐步增加，记录相应的功率和电流，并计算功率因数的变化，记入表 4.5。

表 4.5 实验数据表格

测量内容	测量数值					计算值			
	P（W）	I（mA）	U_1（V）	$U_{R'}$	$U_{C'}$	$\cos\varphi$	$R = R_L + R'$	P'_L	$P_灯$	L
日光灯启辉时										
正常工作时 $U_1 = 220V$										
2.2μF				—			—	—	—	—
4.4μF				—			—	—	—	—
6.5μF				—			—	—	—	—

5. 日光灯电路功率因数的提高实验仿真

① 按图 4.37 所示的电路创建日光灯仿真电路，其中 XWM1 为功率表。

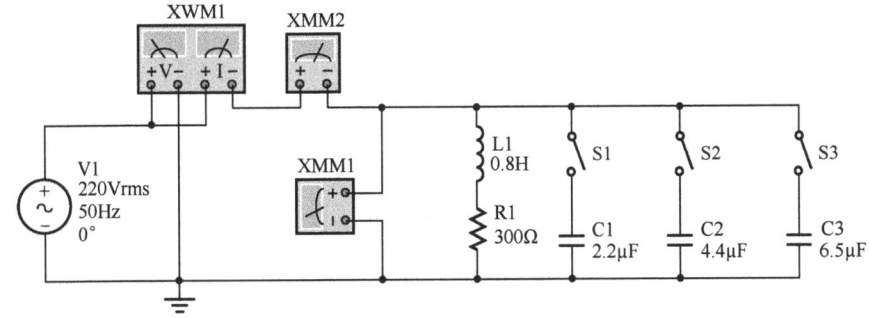

图 4.37 功率因数提高仿真电路

② 分别测量在未接入电容，接入 2.2μF、4.4μF、6.5μF 电容时的功率因数及电路中的电流。图 4.38 所示分别为未接入电容，接入 2.2μF、4.4μF、6.5μF 电容时的功率、功率因数及电路中的电流。

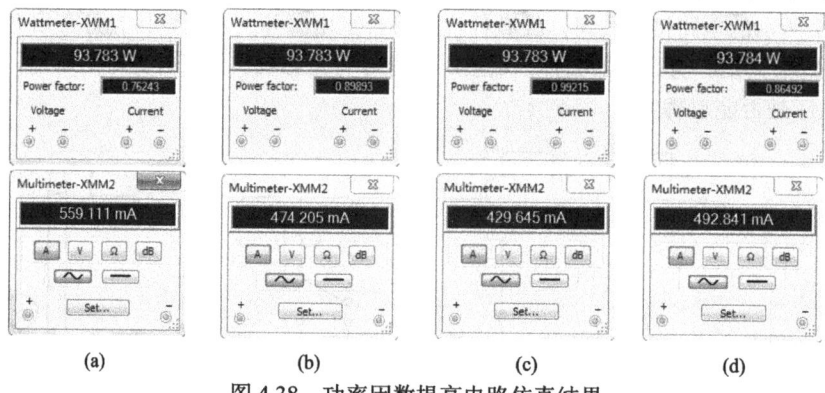

  (a)   (b)   (c)   (d)

图 4.38 功率因数提高电路仿真结果

6. 实验报告要求

① 填写测量数值与计算结果。
② 通过测量和仿真的结果，观察并联电容后电路中各物理量的变化，得出结论。

本章小结

本章介绍了正弦交流电的基本概念、单一参数电路元件的交流电路、正弦交流电路的一般分析方法、功率因数提高的意义和方法及电路的谐振。主要内容如下。

1. 正弦交流电的基本概念

随时间按正弦规律周期性变化的电压和电流统称为正弦交流电。在正弦交流电路中，如果已知正弦量的三要素，即最大值（有效值）、角频率（频率）和初相，那么可以写出它的瞬时值表达式，也可以画出它的波形图。

正弦量可以用相量表示。正弦量与相量之间是一一对应的关系，而不是相等的关系。在正弦交流电路中，正弦量可以转换成对应的相量进行运算，在相量运算时，还可以借助相量图进行辅助分析，使计算更加简单。

2. 单一参数电路元件的交流电路

单一参数电路元件的交流电路是理想化（模型化）的电路。其中电阻 R 是耗能元件，电感 L 和电容 C 是储能元件，实际电路可以由这些元件和电源的不同组合构成。

单一参数电路欧姆定律的相量形式是

$$\dot{U}_\text{R} = \dot{I}_\text{R} R, \qquad \dot{U}_\text{L} = \text{j} X_\text{L} \dot{I}_\text{L}, \qquad \dot{U}_\text{C} = -\text{j} X_\text{C} \dot{I}_\text{L}$$

它们反映了电压与电流的量值关系和相位关系，其中 $X_\text{L} = \omega L$ 为电感元件的感抗，$X_\text{C} = \dfrac{1}{\omega C}$ 为电容元件的容抗。

3. 正弦交流电路的一般分析方法

基尔霍夫电流定律的相量形式为 $\sum \dot{I}_K = 0$；基尔霍夫电压定律的相量形式为 $\sum \dot{U}_K = 0$。

任何一个无源二端网络都可以等效为一个阻抗，即

$$Z = \frac{\dot{U}}{\dot{I}} = \frac{U \angle \varphi_u}{U \angle \varphi_i} = |Z| \angle \varphi_u - \varphi_i = |Z| \angle \varphi$$

交流电路的分析方法与直流电路相似，即将直流电路中的各物理量 E、U、I 在交流电路中用

相量形式 $\dot{E}$、$\dot{U}$、$\dot{I}$ 代替；直流电路中的电阻 R 用阻抗 Z 代替。

在正弦交流电路中，任意阻抗 Z 消耗的有功功率 $P = UI\cos\varphi$，其中 $\cos\varphi$ 为功率因数。无功功率 $Q = UI\sin\varphi$，视在功率 $S = UI$。有功功率、无功功率和视在功率三者之间的关系为 $S = \sqrt{P^2 + Q^2}$。

4．功率因数的提高

提高功率因数可以使电源设备得到充分利用，降低线路损耗和线路压降。提高功率因数的方法主要是在感性负载的两端并联电容对无功功率进行补偿。

5．电路的谐振

谐振是正弦交流电路的特殊现象，谐振时电路中的电压与电流同相，电路呈电阻性，其实质是电路中的电感与电容的无功功率实现完全的相互补偿。

习题 4

4.1 试写出下列正弦量的相量形式，并画出相量图。
（1）$i_1 = 3\sqrt{2}\sin(\omega t + 45°)$A　　（2）$i_2 = 5\sqrt{2}\cos(\omega t + 10°)$A

4.2 已知正弦量的频率 $f = 50$Hz，试写出下列相量所对应的正弦量瞬时表达式。
（1）$\dot{U} = 110\underline{/30°}$V　　（2）$\dot{U} = 220e^{j60°}$V
（3）$\dot{I} = (6 + j8)$A　　（4）$\dot{I} = -j3$A

4.3 正弦电压 $u_1 = 220\sqrt{2}\cos(\omega t + 15°)$V，$u_2 = 110\sin(\omega t + 60°)$V。试求它们的有效值、初相及相位差，并画出 u_1 和 u_2 的波形图。

4.4 在串联电路中，下列情况下电路中的 R 和 X 各为多少？指出电路的性质及电压与电流的相位差。
（1）$\dot{U} = 20\underline{/60°}$V，$\dot{I} = 4\underline{/60°}$A
（2）$\dot{U} = 30\underline{/-30°}$V，$\dot{I} = 3\underline{/20°}$A
（3）$Z = (3 + j4)\Omega$

4.5 如图 4.39 所示，已知正弦量的有效值分别为 $U_1 = 220$V，$U_2 = 110\sqrt{2}$V，$I = 5$A，频率 $f = 50$Hz。试写出各正弦量的瞬时值表达式及其相量表达式。

4.6 在图 4.40(a)中，电压表的读数分别为 $V_1 = 30$V，$V_2 = 60$V；图 4.39(b)中电压表的读数分别为 $V_1 = 15$V，$V_2 = 80$V，$V_3 = 100$V。求图中 u_s 的有效值。

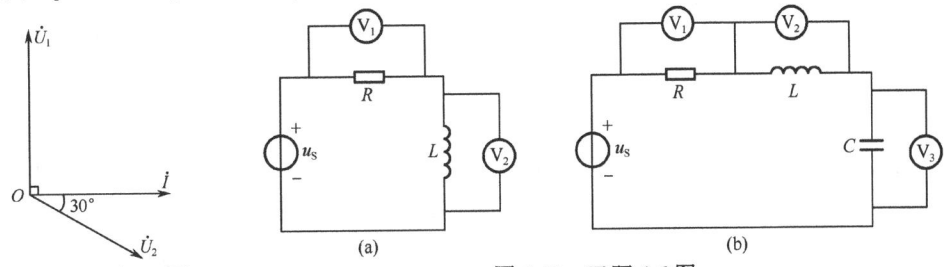

图 4.39 习题 4.5 图　　图 4.40 习题 4.6 图

4.7 已知在图 4.41 所示的正弦交流电路中，电流表的读数分别为 $A_1 = 5$A，$A_2 = 20$A 和 $A_3 = 25$A。求：（1）电流表 A 的读数。（2）维持电流表 A_1 的读数不变，而把电源的频率提高一倍，此时电流表 A 的读数。

4.8 已知一线圈在电压为 50V 的情况下通过它的电流为 1A，在电压为 50V、频率为 100Hz 时电流为 0.8A。电路的参数 R 和 L 各为多少？

4.9 求图 4.42 所示电路的等效阻抗和电流 $\dot{I}$，已知 $\omega = 10^5$rad/s，$\dot{U} = 220e^{j30°}$V。

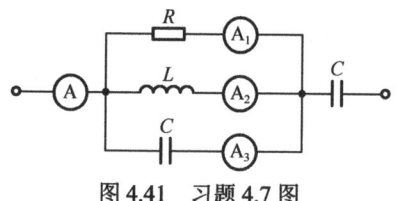

图 4.41　习题 4.7 图

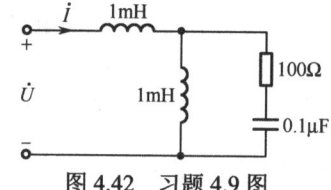

图 4.42　习题 4.9 图

4.10 在图 4.43 所示的电路中，$I_1 = I_2 = 10\text{A}$，求 $\dot{I}$ 和 $\dot{U}_S$。

4.11 如图 4.44 所示，试问该电路对外是呈感性还是呈容性？

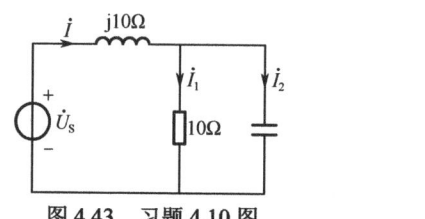

图 4.43　习题 4.10 图

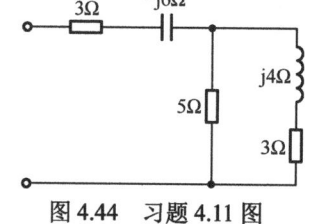

图 4.44　习题 4.11 图

4.12 在图 4.45 所示的电路中，已知 $\dot{I}_S = 2\underline{/0°}\text{A}$，求电压 $\dot{U}$。

4.13 在图 4.46 所示的电路中，$U = 220\text{V}$，S 闭合时，$U_R = 80\text{V}$，$P = 320\text{W}$；S 断开时，$P = 405\text{W}$，电路为感性，求 R、X_L 和 X_C。

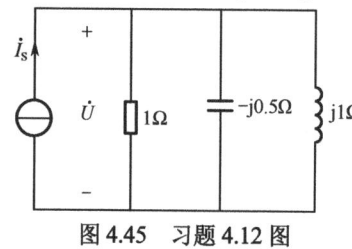

图 4.45　习题 4.12 图

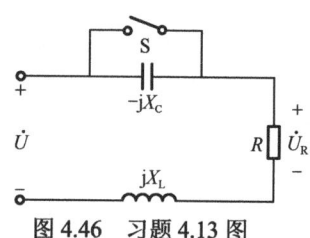

图 4.46　习题 4.13 图

4.14 如图 4.47 所示，已知 $\dot{I}_S$、$\dot{U}_S$、Z_1、Z_2、Z_3。试用节点电压法、叠加定理和戴维南定理求电流 $\dot{I}$。

4.15 求图 4.48 所示的二端网络的戴维南等效电路。

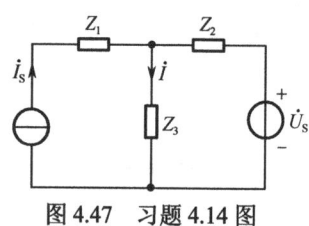

图 4.47　习题 4.14 图

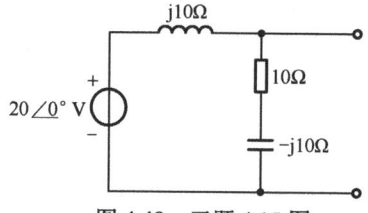

图 4.48　习题 4.15 图

4.16 将一感性负载接到电压为 100V、频率为 50Hz 的交流电源时，电路中的电流为 10A，消耗的功率为 800W，求负载的功率因数 $\cos\varphi$ 及 R、L。

4.17 有一感性负载，额定功率 $P_N = 60\text{kW}$，额定电压 $U_N = 380\text{V}$，额定功率因数 $\lambda = 0.6$。现接到电压为 380V、频率为 50Hz 的交流电源上工作，求负载的电流、视在功率和无功功率。

4.18 RLC 串联谐振电路如图 4.49 所示，已知 $U = 20\text{V}$，$I = 2\text{A}$，$U_C = 80\text{V}$。电阻 R 是多少？品质因数 Q 是多少？

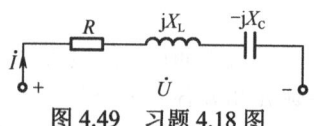

图 4.49　习题 4.18 图

第 5 章 三相电路

5.1 三相电源

电力输配电系统中使用的交流电源大多数是三相系统。之所以采用三相系统供电,是因为它在发电、输电及电能转换为机械能等方面都有明显的优越性。本章首先介绍三相电源的产生和连接方式、三相负载的连接方式及三相电路功率的计算和测量,最后介绍一些实际的应用。

5.1.1 三相电源的产生及特点

三相电源是由三相交流发电机产生的,由三个同频率、等振幅且相位依次相差120°的电压源按一定连接方式组成,又称为对称三相电源。图 5.1(a)是三相交流发电机的示意图,其主要由定子和转子组成,定子是不动的,槽中嵌有三组形状与匝数完全相同的线圈,每个线圈即发电机的一相。发电机的转子是一个运动的物体,一般为由水流或空气涡轮机等驱动的匀速转动的电磁铁。电磁铁的转动使每个线圈上产生一个正弦电压,通过设计线圈的位置使线圈上产生的正弦电压幅值相同、相位角相差120°,电磁铁转动时线圈的位置保持不变,因此,每个线圈上的电压的频率一致。

习惯上,三个线圈的始端分别标记为 A、B 和 C,末端分别标记为 X、Y 和 Z。三个线圈上的电压分别为 u_A、u_B 和 u_C,依次称为 A 相、B 相和 C 相的电压。这样一组电压称为对称三相电压,如图 5.1(b)所示。

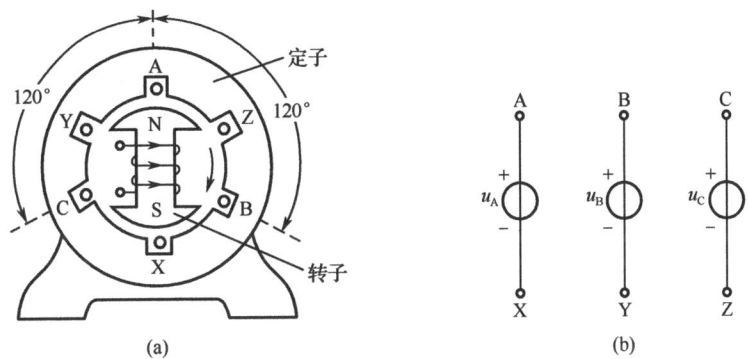

图 5.1 三相电源的产生

现假定转子以恒定角速度 ω 旋转时,设 A 相电源初相为零,则它们的瞬时值表达式为

$$\begin{aligned} u_A &= \sqrt{2}U_P \sin\omega t \\ u_B &= \sqrt{2}U_P \sin(\omega t - 120°) \\ u_C &= \sqrt{2}U_P \sin(\omega t + 120°) \end{aligned} \tag{5.1}$$

其波形图如图 5.2(a)所示。

相量表达式为

$$\begin{aligned} \dot{U}_A &= U_P \underline{/0°} \\ \dot{U}_B &= U_P \underline{/-120°} \\ \dot{U}_C &= U_P \underline{/+120°} \end{aligned} \tag{5.2}$$

各相电压依次达到最大值的先后次序称为相序。上述三相电源的相序如果为 A—B—C,则称为正相序;如果为 A—C—B,则称为负相序。一般以正相序为主讨论三相电路问题。

对称三相电压有一个重要特点：在任一瞬间，对称三相电压之和恒等于 0。即
$$u_A(t)+u_B(t)+u_C(t)=0$$
对应的相量形式有
$$\dot{U}_A+\dot{U}_B+\dot{U}_C=U_P\underline{/0°}+U_P\underline{/-120°}+U_P\underline{/+120°}=0$$
其相量图如图 5.2(b)所示。

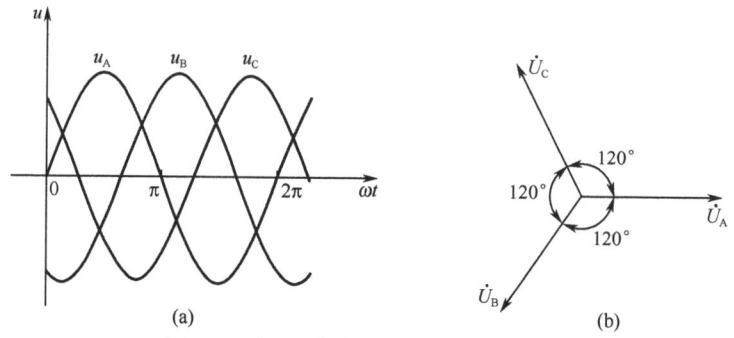

图 5.2 对称三相电压的波形图和相量图

5.1.2 三相电源的连接

在实际应用中，三相电源一般有 Y 形和△形两种连接方式。

1）三相电源 Y 形连接

将三相电源的末端 X、Y 和 Z 连在一起形成一个节点，用 N 表示，称为中性点，从中性点 N 引出的导线 NN′，称为中性线（俗称零线）。从三个电源始端 A、B 和 C 引出的三条线 AA′、BB′ 和 CC′ 称为端线（俗称火线）。如图 5.3 所示，这种连接方式称为三相电源的 Y 形连接。

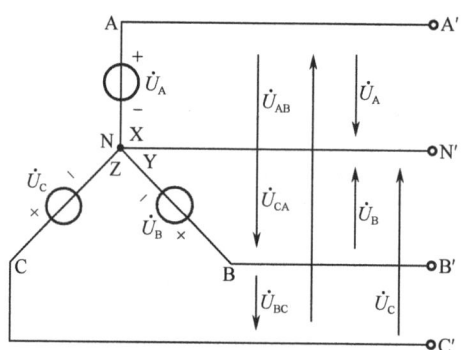

图 5.3 三相电源的 Y 形连接

各端线之间的电压称为线电压，记作 $\dot{U}_{AB}$、$\dot{U}_{BC}$ 和 $\dot{U}_{CA}$。各端线与中性线之间的电压称为相电压，记作 $\dot{U}_A$、$\dot{U}_B$ 和 $\dot{U}_C$。线电压与相电压的参考方向如图 5.3 所示。

若设对称三相电源的相电压 $\dot{U}_A$ 为参考相量，则
$$\dot{U}_A=U_P\underline{/0°} \qquad \dot{U}_B=U_P\underline{/-120°} \qquad \dot{U}_C=U_P\underline{/+120°}$$
相电压和线电压的关系为
$$\dot{U}_{AB}=\dot{U}_A-\dot{U}_B=U_P\underline{/0°}-U_P\underline{/-120°}=\sqrt{3}U_P\underline{/30°}$$
$$\dot{U}_{BC}=\dot{U}_B-\dot{U}_C=U_P\underline{/-120°}-U_P\underline{/+120°}=\sqrt{3}U_P\underline{/-90°}$$
$$\dot{U}_{CA}=\dot{U}_C-\dot{U}_A=U_P\underline{/+120°}-U_P\underline{/0°}=\sqrt{3}U_P\underline{/150°}$$
上式也可以写成

$$\dot{U}_{AB} = \sqrt{3}\dot{U}_A\underline{/30°}$$
$$\dot{U}_{BC} = \sqrt{3}\dot{U}_B\underline{/30°} \quad (5.3)$$
$$\dot{U}_{CA} = \sqrt{3}\dot{U}_C\underline{/30°}$$

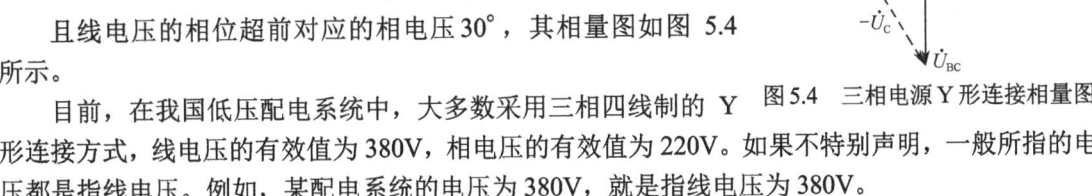

可见，Y形连接的三相电源，若相电压对称，则线电压也对称。若用 U_L 表示线电压的有效值，则

$$U_L = \sqrt{3}U_P \quad (5.4)$$

且线电压的相位超前对应的相电压30°，其相量图如图 5.4 所示。

图5.4 三相电源Y形连接相量图

目前，在我国低压配电系统中，大多数采用三相四线制的Y形连接方式，线电压的有效值为380V，相电压的有效值为220V。如果不特别声明，一般所指的电压都是指线电压。例如，某配电系统的电压为380V，就是指线电压为380V。

2）三相电源△形连接

如果把对称三相电源的始端和末端依次相接，即X接B，Y接C，Z接A，再从各连接点引出端线来，如图5.5所示，称为三相电源的△形连接。按△形连接的三相电源简称△形电源。△形电源的相电压为线电压。在正确连接的情况下，因为 $\dot{U}_A + \dot{U}_B + \dot{U}_C = 0$，所以在没有负载的情况下，电源内部没有环形电流，其相量图如图5.6(a)所示。如果接错，将可能形成很大的环形电流。例如，若把C相电源接反，则回路电压将为 $\dot{U} = \dot{U}_A + \dot{U}_B + (-\dot{U}_C) = -2\dot{U}_C$，即在量值上为一相电压的两倍，

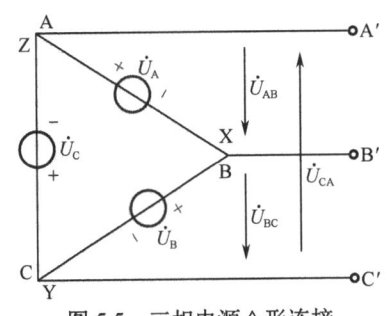

图5.5 三相电源△形连接

这将在电源内部回路中引起极大的电流，从而造成危险，相量图如图5.6(b)所示。为了避免接错，将三相发电机接成△形时，先不要完全闭合，留下一个开口，并在开口处接上一块电压表，如图5.7所示。若测得回路总电压等于零，说明绕组连接正确，这时再把电压表拆下，将开口处接在一起，构成闭合回路。

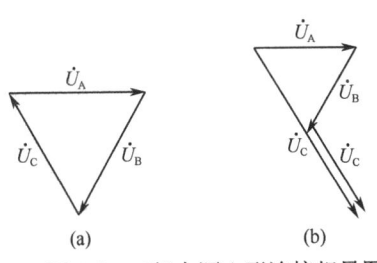

图5.6 三相电源△形连接相量图

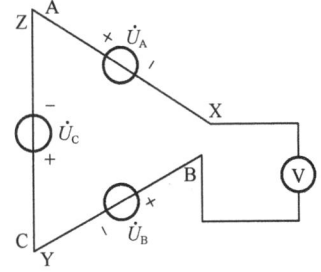

图5.7 连接测试

5.2 对称三相电路的分析和计算

在三相供电系统中，三相负载由三部分组成，每一部分称为一相负载。若三相负载的各相阻抗相等，而且性质相同，即 $|Z_A| = |Z_B| = |Z_C| = |Z|$，$\varphi_A = \varphi_B = \varphi_C = \varphi$，则这种负载称为对称三相负载。否则，就是不对称三相负载。三相交流电动机就是一种对称三相负载。三相负载也有Y形和△形两种连接方式。

根据电源和负载的不同接法，三相电路可分为以下四种类型：
(1) Y-Y，电源和负载均为Y形连接，没有中性线。
Y-Y_N，电源和负载均为Y形连接，有中性线。

(2) Y-△，电源为 Y 形连接，负载为△形连接。
(3) △-Y，电源为△形连接，负载为 Y 形连接。
(4) △-△，电源为△形连接，负载为△形连接。

图 5.8(a)所示为 Y-Y$_N$ 连接的三相四线制电路。如果三相电源对称，三相负载对称，连接电源与负载的传输线的端线阻抗相等，则该电路称为对称三相电路。

5.2.1 负载 Y 形连接

三相负载的 Y 形连接与三相电源的 Y 形连接类似，如图 5.8 所示，其中 N′ 为负载的中性点，是三相负载一端的连接点，从三相负载的另一端引出三条线与电源端相连接，这就是负载的 Y 形连接。

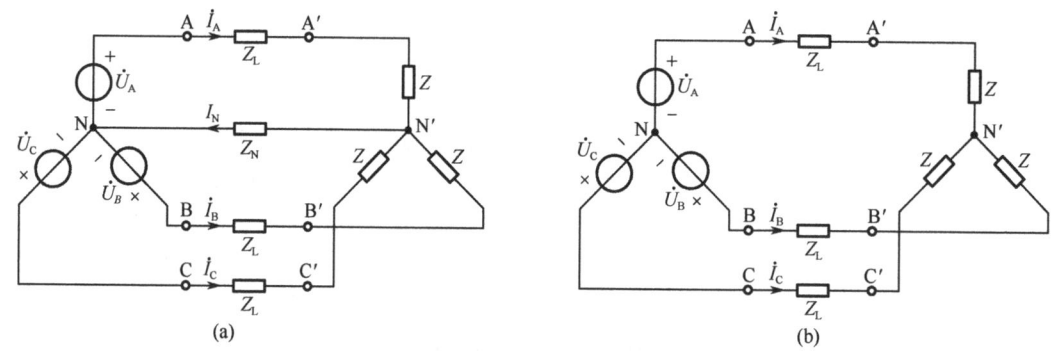

图 5.8 负载 Y 形连接

三相电源和三相负载相连后，电路中将产生电流，流过端线的电流称为线电流，用 I_L 表示；流过每相负载的电流称为相电流，用 I_P 表示。对于 Y 形连接的三相负载，其相电流就是线电流。在图 5.8(a)中，$\dot{I}_A$、$\dot{I}_B$ 和 $\dot{I}_C$ 既是相电流，也是线电流。

若 Y 形连接的三相电源相电压 $\dot{U}_A$、$\dot{U}_B$ 和 $\dot{U}_C$ 对称，Z_L 为端线阻抗，对称 Y 形连接的三相负载的每相阻抗为 Z，Z_N 为中性线阻抗。以电源中性点 N 为参考点，负载中性点 N′ 的节点电压（中性点电压）为 $\dot{U}_{N'N}$。节点电压方程为

$$\dot{U}_{N'N} = \frac{\frac{1}{Z}(\dot{U}_A + \dot{U}_B + \dot{U}_C)}{\frac{3}{Z} + \frac{1}{Z_N}} \tag{5.5}$$

由于对称三相电源有 $\dot{U}_A + \dot{U}_B + \dot{U}_C = 0$，则 $\dot{U}_{N'N} = 0$，即电源中性点与负载中性点等电位。中性线电流为

$$\dot{I}_N = \dot{I}_A + \dot{I}_B + \dot{I}_C = 0 \tag{5.6}$$

这时可把中性线省去，得到如图 5.8(b)所示的三相电路，称为三相三线制。

因此，Y 形连接各相电流（即线电流）分别为

$$\begin{cases} \dot{I}_A = \dfrac{\dot{U}_A - \dot{U}_{N'N}}{Z_L + Z} = \dfrac{\dot{U}_A}{Z_L + Z} \\ \dot{I}_B = \dfrac{\dot{U}_B - \dot{U}_{N'N}}{Z_L + Z} = \dfrac{\dot{U}_B}{Z_L + Z} = \dot{I}_A \underline{/-120°} \\ \dot{I}_C = \dfrac{\dot{U}_C - \dot{U}_{N'N}}{Z_L + Z} = \dfrac{\dot{U}_C}{Z_L + Z} = \dot{I}_A \underline{/+120°} \end{cases} \tag{5.7}$$

可见各相电流大小相等，相位互差120°，是对称的。

负载相电压分别为

$$\begin{cases} \dot{U}_{A'N'} = Z\dot{I}_A \\ \dot{U}_{B'N'} = Z\dot{I}_B = Z\dot{I}_A \underline{/-120°} = \dot{U}_{A'N'} \underline{/-120°} \\ \dot{U}_{C'N'} = Z\dot{I}_C = Z\dot{I}_A \underline{/+120°} = \dot{U}_{A'N'} \underline{/+120°} \end{cases} \quad (5.8)$$

相电压是对称的,因此负载线电压也是对称的。其电路的相量图如图 5.9 所示。实际上只要先画一相,如 A 相,然后顺时针旋转 120°,即 B 相,再旋转 120°,即 C 相,在此相量图中的各点与电路中有关的点相对应,由于 $\dot{U}_{N'N} = 0$,故在相量图中 N 与 N' 重合。$\dot{U}_{AA'}$、$\dot{U}_{BB'}$ 和 $\dot{U}_{CC'}$ 为三相传输线阻抗上的电压。其中 φ 为电源相电压与相电流间的相位差,图 5.9 是 $\varphi > 0$ 时的情况;φ' 为负载相电压与相电流间的相位差,即负载阻抗角。

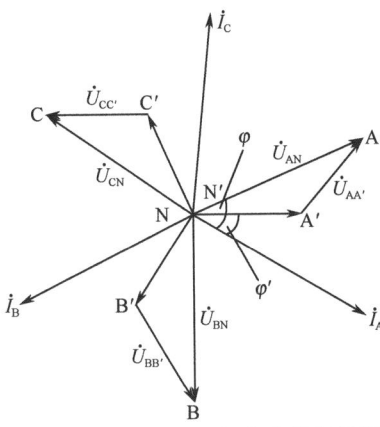

图 5.9 对称 Y-Y 三相电路的相量图

由上述分析可知,由于 $\dot{U}_{N'N} = 0$,对称 Y-Y 三相电路的各相负载的电流、电压构成对称组,而且每相负载的电流、电压仅由该相的电源电压和阻抗来决定,各相之间彼此互不相关,如式(5.6)和式(5.7)所示。

根据各相的独立性,在分析计算时,只分析计算其中一相的电流、电压就可以,其他两相可根据对称性直接写出,这就是将对称 Y-Y 三相电路归结为一相计算的方法。如图 5.10 所示,N 与 N' 连接起来的这根短路线只是归结为一相计算电路时的添加线,并非中性线,与中性线阻抗 Z_N 无关。

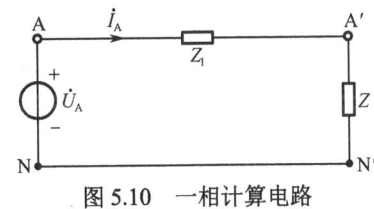

图 5.10 一相计算电路

综上所述,对称 Y-Y 三相电路有以下特点:

(1) 中性线不起作用,不论有无中性线,也不论中性线阻抗 Z_N 为何值,总有 $\dot{U}_{N'N} = 0$,$\dot{I}_N = 0$。所以可用无阻抗导线把电源中性点 N 与负载中性点 N' 连起来。

(2) 每相负载的电流和电压仅取决于该相的电源电压和阻抗,各相之间互不相关,各自独立。

(3) 每相负载的电流、电压与电源电压是同相序的对称量。各相负载的线电压有效值等于 $\sqrt{3}$ 倍的相电压有效值,线电压超前对应的相电压 30°,线电流等于相电流。

【例 5.1】 对称 Y-Y 三相电路如图 5.8(b)所示,线电压为 220V,每相负载阻抗为 $(6+j8)\Omega$,忽略端线阻抗,求每相负载的电流。

解:因为 $U_L = 220V$,根据对称 Y-Y 三相电路的特点得

$$U_P = \frac{1}{\sqrt{3}} U_L = \frac{1}{\sqrt{3}} \times 220 = 127V$$

令 $\dot{U}_A = 127\underline{/0°}V$,则

$$\dot{I}_A = \frac{\dot{U}_A}{Z} = \frac{127\underline{/0°}}{6+\mathrm{j}8} = 12.7\underline{/-53.1°}\,\mathrm{A}$$

根据对称性可知

$$\dot{I}_B = 12.7\underline{/-173.1°}\,\mathrm{A}$$
$$\dot{I}_C = 12.7\underline{/66.9°}\,\mathrm{A}$$

当对称三相电源做△形连接时，如图 5.11 所示，可以看出加在负载上的线电压是电源的相电压（即线电压）。为了获取流过负载上的电流，首先利用相、线电压关系，求得一相负载上的相电压，再求相电流。最后根据负载 Y 形连接及对称性，求取其他相负载的电压、电流。也可以将△形连接的对称三相电源等效变换为 Y 形连接的电源，其等效变换的条件是对应的线电压相等。

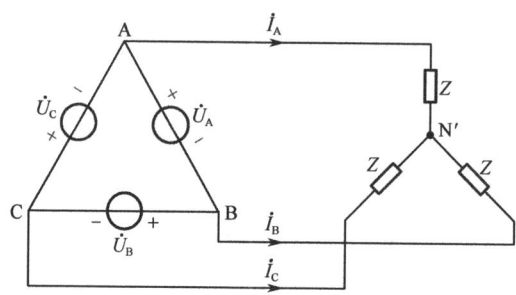

图 5.11 对称△-Y 三相电路

5.2.2 负载△形连接

若三相电路的三个负载依次首尾相连，构成三角形，并从各端点向外引出三条引线，与电源端相连接，则称为负载的△形连接。如图 5.12 所示，该电路是三线三相制的对称 Y-△三相电路。

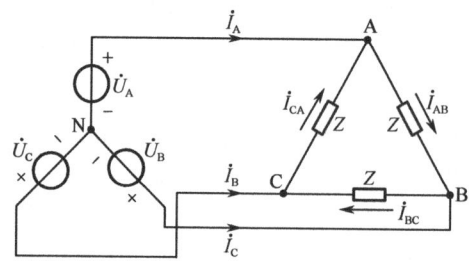

图 5.12 对称 Y-△三相电路

三相负载做△形连接时，各相负载的相电压就是线电压，而流经每相负载的相电流分别为 $\dot{I}_{AB}$、$\dot{I}_{BC}$ 和 $\dot{I}_{CA}$，线电流分别为 $\dot{I}_A$、$\dot{I}_B$ 和 $\dot{I}_C$。当三相电源和三相负载都对称时，三个线电压大小相等，相位彼此相差 120°，且 $Z_A = Z_B = Z_C = |Z|$。若取 $\dot{U}_{AB}$ 为参考相量，即 $\dot{U}_{AB} = U_L\underline{/0°}\,\mathrm{V}$，则 $\dot{U}_{BC} = U_L\underline{/-120°}\,\mathrm{V}$，$\dot{U}_{CA} = U_L\underline{/+120°}\,\mathrm{V}$。

于是相电流分别为

$$\dot{I}_{AB} = \frac{\dot{U}_{AB}}{Z} = I_P\underline{/-\varphi}$$

$$\dot{I}_{BC} = \frac{\dot{U}_{BC}}{Z} = I_P\underline{/-120°-\varphi} = \dot{I}_{AB}\underline{/-120°}$$

$$\dot{I}_{CA} = \frac{\dot{U}_{CA}}{Z} = I_P\underline{/+120°-\varphi} = \dot{I}_{AB}\underline{/+120°} \tag{5.9}$$

即三个相电流也是对称的。根据 KCL，可得线电流为

$$\dot{I}_A = \dot{I}_{AB} - \dot{I}_{CA} = \sqrt{3}\dot{I}_{AB}\underline{/-30°}$$
$$\dot{I}_B = \dot{I}_{BC} - \dot{I}_{AB} = \sqrt{3}\dot{I}_{BC}\underline{/-30°} \quad (5.10)$$
$$\dot{I}_C = \dot{I}_{CA} - \dot{I}_{BC} = \sqrt{3}\dot{I}_{CA}\underline{/-30°}$$

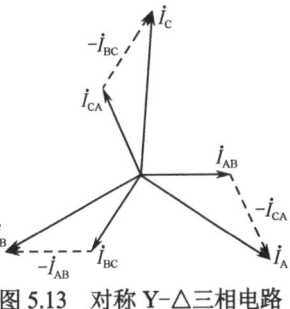

图 5.13 对称 Y-△三相电路的相量图

因此，对称三相电路的三相负载为△形连接时，当负载的相电流对称时，端线上的线电流也是对称的。若用 I_L 表示线电流的有效值，则

$$I_L = \sqrt{3}I_P \quad (5.11)$$

而线电流的相位滞后于相应的相电流30°，其相量图如图 5.13 所示。

综上所述，负载△形连接的对称三相电路电压、电流的特点如下：
（1）相电压、线电压、相电流、线电流均是对称的，且相电压等于线电压；
（2）线电流的有效值是相电流有效值的 $\sqrt{3}$ 倍，线电流在相位上滞后相应相电流30°。

【例 5.2】 在图 5.12 所示电路中，对称三相负载为△形连接，接于线电压 380V 的三相电源上，每相负载电阻 $R=15\Omega$，感抗 $X_L=20\Omega$。试求负载的相电压、相电流及线电流。

解：以 A 相负载的相电压作为参考相量，负载的相电压分别为
$$\dot{U}_{AB} = 220\underline{/0°}\text{V}, \quad \dot{U}_{BC} = 220\underline{/-120°}\text{V}, \quad \dot{U}_{CA} = 220\underline{/+120°}\text{V}$$

负载的阻抗为
$$Z = (15 + j20)\Omega = 25\underline{/53.1°}\Omega$$

则负载的相电流
$$\dot{I}_{AB} = \frac{\dot{U}_{AB}}{Z} = \frac{220\underline{/0°}}{25\underline{/53.1°}} = 8.8\underline{/-53.1°}\text{A}$$

根据对称性，则
$$\dot{I}_{BC} = 8.8\underline{/-173.1°}\text{A}$$
$$\dot{I}_{CA} = 8.8\underline{/66.9°}\text{A}$$

负载的线电流分别是
$$\dot{I}_A = \sqrt{3}\dot{I}_{AB}\underline{/-30°} = 15.2\underline{/-83.1°}\text{A}$$
$$\dot{I}_B = \sqrt{3}\dot{I}_{BC}\underline{/-30°} = 15.2\underline{/156.9°}\text{A}$$
$$\dot{I}_C = \sqrt{3}\dot{I}_{CA}\underline{/-30°} = 15.2\underline{/36.9°}\text{A}$$

由此可见，对称三相电路是正弦稳态电路，在对其分析计算时，可充分利用对称性，将三相计算化为一相计算问题。最后根据 Y 形连接和△形连接时电压、电流关系直接推出其他所求变量。

三相电路的三个负载无论采用 Y 形连接还是△形连接，都必须根据每相负载的额定电压与三相电源的线电压的大小而确定，与电源本身连接方式无关。当各相负载的额定电压等于电源线电压的 $1/\sqrt{3}$ 倍时，负载应做 Y 形连接。如果各相负载的额定电压等于电源线电压，则必须做△形连接；否则会使负载因电压过高而烧毁或因电压过低而不能正常工作。

5.3 不对称三相电路的分析和计算

前面研究了对称三相电路的计算，实际生活中经常遇到不对称三相电路的计算。造成三相电路不对称的原因有两个：一是电源不对称；二是负载不对称。通常三相电源在计算时可近似地当做对称三相电源来处理。因此不对称三相电路主要是由负载不对称造成的。分析不对称三相电路常用的方法是分析一般复杂电路的节点电压法。本节只初步分析由于负载不对称而引起的一些电路特点。

在低压电力网中，有许多小功率的负载，而且用户用电情况也不同，很难把它们凑成完全对称

的三相电路,因此各相负载是不相等的,这个不对称三相电路可用图 5.14 来表示。其中 Z_N 是中性线阻抗,负载阻抗 $Z_A \neq Z_B \neq Z_C$,而电源电压仍是对称的,这种电路失去了对称特点,因而不能归结为一相计算问题,根据节点电压法,可写出两个节点之间的电压为

$$\dot{U}_{N'N} = \frac{\dfrac{1}{Z_A}\dot{U}_A + \dfrac{1}{Z_B}\dot{U}_B + \dfrac{1}{Z_C}\dot{U}_C}{\dfrac{1}{Z_A} + \dfrac{1}{Z_B} + \dfrac{1}{Z_C} + \dfrac{1}{Z_N}} \tag{5.12}$$

虽然电源电压是对称的,但因负载不对称,故 $\dot{U}_{N'N} \neq 0$,即 N′ 与 N 之间电位不相等。根据 KVL,可写出负载各相电压为

$$\begin{aligned}\dot{U}_{AN'} &= \dot{U}_{AN} - \dot{U}_{N'N} \\ \dot{U}_{BN'} &= \dot{U}_{BN} - \dot{U}_{N'N} \\ \dot{U}_{CN'} &= \dot{U}_{CN} - \dot{U}_{N'N}\end{aligned} \tag{5.13}$$

式(5.13)对应的相量图如图 5.15 所示,由于 $\dot{U}_{N'N} \neq 0$,因此 N′ 与 N 点在相量图上不重合,这一现象称为中性点位移。可以看出,由于中性点位移,有的负载相电压升高了,有的负载相电压降低了。在电源对称的情况下,负载相电压 $\dot{U}_{AN'}$、$\dot{U}_{BN'}$ 和 $\dot{U}_{CN'}$ 不对称的程度与中性点位移程度有关。当中性点位移较大时,会造成负载相电压的严重不对称。

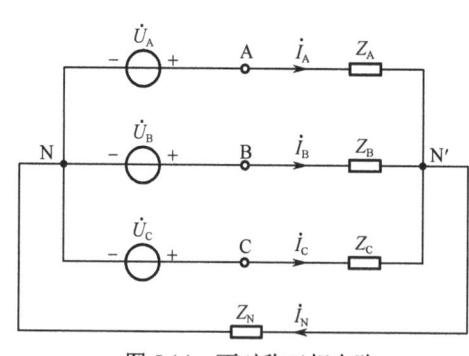

图 5.14 不对称三相电路

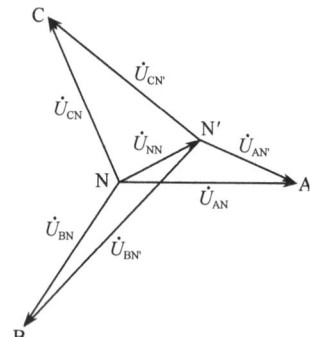

图 5.15 中性点位移相量图

各相的相电流可计算为

$$\begin{aligned}\dot{I}_A &= \frac{\dot{U}_{AN'}}{Z_A} = \frac{\dot{U}_{AN} - \dot{U}_{N'N}}{Z_A} \\ \dot{I}_B &= \frac{\dot{U}_{BN'}}{Z_B} = \frac{\dot{U}_{BN} - \dot{U}_{N'N}}{Z_B} \\ \dot{I}_C &= \frac{\dot{U}_{CN'}}{Z_C} = \frac{\dot{U}_{CN} - \dot{U}_{N'N}}{Z_C}\end{aligned} \tag{5.14}$$

由于负载相电压不对称,所以负载相电流也不对称,中性线电流一般不为 0,即

$$\dot{I}_N = \dot{I}_A + \dot{I}_B + \dot{I}_C \neq 0 \tag{5.15}$$

中性线阻抗的电压,即中性点间电压

$$\dot{U}_{N'N} = \dot{I}_N Z_N \tag{5.16}$$

由式(5.12)和式(5.16)均可看出,要减小或消除中性点位移,应尽量减小中性线阻抗,假设中性线阻抗为零,即 $Z_N = 0$,则 $\dot{U}_{N'N} = 0$,此时负载相电压对称,因此尽管负载阻抗不对称,电路也能正常工作,这就是低压电力系统广泛采用三相四线制的原因之一。实际上,中性线阻抗不可能为 0,因此除了尽可能减小中性线阻抗,还要适当调整各相负载,使之尽量均匀。由负载不对称

而引起的中性点位移在没有中性线时最为严重，所以，实际工程中为避免中性线断开而造成负载相电压变动过大，一般不在中性线上安装开关和保险丝，有时还用机械强度较高的导线作为中性线。

【例5.3】 如图 5.16 所示，对称三相电源相电压 $U_P=220$V，负载为电灯组，额定电压为 220V，各相负载电阻分别为 $R_A=5.5\Omega$，$R_B=11\Omega$，$R_C=22\Omega$，试求：

(1) 负载的相电压、相电流及中性线电流；
(2) 当 A 相短路时，各相负载上的电压；
(3) 当 A 相断路时，各相负载上的电压；
(4) 当 A 相短路而中性线断开时，各相负载上的电压；
(5) 当 A 相断路而中性线断开时，各相负载上的电压。

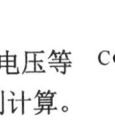

图 5.16 例 5.3 图

解：（1）负载不对称，但由于有中性线，因此负载的相电压等于电源的相电压，是对称的，且各相具有独立性，可以分别计算。

以 A 相负载的相电压作为参考相量，负载的相电压分别为

$$\dot{U}_A = 220\underline{/0°}\text{V}, \quad \dot{U}_B = 220\underline{/-120°}\text{V}, \quad \dot{U}_C = 220\underline{/+120°}\text{V}$$

则

$$\dot{I}_A = \frac{\dot{U}_A}{R_A} = \frac{220\underline{/0°}}{5.5} = 40\underline{/0°}\text{A}$$

$$\dot{I}_B = \frac{\dot{U}_B}{R_B} = \frac{220\underline{/-120°}}{11} = 20\underline{/-120°}\text{A}$$

$$\dot{I}_C = \frac{\dot{U}_C}{R_C} = \frac{220\underline{/+120°}}{22} = 10\underline{/120°}\text{A}$$

中性线电流

$$\dot{I}_N = \dot{I}_A + \dot{I}_B + \dot{I}_C = 40\underline{/0°} + 20\underline{/-120°} + 10\underline{/120°} = 26.45\underline{/-19.1°}\text{A}$$

以上计算表明：中性线保证了负载相电压的对称，但是负载的相电流并不对称，且中性线电流也不为零。

（2）A 相短路，如图 5.17(a) 所示，此时 A 相短路电流很大，会将 A 相的熔断器熔断。由于中性线的存在，B 相和 C 相不受影响，其相电压仍为 220V。

（3）A 相断路，如图 5.17(b) 所示，由于中性线的存在，B 相和 C 相不受影响，其相电压仍为 220V。

（4）若 A 相短路而中性线断开，如图 5.17(c) 所示，由于 A 相短路，此时负载的中性点 N′ 即为 A，所以 B 相和 C 相所加的电压为 380V，都超过了其额定电压。

（5）若 A 相断路而中性线断开，如图 5.17(d) 所示，相当于 B 相和 C 相串联在线电压 $U_{BC}=380$V 的电源上，电压的分配取决于 B 相和 C 相电阻的大小。

$$U_B = \frac{R_B}{R_B + R_C}U_L = \frac{11}{11+22} \times 380 = 127\text{V} \qquad U_C = 380 - 127 = 253\text{V}$$

负载的电压高于或低于其额定电压，均不能正常工作，这是不允许的。

通过上题的分析可知，当负载不对称时，如果有中性线，负载的相电压就是对称的，负载能够正常工作；如果中性线断开，负载的相电压不对称，就会造成有的相电压高于负载的额定电压，有的相电压低于负载的额定电压，这都是不允许的。所以，为了保证负载能够正常工作，就必须有中性线，中性线上不允许接熔断器。

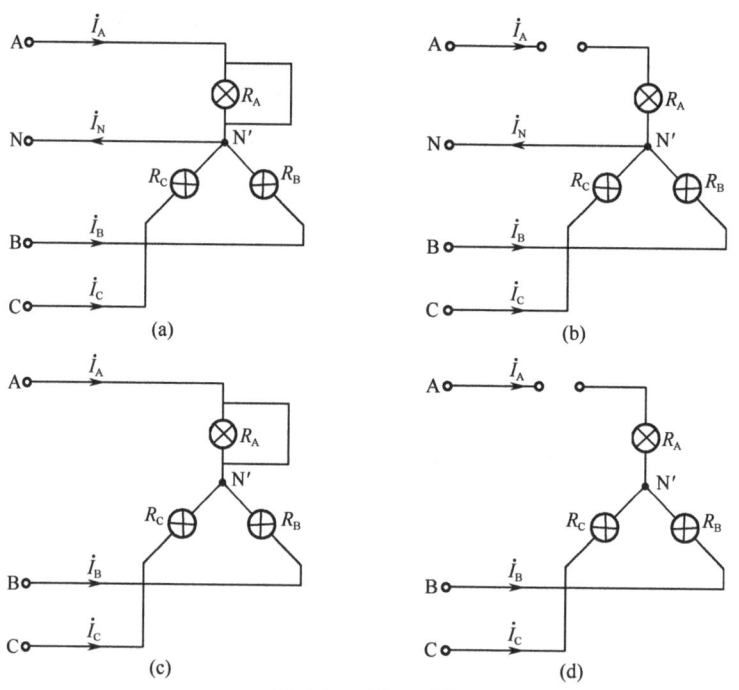

图 5.17 例 5.3 图

【例 5.4】 图 5.18 是相序指示器电路,它是由一个电容与两个相同的灯泡组成的 Y 形连接三相电路。试说明如何根据灯泡的亮度确定相序。

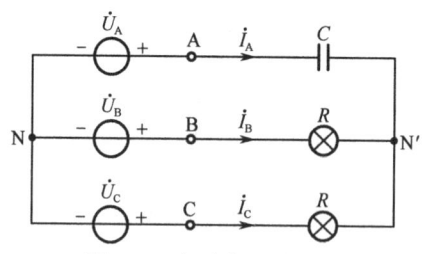

图 5.18 相序指示器电路

解: 首先假定三相电源的相序是 A—B—C,即电容 C 所在的相定为 A 相。
设三相电源电压对称,即

$$\dot{U}_A = U\underline{/0°}\text{V}, \quad \dot{U}_B = U\underline{/-120°}\text{V}, \quad \dot{U}_C = U\underline{/+120°}\text{V}$$

为分析计算方便,设 $R = \dfrac{1}{\omega C}$,由节点电压法,可得

$$\dot{U}_{N'N} = \frac{j\omega C \dot{U}_A + \dfrac{1}{R}\dot{U}_B + \dfrac{1}{R}\dot{U}_C}{j\omega C + \dfrac{2}{R}} = \frac{j\dfrac{1}{R}\dot{U}_A + \dfrac{1}{R}\dot{U}_B + \dfrac{1}{R}\dot{U}_C}{j\dfrac{1}{R} + \dfrac{2}{R}} = 0.63U\underline{/108.4°}\text{V}$$

$$\dot{U}_{BN'} = \dot{U}_{BN} - \dot{U}_{N'N} = U\underline{/-120°} - 0.63U\underline{/108.4°} = 1.5U\underline{/-101.5°}\text{V}$$

$$\dot{U}_{CN'} = \dot{U}_{CN} - \dot{U}_{N'N} = U\underline{/120°} - 0.63U\underline{/108.4°} = 0.4U\underline{/138.4°}\text{V}$$

可见,B 相负载上的电压较高,灯泡较亮,C 相负载上的电压低得多,灯泡较暗。由此,根据灯泡亮度的不同,便可判断三相电源的相序了。

上述相序指示器电路中的电容还可以用电感代替,条件是 $\omega L = R$,结果是灯泡较暗的一相是 B 相,灯泡较亮的一相是 C 相。

5.4 三相电路的功率

5.4.1 三相电路功率的计算

在图 5.19 所示的三相电路中，不论负载是 Y 形连接还是△形连接，三相负载所消耗的总的有功功率为各相有功功率之和，即

$$P = P_A + P_B + P_C = U_A I_A \cos\varphi_A + U_B I_B \cos\varphi_B + U_C I_C \cos\varphi_C \quad (5.17)$$

式中，φ_A、φ_B、φ_C 分别是 A 相、B 相、C 相负载的相电压与相电流间的相位差。

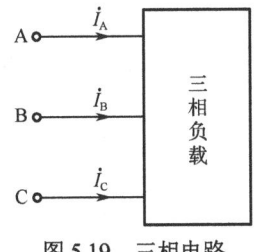

图 5.19 三相电路

在对称三相电路中，各相负载吸收的平均功率相等，则式（5.17）可写为

$$P = 3P_P = 3U_P I_P \cos\varphi \quad (5.18)$$

因为对称三相负载为 Y 形连接或△形连接，都有

$$3U_P I_P = \sqrt{3} U_L I_L$$

所以有

$$P = \sqrt{3} U_L I_L \cos\varphi \quad (5.19)$$

式中，φ 仍然是每相负载的相电压与相电流间的相位差，也是每相负载的阻抗角。

三相负载吸收的无功功率为

$$Q = Q_A + Q_B + Q_C = U_A I_A \sin\varphi_A + U_B I_B \sin\varphi_B + U_C I_C \sin\varphi_C \quad (5.20)$$

在对称的情况下，则为

$$Q = 3U_P I_P \sin\varphi = \sqrt{3} U_L I_L \sin\varphi \quad (5.21)$$

三相负载的视在功率为

$$S = \sqrt{P^2 + Q^2} \quad (5.22)$$

在对称的情况下，则为

$$S = 3U_P I_P = \sqrt{3} U_L I_L \quad (5.23)$$

三相电路的功率因数可定义为

$$\cos\varphi' = \lambda = \frac{P}{S} \quad (5.24)$$

在对称的情况下，$\cos\varphi' = \cos\varphi$ 就是一相负载的功率因数，$\varphi' = \varphi$ 即负载的阻抗角。在不对称时，φ' 无实际意义。实际上，在不对称的情况下很少用无功功率、视在功率和功率因数等概念。

下面讨论对称三相电路中的瞬时功率。

设对称三相电路中各相负载的电压和电流为关联参考方向，且取 A 相的相电压和相电流为参考正弦量，即

$$u_A = \sqrt{2} U_P \sin\omega t \qquad i_A = \sqrt{2} I_P \sin(\omega t - \varphi)$$

对称三相负载吸收的瞬时功率为

$$\begin{aligned} p &= p_A + p_B + p_C = u_A i_A + u_B i_B + u_C i_C \\ &= 2U_P I_P \sin\omega t \sin(\omega t - \varphi) + 2U_P I_P \sin(\omega t - 120°)\sin(\omega t - 120° - \varphi) + \\ &\quad 2U_P I_P \sin(\omega t + 120°)\sin(\omega t + 120° - \varphi) \\ &= U_P I_P [\cos\varphi - \cos(2\omega t - \varphi)] + U_P I_P [\cos\varphi - \cos(2\omega t - 240° - \varphi)] + \\ &\quad U_P I_P [\cos\varphi - \cos(2\omega t + 240° - \varphi)] \\ &= 3U_P I_P \cos\varphi = P \end{aligned}$$

上式表明，对称三相电路中负载的瞬时功率是一个常量，其值等于平均功率，称为瞬时功率平

衡。因此，三相制是一种平衡制，这也是三相制的一个优点。对电动机而言，由于瞬时功率平衡，它所产生的转矩也是恒定的，这可消除电动机转动时的振动。

【例 5.5】 阻抗为 $Z=(12+j16)\Omega$ 的对称三相负载，接在线电压为 380V 的 Y 形连接对称三相电源上。试求：负载为 Y 形连接和 △ 形连接时所消耗的总有功功率。

解： 每相负载的阻抗为

$$Z = (12 + j16)\Omega = 20\underline{/53.1°}\,\Omega$$

负载为 Y 形连接时相电压

$$U_P = \frac{U_L}{\sqrt{3}} = 220\text{V}$$

相电流

$$I_P = I_L = \frac{U_P}{|Z|} = \frac{220}{20} = 11\text{A}$$

$$\cos\varphi = \frac{12}{20} = 0.6$$

总有功功率

$$P = 3U_P I_P \cos\varphi = 3 \times 220 \times 11 \times 0.6 = 4.35\text{kW}$$

负载为 △ 形连接时相电压

$$U_P = U_L = 380\text{V}$$

相电流

$$I_P = \frac{U_P}{|Z|} = \frac{U_L}{|Z|} = \frac{380}{20} = 19\text{A}$$

$$\cos\varphi = 0.6$$

总有功功率

$$P = 3U_P I_P \cos\varphi = 3 \times 380 \times 19 \times 0.6 = 13\text{kW}$$

由计算结果可知，在电源电压一定的情况下，三相负载的连接方式不同，负载所消耗的功率也不同。因此，三相负载在电源电压一定的情况下，都有确定的连接方式，不可任意连接。

5.4.2 三相电路功率的测量

在交流电路中，通常使用功率表测量功率。三相电路有功功率的测量，要根据负载的连接方式和对称与否采用不同的测量方法。常用的测量方法有三表法、一表法和二表法。

1）三表法

在 Y 形连接的三相四线制电路中，无论负载是否对称，一般都可用三块功率表进行测量，这种方法称为三表法，如图 5.20 所示。

图中功率表 W_1 的电流线圈接于 A 相，用于测量 A 相的相电流 $\dot{I}_A$，电压线圈接于 A 相和中性线之间，用于测量 A 相的相电压 $\dot{U}_A$。因此功率表 W_1 指示的量值是 A 相负载吸收的有功功率 P_A。同理可知功率表 W_2、W_3 指示的量值是 B 相和 C 相负载所吸收的有功功率 P_B 与 P_C，三块功率表读数之和为三相负载吸收的总有功功率 P。即

$$P = P_A + P_B + P_C$$

2）一表法

在对称三相四线制电路中，由于各相功率相同，因此可用一块功率表测出任一相的功率，它的三倍就是负载吸收的总功率 P，即 $P=3P_A$。这种方法称为一表法，如图 5.21 所示。

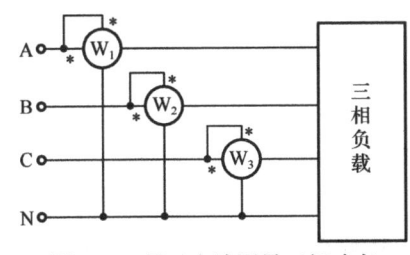

图 5.20 用三表法测量三相功率

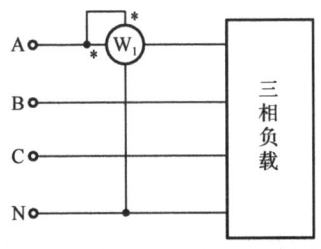

图 5.21 用一表法测量三相功率

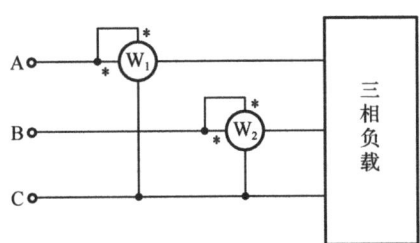

图 5.22 用二表法测量三相功率

3）二表法

三相三线制电路，不论是否对称，其三相负载吸收的总有功功率，一般都使用两块功率表来测量，这种方法称为二表法，如图 5.22 所示。两块功率表的电流线圈分别串入任意两条端线中（如图 5.22 中的 A 线和 B 线），它们的电压线圈的无*端共同接到第三条端线上（如图 5.22 中的 C 线）。显然，这种测量方法中功率表的接线只触及端线而不触及负载和电源内部，且与电源和负载的连接方式无关。这时两块功率表读数的代数和就等于被测的三相电路的总功率，而每块功率表的读数无任何意义。即使在对称三相电路中，这两块功率表的读数一般也不相同。

可以证明图 5.22 中两块功率表读数的代数和为右侧电路吸收的平均功率。

假定三相负载为 Y 形连接（△形连接的负载，可以等效变换为 Y 形连接的负载），设两块功率表的读数分别为 P_1 和 P_2，根据功率表的工作原理，有

$$P_1 = \mathrm{Re}[\dot{U}_{\mathrm{AC}}\dot{I}_{\mathrm{A}}^*] \qquad P_2 = \mathrm{Re}[\dot{U}_{\mathrm{BC}}\dot{I}_{\mathrm{B}}^*]$$

所以

$$P_1 + P_2 = \mathrm{Re}[\dot{U}_{\mathrm{AC}}\dot{I}_{\mathrm{A}}^* + \dot{U}_{\mathrm{BC}}\dot{I}_{\mathrm{B}}^*]$$

因为

$$\dot{U}_{\mathrm{AC}} = \dot{U}_{\mathrm{A}} - \dot{U}_{\mathrm{C}}, \quad \dot{U}_{\mathrm{BC}} = \dot{U}_{\mathrm{B}} - \dot{U}_{\mathrm{C}}, \quad \dot{I}_{\mathrm{A}}^* + \dot{I}_{\mathrm{B}}^* = -\dot{I}_{\mathrm{C}}^*$$

代入上式中，得

$$P_1 + P_2 = \mathrm{Re}[(\dot{U}_{\mathrm{A}} - \dot{U}_{\mathrm{C}})\dot{I}_{\mathrm{A}}^* + (\dot{U}_{\mathrm{B}} - \dot{U}_{\mathrm{C}})\dot{I}_{\mathrm{B}}^*]$$

整理后，得

$$\begin{aligned}P_1 + P_2 &= \mathrm{Re}[(\dot{U}_{\mathrm{A}}\dot{I}_{\mathrm{A}}^* + \dot{U}_{\mathrm{B}}\dot{I}_{\mathrm{B}}^* + \dot{U}_{\mathrm{C}}\dot{I}_{\mathrm{C}}^*] \\ &= \mathrm{Re}[(\dot{U}_{\mathrm{A}}\dot{I}_{\mathrm{A}}^*)] + \mathrm{Re}[\dot{U}_{\mathrm{B}}\dot{I}_{\mathrm{B}}^*] + \mathrm{Re}[\dot{U}_{\mathrm{C}}\dot{I}_{\mathrm{C}}^*] \\ &= \mathrm{Re}[\overline{S}_{\mathrm{A}}] + \mathrm{Re}[\overline{S}_{\mathrm{B}}] + \mathrm{Re}[\overline{S}_{\mathrm{C}}] \\ &= P_{\mathrm{A}} + P_{\mathrm{B}} + P_{\mathrm{C}}\end{aligned}$$

可见用二表法测量时，两块功率表读数之和为三相负载的平均功率。当负载对称时，令

$$\dot{U}_{\mathrm{A}} = U_{\mathrm{A}}\underline{/0°}, \quad \dot{I}_{\mathrm{A}} = I_{\mathrm{A}}\underline{/-\varphi}$$

由图 5.23 所示的相量图可知，两块功率表的读数为

$$\begin{cases} P_1 = \mathrm{Re}[\dot{U}_{\mathrm{AC}}\dot{I}_{\mathrm{A}}^*] = U_{\mathrm{AC}}I_{\mathrm{A}}\cos(30°-\varphi) \\ P_2 = \mathrm{Re}[\dot{U}_{\mathrm{BC}}\dot{I}_{\mathrm{B}}^*] = U_{\mathrm{BC}}I_{\mathrm{B}}\cos(30°+\varphi) \end{cases} \quad (5.25)$$

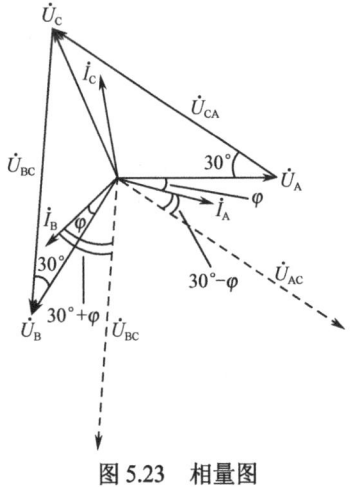

图 5.23 相量图

式中，φ 为负载的阻抗角。应当注意，当 $|\varphi|>60°$ 时，由式（5.25）可知，其中一块功率表读数可能为负，求代数和时该读数应取负值。一般来说，单独一块功率表的读数是没有意义的。

利用二表法，还可计算对称三相负载的无功功率。根据式（5.25），将两块功率表读数相减，即

$$P_1 - P_2 = U_{AC}I_A\cos(30°-\varphi) - U_{BC}I_B\cos(\varphi+30°)$$
$$= U_L I_L[-2\sin\varphi\sin(-30°)] = U_L I_L \sin\varphi = \frac{1}{\sqrt{3}}Q$$

所以，将二表法读数之差乘 $\sqrt{3}$，可得对称三相负载的无功功率，即

$$Q = \sqrt{3}(P_1 - P_2) \tag{5.26}$$

在不对称三相四线制电路中，由于 $\dot{I}_A + \dot{I}_B + \dot{I}_C \neq 0$，因此不能用二表法测量三相负载的功率。

【例 5.6】 如图 5.24 所示的对称三相电路，若电源线电压为 380V，$Z_A = Z_B = Z_C = (100+j100)\Omega$，试求三相负载的有功功率和两块功率表的读数。

解： 设

$$\dot{U}_{AB} = 380\underline{/30°}\text{V}$$

因此

$$\dot{U}_A = \frac{380}{\sqrt{3}}\underline{/0°} = 220\underline{/0°}\text{V}$$

$$\dot{I}_A = \frac{\dot{U}_A}{Z} = \frac{220\underline{/0°}}{100+j100} = 1.56\underline{/-45°}\text{A}$$

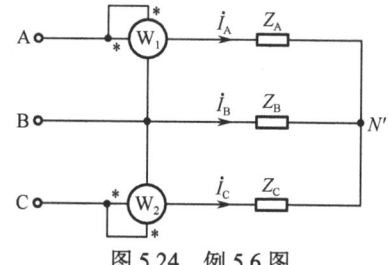

图 5.24 例 5.6 图

三相负载的平均功率

$$P = 3U_A I_A \cos\varphi = 3\times 220 \times 1.56 \times \cos[0°-(-45°)] = 726\text{W}$$

两块功率表的读数

$$P_1 = U_{AB}I_A\cos[30°-(-45°)] = 380\times 1.56 \times \cos75° = 153.4\text{W}$$

$$P_2 = U_{CB}I_C\cos(30°-45°) = 380\times 1.56 \times \cos(-15°) = 572.6\text{W} \quad P_1+P_2 = 153.4+572.6 = 726\text{W}$$

5.5 应用举例

电力系统就是三相电路的应用实例。通常将用电负荷大的地区中所有发电厂、变电所、输电线、配电设备和用电设备联系起来，组成一个整体，这个整体称为电力系统。在电力系统中，各种不同电压的输电线，是通过各变电所联系起来的。各类发电厂中的发电机则通过变电所和输电线并联起来。建立电力系统，不仅可以提高供电的可靠性，不会因为个别发电机出现故障或需要检修而导致用户停电，而且可以合理地调节各个发电厂的发电能力。例如，丰水季节让水力发电厂多发电，枯水季节则让火力发电厂多发电。

各种不同电压的输电线和变电所构成的电力系统的一部分称为电力网，我国国家标准规定的电力网的额定电压有 3kV、6kV、35kV、110kV、220kV、330kV、500kV 等。

由于目前市区的输电电压一般为 10kV 左右，因此一般的厂矿企业和民用建筑都必须设置降压变电所，经配电变压器将电压降为 380V 或 220V，再引出若干供电线到各个用电点（车间或建筑物）的配电箱上，再由配电箱将电能分配给各用电设备。用电设备的额定电压一般是 220V 或 380V，大功率电动机的电压是 3000V 和 6000V，机床局部照明灯的电压是 36V。

这种低压系统供电线路的接线方式主要有放射式和树干式两种。

放射式供电线路的特点是从配电变压器低压侧引出若干支路，分别直接向各用电点供电，这种供电方式的优点是不会因为其中某一支路发生故障而影响其他支路的供电，供电可靠性高，便于操作和维护，缺点是导线用量大，投资费用高，用电点比较分散，且每个用电点的用电量较大。当变电所居于各个用电点的中央时，采用这种供电方式比较有利。

树干式供电线路的特点是从配电变压器低压侧引出若干干线，沿干线再引出若干支路到达各用电点，其优点是导线用量小，投资费用低且接线灵活性强，缺点是供电可靠性差，一旦某一干线出现故障或需要检修时，停电面积大。在用电点比较集中，各用电点在变电所同一侧时，采用这种供

电方式比较合适。

5.6 技能训练

5.6.1 三相电路电压和电流的测量

一、实验目的

① 研究三相负载做 Y 形或 △ 形连接时，在对称和不对称情况下线电压与相电压（或线电流和相电流）的关系。

② 比较三相供电方式中三线制和四线制的特点。

③ 了解非对称负载做 Y 形连接时中性线的作用。

二、实验原理

电源用三相四线制向负载供电，三相负载可连接成 Y 形或 △ 形。

（1）对称三相负载

做 Y 形连接时，线电压 U_L 是相电压 U_P 的 $\sqrt{3}$ 倍，线电流 I_L 等于相电流 I_P，流过中性线的电流 $I_N=0$；做 △ 形连接时，线电压 U_L 等于相电压 U_P，线电流 I_L 是相电流 I_P 的 $\sqrt{3}$ 倍。

（2）不对称三相负载

做 Y 形连接时，必须采用 Y_0 接法，中性线必须牢固连接，以保证三相不对称负载的每相电压等于电源的相电压（对称三相电压）。若中性线断开，会导致三相负载电压不对称，负载小的那一相的相电压过高，负载遭受损坏；负载大的那一相的相电压又过低，负载不能正常工作。

做 △ 形连接时，$I_L \neq I_P$，但只要电源的线电压 U_L 对称，加在三相负载上的电压仍是对称的，对各相负载工作没有影响。

本实验中，用三相调压器调压输出作为三相交流电源，用三组白炽灯作为三相负载，线电流、相电流、中性线电流用电流插头和插座测量。

三、实验设备

实验设备见表 5.1。

表 5.1 三相电路电压和电流的测量实验设备

序 号	名 称	型号与规格	数 量
1	三相交流电源	0～450V	1
2	三相调压器		1
3	电压表	0～500V	3
4	电流表	0～3A	6
5	功率表	0～500V，0～3A	2
6	三相负载	220V、25W 白炽灯	9
7	电流插孔	0～450V	3

四、实验内容

（1）三相负载 Y 形连接（三相四线制供电）

实验电路如图 5.25 所示，将白炽灯按图连接成 Y 形接法。三相调压器输出 220V 的三相线电压。测量线电压和相电压，并记录数据。

① 在有中性线的情况下，测量三相负载对称和不对称时的各线电流、中性线电流和相电压等，将数据记入表 5.2，并记录各灯的亮度。

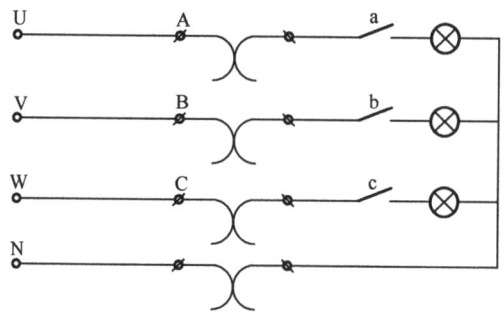

图 5.25 三相负载 Y 形连接电路

② 在无中性线的情况下,测量三相负载对称和不对称时的各线电流、线电压、相电压和中性点电压等,将数据记入表 5.2,并记录各灯的亮度。

表 5.2 Y 形连接实验数据表格

实验内容 (负载情况)	开灯组数			线电流(A)			线电压(V)			相电压(V)			中性线 电流 I_0 (A)	中性点 电压 $U_{N'N}$ (V)
	A相	B相	C相	I_A	I_B	I_C	U_{AB}	U_{BC}	U_{CA}	$U_{AN'}$	$U_{BN'}$	$U_{CN'}$		
Y_0 接对称负载	1	1	1											—
Y 接对称负载	1	1	1										—	
Y_0 接不对称负载	1	2	1											—
Y 接不对称负载	1	2	1										—	
Y_0 接 B 相断开	1	0	1											—
Y 接 B 相断开	1	0	1										—	

(2) 三相负载△形连接

实验电路如图 5.26 所示,将白炽灯按图连接成△形接法。调节三相调压器的输出电压,使输出的三相线电压为 220V,测量对称三相负载和不对称三相负载时的各相电流、线电流和线电压,将数据记入表 5.3,并记录各灯的亮度。

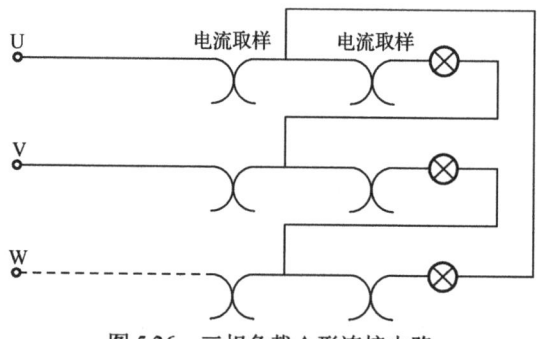

图 5.26 三相负载△形连接电路

表 5.3 △形连接实验数据表格

实验内容 (负载情况)	开灯组数			线电压(V)			线电流(A)			相电流(A)		
	A-B相	B-C相	C-A相	U_{AB}	U_{BC}	U_{CA}	I_A	I_B	I_C	I_{AB}	I_{BC}	I_{CA}
对称三相负载	1	1	1									
不对称三相负载	1	2	1									

五、三相电路电压和电流测量的仿真

① 按照图 5.27 创建三相负载 Y 形连接仿真电路。其中 X1~X3 为 220V、25W 的白炽灯。XMM1~XMM3 为电流表,测量线电流 I_A、I_B、I_C。XMM5~XMM7 测量三个相电压。XMM4 既可以测量中性线电流,又可以测量中性点电压。由图 5.27 可测出表 5.2 的前两行数据。

② 在图 5.27 所示的对称三相负载的基础上,在 V 相多接一个 220V、25W 的白炽灯,可得三相不对称电路,重复刚才的过程,可测出表 5.2 的第 3、4 行数据。

③ 在图 5.27 所示电路中,将 X2 等去掉,可得 V 相负载断路时的仿真结果,可测出表 5.2 的第 5、6 行数据。

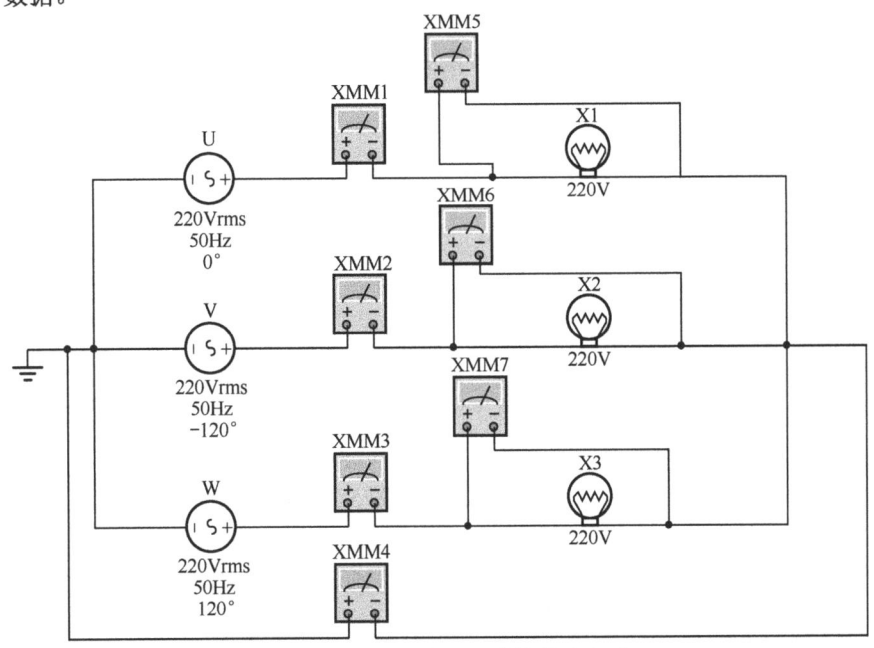

图 5.27 三相负载 Y 形连接仿真电路

④ 按照图 5.28 创建三相负载△形连接仿真电路。其中 XMM1~XMM6 为电流表,XMM1~XMM3 测量线电流 I_A、I_B、I_C;XMM4~XMM6 测量相电流 I_{AB}、I_{BC}、I_{CA}。再利用三块电压表可以测出 U_{AB}、U_{BC}、U_{CA} 的值。

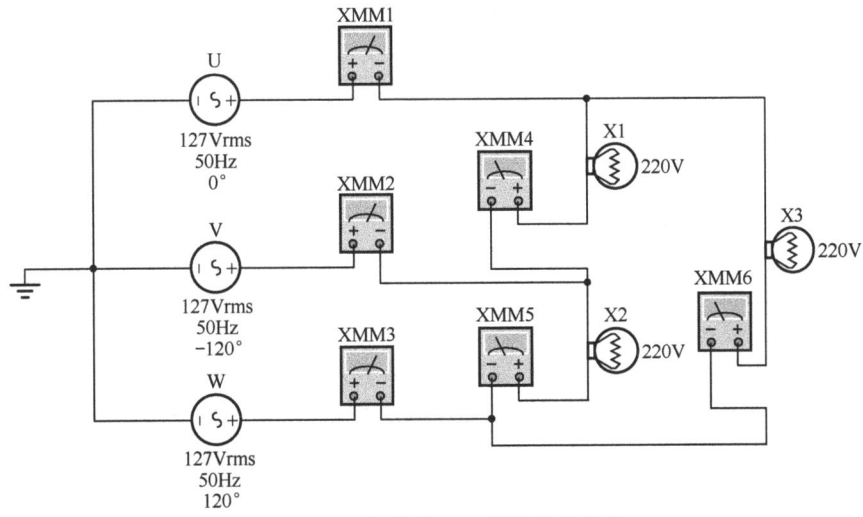

图 5.28 三相负载△形连接仿真电路

⑤ 将仿真数据和测量数据进行比较，验证测量操作的正确性。

六、实验报告要求

① 根据实验数据，在负载为 Y 形连接时，$U_L = \sqrt{3}U_P$ 在什么条件下成立？在负载为△形连接时，$I_L = \sqrt{3}I_P$ 在什么条件下成立？

② 用实验数据和观察到的现象，总结三相四线制供电系统中中性线的作用。

③ 不对称△形连接的负载，能否正常工作？实验是否能证明这一点？

④ 根据对称负载△形连接时的实验数据，画出各相电压、相电流和线电流的相量图，并证实验数据的正确性。

5.6.2 三相电路功率的测量及相序指示器

一、实验目的

① 学会用功率表测量三相电路功率的方法。
② 掌握功率表的接线和使用方法。
③ 掌握判定相序的方法。

二、实验原理

（1）三相电路有功功率的测量

见 5.4.2 节。

（2）三相电源相序的测定

三相电源的相序可根据中性点位移的原理用实验的方法来测定。实验所用的无中性线 Y 形不对称负载电路（相序指示器）如图 5.29 所示。负载的一相是电容，另外两相是瓦数相同的白炽灯。适当选择电容 C 的值，可使两个白炽灯的亮度有明显的差别。根据理论分析可知，白炽灯较亮的一相相位超前于白炽灯较暗的一相，而滞后于接电容的一相。

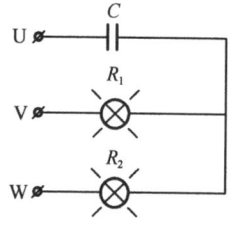

图 5.29 相序指示器

三、实验设备

实验设备见表 5.4。

表 5.4 三相电路功率的测量实验设备

序 号	名 称	型号与规格	数 量
1	电压表	0～500V	2
2	电流表	0～3A	2
3	功率表	0～500V，0～3A	2
4	万用表		1
5	三相调压器		1
6	三相负载	220V、25W 白炽灯	9

四、实验内容

（1）三相四线制供电，测量负载 Y 形连接（即 Y_0 接法）时的三相电路功率

① 用一表法测量对称三相负载的三相电路功率，实验电路如图 5.30 所示，线路中的电流表和电压表用于监视三相电流和电压。接通三相电源，将调压器的输出由 0V 调到 380V（线电压），按表 5.5 的负载情况要求进行测量及计算，将数据记入表 5.5。

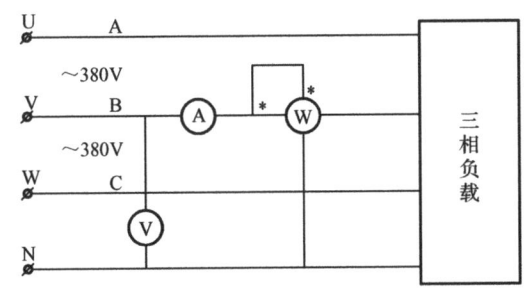

图 5.30 用一表法测量对称三相负载的三相电路功率

表 5.5 用一表法测量三相电路功率的数据表格

负载情况	开灯组数			测量数据			计算值
	A相	B相	C相	P_A(W)	P_B(W)	P_C(W)	$\sum P$(W)
Y_0接对称负载	1	1	1				
Y_0接不对称负载	1	2	1				

② 用三表法测量三相不对称负载的三相电路功率,本实验用三块功率表测量每相的功率,首先将一块功率表接入 B 相进行测量,然后分别将另外两块功率表换接到 A 相和 C 相,再进行测量。

(2) 三相三线制供电,测量三相负载的功率

① 用二表法测量三相负载 Y 形连接时的三相电路功率,实验电路如图 5.31 所示,接通三相电源,调节调压器的输出,使线电压为 220V,按表 5.6 的负载情况要求进行测量及计算,并将数据记入表 5.6。

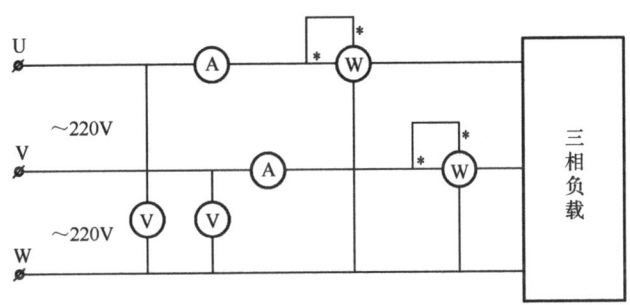

图 5.31 用二表法测量三相负载 Y 形连接时的三相电路功率

② 将负载改成△形连接,重复①的测量步骤,将数据记入表 5.6。

表 5.6 用二表法测量三相电路功率的数据表格

负载情况	开灯组数			测量数据		计算值
	A相	B相	C相	P_1(W)	P_2(W)	$\sum P$(W)
Y接对称负载	1	1	1			
Y接不对称负载	1	2	1			
△接不对称负载	1	2	1			
△接对称负载	1	1	1			

(3) 三相相序的测量

按图 5.29 连线,C 的参数为 45μF/4500V,R_1 和 R_2 为 220V、20W 的白炽灯。

五、三相电路功率测量实验仿真

① 创建电路,从元件库中选择电压源 V1、V2、V3,设定电压有效值为 220V,相位分别为 0°、-120°、120°,频率为 50Hz;选择对称三相负载为额定电压为 220V,额定功率为 25W 的白炽灯;选择虚拟功率表 XWM1、XWM2、XWM3,用三表法测量,仿真电路如图 5.32(a)所示。三块功率表的读数如图 5.32(b)所示。

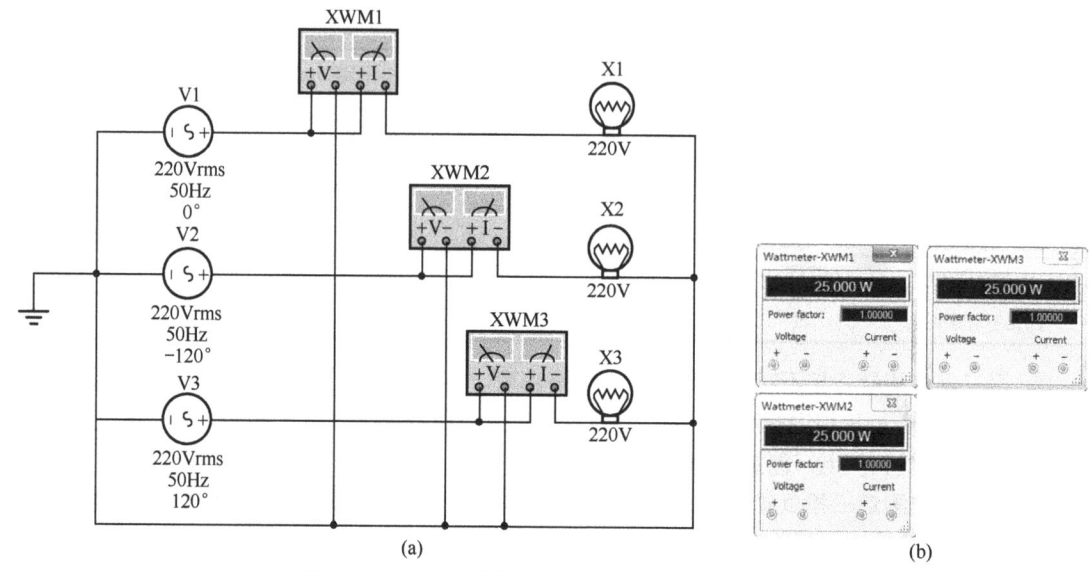

图 5.32 用三表法测量三相电路功率的仿真电路

② 在图 5.32(a)中,每次保留一块功率表,测量三次,即一表法。可得出表 5.5 的第 1 行数据。

③ 将图 5.32(a)中的 B 相的白炽灯再串联一个 220V、25W 的白炽灯,可得出表 5.5 的第 2 行数据。

④ 创建二表法的仿真电路,如图 5.33(a)所示。可得出表 5.6 中的第 1 行数据。两块功率表的读数如图 5.33(b)所示。

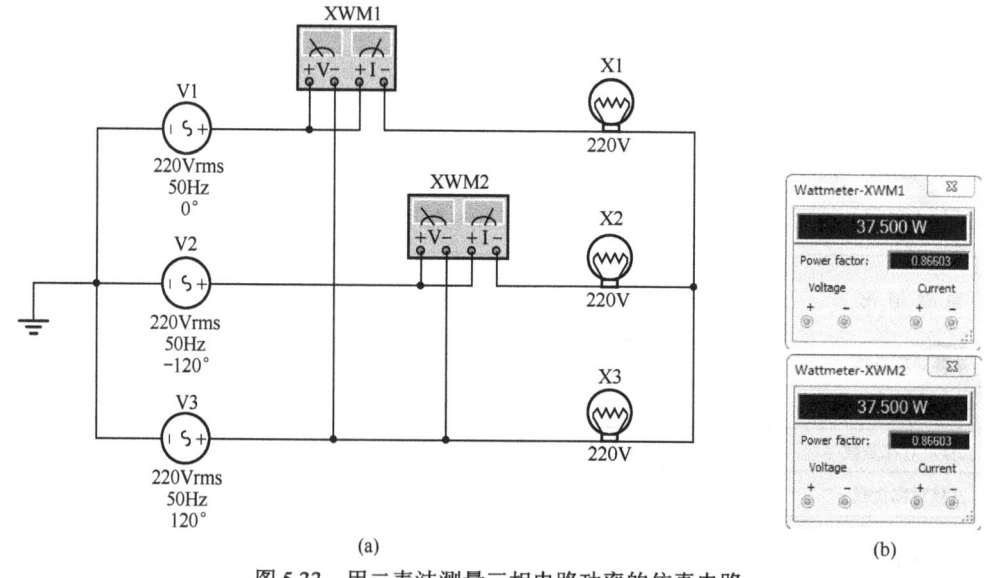

图 5.33 用二表法测量三相电路功率的仿真电路

⑤ 将 B 相再接入一个 220V、25W 的白炽灯,可得出表 5.6 中的第 2 行数据。

⑥ 将三相负载改成△形连接,创建仿真电路,可得出表 5.6 中的第 3 行和第 4 行数据。
⑦ 比较用一表法、二表法和三表法测量对称三相电路的仿真结果,得出结论。

六、实验报告要求
① 整理表 5.5 和表 5.6 中的数据,并和理论计算值比较。
② 总结、分析三相电路功率的测量方法。

本章小结

本章介绍了三相电源、对称三相电路的分析、不对称三相电路的分析、三相电路功率的计算与测量。

1. 三相电源

三相电源是由三相交流发电机产生的,由三个同频率、等振幅且相位依次相差120°的电压源按一定连接方式组成,又称为对称三相电源。三相电源有 Y 形和△形两种连接方式。Y 形连接时,其线电压的有效值是相电压的 $\sqrt{3}$ 倍,相位超前对应的相电压30°;△形连接时,其线电压与相电压相等。Y 形连接时,根据需要,可以采用三相三线制或三相四线制的供电方式。

2. 对称三相电路的分析

在三相电路中,三相负载也有 Y 形和△形两种连接方式。

(1) 当负载做 Y 形连接时,线电流等于相电流,线电压的有效值是相电压的 $\sqrt{3}$ 倍,且线电压相位超前对应的相电压30°。

在 Y 形连接的对称三相电路中,由于电源中性点电位与负载中性点电位相等,中性线电流为零,故各相的电流仅由该相的电压和阻抗决定,与其他两相无关。因此各相的计算具有独立性,只要分析计算一相的电流、电压,其他两相可根据对称性直接写出。

(2) 当负载做△形连接时,线电压等于相电压,线电流的有效值是相电流的 $\sqrt{3}$ 倍,且线电流相位滞后对应的相电流30°。

负载采用哪种连接方式,要视负载的额定电压和电源的电压而定。

3. 不对称三相电路的分析

对于电源对称、负载不对称的三相电路,当负载做 Y 形连接时,中性线电流不为零,其电流和电压用中性点位移公式来计算。在低压电力系统中,为了保证负载的相电压对称,必须有中性线,广泛采用三相四线制的供电方式。实际工程中为避免中性线断开而造成负载相电压变动过大,一般不在中性线上安装开关和熔断器,有时还用机械强度较高的导线作为中性线。

4. 三相电路功率的计算与测量

(1) 三相电路功率的计算

三相电路的有功功率、无功功率等于各相的有功功率、无功功率之和,三相电路的视在功率为
$$S = \sqrt{P^2 + Q^2}$$

若三相负载对称,则不论做 Y 形连接还是△形连接,其三相功率的计算公式为:
$$P = 3U_P I_P \cos\varphi = \sqrt{3}U_L I_L \cos\varphi \qquad Q = 3U_P I_P \sin\varphi = \sqrt{3}U_L I_L \sin\cos\varphi \qquad S = 3U_P I_P = \sqrt{3}U_L I_L$$

式中,φ 是每相的电压与电流间的相位差,即每相负载的阻抗角。

(2) 三相电路功率的测量

三相电路有功功率的测量,要根据负载的连接方式和对称与否采用不同的测量方法。常用的测量方法有一表法、二表法和三表法。

习题 5

5.1 △形连接的对称三相电路的相电流 $\dot{I}_{AB}=2\angle 0°$ A，其线电流 $\dot{I}_A$ 是多少？

5.2 对称三相电源做△形连接，每相电压的有效值均为220V，若A相接反，如图5.34所示，且每相内阻抗为 j11Ω，求出线电压的有效值及电源电压的有效值。

5.3 对称三相电源做Y形连接，每相电压的有效值均为220V，但其中一相反接，如图5.35所示，求出三相电源线电压的有效值。

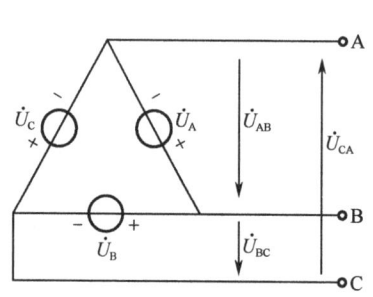

图5.34 习题5.2图

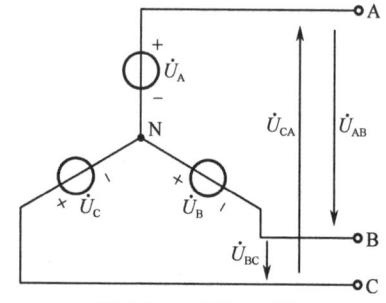

图5.35 习题5.3图

5.4 如图5.36所示，对称负载做△形连接，已知电源线电压 $U_L=380$V，线电流为17.3A，三相电路总功率为5kW。试求：(1) 每相负载的阻抗；(2) 如果有一相负载断开，另外两相能否正常工作？电流表读数有何变化？

5.5 已知在对称三相电路中，电源线电压为380V，负载阻抗 $Z=(3+j4)\Omega$。求负载分别做Y形和△形连接时的相电流 I_P 和线电流 I_L。

5.6 如图5.37所示，已知开关S闭合时，各电流表的读数均为10A，试求开关S断开后各电流表的读数。

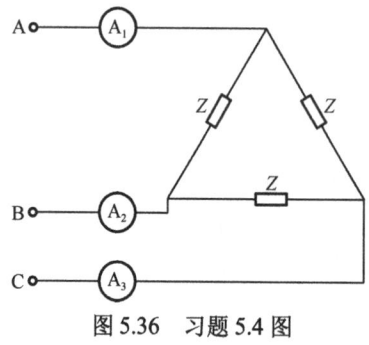

图5.36 习题5.4图

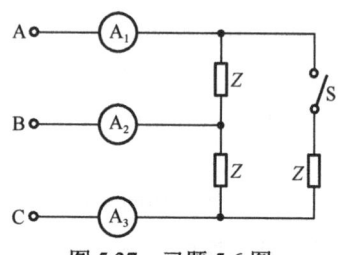

图5.37 习题5.6图

5.7 如图5.38所示，对称三相负载做△形连接。当 S_1、S_2 都闭合时，各电流表读数均为10A。试求：(1) S_1 断开、S_2 闭合时各电流表的读数；(2) S_1 闭合、S_2 断开时各电流表的读数。

5.8 在图5.39所示的对称三相电路中，电压表的读数为1143.16V，$Z=(15+j15\sqrt{3})\Omega$，$Z_1=(1+j2)\Omega$，求：(1) 图中电流表的读数及线电压 U_{AB}；(2) 三相负载吸收的功率。

5.9 在对称三相电路中，已知 $P=3290$W，$\cos\varphi=0.5$（感性），$U_L=380$V。试求在下述两种情况下每相负载的电阻 R 和感抗 X_L。(1) 负载做Y形连接；(2) 负载做△形连接。

5.10 如图5.40所示，在对称三相电路中，$U_{A'B'}=380$V，三相电动机吸收的功率为1.4kW，其功率因数 $\lambda=0.866$（滞后），$Z_L=-j55\Omega$。求 U_{AB} 和电源的功率因数 λ'。

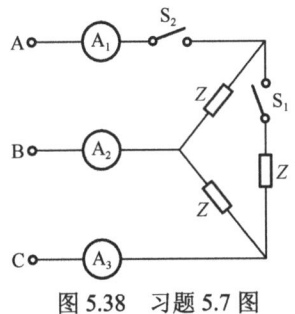
图 5.38 习题 5.7 图

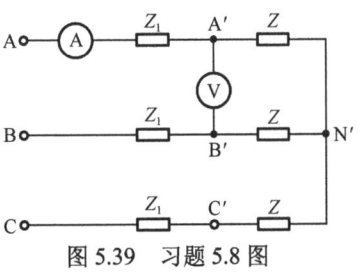
图 5.39 习题 5.8 图

5.11 如图 5.41 所示，对称三相电源供给不对称三相负载，三块电流表 A 测得的线电流均为 20A，试求中性线上电流表 A_0 的读数。

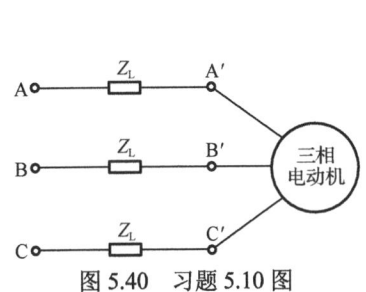
图 5.40 习题 5.10 图

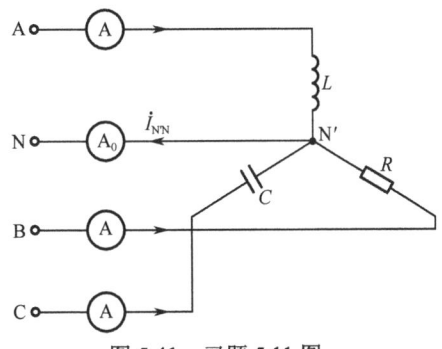
图 5.41 习题 5.11 图

5.12 如图 5.42 所示，已知 $Z_1 = 22\underline{/-60°}\,\Omega$，$Z_2 = 11\underline{/0°}\,\Omega$，电源的线电压为 380V。试问：（1）各仪表的读数是多少？（2）两组负载共消耗多少功率？

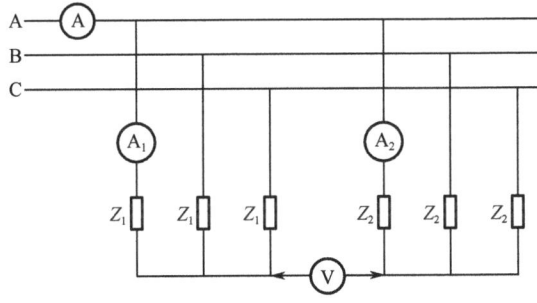
图 5.42 习题 5.12 图

5.13 如图 5.43 所示，对称三相电源的线电压为 380V，$Z = (20+j20)\,\Omega$，三相电动机的功率为 1.7kW，功率因数为 0.82。求：（1）线电流 $\dot{I}_A$、$\dot{I}_B$ 和 $\dot{I}_C$；（2）三相电源发出的总功率。

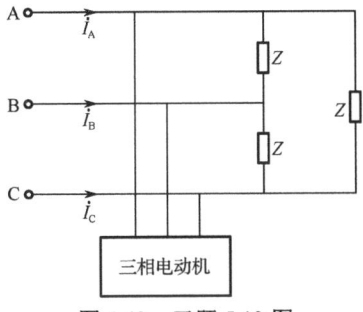
图 5.43 习题 5.13 图

5.14 在图 5.44 所示的对称三相电路中，$\dot{U}_{AB} = 380\underline{/0°}$ V，线电流 $\dot{I}_A = 1\underline{/-60°}$ A。求每块功率表的读数及三相负载吸收的总功率。

5.15 如图 5.45 所示，已知功率表的读数为 500W，试求此三相负载吸收的无功功率。

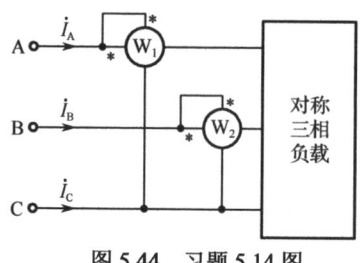

图 5.44 习题 5.14 图

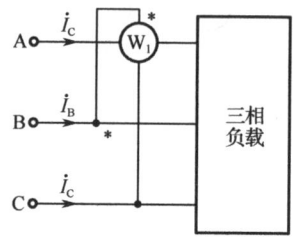

图 5.45 习题 5.15 图

第6章 非正弦周期信号电路的分析

本章主要研究在非正弦周期电源和信号的作用下，线性电路的稳态分析和计算方法，并简要地介绍信号频谱的概念，重点是非正弦周期量的有效值、平均功率及非正弦周期信号电路的计算方法。

交流信号除正弦信号外，还有各种非正弦信号；即使在直流信号中，除稳恒直流信号外，还有许多周期性脉动直流信号。而在非正弦信号中，又可分为周期性信号和非周期性信号。本章主要分析、研究非正弦周期性电流和电压。因为电力系统中的发电机和变压器很难产生纯正弦形式的电压，一般产生接近正弦形式的非正弦周期电压；工程中传输的各种信号许多是非正弦周期信号，如方波信号或锯齿波信号等，如图6.1所示。这些非正弦周期信号一般均能按高等数学中的傅里叶级数展开为一系列不同频率的正弦信号，再根据线性电路的叠加定理，分别计算在各频率正弦信号单独作用下电路中产生的电压分量和电流分量，最后把各分量按时域形式叠加，得到电路在非正弦周期信号激励下的稳态电流和电压。这种方法称为谐波分析法，实质是把非正弦周期电流和电压的计算转化为一系列不同频率的正弦电流和电压的计算。

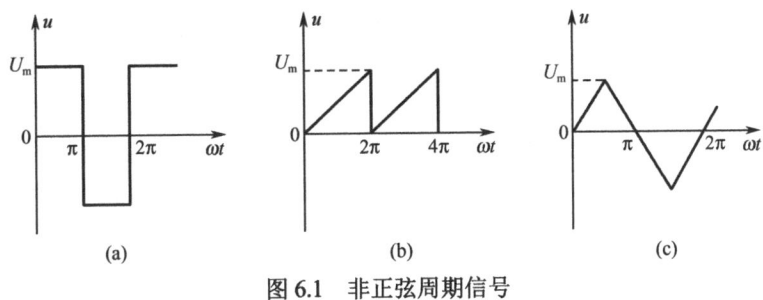

图 6.1 非正弦周期信号

6.1 非正弦周期信号的谐波分析法

6.1.1 非正弦周期量的傅里叶级数分解

非正弦周期电流、电压和信号等都可以用周期函数表示，即
$$f(t) = f(t+nT)$$
式中，T 为周期函数 $f(t)$ 的周期；n 为自然数 $0, 1, 2, 3, \cdots$。

如果给定的周期函数 $f(t)$ 满足狄利克雷条件，即：（1）周期函数的极值点的数目为有限个；（2）周期函数的间断点的数目为有限个；（3）周期函数的在一个周期内绝对可积，即有
$$\int_0^T |f(t)| \mathrm{d}t < \infty \quad (\text{有界})$$
则 $f(t)$ 可以展开成为一个收敛的傅里叶级数，如式（6.1）所示。

$$\begin{aligned} f(t) &= \frac{a_0}{2} + (a_1 \cos \omega t + b_1 \sin \omega t) + (a_2 \cos 2\omega t + b_2 \sin 2\omega t) + \cdots + \\ & \quad (a_k \cos k\omega t + b_k \sin k\omega t) + \cdots \\ &= \frac{a_0}{2} + \sum_{k=1}^{\infty} (a_k \cos k\omega t + b_k \sin k\omega t) \end{aligned} \quad (6.1)$$

式中，$\omega = \dfrac{2\pi}{T}$；T 为 $f(t)$ 的周期；a_0、a_k、b_k 称为傅里叶系数，其计算公式如式（6.2）所示。

$$a_0 = \frac{1}{T}\int_0^T f(t)\mathrm{d}t = \frac{1}{T}\int_{-\frac{T}{2}}^{\frac{T}{2}} f(t)\mathrm{d}t$$

$$a_k = \frac{2}{T}\int_0^T f(t)\cos k\omega t \mathrm{d}t = \frac{1}{\pi}\int_0^{2\pi} f(t)\cos k\omega t \mathrm{d}t = \frac{1}{\pi}\int_{-\pi}^{\pi} f(t)\cos k\omega t \mathrm{d}t \quad (6.2)$$

$$b_k = \frac{2}{T}\int_0^T f(t)\sin k\omega t \mathrm{d}t = \frac{1}{\pi}\int_0^{2\pi} f(t)\sin k\omega t \mathrm{d}t = \frac{1}{\pi}\int_{-\pi}^{\pi} f(t)\sin k\omega t \mathrm{d}t$$

电路分析中用到的非正弦周期信号一般都满足狄利克雷条件，都可以展开成傅里叶级数。为了和正弦函数的一般表达式相对应，式（6.1）还可写成另一种形式，如式（6.3）所示。

$$\begin{aligned}f(t) &= A_0 + A_{1\mathrm{m}}\sin(\omega t + \psi_1) + A_{2\mathrm{m}}\sin(2\omega t + \psi_2) + \cdots + \\ &\quad A_{k\mathrm{m}}\sin(k\omega t + \psi_k) + \cdots \\ &= A_0 + \sum_{k=1}^{\infty} A_{k\mathrm{m}}\sin(k\omega t + \psi_k)\end{aligned} \quad (6.3)$$

式中，$A_0 = a_0$，$A_{k\mathrm{m}} = \sqrt{a_n^2 + b_n^2}$，$\psi_k = \arctan\left(\dfrac{b_n}{a_n}\right)$。

傅里叶级数是一个无穷三角级数。A_0 为 $f(t)$ 在一个周期内的平均值，也称为直流分量或恒定分量。求和号下的各项是一系列正弦量，称为谐波分量。$A_{k\mathrm{m}}$ 为各次谐波分量的幅值，ψ_k 为其初相。$n=1$ 时的谐波分量 $A_{1\mathrm{m}}\sin(\omega t + \psi_1)$ 称为基波或一次谐波分量，其余统称为高次谐波分量。当 n 为偶数时，所对应的谐波分量称为偶次谐波分量；当 n 为奇数时，所对应的谐波分量称为奇次谐波分量。这种将一个非正弦周期函数分解为具有一系列谐波分量的傅里叶级数的过程，称为谐波分析。

几种常见的非正弦周期函数（电压和电流信号）如图 6.2 所示，矩形波、锯齿波、半波整流波、全波整流波、三角波和矩形脉冲波的傅里叶级数 $\left(\omega = \dfrac{2\pi}{T}\right)$ 展开式分别如下。

矩形波，如图 6.2(a)所示：

$$f(t) = \frac{4I_{\mathrm{m}}}{\pi}\left(\sin\omega t + \frac{1}{3}\sin 3\omega t + \frac{1}{5}\sin 5\omega t + \cdots\right) \quad (6.4)$$

锯齿波，如图 6.2(b)所示：

$$f(t) = I_{\mathrm{m}}\left(\frac{1}{2} - \frac{1}{\pi}\sin\omega t - \frac{1}{2\pi}\sin 2\omega t - \frac{1}{3\pi}\sin 3\omega t - \cdots\right) \quad (6.5)$$

半波整流波，如图 6.2(c)所示：

$$f(t) = \frac{2I_{\mathrm{m}}}{\pi}\left(\frac{1}{2} + \frac{\pi}{4}\cos\omega t + \frac{1}{3}\cos 2\omega t + \cdots\right) \quad (6.6)$$

全波整流波，如图 6.2(d)所示：

$$f(t) = \frac{4I_{\mathrm{m}}}{\pi}\left(\frac{1}{2} + \frac{1}{3}\cos 2\omega t - \frac{1}{15}\cos 4\omega t + \cdots\right) \quad (6.7)$$

三角波，如图 6.2(e)所示：

$$f(t) = \frac{8I_{\mathrm{m}}}{\pi^2}\left(\sin\omega t - \frac{1}{9}\sin 3\omega t + \frac{1}{25}\sin 5\omega t - \cdots\right) \quad (6.8)$$

矩形脉冲波，如图 6.2(f)所示：

$$f(t) = \frac{\pi I_{\mathrm{m}}}{T} + \frac{2I_{\mathrm{m}}}{\pi}\left(\sin\omega t \frac{\pi}{2}\cos\omega t + \frac{\sin 2\omega t \frac{\pi}{2}}{2}\cos 2\omega t + \cdots\right) \quad (6.9)$$

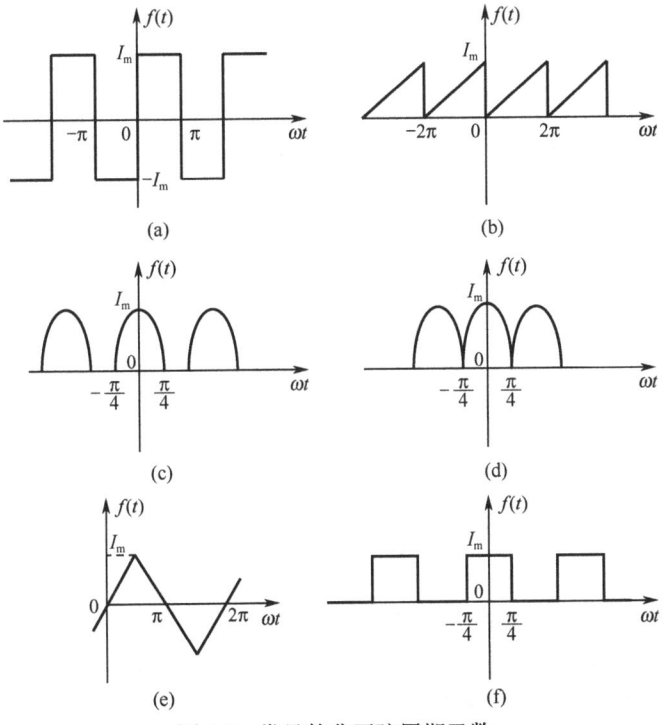

图 6.2 常见的非正弦周期函数

由上述例子可知：各次谐波的幅值不等，频率越高，幅值越小。可见傅里叶级数具有收敛性。在存在恒定分量时，恒定分量、基波和接近基波的高次谐波是非正弦周期量的主要组成部分。傅里叶级数理论上可以取无穷多项，但在实际计算时则根据级数的收敛情况及对求解结果准确度的要求选取有限项。一般所取的项数越多，其合成的波形越接近于原信号 $f(t)$。

在求解非正弦周期信号的傅里叶级数时，可利用信号波形的对称性简化傅里叶级数的计算。信号波形的对称性与傅里叶级数的关系有以下规律。

（1）奇函数只含有正弦项。在数学中，奇函数的定义是 $f(-t)=-f(t)$，其函数对称于原点。式 (6.1) 中，$\cos k\omega t$ 为偶函数，$\sin k\omega t$ 为奇函数。因此奇函数的傅里叶级数展开式中只含有正弦项，不含有余弦项。如图 6.1 中的矩形波和三角波等。

（2）偶函数只含有直流分量和余弦项。偶函数的定义是 $f(-t)=f(t)$，其函数对称于纵轴。偶函数的傅里叶级数中只含有偶函数成分，即只含有直流分量和余弦项的零次谐波，不含有正弦项。如图 6.2 中的半波整流波、全波整流波等。

需要指出的是，函数的奇偶性与计时起点的选择有关，如图 6.3 所示。同样是矩形波，由于计时起点不同，它的奇偶性也不同，其傅里叶级数也不同。因此对于同一波形，适当选择计时起点，可简化非正弦周期信号分解。

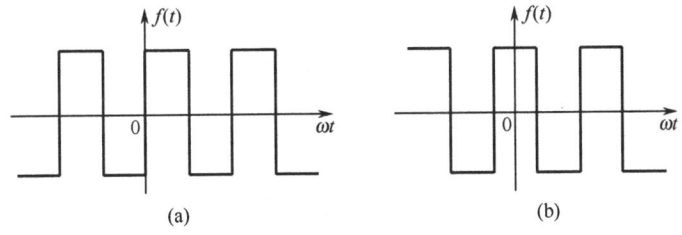

图 6.3 函数奇偶性与计时起点的关系

（3）半波对称函数只含有奇次谐波。非正弦周期函数波形移动半个周期，与原函数波形互为镜像（对称于横轴），如图 6.4 所示，即 $f(t)=-f\left(t+\dfrac{T}{2}\right)$，这类函数称为半波对称函数或奇谐波函数。矩形波、三角波和梯形波只含有奇次谐波，即 $k=1,3,5,\cdots$，不含有偶次谐波。

（4）正负半波面积相等的函数直流分量为 0。正负半波面积相等的函数，在一个周期内的积分为 0，如图 6.5 所示。因此其傅里叶级数无常数项，直流分量是 0。

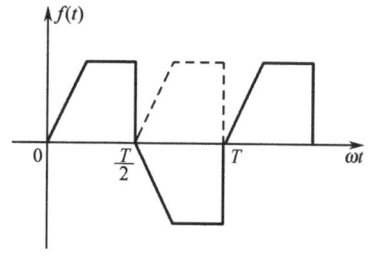

图 6.4　半波对称函数

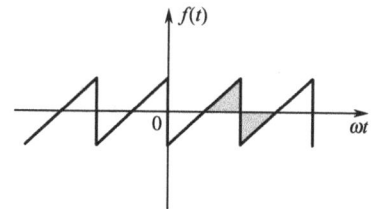

图 6.5　正负半波面积相等的函数

6.1.2　非正弦周期信号的频谱

非正弦周期信号能够分解为直流分量和各次谐波分量，它们都具有一定的幅值和初相。虽然它们可以表示组成非正弦周期信号的各次谐波分量，但不够直观。为了直观反映出各次谐波幅值 A_{km}、初相 ψ_k 与频率 $k\omega$ 之间的关系，通常以 $k\omega$ 为横坐标，以 A_{km} 与 ψ_k 为纵坐标，对应 $k\omega$ 的 A_{km} 和 ψ_k 用竖线段表示，这样就得到了一系列离散竖线段所构成的幅度频谱图和相位频谱图，简称幅度频谱和相位频谱。图 6.6(a) 和图 6.6(b) 就是周期方波信号的幅度频谱和相位频谱。在实际应用中，普遍采用的是振幅频谱，一般简称频谱。

由于各次谐波的角频率 ω 是基波角频率的整数倍，所以非正弦周期信号的频谱图具有离散性、谐波性和收敛性的特点。

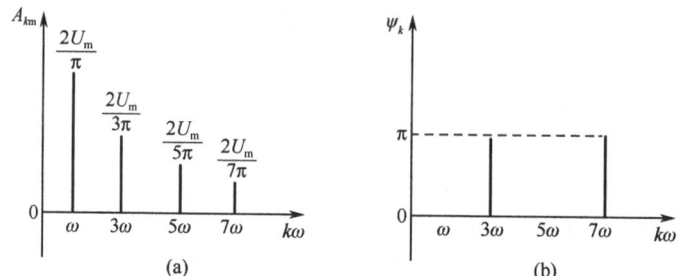

图 6.6　周期方波信号的幅度频谱和相位频谱

6.2　非正弦周期信号的平均值、有效值和非正弦周期信号电路的平均功率

1）非正弦周期信号的平均值

凡是波形在一个周期内，正负面积相等的函数，其平均值都为零，如图 6.2 中的矩形波、三角波等。但从电流热效应的角度看，无论电流是正还是为负，流过耗能元件时，均要消耗一定的电能，产生一定的热量。

设非正弦周期电流为 $i(t)$，其平均值为按电流热效应定义的热效应平均值，简称平均值。

$$I_{av}=\dfrac{1}{T}\int_0^T|i(t)|\mathrm{d}t \qquad (6.10)$$

非正弦周期电流的平均值等于此电流绝对值的平均值。同理，非正弦周期电压 $u(t)$ 的平均值定义为

$$U_{\mathrm{av}} = \frac{1}{T}\int_0^T |u(t)|\,\mathrm{d}t \tag{6.11}$$

2）非正弦周期信号的有效值

任何周期信号的有效值都是根据电流热效应确定的，在数值上等于其瞬时值的均方根值。正弦电流、电压有效值的定义对于求非正弦周期电流、电压的有效值仍然是适用的，如式（6.10）、式（6.11）所示。

$$I = \sqrt{\frac{1}{T}\int_0^T i^2(t)\,\mathrm{d}t} \tag{6.12}$$

$$U = \sqrt{\frac{1}{T}\int_0^T u^2(t)\,\mathrm{d}t} \tag{6.13}$$

将非正弦周期电流

$$i(t) = I_0 + \sum_{k=1}^{\infty} I_{km}\sin(k\omega t + \psi_k)$$

代入式（6.12），则

$$I = \sqrt{\frac{1}{T}\int_0^T \left[I_0 + \sum_{k=1}^{\infty} I_{km}\sin(k\omega t + \psi_k)\right]^2 \mathrm{d}t}$$

因为

$$\int_0^T [\sin(m\omega t)\sin(k\omega t)]\mathrm{d}t = 0, \quad k \neq m$$

$$\int_0^T [\cos(m\omega t)\cos(k\omega t)]\mathrm{d}t = 0, \quad k \neq m$$

所以

$$I = \sqrt{I_0^2 + \sum_{k=1}^{\infty} I_k^2} = \sqrt{I_0^2 + I_1^2 + I_2^2 + \cdots + I_k^2} \tag{6.14}$$

同理，非正弦周期电压$u(t)$的有效值为

$$U = \sqrt{U_0^2 + \sum_{k=1}^{\infty} U_k^2} = \sqrt{U_0^2 + U_1^2 + U_2^2 + \cdots + U_k^2} \tag{6.15}$$

需要说明的是，在计算非正弦周期电流和电压时，根据式（6.14）和式（6.15），I_k和U_k有无穷多项。但根据傅里叶级数展开的特点，谐波频率越高，其振幅越小，相应的有效值也越小。一般根据计算精度取其振幅较大的前几项，忽略剩余各项，在工程计算中就能满足精度要求。

【例 6.1】 试求非正弦周期电流$i(t) = [400 + 300\sin\omega t + 200\sin(3\omega t - 60°) + 100\sin(5\omega t + 330°)]\mathrm{mA}$的有效值。

解：$i(t)$的有效值为

$$I = \sqrt{400^2 + \left(\frac{300}{\sqrt{2}}\right)^2 + \left(\frac{200}{\sqrt{2}}\right)^2 + \left(\frac{100}{\sqrt{2}}\right)^2} = 479.6\mathrm{mA}$$

上述非正弦周期电压和电流的平均值和有效值的计算公式是从理论上推出的，且需要求出其傅里叶级数展开式，计算一般比较烦琐。在实际应用中，常用仪表对非正弦周期电压和电流进行测量，当用不同的仪表进行测量时，会得到不同的结果。例如，用磁电系仪表（直流仪表）测量，所得到的结果是电流的恒定分量，这是因为磁电系仪表的偏转角与电流成正比，只能测量直流。其与整流器配合时，也可测量交流，此时其偏转角正比于电流平均值，即正比于$\frac{1}{T}\int_0^T |i(t)|\,\mathrm{d}t$。由此可见，在测量非正弦周期电压和电流时，要注意选择合适的仪表，并注意不同仪表读数表示的含义。

3）非正弦周期信号电路的平均功率

若某无源二端网络端口处的电压 u 和电流 i 为同基波频率的非正弦周期信号，其相应的傅里叶级数展开式为

$$u(t) = U_0 + \sum_{k=1}^{\infty} U_{km} \sin(k\omega t + \psi_{ku})$$

$$i(t) = I_0 + \sum_{k=1}^{\infty} I_{km} \sin(k\omega t + \psi_{ki})$$

则该二端网络的瞬时功率为

$$p(t) = u(t)i(t) = \left[U_0 + \sum_{k=1}^{\infty} U_{km} \sin(k\omega t + \psi_{ku}) \right] \times \left[I_0 + \sum_{k=1}^{\infty} I_{km} \sin(k\omega t + \psi_{ki}) \right]$$

根据平均功率的定义，得到平均功率

$$P = \frac{1}{T} \int_0^T p(t) \mathrm{d}t = \frac{1}{T} \int_0^T u(t)i(t) \mathrm{d}t \tag{6.16}$$

根据三角函数的正交性可知，非正弦周期信号电路中，不同频率的电压和电流乘积的上述积分为零（即不产生平均功率）；同频率的电压和电流乘积的上述积分不为零。这样不难证明

$$P = P_0 + \sum_{k=1}^{\infty} P_k = U_0 I_0 + \sum_{k=1}^{\infty} U_k I_k \cos \varphi_k \tag{6.17}$$

式（6.17）中，$U_k = \frac{U_{km}}{\sqrt{2}}$，$I_k = \frac{I_{km}}{\sqrt{2}}$，$\varphi_k = \psi_{ku} - \psi_{ki}$ 为 k 次谐波电压与电流的相位差。式（6.17）表明：非正弦周期信号电路的平均功率等于恒定分量构成的功率和各次谐波平均功率的代数和。

【例 6.2】 铁芯线圈是一种非线性元件，通过 $u(t)=311\sin314t$ V 的正弦电压后，将产生 $i(t) = [0.8\sin(314t-85°) + 0.25\sin(942t-105°)]$ A 的非正弦周期电流。试求其等效正弦电流。

解： 等效正弦电流的有效值与实际非正弦周期电流的有效值相等，即

$$I = \sqrt{\left(\frac{0.8}{\sqrt{2}}\right)^2 + \left(\frac{0.25}{\sqrt{2}}\right)^2} \approx 0.6 \text{A}$$

平均功率为

$$P = U_1 I_1 \cos \varphi_1 = \frac{311}{\sqrt{2}} \times \frac{0.8}{\sqrt{2}} \cos 85° = 10.8 \text{W}$$

则等效正弦电流与正弦电压之间的相位差为

$$\varphi = \arccos \frac{P}{UI} = \arccos \frac{10.8}{\frac{311}{\sqrt{2}} \times 0.6} = 85.2°$$

因此等效正弦电流为

$$i = \sqrt{2} \times 0.6 \sin(314t - 85.2°) \text{ A}$$

【例 6.3】 已知二端网络两端的电压和电流如下，试求其有功功率。

$$u(t) = [40 + 180\sin\omega t + 60\sin(3\omega t + 45°) + 20\sin(5\omega t + 18°)] \text{V}$$

$$i(t) = [1.43\sin(\omega t + 85.3°) + 6\sin(3\omega t + 45°) + 0.78\sin(5\omega t - 60°)] \text{A}$$

解： 有功功率为

$$P = P_0 + P_1 + P_3 + P_5$$

$$= U_0 I_0 + U_1 I_1 \cos \varphi_1 + U_3 I_3 \cos \varphi_3 + U_5 I_5 \cos \varphi_5$$

$$= 40 \times 0 + \frac{180}{\sqrt{2}} \times \frac{1.43}{\sqrt{2}} \cos(-85.3°) + \frac{60}{\sqrt{2}} \times \frac{6}{\sqrt{2}} \cos(0°) + \frac{20}{\sqrt{2}} \times \frac{0.78}{\sqrt{2}} \cos(78°)$$

$$= 0+10.6+180+1.62$$
$$= 192.22\text{W}$$

6.3 非正弦周期信号电路的谐波分析法

由于非正弦周期电压和电流可按傅里叶级数分解为直流分量和一系列不同频率的正弦分量，因此分解后，可按直流分析和正弦交流分析（相量法）的方法计算各次谐波分量，然后按叠加定理求出总的电压和电流。具体步骤和注意事项如下。

（1）把给定的非正弦周期电压或电流分解为傅里叶级数，高次谐波取到哪一项，根据所需精度的高低而定。

（2）分别计算直流分量及各次谐波分量单独作用时产生的响应。

此步骤应注意以下两点。

① 直流分量单独作用时，电容视为开路，电感视为短路；

② 各次谐波分量用相量法进行求解，但需注意感抗、容抗与频率有关，因感抗和容抗不同，不同频率的激励和响应，不能混在一起计算。

（3）应用叠加定理，把步骤（2）所计算出的结果化为时域表达式后进行相加，最终以时间函数来表示系统响应。所谓叠加即仅用"+"连接起来，而不是相量相加。因此，叠加后的电压或电流响应也是傅里叶级数形式。

【例 6.4】 在 RLC 串联电路中，已知 $R=10\Omega$，$L=0.05\text{H}$，$C=22.5\mu\text{F}$，输入电源电压为 $u(t)=[40+180\sin(\omega t)+60\sin(3\omega t+45°)+20\sin(5\omega t+18°)]\text{V}$，基波频率为 $f=50\text{Hz}$，求电路中的电流。

解：（1）直流分量电流 $I_0=0$（电容相当于开路）

（2）基波分量

$$Z_1 = R+j\left(\omega L-\frac{1}{\omega C}\right)=10+j\left(314\times 0.05-\frac{1}{314\times 22.5\times 10^{-6}}\right)=(10-j125.8)\Omega$$

$$|Z_1|=\sqrt{10^2+(125.8)^2}=126.2\Omega$$

$$\varphi_1 = \arctan\left(\frac{\omega L-\frac{1}{\omega C}}{R}\right)=\arctan\left(\frac{-125.8}{10}\right)=-85.5°\text{（此时电路呈容性）}$$

$$I_{1m}=\frac{U_{1m}}{|Z_1|}=\frac{180}{126.2}=1.42\text{A}$$

（3）3 次谐波分量

$$Z_3 = R+j\left(3\omega L-\frac{1}{3\omega C}\right)=10+j\left(3\times 314\times 0.05-\frac{1}{3\times 314\times 22.5\times 10^{-6}}\right)=10\Omega \quad |Z_3|=10\Omega$$

$$\varphi_3=0°\text{（此时电路呈电阻性）}$$

$$I_{3m}=\frac{U_{3m}}{|Z_3|}=\frac{60}{10}=6\text{A}$$

（4）5 次谐波分量

$$Z_5 = R+j\left(5\omega L-\frac{1}{5\omega C}\right)=10+j\left(5\times 314\times 0.05-\frac{1}{5\times 314\times 22.5\times 10^{-6}}\right)=(10+j50.2)\Omega$$

$$|Z_5|=\sqrt{10^2+(50.2)^2}=51.2\Omega$$

$$\varphi_5=\arctan\left(\frac{50.2}{10}\right)=78.7°\text{（此时电路呈感性）}$$

$$I_{5m} = \frac{U_{5m}}{|Z_5|} = \frac{20}{51.2} = 0.39\text{A}$$

电路电流为

$$i(t) = I_0 + i_1(t) + i_3(t) + i_5(t) = [1.42\sin(\omega t + 85.5°) + 6\sin(3\omega t + 45°) + 0.39\sin(5\omega t - 60.7°)]\text{A}$$

【例 6.5】 如图 6.7(a)所示，已知 $L = 5\text{H}$，$C = 10\mu\text{F}$，负载电阻 $R = 2\text{k}\Omega$，$u_S(t)$ 为正弦全波整流波，波形如图 6.7(b)所示，设 $\omega = 314\text{rad/s}$，$U_m = 157\text{V}$。求负载两端电压 $u_o(t)$ 的各次谐波分量。

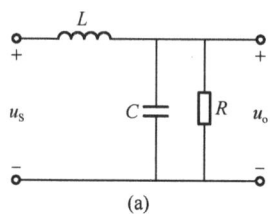
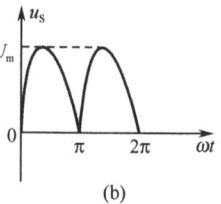

图 6.7 例 6.5 图

解：将给定电压 $u_S(t)$ 分解为傅里叶级数，得

$$u_S(t) = \frac{4}{\pi} \times 157 \times \left(\frac{1}{2} + \frac{1}{3}\cos 2\omega t - \frac{1}{15}\cos 4\omega t + \cdots\right)$$

设负载两端电压的 k 次谐波分量为 $\dot{U}_{1m(k)}$，则

$$\left(\frac{1}{jk\omega L} + \frac{1}{R} + jk\omega C\right)\dot{U}_{1m(k)} = \frac{1}{jk\omega L}\dot{U}_{Sm(k)}$$

则

$$\dot{U}_{1m(k)} = \frac{\dot{U}_{Sm(k)}}{1 + jk\omega L\left(\frac{1}{R} + jk\omega C\right)}$$

（1）直流分量：$k = 0$，$U_0 = 100\text{V}$（电容开路，电感短路）

（2）2次谐波分量：$k = 2$，$\dot{U}_{1m(2)} = 3.55\underline{/-175.15°}\text{V}$

（3）4次谐波分量：$k = 4$，$\dot{U}_{1m(4)} = 0.171\underline{/-177.6°}\text{V}$

可见滤波后，尚约有 3.5% 的 2 次谐波。

感抗和容抗对各次谐波的反映是不同的，要充分注意电容和电感对不同谐波的作用。电感对高次谐波有较强的抑制作用，而电容对高次谐波电流没有抑制作用。利用这种特性，可以组成含有电感和电容的各种不同的滤波电路，连接在输入和输出之间，让某些所需的频率分量顺利地通过，而抑制某些不需要的分量。

应当注意，虽然非正弦信号在电信设备中应用广泛，但在电力系统中，由于发电机内部结构，非正弦信号的输出能量除基波能量外，还有高次谐波能量。高次谐波会给整个系统带来极大的危害，如使电能质量降低，损坏电力电容、电缆、电动机等，增加线路损耗。因此，在电力系统中要想办法消除高次谐波分量。

6.4 应用举例

1）电网谐波产生的原因

（1）发电源质量不高产生谐波

由于三相绕组在制作上很难做到绝对对称，铁芯也很难做到绝对均匀一致，因此发电源也会产生一些谐波，但一般来说很少。

（2）输配电系统产生谐波

在输配电系统中，主要是变压器产生谐波，由于变压器铁芯的饱和，磁化曲线的非线性，以及设计变压器时要考虑经济性，其工作磁通密度选择在磁化曲线的近饱和段上，这样就使得磁化电流呈尖顶波形，因而含有奇次谐波。它的大小与磁路的结构形式、铁芯的饱和程度有关。铁芯的饱和程度越高，变压器工作点偏离线性越远，谐波电流也就越大，其中 3 次谐波电流可达额定电流的 0.5%。

（3）用电设备产生的谐波

晶闸管整流设备：晶闸管整流设备在电力机车、铝电解槽、充电装置、开关电源等许多方面得到了越来越广泛的应用，给电网造成了大量的谐波。晶闸管整流设备采用移相控制方法，从电网吸收的是缺角的正弦波，从而给电网留下的是另一部分缺角的正弦波，显然在留下部分中含有大量的谐波。如果整流设备为单相整流电路，再接感性负载时则含有奇次谐波电流，其中 3 次谐波的含量可达基波的 30%；接容性负载时则含有偶次谐波电压，其谐波含量随电容值的增大而增大。如果整流设备为三相全控桥 6 脉冲整流器，则变压器源及供电线路含有 5 次及以上的奇次谐波电流；如果为 12 脉冲整流器，则含有 11 次及以上的奇次谐波电流。经统计表明，由整流设备产生的谐波占所有谐波的近 40%，是最大的谐波源。

变频装置：变频装置常用于风机、水泵、电梯等设备中，由于采用了相位控制方法，谐波成分很复杂。除含有整数次谐波外，还含有分数次谐波，这类装置的功率一般较大，随着变频调速的发展，产生的谐波也越来越多。

电炉：加热原料时，电炉的三相电极很难同时接触到高低不平的炉料，使得燃烧不稳定，引起三相负荷不平衡，产生谐波电流。谐波电流经变压器的△形连接线注入电网，其中主要是 2～7 次的谐波，平均可达基波的 8%～20%，最大可达 45%。

气体放电类电光源：气体放电类电光源主要指荧光灯、高压汞灯、高压钠灯等，分析与测量这类电光源的伏安特性可知，其非线性十分严重，会给电网造成奇次谐波电流。

家用电器：电视机、录像机、计算机、调光灯具、调温炊具等家用电器因具有调压整流装置，会产生较大的奇次谐波。在洗衣机、电风扇、空调器等家用电器中，不平衡电流的变化也能使波形改变。这些家用电器虽然功率较小，但数量巨大，也是谐波的主要来源之一。

2）谐波的危害

谐波对电气设备的危害很大，谐波电流通过变压器，可使变压器的铁芯损耗明显增加，从而使变压器过热，缩短使用寿命。谐波电流通过电动机，不仅可使电动机的铁芯损耗明显增加，而且还会使电动机的转向发生振动现象，严重地影响机械加工产品的质量。谐波对电容的影响更为突出，谐波电压加在电容两端时，由于电容对谐波的阻抗很小，因此很容易发生电容过负荷甚至烧毁。此外，谐波电流可使电力线路的电能损耗和电压损耗增加，使计量电能的感应式电度表计量不正确，使电力系统发生电压谐振，从而在线路上导致电压过大，有可能发生绝缘击穿，还可能造成系统的继电保护引发自动装置误动作，并可对附近的通信设备和通信线路产生信号干扰。

3）抑制谐波的方法

解决电力电子装置和其他谐波源的谐波污染问题的基本思路有两条：一条是使用谐波补偿装置来补偿谐波，这对各种谐波源都是适用的；另一条是对电力电子装置本身进行改造，使其不产生谐波，且功率因数可控制为 1，这当然只适用于作为主要谐波源的电力电子装置。

使用谐波补偿装置的传统方法就是采用 LC 调谐滤波器。这种方法既可以补偿谐波，又可以补偿无功功率，而且结构简单，一直被广泛使用。这种方法的主要缺点是补偿特性受电网阻抗和运行状态影响，易与系统发生并联谐振，导致谐波被放大，使 LC 调谐滤波器过载甚至烧毁。此外，它只能补偿固定频率的谐波，补偿效果不理想。

近年来广泛用于输电系统阻抗补偿及长距离输电分段补偿的装置——静止型无功补偿装置（SVC）得到了很大的发展，大量用于输配电系统和工业系统的无功补偿上，其典型代表是固定电容加晶闸管控制电抗器型。静止型无功补偿装置的重要特性是它能连续调节补偿装置的无功功率。这种连续调节是依靠调节晶闸管控制电抗中晶闸管中的触发延迟角 λ 得以实现的。由于具有连续调节的性能且响应迅速，SVC 可以对无功功率进行动态补偿，使补偿点的电压大致维持不变。将固定电容做成多回路滤波器，既可以补偿无功功率，又可以实现谐波滤波。因此，SVC 在冶金行业应用多用于电弧炉和轧钢供电系统，可以有效地抑制负载的冲击对电网的影响，大大地改善电网质量，降低功耗，是目前首选的补偿方法之一。

本章小结

本章主要研究非正弦周期信号作用下的稳态电路分析方法——谐波分析法。该方法首先将非正弦周期信号进行博里叶级数分解，然后采用直流电路分析方法、正弦稳态电路分析方法和叠加定理进行计算。

1. 非正弦周期信号的谐波分析法。

（1）电路分析中常见的非正弦周期电压或电流信号，通常都可以展开成一个收敛的傅里叶级数，即

$$f(t) = A_0 + \sum_{k=1}^{\infty} A_{km} \sin(k\omega t + \psi_k)$$

其中，A_0 为常数项，即直流分量。$k=1$ 时，信号称为基波，$k \geq 2$ 时，信号统称为高次谐波。

（2）信号波形的对称性与傅里叶级数展开式的关系：①奇函数只含有正弦项；②偶函数只含有直流分量和余弦项；③半波对称函数只含有奇次谐波；④正负半波面积相等的函数的直流分量为0；⑤同一波形选择不同的计时起点，其奇偶对称性不同，傅里叶级数展开式也不同。

（3）非正弦周期信号的频谱。以 $k\omega$ 为横坐标，以各次谐波振幅为纵坐标的线段图称为频谱图。

2. 任何非正弦周期电流和电压的平均值为

$$I = \sqrt{\frac{1}{T}\int_0^T i^2(t)\,\mathrm{d}t} \qquad U = \sqrt{\frac{1}{T}\int_0^T u^2(t)\,\mathrm{d}t}$$

有效值为

$$I = \sqrt{I_0^2 + I_1^2 + I_2^2 + \cdots + I_k^2}, \quad U = \sqrt{U_0^2 + U_1^2 + U_2^2 + \cdots + U_k^2}$$

非正弦周期电流和电压的平均值及有效值的计算烦琐，常用仪表测量求得。

3. 非正弦周期信号电路的平均功率等于各次谐波单独作用时所产生的平均功率之和，即

$$P = U_0 I_0 + \sum_{k=1}^{\infty} U_k I_k \cos\varphi_k$$

式中，φ_k 为 n 次谐波电压与电流的相位差。

注意：根据三角函数的正交性可知，非正弦周期信号电路中，不同频率的电压和电流不构成平均功率。

4. 分析非正弦周期信号激励下的线性电路可采用建立在傅里叶级数和叠加定理基础上的谐波分析法进行，具体步骤如下：

（1）把给定的非正弦周期电压或电流分解为傅里叶级数，高次谐波取到哪一项，要根据所需精度的高低而定；

（2）分别求出电源电压或电流的恒定分量及各次谐波分量单独作用时的响应；

（3）应用叠加定理，把步骤（2）所计算出的结果化为时域表达式后进行相加，最终用时间函数来表示系统响应。

习题 6

6.1 非正弦周期奇函数和偶函数的傅里叶级数各有什么特点？

6.2 什么叫振幅频谱？有何特点？

6.3 已知锯齿波如图 6.8 所示，$U_m=10\text{V}$，试将其分解成傅里叶级数（精确到 4 次谐波），求其直流分量、基波和 2 次谐波。

6.4 已知某电压波形图如图 6.9 所示，试将其分解成傅里叶级数，并求其直流分量、基波和 2 次谐波。

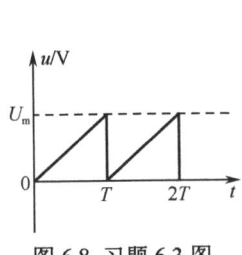

图 6.8 习题 6.3 图

图 6.9 习题 6.4 图

6.5 已知非正弦周期电压波形图如图 6.10 所示，试求其有效值和平均值。

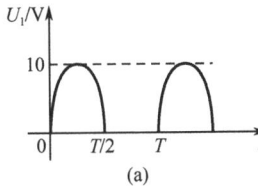 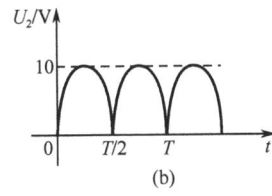

(a) (b)

图 6.10 习题 6.5 图

6.6 流过 5Ω 电阻的电流为 $i(t)=(5+14.14\cos t+7.07\cos 2t)\text{A}$，试计算电阻吸收的功率。

6.7 已知电感 L 在有效值为 100V、角频率为 ω 的正弦电压的作用下，电流有效值为 10A。现有一非正弦周期电压，包括基波和 2 次谐波，电压有效值为 100V，基波角频率仍为 ω，在该电压的作用下，电流有效值为 $\sqrt{52}\text{A}$，求该非正弦周期电压的基波和 2 次谐波的电压有效值。

6.8 电路如图 6.11 所示，已知 $u_I(t)=(20+100\sin\omega t+70\sin 3\omega t)\text{V}$，$R=100\Omega$，$L=1\text{H}$，$f=50\text{Hz}$，试求输出电压 $u_o(t)$。

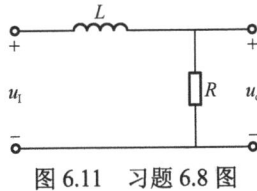

图 6.11 习题 6.8 图

6.9 已知一个 RL 串联电路，$R=3\Omega$，$L=12.74\text{mH}$，外施电压 $u(t)=(30+60\sin 314t)\text{V}$，试求：（1）电流 $i(t)$ 和 I；（2）电路吸收的功率。

6.10 已知 RLC 串联电路的端电压和电流分别如下：$u(t)=[100\sin 314t+50\sin(942t-30°)]\text{V}$，$i(t)=[10\sin 314t+1.755\sin(942t+\varphi_{i3})]\text{A}$。试求 R、L、C 的值；（2）电流 3 次谐波的初相；（3）电路吸收的功率。

第 7 章 互感电路

电磁感应现象在电路中的应用有两种情况：一种是自感，即电感元件上的磁通和感应电压是由流经自身的电流引起的；另一种是互感，即电感元件上的磁通和感应电压是由邻近的另一个线圈的电流引起的。

7.1 互感电路的基本概念

7.1.1 互感电压

设有两个彼此邻近的载流线圈 1 和线圈 2，如图 7.1(a)所示，它们的匝数分别为 N_1 和 N_2。当其中一个线圈中的电流变化时，它不仅在自身线圈中产生自感磁通 Φ_{11} 和 Φ_{22} 及自感电压 u_{11} 和 u_{22}，还会在邻近的另一个线圈中产生感应电压，这种现象称为互感，产生的感应电压叫互感电压。

如图 7.1(a)所示，当线圈 1 中通入电流 i_1 时，电流 i_1 产生的磁场，不仅穿过自身形成自感磁通 Φ_{11}，产生自感电压 u_{11}，而且其中有一部分还会穿过线圈 2 形成互感磁通 Φ_{21}，产生互感电压 u_{21}。

显然 $\Phi_{21} \leqslant \Phi_{11}$。同样，在图 7.1(b)中，线圈 2 中的电流 i_2 也会在线圈 1 中形成互感磁通 Φ_{12}，产生互感电压 u_{12}，且 $\Phi_{12} \leqslant \Phi_{22}$。为讨论方便起见，假定穿过线圈每一匝的磁通都相等，则其总磁通为 Ψ，又称磁通链，简称磁链。自感现象产生的磁链叫自感磁链，表示为 $\Psi_{11} = L_1 i_1$，$\Psi_{22} = L_2 i_2$，磁链与磁通有如下关系

$$\Psi_{11} = N_1 \Phi_{11}, \quad \Psi_{22} = N_2 \Phi_{22}$$
$$\Psi_{12} = N_1 \Phi_{12}, \quad \Psi_{21} = N_2 \Phi_{21}$$

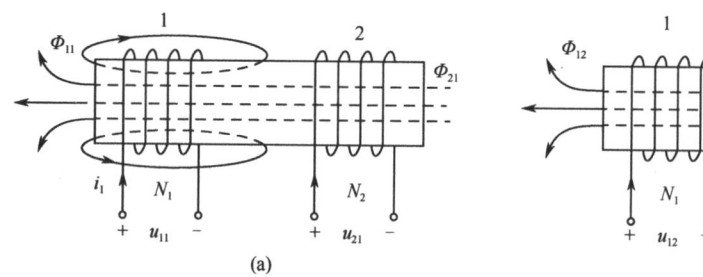

图 7.1 两个线圈的互感

7.1.2 互感系数

由物理知识可知，当周围空间是各向同性的线性磁介质时，每一种磁链都与产生它的施感电流成正比。所以，与自感磁链的定义类似，有

$$\Psi_{21} = M_{21} i_1 \tag{7.1}$$
$$\Psi_{12} = M_{12} i_2 \tag{7.2}$$

M_{12} 和 M_{21} 称为互感系数，单位为 H（亨利）。可以证明 $M_{12} = M_{21}$，所以，当只有两个线圈耦合时，可以略去 M 的下标，即令 $M = M_{12} = M_{21}$。

在图 7.1 中，若互感电压的参考方向与互感磁通的参考方向符合右手螺旋定则，根据电磁感应定律，则有

$$u_{21} = \frac{\mathrm{d}\Psi_{21}}{\mathrm{d}t} = M \frac{\mathrm{d}i_1}{\mathrm{d}t}$$

$$u_{12} = \frac{\mathrm{d}\Psi_{12}}{\mathrm{d}t} = M \frac{\mathrm{d}i_2}{\mathrm{d}t}$$

互感系数 M 的大小反映一个线圈的电流在另一个线圈中产生磁链的能力。它是两个线圈的固有

参数，其大小不仅与线圈的匝数、几何尺寸及磁介质有关，还与两个线圈的相对位置有关。两个线圈靠得近时，如图 7.2(a)所示，互感磁通几乎等于自感磁通，这时两个线圈耦合得紧；而两个线圈离得远或两个线圈的轴互相垂直时，如图 7.2(b)所示，则互感磁通就很小，两个线圈耦合得很微弱。而如果要比较两对不同的线圈耦合的紧密程度，仅用 M 是不够的，即互感系数大的一对线圈不一定就比互感系数小的一对线圈耦合得紧。为了定量表征两个线圈耦合的紧密程度，工程上引入了耦合系数 K 的概念，定义

$$K = \frac{M}{\sqrt{L_1 L_2}} \tag{7.3}$$

有

$$K = \frac{M}{\sqrt{L_1 L_2}} = \frac{\sqrt{\dfrac{|\Psi_{12}||\Psi_{21}|}{i_2\ \ i_1}}}{\sqrt{\dfrac{\Psi_{11}\ \Psi_{22}}{i_1\ \ i_2}}} \le 1$$

$$M \le \sqrt{L_1 L_2} \tag{7.4}$$

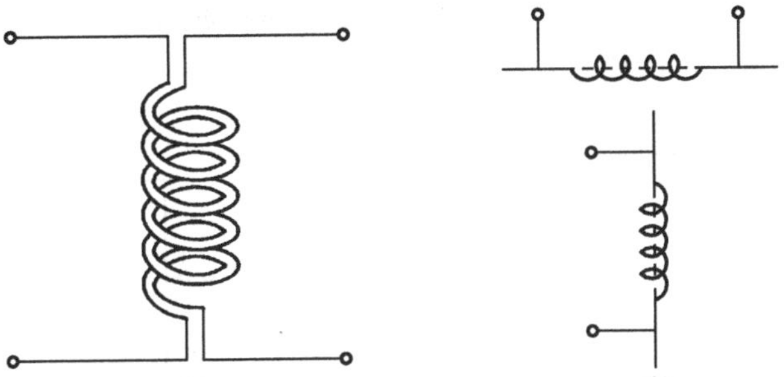

图 7.2 互感与两个线圈的位置有关

两个线圈的轴向互相垂直时，$K \approx 0$，属于松耦合；而在图 7.2(a)中，$K \approx 1$，属于紧耦合。工程中有时为避免线圈之间的电磁干扰，可通过合理布置线圈位置尽量减小互感的作用。而在另一些情况下，如在电子技术和电力变压器中，为更好地传输功率和信号，线圈又需紧耦合，可见通过改变两个线圈的相对位置，可以达到改变 K 的目的。

7.1.3 互感线圈的同名端

互感对线圈中的磁链起"增加"还是"减少"的作用，要看两个线圈的绕向、电流参考方向及相对位置，而在实际电路图中，线圈的绕向和相对位置是表现不出来的。为了方便地表示它们，采用同名端标记的办法。

同名端指的是两个耦合线圈中的这样一对端钮：当两个线圈的电流都从某一个端钮流进（或流出）时，自感磁链和相应的互感磁链是相互加强的。同名端用"·"、"*"或"△"表示。按此规定，先为一个线圈上的任一个端钮标上标记，设想有电流 i_1 从该端钮流入，再在第二个线圈上任选一个端钮，假设有电流 i_2 从该端钮流入，若 i_1 和 i_2 产生的磁通是相互加强的，则电流流入的这两个端钮是同名端（反之为异名端）。图 7.3(a)中 A 与 C、B 与 D 是同名端，图 7.3(b)中 A 与 D、B 与 C 是同名端。同名端总是成对出现的，如果有两个以上的线圈彼此间都存在磁耦合，应一对一对地对同名端加以标记，每一对须用不同的符号标出，如图 7.3(c)所示。

对于难以知道实际绕向的两个线圈，可以采用实验的方法来测量同名端。图 7.4 是测量同名端的电路，开关 S 闭合的瞬间，就有随时间增大的电流 i 从电源正极流入 L_1 的端钮 A，即 $\dfrac{di}{dt} > 0$，若此

瞬间毫伏表正偏，而毫伏表正极接 C 端，说明 C 端电位高，由此可以判定 A 和 C 为同名端；若毫伏表指针反偏，则说明 D 端电位高，可判定 A 和 D 是同名端。

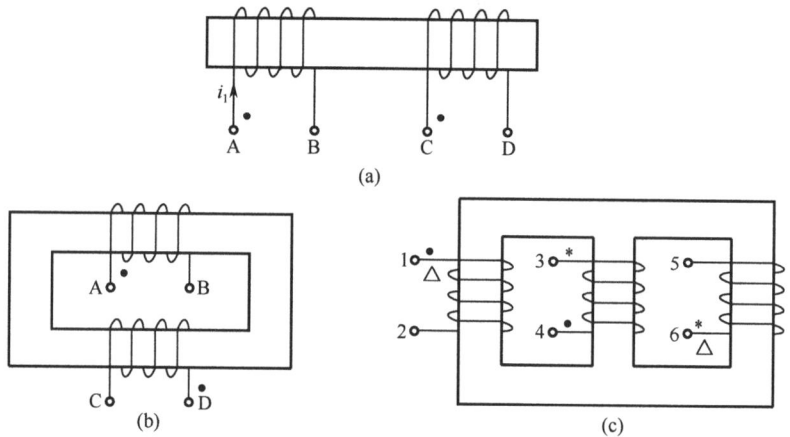

图 7.3 同名端的标记方法

【例 7.1】 两个耦合线圈如图 7.5 所示（黑匣子），试根据图中开关 S 闭合时或闭合后再打开时，毫伏表的偏转方向确定同名端。

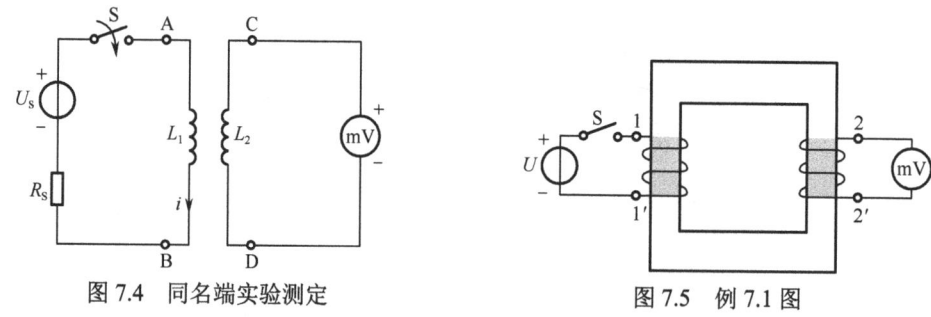

图 7.4 同名端实验测定　　图 7.5 例 7.1 图

解：（1）当 S 闭合时，线圈 1 中电流 i_1 增大，$\Delta\Psi>0$，电流 i_1 与感应电流 i_2（线圈 2 中电流）所产生的磁链为反向耦合，阻碍磁链增加，电流 i_2 的流出端（高电位端）与 i_1 的流入端为同名端。

（2）当 S 闭合后再打开时，$\Delta\Psi<0$，电流 i_1 的流入端和 S 打开后感应电流 i_2 的流入端（低电位端）为同名端。

【例 7.2】 求图 7.6(a)中的开路电压 u_o。

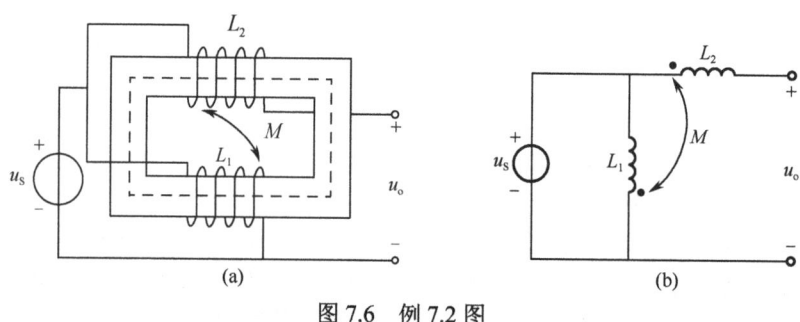

图 7.6 例 7.2 图

解：由图 7.6(a)可判定，L_2 的左端与 L_1 的右端是同名端，做出标有同名端的电路模型，如图 7.6(b)所示。由于 L_2 开路，其电流为零，所以 L_2 上的自感电压为零，L_2 上仅有电流 i_1 对它产生的互感电压，方向向左。L_1 上仅有自感电压，方向向下。

· 130 ·

$$u_{L_1} = L_1 \frac{di_1}{dt} = u_S$$

$$u_M = M \frac{di_1}{dt}$$

$$u_o = u_{L_1} + u_M = u_S + M \frac{di_1}{dt}$$

$$= u_S + M \frac{u_S}{L_1} = u_S \left(1 + \frac{M}{L_1}\right)$$

7.1.4 耦合电感的伏安关系

若每个线圈的电流与该电流产生的磁通符合右手螺旋法则，如图 7.7 所示，两个具有互感的线圈上都有电流时，穿过每个线圈的磁链都是自感磁链与互感磁链的叠加，自感磁链分别为 Ψ_{11} 和 Ψ_{22}，互感磁链分别为 Ψ_{21} 和 Ψ_{12}。那么总磁链 Ψ_1 和 Ψ_2 为

$$\Psi_1 = \Psi_{11} \pm \Psi_{12} = L_1 i_1 \pm M i_2 \tag{7.5}$$

$$\Psi_2 = \Psi_{22} \pm \Psi_{21} = L_2 i_2 \pm M i_1 \tag{7.6}$$

互感系数 M 前的"±"表示互感作用的两种情况，若互感磁链与自感磁链穿过线圈的方向一致，如图 7.7(a)所示，互感对线圈中的磁链起"增加"的作用，则取"+"。反之，若互感磁链与自感磁链穿过线圈的方向相反，如图 7.7(b)所示，互感对线圈中的磁链起"减少"的作用，则取"-"。

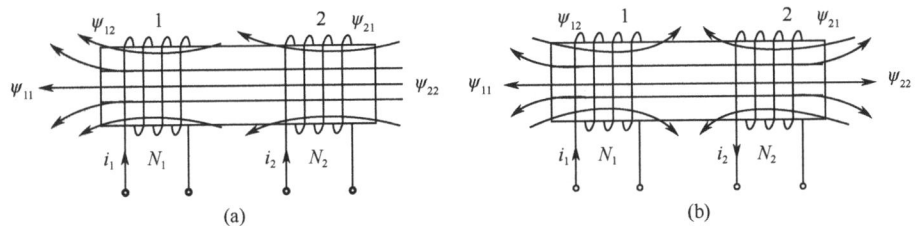

图 7.7 互感对线圈中的磁链起"增加"和"减少"的作用

设 L_1 和 L_2 的电压和电流分别为 u_1、i_1 和 u_2、i_2，且都取关联参考方向，则由电磁感应定律可知，当线圈中的电流变化时，线圈两端产生的感应电压为

$$u_1 = \frac{d\Psi_1}{dt} = L_1 \frac{di_1}{dt} \pm M \frac{di_2}{dt} \tag{7.7}$$

$$u_2 = \frac{d\Psi_2}{dt} = L_2 \frac{di_2}{dt} \pm M \frac{di_1}{dt} \tag{7.8}$$

将以上伏安关系写成相量的形式，为

$$\dot{U}_1 = j\omega L_1 \dot{I}_1 \pm j\omega M \dot{I}_2$$

$$\dot{U}_2 = j\omega L_2 \dot{I}_2 \pm j\omega M \dot{I}_1$$

所以，每一个线圈的端电压为自感电压与互感电压的叠加。当各线圈的电压和电流取关联参考方向时，自感电压总为正；互感电压前的"+"或"-"的正确选取是写出耦合电感端电压的关键。若互感对线圈中的磁链起"增加"的作用，如图 7.7(a)所示，则互感电压与自感电压方向相同，互感电压前取"+"；反之，若互感对线圈中的磁链起"减少"的作用，如图 7.7(b)所示，则互感电压与自感电压方向相反，互感电压前取"-"。

7.2 互感线圈的连接及等效电路

含有互感的电路，在计算时仍然满足基尔霍夫定律，在正弦信号的激励下相量法仍适用，只须

注意在列写电路方程时,有互感的支路除有自感电压外,还要考虑互感电压。其余与一般电路的计算方法完全一致。

"去耦合"就是把耦合电感的"耦合"去掉,这样,在对耦合电感列伏安方程时,就不用再考虑互感电压了。

1)顺向串联

耦合电感两个线圈的异名端串联(电流由同名端流入),称为顺向串联,如图7.8(a)所示。

在图7.8(a)中,有

$$\dot{U} = j\omega L_1 \dot{I} + j\omega M \dot{I} + j\omega L_2 \dot{I} + j\omega M \dot{I}$$
$$= j\omega(L_1 + 2M + L_2)\dot{I} = j\omega L'\dot{I}$$
$$L' = L_1 + 2M + L_2 \geq L_1 + L_2 \tag{7.9}$$

式中,L'为顺向串联时的等效电感,其去耦合等效电路如图7.8(b)所示。

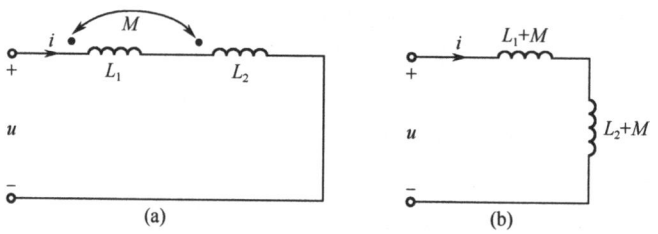

图7.8 顺向串联及其去耦合等效电路

2)反向串联

耦合电感两个线圈的同名端串联(电流由异名端流入),称为反向串联,如图7.9(a)所示。

在图7.9(a)中,有

$$\dot{U} = j\omega L_1 \dot{I} - j\omega M \dot{I} + j\omega L_2 \dot{I} - j\omega M \dot{I}$$
$$= j\omega(L_1 - 2M + L_2)\dot{I} = j\omega L'\dot{I}$$
$$L' = L_1 - 2M + L_2 \leq L_1 + L_2 \tag{7.10}$$

式中,L'为反向串联时的等效电感,其去耦合等效电路如图7.9(b)所示。

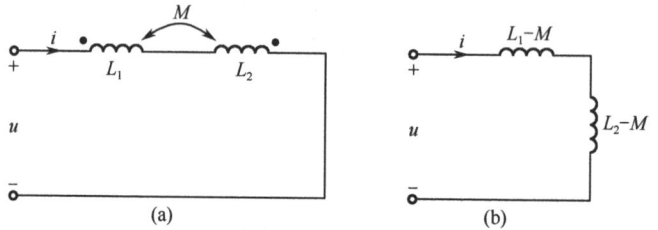

图7.9 反向串联及其去耦合等效电路

3)同侧并联

耦合电感两个线圈的两个同名端分别连接一起,如图7.10(a)所示,称为同侧并联。

$$\dot{U} = j\omega L_1 \dot{I}_1 + j\omega M \dot{I}_2 \tag{7.11.1}$$
$$\dot{U} = j\omega L_2 \dot{I}_2 + j\omega M \dot{I}_1 \tag{7.11.2}$$
$$\dot{I} = \dot{I}_1 + \dot{I}_2 \tag{7.11.3}$$

由以上三式,得

$$\dot{I} = \frac{\dot{U}}{j\omega \dfrac{L_1 L_2 - M^2}{L_1 + L_2 - 2M}} = \frac{\dot{U}}{j\omega L'}$$

式中等效电感

$$L' = \frac{L_1L_2 - M^2}{L_1 + L_2 - 2M} \tag{7.12}$$

其去耦合等效电路如图 7.10(b)所示。

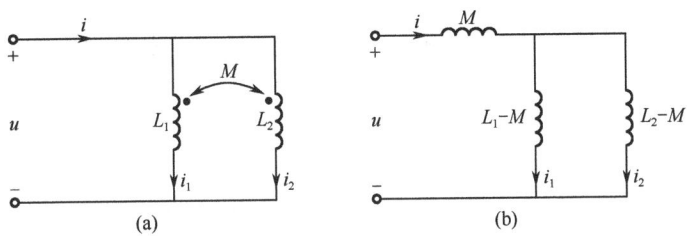

图 7.10 同侧并联及其去耦合等效电路

4）异侧并联

耦合电感两个线圈的异名端分别连接一起，如图 7.11(a)所示，称为异侧并联。

$$\dot{U} = j\omega L_1 \dot{I}_1 - j\omega M \dot{I}_2 \tag{7.13.1}$$

$$\dot{U} = j\omega L_2 \dot{I}_2 - j\omega M \dot{I}_1 \tag{7.13.2}$$

$$\dot{I} = \dot{I}_1 + \dot{I}_2 \tag{7.13.3}$$

由以上三式，得

$$\dot{I} = \frac{\dot{U}}{j\omega \dfrac{L_1L_2 - M^2}{L_1 + L_2 + 2M}} = \frac{\dot{U}}{j\omega L'}$$

式中等效电感

$$L' = \frac{L_1L_2 - M^2}{L_1 + L_2 + 2M} \tag{7.14}$$

其去耦合等效电路如图 7.11(b)所示。

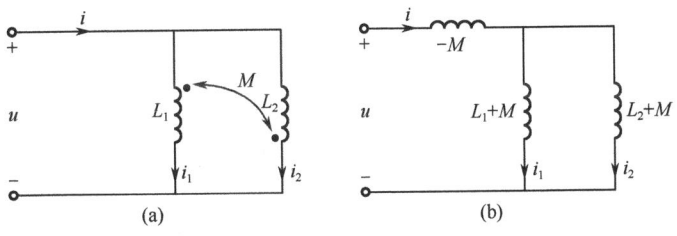

图 7.11 异侧并联及其去耦合等效电路

5）推广

（1）单侧同名端连接

耦合电感中的一侧同名端连接，另一侧可以连接也可以不连接，如图 7.12(a)所示，称为单侧同名端连接。其去耦合等效电路如图 7.12(b)所示。

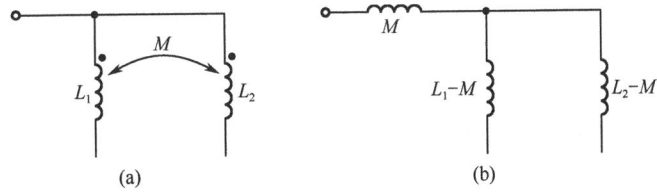

图 7.12 单侧同名端连接及其去耦合等效电路

（2）单侧异名端连接

耦合电感中的一侧异名端连接，另一侧可以连接也可以不连接，如图 7.13(a)所示，称为单侧异名端连接。其去耦合等效电路如图 7.13(b)所示。

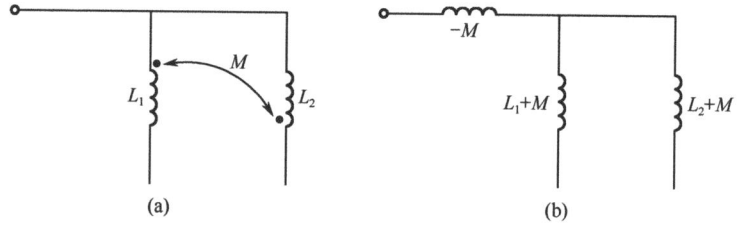

图 7.13 单侧异名端连接及其去耦合等效电路

【例 7.3】 如图 7.14(a)和图 7.14(b)所示，已知 L_1=6H，L_2=3H，M=4H，求端口的等效电感 L'。

解：图 7.14(a)的去耦合等效电路如图 7.14(c)所示，故端口的等效电感为

$$L' = \frac{(L_2+M)(-M)}{(L_2+M)+(-M)} + (L_1+M) = \frac{2}{3}\text{H}$$

图 7.14(b)的去耦合等效电路如图 7.14(d)所示，故端口的等效电感为

$$L' = \frac{(L_2-M)M}{(L_2-M)+M} + (L_1-M) = \frac{2}{3}\text{H}$$

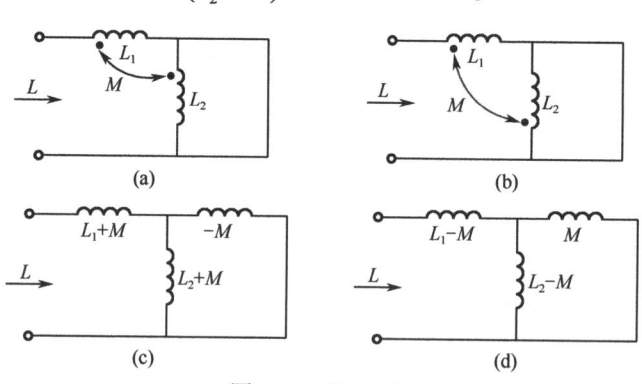

图 7.14 例 7.3 图

6）互感系数 M 的测试

根据式（7.9）和式（7.10），可以测定两个互感线圈之间的互感系数 M。设有两个互感线圈 L_1 和 L_2，其引出端分别是 A、B 端和 C、D 端。现将 B 端分别与 C 端和 D 端相连，如图 7.15 所示，并分别测其等效电感值，根据式（7.9）和式（7.10），设等效电感值较大者为顺向串联值 L，较小者为反向串联值 L'。用式（7.9）减式（7.10）可得

$$M = \frac{L-L'}{4} \tag{7.15}$$

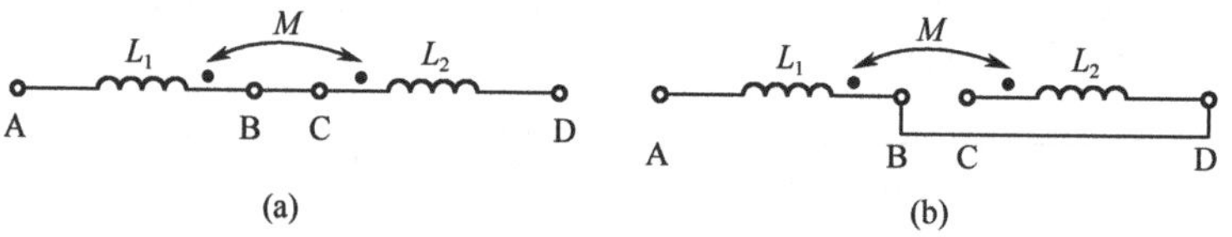

图 7.15 互感系数 M 的测试

下面将耦合电感的去耦合等效电路汇总于表 7.1 中，以便于学习和查找。

表 7.1 耦合电感的去耦合等效电路

连接方式	含有耦合电感电路	去耦合等效电路	等效电感
顺向串联	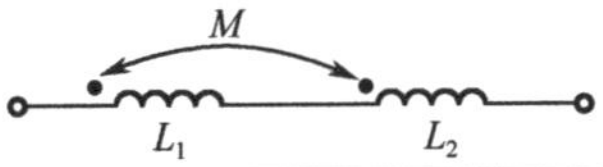		$L' = L_1 + 2M + L_2$
反向串联	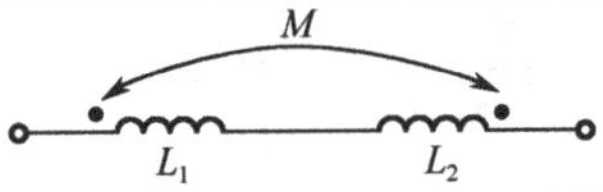		$L' = L_1 - 2M + L_2$
同侧并联	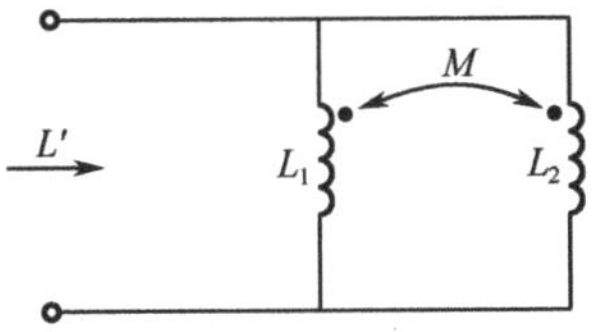	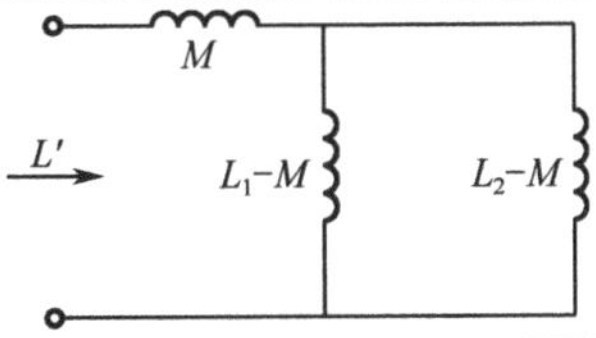	$L' = \dfrac{L_1 L_2 - M^2}{L_1 + L_2 - 2M}$
异侧并联	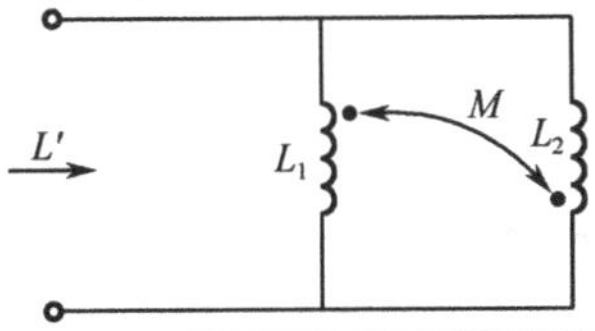	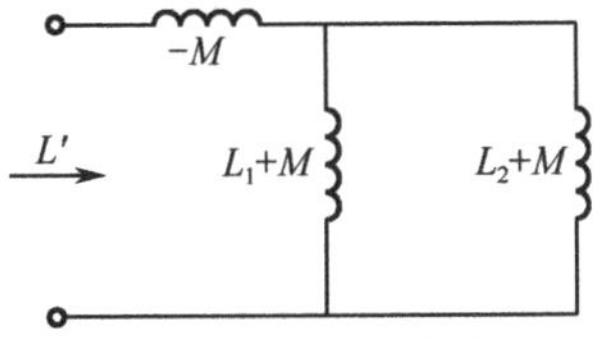	$L' = \dfrac{L_1 L_2 - M^2}{L_1 + L_2 + 2M}$
单侧同名端连接	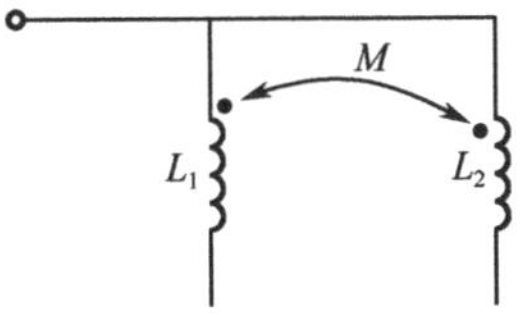	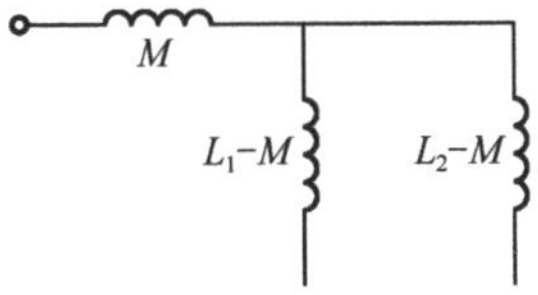	
单侧异名端连接	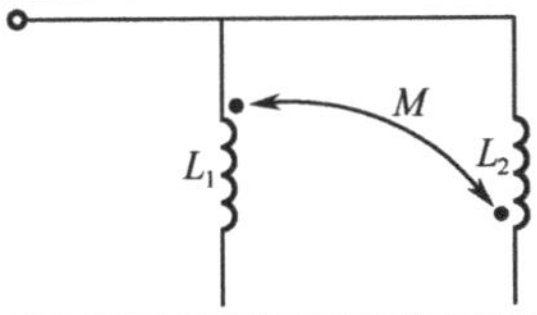	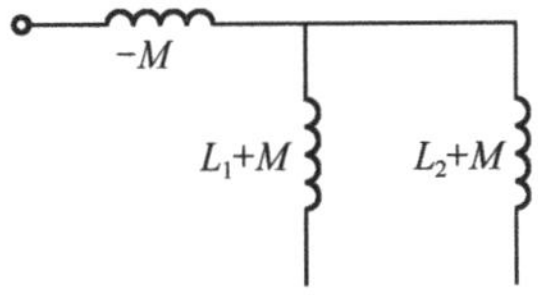	
耦合电感	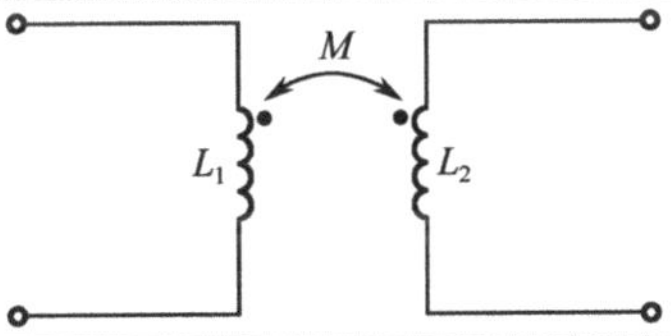	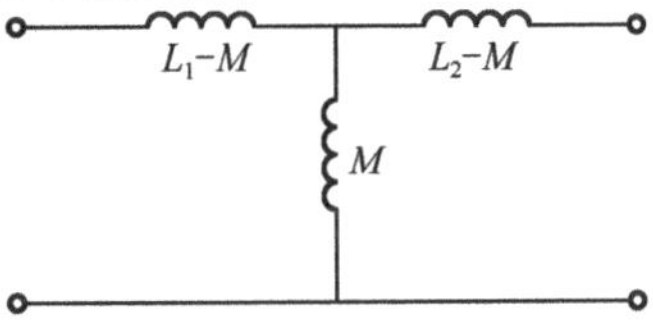	

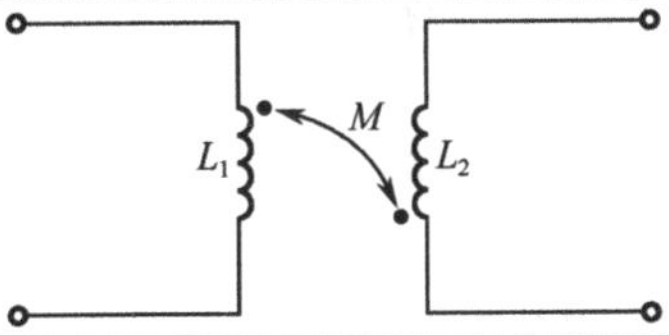

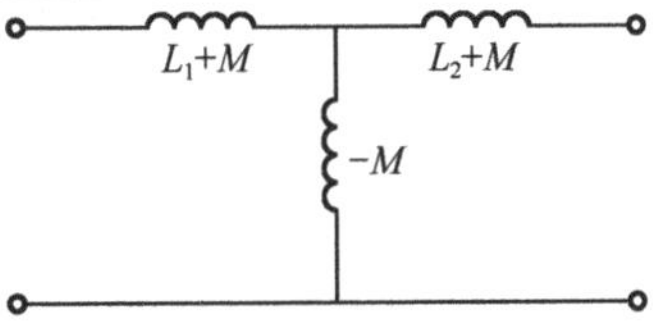

7.3 含有耦合电感电路的分析

含有耦合电感电路的分析有两种方法：一种是"直接法"，另一种是"去耦合等效电路法"。下面举例介绍。

【例 7.4】 如图 7.16 所示，已知 $R_1 = R_2 = 1\text{k}\Omega$，$L_1 = 1\text{H}$，$L_2 = 2\text{H}$，$M = 0.5\text{H}$，$u_S(t) = 100\sin(200\pi t)\text{V}$，试求电流 $i(t)$ 及耦合系数 K。

解： u_S 的相量形式为

$$\dot{U}_S = \frac{100}{\sqrt{2}} e^{j0°} \text{V}$$

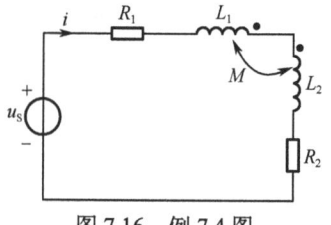

图 7.16 例 7.4 图

支路的阻抗为
$$Z = R_1 + R_2 + j\omega(L_1 + L_2 - 2M)$$
$$= 2000 + j400\pi = 2.362e^{j32.1°}k\Omega$$

所以有
$$\dot{I} = \frac{\dot{U}_s}{Z} = \frac{\frac{100}{\sqrt{2}}e^{j0°}}{2.362e^{j32.1°}} = \frac{42.3}{\sqrt{2}}e^{-j32.1°}A$$
$$i(t) = [42.3\sin(200\pi t - 32.1°)]mA$$

耦合系数 K 为
$$K = \frac{M}{\sqrt{L_1L_2}} = \frac{0.5}{\sqrt{2}} = 0.35$$

【例 7.5】如图 7.17(a)所示,已知 $\dot{U}_s = 4e^{j30°}V$,$\omega L_1 = \omega L_2 = 2\Omega$,$\omega M = 1\Omega$,$R = 1\Omega$,$\frac{1}{\omega C} = 2\Omega$。求 I_1、I_2、U_2 和电路吸收的功率 P。

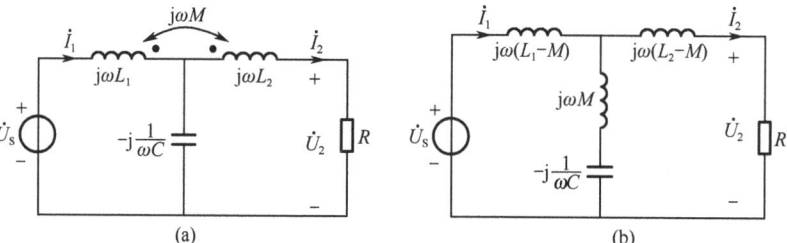

图 7.17 例 7.5 图

解:图 7.17(b)为图 7.17(a)的去耦合等效电路。其中
$$j\omega(L_1 - M) = j1\Omega$$
$$j\omega(L_2 - M) = j1\Omega$$
$$j\omega M = j1\Omega$$
$$-j\frac{1}{\omega C} = -j2\Omega$$

故电路的输入阻抗为
$$Z = j\omega(L_1 - M) + \frac{\left(j\omega M - j\frac{1}{\omega C}\right)[j\omega(L_2 - M) + R]}{\left(j\omega M - j\frac{1}{\omega C}\right) + [j\omega(L_2 - M) + R]}$$
$$= j + \frac{(j1 - j2)(j + 1)}{(j1 - j2) + (j + 1)} = 1\Omega$$

故
$$\dot{I}_1 = \frac{\dot{U}_s}{Z} = \frac{4e^{j30°}}{1} = 4e^{j30°}A$$
$$\dot{I}_2 = \frac{\left(j\omega M - j\frac{1}{\omega C}\right)}{\left(j\omega M - j\frac{1}{\omega C}\right) + [j\omega(L_2 - M) + R]}\dot{I}_1 = 4e^{-j60°}A$$
$$\dot{U}_2 = R\dot{I}_2 = 1 \times 4e^{-j60°} = 4e^{-j60°}V$$

因此得
$$I_1 = 4\text{A}, \quad I_2 = 4\text{A}, \quad U_2 = 4\text{V}$$

电路吸收的功率就是电阻 R 吸收的功率，有
$$P = I_2^2 R = 4^2 \times 1 = 16\text{W}$$

【例 7.6】 如图 7.18(a)所示，已知 $\dot{I}_S = 2\underline{/0°}\text{A}$，$j\omega L_1 = j8\Omega$，$j\omega M = j4\Omega$，试用去耦合等效电路法求端口开路电压 $\dot{U}_{OC}$ 和电压 $\dot{U}_1$。

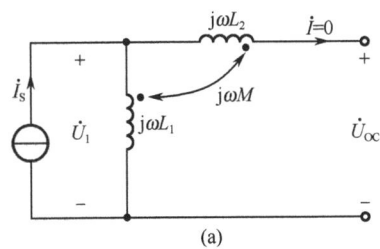 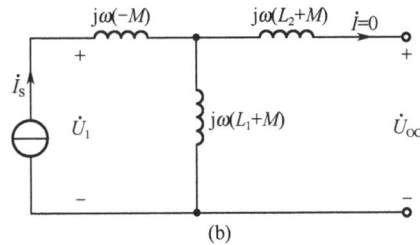

图 7.18 例 7.6 图

解：图 7.18(a)的去耦合等效电路如图 7.18(b)所示。故有
$$\dot{U}_{OC} = j\omega(L_1 + M)\dot{I}_S = (j8 + j4) \times 2$$
$$\dot{U}_{OC} = j\omega(L_1 + M)\dot{I}_S = (j8 + j4) \times 2\underline{/0°} = j24\text{V}$$
$$\dot{U}_1 = [-j\omega M + j\omega(L_1 + M)]\dot{I}_S = j\omega L_1 \dot{I}_S = j8 \times 2\underline{/0°} = j16\text{V}$$

【例 7.7】 如图 7.19(a)所示，已知 $\dot{U}_S = 10\underline{/0°}\text{V}$，$R_1 = R_2 = 3\Omega$，$\omega L_1 = \omega L_2 = 4\Omega$，$\omega M = 2\Omega$，求开路电压 $\dot{U}$。

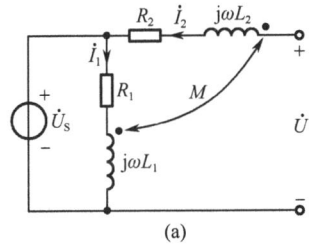 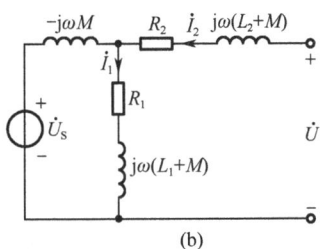

图 7.19 例 7.7 图

解：方法 1：
依题意
$$\dot{I}_2 = 0$$
根据图示的参考方向，可得
$$\begin{cases} \dot{U}_S = (R_1 + j\omega L_1)\dot{I}_1 + j\omega M\dot{I}_2 \\ \dot{U}_2 = j\omega M\dot{I}_1 + (R_2 + j\omega L_2)\dot{I}_2 \end{cases}$$
可得
$$\dot{I}_1 = \frac{\dot{U}_S}{R_1 + j\omega L_1} = \frac{10}{3 + j4} = 2\underline{/-53.1°}\text{A}$$
$$\dot{U} = \dot{U}_2 + \dot{U}_S = j\omega M\dot{I}_1 + \dot{U}_S$$
$$= j2 \times 2\underline{/-53.1°} + 10 = 13.4\underline{/10.3°}\text{V}$$

方法 2：去耦合等效电路如图 7.19(b)所示。
因为

$$\dot{I}_2 = 0$$

所以

$$\dot{U} = \frac{R_1 + j\omega(L_1+M)}{R_1 + j\omega(L_1+M) + j\omega(-M)} \times \dot{U}_S = 13.4\underline{/10.3°}\text{V}$$

【例 7.8】 如图 7.20(a)所示，已知 $\dot{U}_S = 10\underline{/0°}\text{V}$，$j\omega L_1 = j4\Omega$，$j\omega L_2 = j3\Omega$，$j\omega M = j2\Omega$，$-j\frac{1}{\omega C} = -j2\Omega$，$R = 2\Omega$。求电压 $\dot{U}_2$。

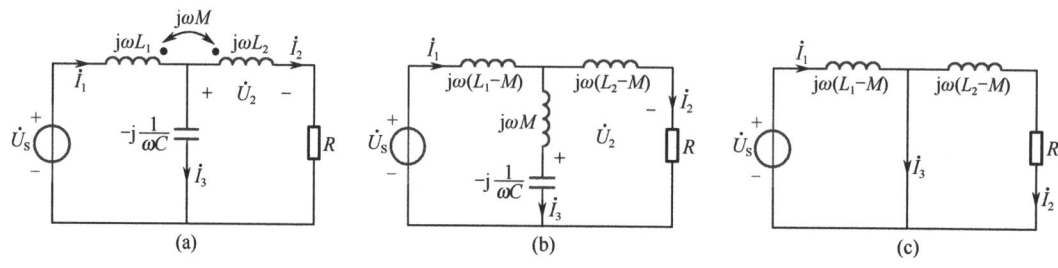

图 7.20 例 7.8 图

解：图 7.20(a)的去耦合等效电路如图 7.20(b)所示。其中 $\dot{I}_3$ 所在支路的阻抗为

$$Z = j\omega M - j\frac{1}{\omega C} = j2 - j2 = 0$$

所以，图 7.20(b)可等效成图 7.20(c)，且 $\dot{I}_2 = 0$，有

$$\dot{I}_1 = \dot{I}_3 = \frac{\dot{U}_S}{j\omega(L_1-M)} = \frac{10}{j4-j2} = -j5\text{A}$$

在图 7.20(b)所示的电路中，根据 KVL，有

$$\dot{U}_2 = -j\omega M \dot{I}_3 + j\omega(L_2-M)\dot{I}_2 = -j2 \times (-j5) = 10e^{j180°}\text{V}$$

7.4 空芯变压器

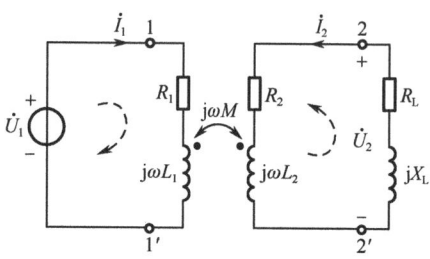

图 7.21 空芯变压器的电路模型

变压器是电工电子技术中常用的电气设备，它是由两个耦合线圈绕在一个共同的芯子上制成的，其中，一个线圈作为输入，接入电源后形成一个回路，称为原边回路（或初级回路）；另一线圈作为输出，接入负载后形成另一个回路，称为副边回路（或次级回路）。空芯变压器的芯子是用非铁磁材料制成的，其电路模型如图 7.21 所示，图中的负载设为电阻和电感的串联。变压器通过耦合作用，将原边回路的输入传递到副边回路输出。在正弦稳态条件下，有

$$\begin{cases}(R_1 + j\omega L_1)\dot{I}_1 + j\omega M \dot{I}_2 = \dot{U}_1 \\ j\omega M \dot{I}_1 + (R_2 + j\omega L_2 + R_L + jX_L)\dot{I}_2 = 0\end{cases} \quad (7.16)$$

$Z_{11} = R_1 + j\omega L_1$，称为原边回路阻抗，$Z_{22} = R_2 + j\omega L_2 + R_L + jX_L$，称为副边回路阻抗，$Z_M = j\omega M$，由式（7.16）可求得

$$\dot{I}_1 = \frac{\dot{U}_1}{Z_{11} - Z_M^2 Y_{22}} = \frac{\dot{U}_1}{Z_{11} + (\omega M)^2 Y_{22}} \quad (7.17.1)$$

$$\dot{I}_2 = \frac{-Z_M Y_{11}\dot{U}_1}{Z_{22}-Z_M^2 Y_{11}} = \frac{-j\omega M Y_{11}\dot{U}_1}{R_2+j\omega L_2+R_L+jX_L+(\omega M)^2 Y_{11}} \tag{7.17.2}$$

其中，$Y_{11}=\dfrac{1}{Z_{11}}$，$Y_{22}=\dfrac{1}{Z_{22}}$。式（7.17.1）中，$Z_{11}+(\omega M)^2 Y_{22}$是原边回路的输入阻抗，其中$(\omega M)^2 Y_{22}$称为引入阻抗，它是副边回路阻抗通过互感反映到原边回路的等效阻抗。引入阻抗的性质与Z_{22}相反，即感性（容性）变为容性（感性）。式（7.17.1）可以用图7.22(a)所示的等效电路表示，称为原边回路的等效电路。

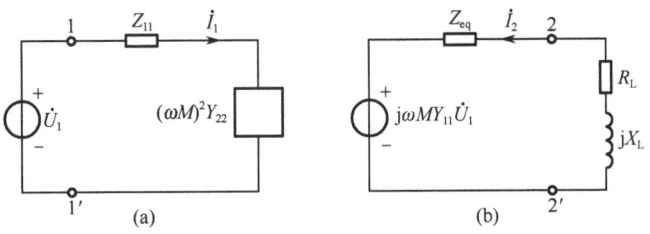

图 7.22 空芯变压器的等效电路

同理，式（7.17.2）可以表示成如图7.22(b)所示的等效电路，它是从副边回路看进去的含源一端口的等效电路。令$\dot{I}_2=0$，可以得出此含源一端口在端口$2-2'$处的开路电压为$j\omega M Y_{11}\dot{U}_1$，戴维南等效阻抗$Z_{eq}=R_2+j\omega L_2+(\omega M)^2 Y_{11}$。

【例 7.9】 在图 7.21 中，$u_1=100\sqrt{2}\sin(10t)$V，$R_1=R_2=0$，$L_1=0.8$H，$L_2=0.4$H，$M=0.5$，$Z_L=R_L+jX_L=3\Omega$。求原边和副边回路的电流$\dot{I}_1$、$\dot{I}_2$。

解： 由原边回路的等效电路求电流$\dot{I}_1$。

$$Z_{11}=j\omega L_1=j8\Omega$$
$$Z_{22}=j\omega L_2+Z_L=(3+j4)\Omega$$
$$(\omega M)^2 Y_{22}=(10\times 0.5)^2\frac{1}{3+j4}=(3-j4)\Omega$$

由已知条件得

$$\dot{U}_1=100\underline{/0°}\text{V}$$

则有

$$\dot{I}_1=\frac{\dot{U}_1}{Z_{11}+(\omega M)^2 Y_{22}}=\frac{100\underline{/0°}}{j8+3-j4}=20\underline{/-53.2°}\text{A}$$

由式（7.16）可得

$$\dot{I}_2=\frac{-j\omega M\dot{I}_1}{Z_{22}}=\frac{-j5\times 20\underline{/-53.2°}}{3+j4}=20\underline{/163.6°}\text{A}$$

7.5 理想变压器

理想变压器的电路模型如图7.23(a)所示，N_1和N_2分别为原边回路和副边回路的匝数，原边回路和副边回路的电压和电流满足下列关系

$$\frac{u_1}{N_1}=\frac{u_2}{N_2} \text{ 或 } u_1=\frac{N_1}{N_2}u_2=nu_2 \tag{7.18.1}$$

$$N_1 i_1+N_2 i_2=0 \text{ 或 } i_1=-\frac{N_2}{N_1}i_2=-\frac{1}{n}i_2 \tag{7.18.2}$$

以上两式是根据如图 7.23(a)所示的参考方向和同名端列出的。式中 $n=\dfrac{N_1}{N_2}$，称为理想变压器的变比。理想变压器的电压、电流方程是通过一个参数 n（变比）描述的代数方程，所以理想变压器不是一个动态元件。

将式（7.18.1）和式（7.18.2）相乘后得

$$u_1 i_1 + u_2 i_2 = 0 \tag{7.19}$$

即输入理想变压器的瞬时功率等于零，所以它既不耗能，也不储能，它将能量由原边回路全部传输到副边回路输出，在传输过程中，仅仅将电压、电流按变比做数值变换。

理想变压器用受控源表示的电路模型如图 7.23(b)所示。

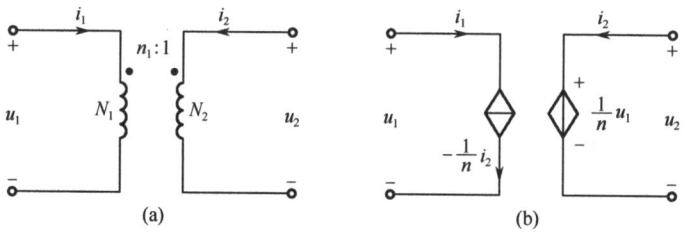

图 7.23 理想变压器

【例 7.10】 图 7.24 所示为理想变压器，变比为 1:10，已知 $u_s(t)=40\sin(100t)\text{V}$，$R_1=4\Omega$，$R_2=100\Omega$。求 u_2。

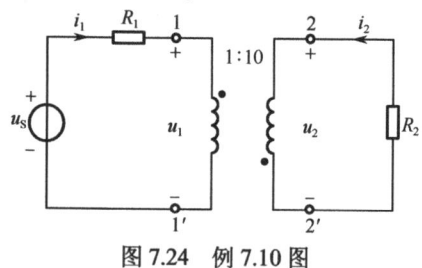

图 7.24 例 7.10 图

解： 按图 7.24 列出方程

$$R_1 i_1 + u_1 = u_s$$
$$R_2 i_2 + u_2 = 0$$

根据图 7.24 所示的电流参考方向和同名端，有

$$u_1 = -\frac{N_1}{N_2}u_2 = -\frac{1}{10}u_2$$
$$i_1 = \frac{N_2}{N_1}i_2 = 10 i_2$$

代入数据得

$$u_2(t) = -2u_s(t) = -80\sin(100t)\text{V}$$

7.6 应用举例

仪用互感器是电工测量中经常使用的一种利用电磁感应原理工作的变压器，其主要作用是扩大测量仪表的量程或使测量仪表与高压电路隔离以保证人身与设备的安全。仪用互感器有电压互感器和电流互感器两种。

1. 电压互感器

电压互感器可将高电压变换为低电压，然后用于测量仪表、控制或继电保护等，并使仪表、设备及工作人员与高压电路隔离。

电压互感器如图 7.25 所示，其原边回路匝数 N_1 较多，与被测的高压线路并联；副边回路匝数 N_2 较少，与电压表、功率表的电压线圈等并联。由于电压表或功率表的阻抗很大，因此电压互感器副边回路的电流很小，近似于变压器空载运行，于是有

$$\frac{U_1}{U_2} = \frac{N_1}{N_2} = k_u \text{ 或 } U_1 = k_u U_2 \tag{7.20}$$

式（7.20）中，k_u 称为电压互感器的变压比。当 $N_1 \gg N_2$ 时，k_u 很大，$U_2 \ll U_1$，故可用低量程的

电压表去测量高电压。由于变压比 k_u 是已知的，测量时只要将电压表的读数乘以变压比就能得到被测电压 U_1。通常电压互感器不论其额定电压是多少，其副边回路的额定电压皆为100V，可采用统一的100V标准电压表。因此，在不同电压等级的电路中所用的电压互感器，其变压比是不同的，如6000:100、10000:100等。若电压互感器与电压表固定连接，则可将对应的 U_1 标于电压表刻度盘上，这样就可不必经过中间运算而直接从电压表上读出高压线路的电压值。

为了工作安全，电压互感器的铁芯、金属外壳及低压回路的一端都必须接地。如果不接地，万一高、低压回路之间的绝缘损坏，则低压回路将出现高电压，这对工作人员是非常危险的。另外，使用时要防止副边回路短路，因为短路电流很大，会烧坏设备，故应在原边回路、副边回路接入熔断器进行保护。

2. 电流互感器

电流互感器是根据变压器变换电流的原理制成的。它可将线路的大电流变为副边回路的小电流，以适应电流表的量程，并使测量仪表与高压电路隔开，以确保人身及设备安全。

电流互感器如图7.26所示，其原边回路用粗线绕成，通常只有一匝或几匝，串联在被测线路上，通过原边回路的电流与负载电流相等；副边回路匝数较多，与电流表或功率表的电流线圈串联接成闭合回路。因为电流表或功率表的电流线圈电阻很小，所以电流互感器的副边回路相当于短路，根据变压器原理，原边回路、副边回路电流比为

$$\frac{I_1}{I_2}=\frac{N_2}{N_1}=k_i \text{ 或 } I_1=k_iI_2 \tag{7.21}$$

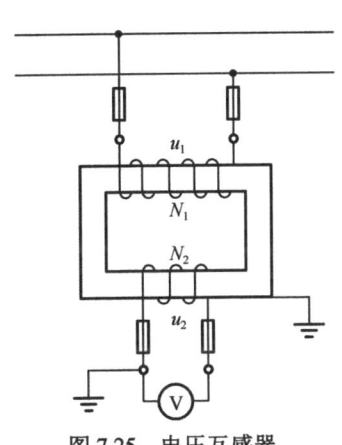

图 7.25 电压互感器

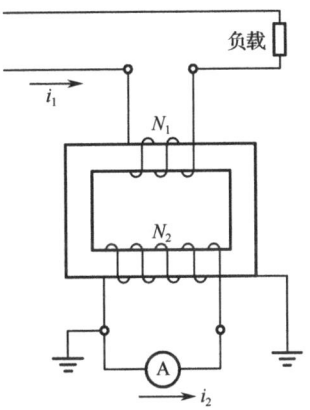

图 7.26 电流互感器

式（7.21）中，k_i 为电流互感器的变流比。当 $N_2 \gg N_1$ 时，k_i 很大，$I_2 \ll I_1$，故利用电流互感器可实现小量程的电流表来测量大电流。测量时只要将电流表的读数乘以变流比就能得到被测的电流值。若互感器与电流表固定连接，则可直接将对应的 I_1 值标于电流表的刻度盘上，直接读出被测电流的值。通常电流互感器副边回路的额定电流都规定为5A，在不同电流等级的电路中所用的电流互感器的变流比是不同的，如30:5、50:5、100:5等。

电流互感器在运行中副边回路不允许开路，因为它的原边回路是与负载串联的，其电流 I_1 的大小取决于负载的大小，而不是取决于副边回路中的电流 I_2。在正常运行时，原边回路、副边回路的端电压近似为零，原边回路、副边回路的磁动势 N_1I_1 和 N_2I_2 基本上互相抵消，铁芯中的磁动势很小。当副边回路开路时，铁芯中由于失去了 I_2 的去磁作用，主磁通将急剧增加，使铁芯过热而烧毁绕组，同时副边回路中会感应出高电压，危及人身和设备的安全。为此在电流互感器的副边回路不允许接入熔断器和开关，在副边回路拆装仪表时，必须先将仪表断路。此外，为了安全，电流互感器的铁芯和副边回路都必须接地。

本章小结

1. 互感

两个彼此邻近的载流线圈，当其中一个线圈中的电流变化时，在邻近的另一个线圈中产生感应电压，这种现象称为互感，产生的感应电压称为互感电压。

在关联参考方向下，互感磁链与产生互感磁链的电流的比值，称为互感系数。即

$$M = \frac{\Psi_{12}}{i_2} = \frac{\Psi_{21}}{i_1}$$

为了表征互感线圈耦合的紧密程度，定义耦合系数

$$K = \frac{M}{\sqrt{L_1 L_2}} \quad (0 \leqslant K \leqslant 1)$$

2. 同名端

两个耦合线圈中的一对端钮，当两个线圈的电流都从某一个端钮流进（或流出）时，自感磁链和相应的互感磁链是相互加强的，则两个线圈电流同时流进（或流出）的端钮为同名端。

3. 含有电感电路的计算

两个具有互感的线圈，电压和电流分别为 u_1、i_1 和 u_2、i_2，且都取关联参考方向，则由电磁感应定律可知，当线圈中的电流变化时，线圈两端产生的感应电压

$$u_1 = \frac{d\Psi_1}{dt} = L_1 \frac{di_1}{dt} \pm M \frac{di_2}{dt}$$

$$u_2 = \frac{d\Psi_2}{dt} = L_2 \frac{di_2}{dt} \pm M \frac{di_1}{dt}$$

互感线圈串联时的等效电感

$$L' = L_1 \pm 2M + L_2$$

其中"±"在顺向串联时取"+"，反向串联时取"−"。

互感系数

$$M = \frac{L - L'}{4}$$

其中 L 是顺向串联时的等效电感，L' 是反向串联时的等效电感。

互感线圈并联时的等效电感

$$L' = \frac{L_1 L_2 - M^2}{L_1 + L_2 \mp 2M}$$

其中"∓"在同侧并联时取"−"，异侧并联时取"+"。

4. 理想变压器

N_1 和 N_2 分别为原边回路和副边回路的匝数，原边回路和副边回路的电压和电流满足下列关系

$$u_1 = \pm n u_2, \quad i_1 = \mp \frac{1}{n} i_2$$

式中 $n = \frac{N_1}{N_2}$，称为理想变压器的变比。正、负号与端钮电压、电流的参考方向和同名端的位置有关。

习题 7

7.1 已知两个耦合线圈 L_1=0.02H，L_2=0.08H，M=0.01H，试求其耦合系数 K。

7.2 互感线圈如图 7.27 所示，试标出同名端。

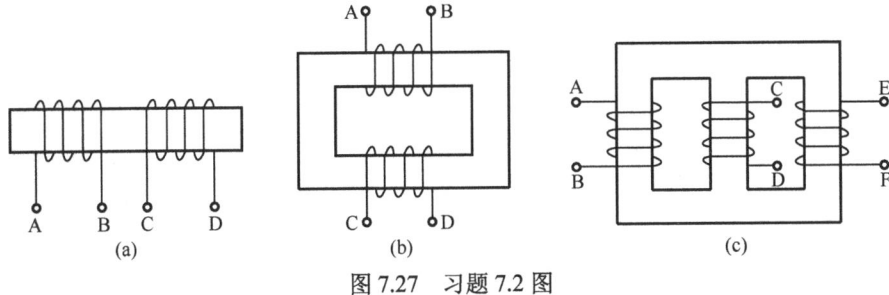

图 7.27 习题 7.2 图

7.3 已知两个互感线圈 L_1=9H，L_2=5H，M=3H，试分别计算其顺向串联和反向串联时的等效电感。

7.4 两个互感线圈串联起来，接到电压为 220V，频率为 50Hz 的正弦交流电源上，测得顺向串联时电流为 2.7A，吸收的功率 218.7W，反向串联时电流为 7A，求互感系数 M。

7.5 如图 7.28 所示，已知 $i_S(t)=2\sin(10t)$A，L_1=0.3H，L_2=0.5H，M=0.1H，求电压 $u(t)$。

7.6 如图 7.29 所示，已知 $\dot{U}_S = 10\mathrm{e}^{\mathrm{j}0°}$V，$R=10\Omega$，$\mathrm{j}\omega L_1 = \mathrm{j}40\Omega$，$\mathrm{j}\omega L_2 = \mathrm{j}\omega M = \mathrm{j}10\Omega$。求 $\dot{I}_1$，$\dot{I}_2$，$\dot{U}_2$ 和电路吸收的功率 P。

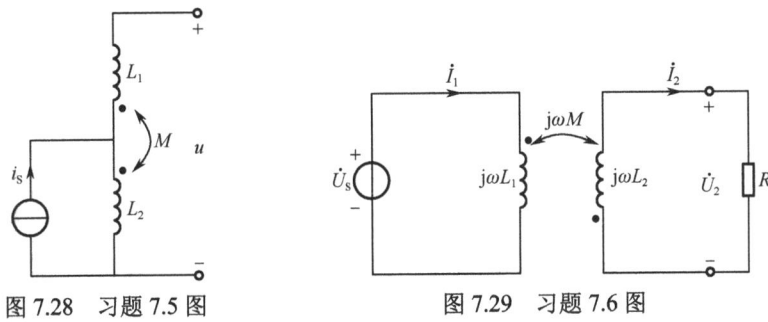

图 7.28 习题 7.5 图　　　图 7.29 习题 7.6 图

7.7 如图 7.30 所示，已知 $\dot{U}_S = 60\mathrm{e}^{\mathrm{j}0°}$V，$R_1 = R_2 = 6\Omega$，$\mathrm{j}\omega L_1 = \mathrm{j}\omega L_2 = \mathrm{j}10\Omega$，$\mathrm{j}\omega M = \mathrm{j}5\Omega$，求 A、B 间的开路电压 $\dot{U}_{AB}$。

7.8 互感电路如图 7.31 所示，已知 $R_1 = R_2 = 1\Omega$，$L_1 = 1.5$H，$L_2 = 1$H，$M = 1$H，电压 $u_S(t) = 50\sqrt{2}\sin(2t)$V，试求开关 S 断开和闭合时的电流 i_1。

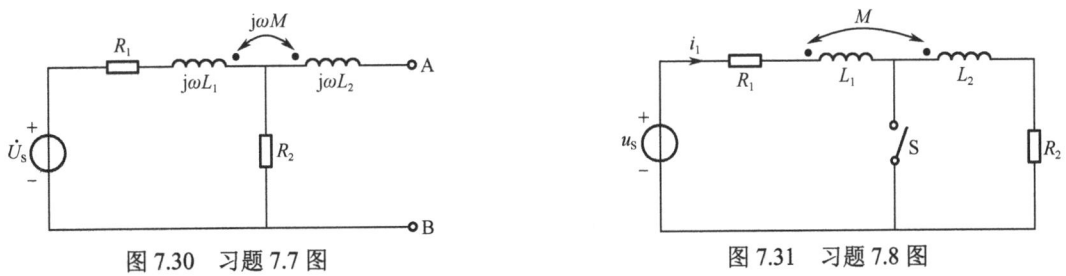

图 7.30 习题 7.7 图　　　图 7.31 习题 7.8 图

7.9 如图 7.32 所示，已知 $u_S(t) = 100\sqrt{2}\sin(1000t)$V，$R_1 = R_2 = 50\Omega$，$L_1 = 0.75$H，$L_2 = 0.5$H，$M = 0.25$H，$C = 4\mu$F。（1）画出去耦合等效电路；（2）求各支路电流的时域表达式。

7.10 如图 7.33 所示，$u_S(t) = 100\sqrt{2}\sin(10t)$V，$R_1 = 6\Omega$，$R_2 = 1\Omega$，$L_1 = 0.6$H，$L_2 = 0.2$H，$L_3 = 0.2$H，$M = 0.2$H。（1）画出去耦合等效电路；（2）求各支路电流的时域表达式。

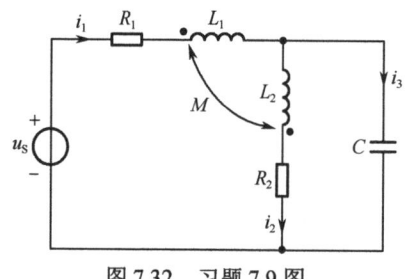

图 7.32 习题 7.9 图

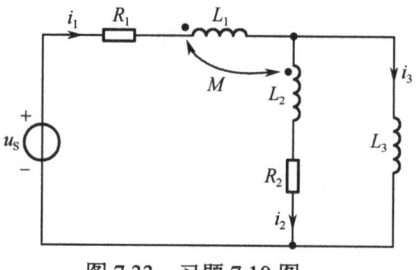

图 7.33 习题 7.10 图

7.11 如图 7.34 所示，$R_1=1\Omega$，$\omega L_1=2\Omega$，$\omega L_2=32\Omega$，耦合系数 $K=1$，$\dfrac{1}{\omega C}=32\Omega$，求电流 $\dot{I}_1$ 和电压 $\dot{U}_2$。

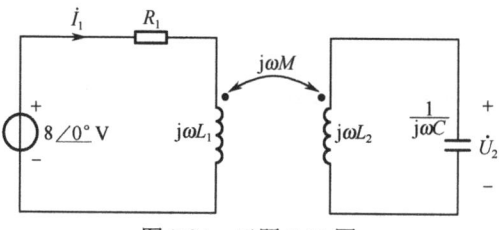

图 7.34 习题 7.11 图

7.12 如图 7.35 所示，已知 $\dot{U}_1=10\underline{/0°}\text{V}$，$R_1=R_2=6\Omega$，$\omega L_1=\omega L_2=\omega L_3=10\Omega$，$\omega M=6\Omega$，求 A、B 间的开路电压 $\dot{U}_2$。

7.13 如图 7.36 所示，$R_1=50\Omega$，$L_1=30\text{mH}$，$L_2=25\text{mH}$，$M=25\text{mH}$，$C=1\mu\text{F}$，正弦电压 $\dot{U}=500\underline{/0°}\text{V}$，$\omega=10^4\text{rad/s}$，求各支路电流。

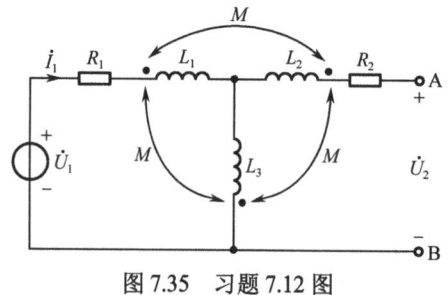

图 7.35 习题 7.12 图　　　　　图 7.36 习题 7.13 图

7.14 如图 7.37 所示，理想变压器的变比为 10:1，求电压 $\dot{U}_2$。

7.15 如图 7.38 所示，$R=10\Omega$，$L_1=10\text{H}$，$L_2=2.4\text{H}$，$M=2\text{H}$，$\omega=10\text{rad/s}$，$\dot{U}_1=10\underline{/0°}\text{V}$，求电流 $\dot{I}_2$。

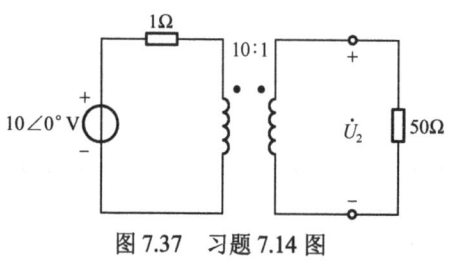

图 7.37 习题 7.14 图

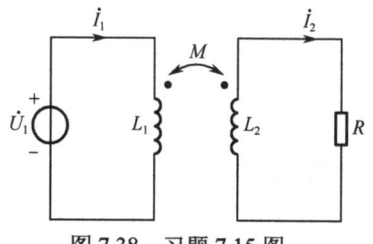

图 7.38 习题 7.15 图

第8章 线性动态电路的时域分析

把含有电感和电容这种动态元件的电路称为动态电路。在时域范围内对动态电路进行分析,称为动态电路的时域分析。本章重点介绍一阶电路的零输入、零状态和全响应,以及一阶电路的三要素分析法,简单介绍二阶电路的时域分析和阶跃响应。

8.1 换路定律和初始值的计算

8.1.1 换路定律

在前面介绍的直流电路、正弦稳态电路和非正弦周期电路中,电压和电流或者是常量,或者是周期性变化的量。电路的这种工作状态称为稳定状态,简称稳态。动态电路在达到一种稳态之前,一般是要经历一个过渡过程的,称为暂态过程,处于暂态过程的电路称为暂态电路。如图8.1(a)所示,开关接通之前电容C未充电,$u_C=0$,电路处于一种稳定状态。在$t=0$时将开关S闭合,直流电压源U_S便通过电阻R对电容C充电,电容电压u_C按某种规律升高,直到与电源电压相等,充电结束,电路达到新的稳态,如图8.1(b)所示。

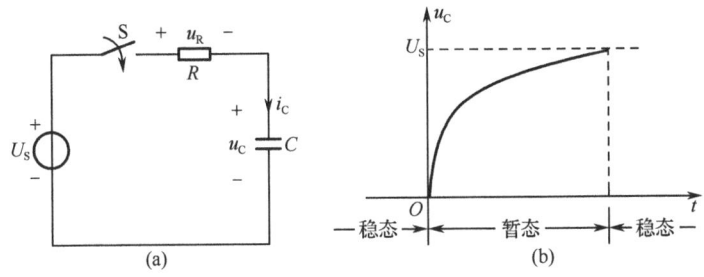

图8.1 RC充电电路及其工作状态

暂态过程的分析在工程实际中是极为重要的。研究的目的在于认识和掌握这种客观物理现象的规律,在充分利用暂态过程特性(如特定波形的产生与改善)的同时,注意防止所产生的危害(如过压、过流)。

在暂态分析中引起电路工作状态变动的因素统称为换路,包括开关接通或断开、电源值突变、元件参数突变、遭遇事故或干扰等。不是所有的电路在换路时都产生暂态过程,换路只是产生暂态过程的外因,其内因是电路中含有储能元件(电容C、电感L以及耦合电感),其实质是由于电路中储能元件能量的释放与储存不能突变。电容中储存的电场能量是$\frac{1}{2}Cu_C^2$,电感中储存的磁场能量是$\frac{1}{2}Li_L^2$,由于换路时能量不能突变,故电容上的电压u_C和电感中的电流i_L不能突变,这个理论称为换路定律。

为便于分析,做如下假定:电路在$t=0$时刻发生换路,用$t=0_-$表示换路前的终了瞬间,$t=0_+$表示换路后的初始瞬间。0_-和0_+在数值上都等于0,但前者是指t从负值趋近于零,后者是指t从正值趋近于零。换路后,电路中各电压、电流最初瞬间的值,称为初始值,用$u(0_+)$和$i(0_+)$表示。在$t=0_-$到$t=0_+$的换路瞬间,u_C和i_L不能突变,用公式表示为

$$u_C(0_+) = u_C(0_-)$$
$$i_L(0_+) = i_L(0_-)$$
(8.1)

换路定律只适用于换路瞬间,它们是计算初始值的基本依据,只有电感电流i_L及电容电压u_C满足式(8.1),而电感的电压、电容的电流及电阻的电压和电流都是可以突变的。在特殊情况下(如

u_L 和 i_C 不是有限值时) 换路定律不成立。对发生突变现象的电路模型，初始值的计算要依据基尔霍夫定律、电荷守恒定律或磁链守恒定律。

研究暂态过程的方法有很多，本章只介绍经典的时域分析法。如求图 8.1(a) 所示电路中的 u_C，根据 KVL 有

$$u_R + u_C = U_S \tag{8.2}$$

将 $u_R = Ri_C$ 及 $i_C = C\dfrac{du_C}{dt}$ 代入式（8.2），得

$$RC\dfrac{du_C}{dt} + u_C = U_S \tag{8.3}$$

这是一个一阶线性常系数微分方程。一般来说，当动态电路中只有一个或可以等效为一个储能元件时，列出的电路方程是一阶微分方程，电路称为一阶电路；当含有两个独立储能元件时，电路方程将是二阶微分方程，相应的电路称为二阶电路，其余以此类推。要确定微分方程的解，就必须知道待求量的初始值，因此研究电路在换路前后瞬间各电压、电流的关系及初始值的计算是非常关键的。

8.1.2 初始值的计算

电容电压初始值 $u_C(0_+)$ 和电感电流初始值 $i_L(0_+)$ 称为独立初始值，利用换路定律可以确定，其余变量的初始值称为非独立初始值，由电路的外加激励和独立初始值共同确定。

计算初始值的步骤如下：
(1) 根据换路前的稳态电路求出换路前的电容电压 $u_C(0_-)$ 和电感电流 $i_L(0_-)$；
(2) 应用换路定律，得到独立初始值的电容电压 $u_C(0_+)$ 和电感电流 $i_L(0_+)$；
(3) 画出 $t=0_+$ 时电路的等效电路，电感所在处用一个电流值为 $i_L(0_+)$ 的理想电流源替代，电容所在处用一个电压值为 $u_C(0_+)$ 的理想电压源替代，此时的等效电路是一个电阻电路；
(4) 根据 $t=0_+$ 时的等效电路，计算其余电压、电流的初始值。

【例 8.1】电路如图 8.2(a) 所示，开关 S 闭合前电路已稳定，已知 $U_S=10\text{V}$，$R_1=30\Omega$，$R_2=20\Omega$，$R_3=40\Omega$。$t=0$ 时开关 S 闭合，试求 $u_L(0_+)$ 及 $i_C(0_+)$。

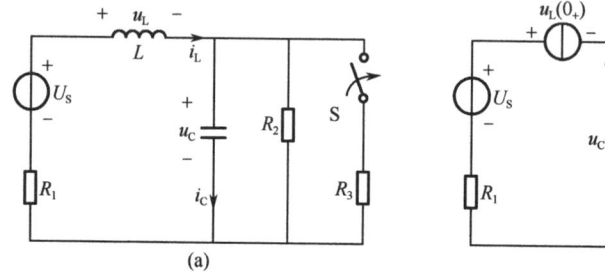

图 8.2 例 8.1 图

解：（1）先求 $u_C(0_-)$ 和 $i_L(0_-)$，开关 S 闭合前电路已处于直流稳态，故电容相当于开路，电感相当于短路。

$$i_L(0_-) = \dfrac{U_S}{R_1+R_2} = \dfrac{10}{30+20} = 0.2\text{A}$$

$$u_C(0_-) = \dfrac{R_2}{R_1+R_2}U_S = 4\text{V}$$

（2）根据换路定律，有

$$i_L(0_+) = i_L(0_-) = 0.2\text{A} \quad u_C(0_+) = u_C(0_-) = 4\text{V}$$

（3）将电感用 0.2A 电流源替代，电容用 4V 电压源替代，可得 $t=0_+$ 时的等效电路，如图 8.2(b)所示，故

$$u_L(0_+) = U_S - i_L(0_+)R - u_C(0_+) = 10 - 0.2 \times 30 - 4 = 0\text{V}$$

$$i_C(0_+) = i_L(0_+) - i_2(0_+) - i_3(0_+) = i_L(0_+) - \frac{u_C(0_+)}{R_2} - \frac{u_C(0_+)}{R_3} = 0.2 - 0.2 - 0.1 = -0.1\text{A}$$

8.2 一阶电路的零输入响应

换路后外施激励为零，仅有储能元件的初始储能引起的响应，称为零输入响应。

8.2.1 RC 电路的零输入响应

在图 8.3(a)所示的电路中，开关置于位置 1 时，电路处于稳态，电容 C 已充电到电压 U_0。在 $t=0$ 时将开关由位置 1 合到位置 2，则电容 C 通过电阻 R 放电，最初瞬间放电电流最大，其值为 $i_C(0_+) = \dfrac{U_0}{R}$，随着放电的进行，电容电压及放电电流逐渐减小，当电容的储能被电阻全部消耗完时，电路中的电压、电流也趋向于零，暂态过程结束。

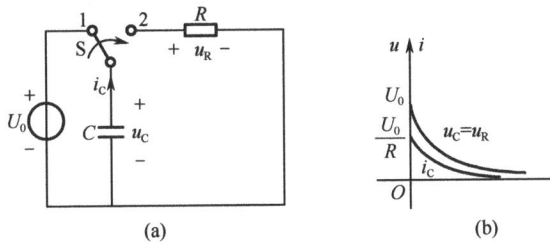

图 8.3 RC 电路的零输入响应

图 8.3(a)所示的电路在 $t \geq 0$ 时的 KVL 方程为

$$u_R - u_C = 0$$

将 $u_R = i_C R$ 及 $i_C = -C\dfrac{du_C}{dt}$ 代入上式，得

$$RC\frac{du_C}{dt} + u_C = 0 \tag{8.4}$$

式（8.4）是一个一阶线性常系数齐次微分方程，其通解为

$$u_C(t) = Ae^{pt}$$

将其代入式（8.4），得特征方程

$$RCp + 1 = 0$$

解得特征根为

$$p = -\frac{1}{RC}$$

所以

$$u_C(t) = Ae^{-\frac{t}{RC}}$$

根据换路定律，$u_C(0_+) = u_C(0_-) = U_0$，代入上式可得出 $A = u_C(0_+) = U_0$。则有

$$u_C(t) = u_C(0_+)e^{-\frac{t}{RC}} = U_0 e^{-\frac{t}{RC}} \qquad t \geq 0 \tag{8.5}$$

式（8.5）为放电过程中电容电压 $u_C(t)$ 的表达式。此时，电路中电容的放电电流和电阻上的电压分别为

$$i_C(t) = -C\frac{du_C(t)}{dt} = \frac{U_0}{R}e^{-\frac{t}{RC}} \quad t \geq 0$$

$$u_R(t) = iR = U_0 e^{-\frac{t}{RC}} \quad t \geq 0$$

由以上分析可知，u_C、i_C、u_R 都是随时间按同一指数规律衰减的，其随时间变化的曲线如图 8.3(b)所示。它们衰减快慢取决于指数中 $\frac{1}{RC}$ 的大小，即取决于电路的结构和元件的参数。当电阻的单位为Ω，电容的单位为F时，RC 的单位为s，它称为RC电路的时间常数，用 τ 表示。即 $\tau = RC$，所以有

$$\begin{cases} u_C(t) = u_C(0_+)e^{-\frac{t}{\tau}} \\ i_C(t) = \frac{u_C(0_+)}{R}e^{-\frac{t}{\tau}} \end{cases} \tag{8.6}$$

可以计算：开始放电时，$t = 0$，$u_C(0) = U_0$；经过一个时间常数 τ，$u_C(\tau) = U_0 e^{-1} = 0.368U_0$。

所以，时间常数 τ 就是电压 u_C 由初始值衰减到 U_0 的 36.8%时所需的时间，如图 8.4 所示。τ 值越大，衰减得越慢，如图 8.5 所示。还可以算出经过 2τ、3τ、4τ、5τ、…时刻的 $e^{-\frac{t}{\tau}}$ 值，如表 8.1 所示。

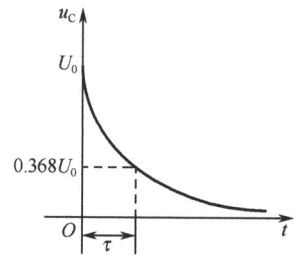

图 8.4 电压 u_C 随时间 t 变化图

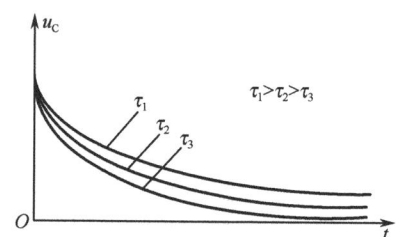

图 8.5 不同 τ 值下的 u_C 曲线

表 8.1 $e^{-\frac{t}{\tau}}$ 随时间变化的数值

t	τ	2τ	3τ	4τ	5τ	…	∞
$e^{-\frac{t}{\tau}}$	0.368	0.135	0.050	0.018	0.007	…	0

从上表可以看出，在理论上 u_C 要经过无限长的时间才能衰减为零，但在工程上一般认为换路后，经过 $3\tau \sim 5\tau$ 时间，暂态过程即已结束。

【例 8.2】 在图 8.6 所示的电路中，开关 S 在 $t = 0$ 时由 1 位置合到 2 位置，设开关动作以前电路已处于稳态。试求 $t \geq 0$ 时的 u_C 和 i。

解：（1）在图 8.6(a)中确定 $u_C(0_+)$ 的值。

$$u_C(0_+) = u_C(0_-) = \frac{R_1}{R_1 + R_2}U_S = \frac{2}{2+2} \times 8 = 4\text{V}$$

（2）计算时间常数 τ。换路后的电路如图 8.6(b)所示。

$$R_{eq} = R_2 + \frac{R_1 \times R_3}{R_1 + R_3} = 1 + \frac{2 \times 2}{2 + 2} = 2\Omega$$

$$\tau = R_{eq}C = 2 \times 1 = 2\text{s}$$

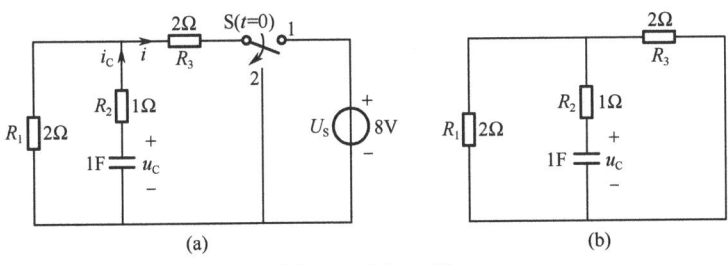

图 8.6 例 8.2 图

（3）开关闭合以后没有外部输入，仅有储能元件引起电路中各处电压电流的变化，故属于零输入响应，所以

$$u_C(t) = u_C(0_+)e^{-\frac{t}{RC}} = 4e^{-\frac{t}{2}} \text{V} \qquad t \geq 0$$

$$i(t) = \frac{1}{2}i_C = -\frac{1}{2}C\frac{du_C}{dt} = -\frac{1}{2}\times 1 \times 4 \times \left(-\frac{1}{2}\right)e^{-\frac{t}{2}} = e^{-\frac{t}{2}} \text{A} \qquad t \geq 0$$

8.2.2 RL 电路的零输入响应

RL 电路的零输入响应如图 8.7 所示。换路前，开关 S 是合在位置 1 上的，电感中有电流，达到稳态时 $i_L(0_-) = \dfrac{U_S}{R} = I_{L0}$。当 $t=0$ 时，将开关从位置 1 合到位置 2。根据换路定律有 $i_L(0_+) = i_L(0_-) = I_{L0}$，此时外部激励为零，在内部储能的作用下，电感电流将从初始值 I_{L0} 逐渐衰减到零。

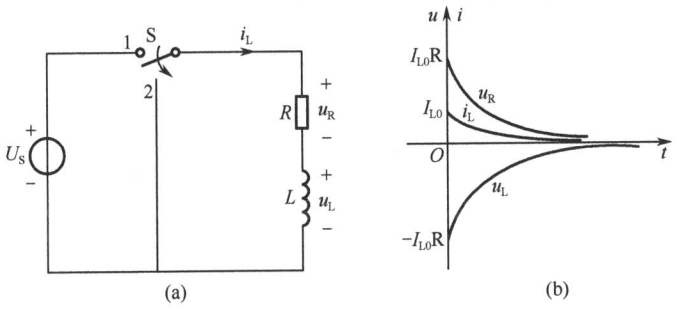

图 8.7 RL 电路的零输入响应

在图 8.7(a)所示的电压、电流的参考方向下，根据 KVL，可列出换路后（$t \geq 0$）电路的微分方程

$$i_L R + u_L = 0$$

将 $u_L = L\dfrac{di_L}{dt}$ 代入上式，得

$$L\frac{di_L}{dt} + i_L R = 0$$

上式是一个以 i_L 为变量的一阶线性常系数齐次微分方程，其通解为

$$i_L(t) = Ae^{pt}$$

其特征根为

$$p = -\frac{R}{L}$$

所以

$$i_L(t) = Ae^{-\frac{R}{L}t}$$

上式中的 A 由电路的初始条件 $i_L(0_+) = i_L(0_-) = \dfrac{U_S}{R} = I_{L0}$ 确定，得

$$A = i_L(0_+) = \frac{U_S}{R}$$

所以电感的零输入响应电流为

$$i_L(t) = i_L(0_+)e^{-\frac{R}{L}t} = I_{L0}e^{-\frac{t}{\tau}} \tag{8.7}$$

式（8.7）中，$\tau = \dfrac{L}{R}$ 称为 RL 电路的时间常数。当 R 的单位为 Ω，L 的单位为 H 时，τ 的单位为 s。

电感电压

$$u_L(t) = L\frac{di_L(t)}{dt} = -RI_{L0}e^{-\frac{t}{\tau}} \tag{8.8}$$

电阻上的电压

$$u_R(t) = i_L R = I_{L0}Re^{-\frac{t}{\tau}} \tag{8.9}$$

式（8.8）中的"$-$"号表示电流实际方向与图中参考方向相反。

u_L、i_L 和 u_R 随时间变化的曲线如图 8.7(b)所示，都随时间按指数规律衰减而渐趋为零，衰减的快慢由时间常数 τ 决定。时间常数 τ 越大，衰减得越慢；反之越快。

【例 8.3】 在图 8.8(a)所示的电路中，已知 $U_S = 35V$，$R_1 = 5Ω$，$R_2 = 5kΩ$，$L = 0.4H$。$t<0$ 时电路处于直流稳态，$t=0$ 时开关断开，求 $t>0$ 时的电流及开关两端电压 u_k。

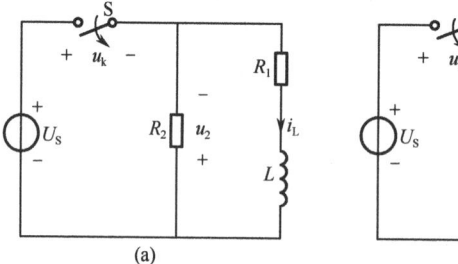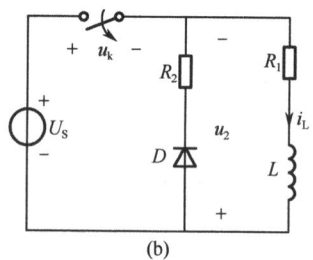

图 8.8　例 8.3 图

解：换路后的电路属于零输入状态，所以可以直接利用式（8.7）。

$$i_L(0_+) = i_L(0_-) = \frac{U_S}{R_1} = 7A, \quad \tau = \frac{L}{R} = \frac{L}{R_1 + R_2} \approx 8 \times 10^{-5}s$$

代入式（8.7），得

$$i_L(t) = i_L(0_+)e^{-\frac{R}{L}t} = 7e^{-1.25 \times 10^4 t}A$$

开关两端电压为

$$u_k(t) = U_S + u_2 = U_S + i_L R_2 = 35 + 3.5 \times 10^4 e^{-1.25 \times 10^4 t}V$$

由上式可得

$$u_k(0_+) = 35 + 3.5 \times 10^4 \approx 3.5 \times 10^4 V$$

可见，在开关断开瞬间，开关要承受很高的电压。这是由于电感电流不能突变，从而在较大电阻 R_2 两端产生很大电压。因此可以通过减小电阻 R_2 来减小开关上的高电压。但 R_2 的减小又会使得在开关闭合期间消耗较大的功率。因此，可选择二极管与 R_2 串联，如图 8.8(b)所示。这样，在开关

闭合期间，加在二极管上的是反向电压，因而二极管截止，近似开路，R_2 消耗的功率近似为零；当开关断开时，加在二极管上的是正向电压，因而二极管导通，近似短路，等效电路与图 8.8(a)相同。由于二极管在开关断开后为电感电流提供了通路，因此称其为续流二极管。它在驱动继电器等感性负载的电路中，能够对开关起到有效的保护作用。选择适当的电阻 R_2，既可以使开关两端不会产生过高的电压，又能使开关获得较快的暂态过程。

8.3 一阶电路的零状态响应

零状态响应是指换路前储能元件没有初始储能，仅由外加激励引起响应。

8.3.1 RC 电路的零状态响应

图 8.9(a)是一个 RC 串联电路。换路前电路处于零状态，即电容中无储能，$u_C(0_-)=0$。在 $t=0$ 时，闭合开关 S，电路与恒压源接通，电压源 U_S 开始向电容充电。因此研究 RC 电路的零状态响应就是研究电容的充电规律。在图 8.9 所示的电压、电流的参考方向下，根据 KVL，可列出换路后（$t \geq 0$）电路的微分方程

$$i_C R + u_C = U_S$$

将 $i_C = C\dfrac{du_C}{dt}$ 代入上式，得

$$RC\dfrac{du_C}{dt} + u_C = U_S \tag{8.10}$$

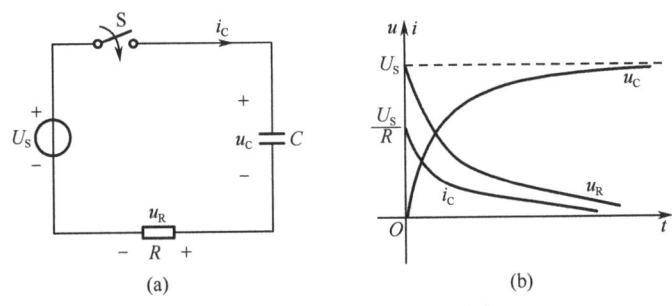

图 8.9 RC 电路的零状态响应

上式是一个以电容电压 u_C 为变量的一阶线性常系数非齐次微分方程，其解由特解 u_C' 和通解 u_C'' 两部分组成，即 $u_C = u_C' + u_C''$。任何一个解都可以作为它的特解。由于电路总要进入稳态，所以可以取电路换路后进入新的稳态时的解作为方程的特解，称为稳态值，即

$$u_C' = u_C(t)\big|_{t\to\infty} = u_C(\infty) = U_S$$

通解 $u_C'' = Ae^{pt}$，其特征根

$$p = -\dfrac{1}{RC}$$

所以

$$u_C(t) = U_S + Ae^{-\frac{t}{RC}}$$

根据换路定律 $u_C(0_+) = u_C(0_-) = 0$，将初始条件代入式（8.10）得

$$A = -U_S = -u_C(\infty)$$

所以电容的零状态响应为

$$u_C(t) = u_C(\infty) - u_C(\infty)e^{-\frac{t}{RC}} = u_C(\infty)(1-e^{-\frac{t}{\tau}}) = U_S(1-e^{-\frac{t}{\tau}}) \tag{8.11}$$

电容的充电电流为

$$i_C(t) = C\frac{du_C(t)}{dt} = \frac{U_S}{R}e^{-\frac{t}{\tau}} = I_0 e^{-\frac{t}{\tau}} \tag{8.12}$$

电阻两端电压为

$$u_R(t) = U_S - u_C = U_S e^{-\frac{t}{\tau}}, \quad t \geq 0$$

u_C、i_C、u_R 在暂态过程中随时间变化的曲线如图 8.9(b)所示。u_C 是按指数规律由零向稳态值 U_S 逐渐增大的；充电电流 i_C 在 $t=0$ 的换路瞬间由零突变到 I_0，然后按指数规律衰减趋于零。

RC 电路充电的速度由时间常数 τ 来决定，τ 越大，充电越慢；反之则充电越快。经过一个时间常数 τ，电容电压增长为 $u_C(\tau) = U_S(1-e^{-1}) = 0.632U_S$，所以 RC 电路零状态响应时间常数 τ 的物理意义为：电容电压 u_C 从初始值 0 上升到稳态值 U_S 的 0.632 所需要的时间。当 $t=5\tau$ 时，$u_C(5\tau) = 0.993U_S$，可以认为充电过程已经结束。此外，由于换路瞬间 $u_C(0_+)=0$，电容相当于短路，电路中的电流会发生突变，产生初始冲激电流，所以此时若电路中串有电流表，要注意初始冲激电流是否会超过其量程。

【例 8.4】 如图 8.9(a)所示 RC 串联电路，已知 U_S=200V，R=6kΩ，C=10μF，$u_C(0_-)$=0，在 t=0 时闭合开关 S。求：

（1）最大充电电流；
（2）开关闭合后经历多长时间，电容上的电压才能达到 160V？

解：（1）根据 R、C 充电电路原理可知，开关 S 合上瞬间充电电流最大，其值为

$$i_{max} = \frac{U_S}{R} = \frac{200}{6\times 10^3} = 0.033\text{A}$$

（2）由于 $u_C(0_-)=0$，所以 $u_C(0_+)=u_C(0_-)=0$，根据式（8.11），得

$$u_C(t) = U_S(1-e^{-\frac{t}{\tau}})$$

设开关合上后到 t_1 时，电容电压充到 160V，已知 U_S=200V，电路的时间常数为

$$\tau = RC = 6\times 10^3 \times 10\times 10^{-6} = 60\text{ms}$$

因此

$$u_C(t_1) = 160 = 200(1-e^{-\frac{t_1}{60\times 10^{-3}}})$$

所以

$$t_1 = 96.6\text{ms}$$

8.3.2 RL 电路的零状态响应

如图 8.10(a)所示的电路，电感 L 中无初始储能，$i_L(0_-)=0$。$t=0$ 时，将开关 S 闭合，电路与恒压源接通，电源经电阻开始给电感充磁，且达到稳态时稳态值 $i_L(\infty) = \frac{U_S}{R}$。

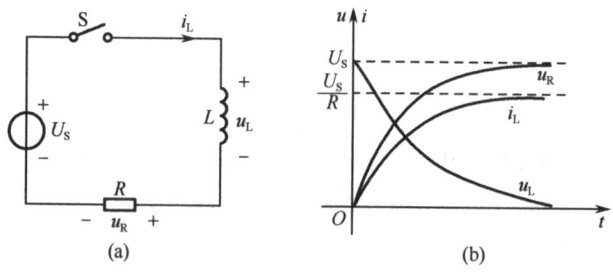

图 8.10 RL 电路的零状态响应

按图 8.10(a)所示的参考方向，根据 KVL，可列出换路后（$t \geq 0$）电路的微分方程

$$i_L R + u_L = U_S$$

将 $u_L = L\dfrac{di_L}{dt}$ 代入上式,得

$$L\frac{di_L}{dt} + i_L R = U_S \tag{8.13}$$

微分方程的解法同 RC 电路的零状态响应,可得电感的零状态响应电流为

$$i_L(t) = i_L(\infty)(1 - e^{-\frac{t}{\tau}}) = \frac{U_S}{R}(1 - e^{-\frac{t}{\tau}}) = I_L(1 - e^{-\frac{t}{\tau}}), \quad t \geq 0 \tag{8.14}$$

电感电压

$$u_L(t) = L\frac{di_L(t)}{dt} = U_S e^{-\frac{t}{\tau}} \quad t \geq 0 \tag{8.15}$$

电阻电压

$$u_R(t) = U_S(1 - e^{-\frac{t}{\tau}}) \quad t \geq 0 \tag{8.16}$$

以上各式中 $\tau = \dfrac{L}{R}$ 是 RL 串联电路的时间常数。

i_L、u_L 和 u_R 随时间变化的曲线如图 8.10(b)所示。可见,电感电流和电容电压的增长规律相同,都是按指数规律由初始值增加到稳态值的。电感电压 u_L 在 $t=0$ 时的换路瞬间由零突变到 U_S,然后按指数规律衰减趋于零。暂态过程进行的快慢同样取决于电路的时间常数 τ。

【例 8.5】 在图 8.11 所示的电路中,电路原处于稳态,$t=0$ 时,开关闭合,求 $t \geq 0$ 时的 i_L、i。

解:由于电路原处于稳态,故电感中无初始储能。开关闭合后,仅由外部激励引起各处响应,所以属于零状态响应。可直接利用式(8.14)进行计算。稳态时电感电流 $i_L(\infty)$ 为

$$i_L(\infty) = \frac{18}{6//4 + 1.2} \times \frac{6}{4+6} = 3\text{A}$$

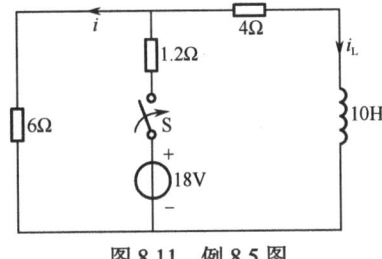

图 8.11 例 8.5 图

电路的时间常数

$$\tau = \frac{L}{R_{eq}} = \frac{10}{6//1.2 + 4} = 2\text{s}$$

则

$$i_L(t) = i_L(\infty)(1 - e^{-\frac{t}{\tau}}) = 3(1 - e^{-0.5t})\text{A} \quad t \geq 0$$

开关 S 闭合以后,可以利用网孔电流法求解 i。网孔电流按支路电流 i_L 和 i 设定,可得网孔方程

$$(6+1.2)i(t) + 1.2 i_L(t) = 18$$

$$i(t) = \frac{18 - 1.2 i_L(t)}{7.2} = (2 + 0.5 e^{-0.5t})\text{A} \quad t \geq 0$$

8.4 一阶电路的全响应和三要素法

外加激励和储能元件的初始储能都不为零时,一阶电路的响应称为一阶电路的全响应。

8.4.1 一阶电路的全响应

现以图 8.12(a)所示的 RC 电路为例进行讨论。设电容 C 原已被充电,且 $u_C(0_+) = U_0$,在 $t=0$ 时将 S 闭合,电路与恒压源 U_S 接通。换路后的响应由输入激励 U_S 和初始状态 U_0 共同产生,属于全响应。描述该电路的微分方程与前面讨论的 RC 零状态响应的式(8.10)完全一样,解的形式也完全类似,即

$$u_C(t) = U_S + Ae^{-\frac{t}{\tau}}$$

区别在于电路初始条件不同，待定系数 A 也会有所不同。此处的初始状态为 $u_C(0_+) = U_0$，代入上式，可得

$$A = U_0 - U_S$$

则全响应

$$u_C(t) = U_S + (U_0 - U_S)e^{-\frac{t}{\tau}} \tag{8.17}$$

它可以视为由两个分量组成，第一项是稳态分量，它仅决定于激励的性质。第二项是暂态分量，按指数规律衰减。所以有

全响应=稳态响应+暂态响应

这是全响应的一种分解形式，它强调了电路的稳态和暂态两种工作状态。换路后，时间经过 $(3 \sim 5)\tau$，暂态分量消失，电路进入新的稳态。图8.12(b)描述了 U_S、U_0 均大于零时，在 $U_S < U_0$ 的情况下 u_C 的波形。

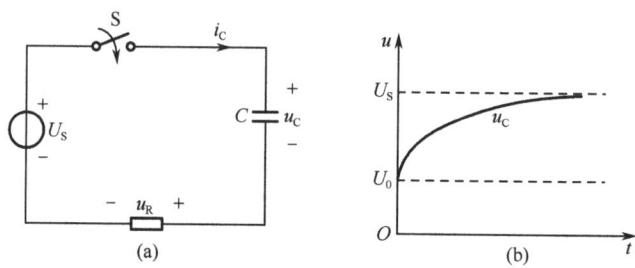

图8.12 RC电路的全响应

式（8.17）也可以写成如下形式，即

$$u_C(t) = U_0 e^{-\frac{t}{\tau}} + U_S(1 - e^{-\frac{t}{\tau}})$$

因此可以得出

全响应=零输入响应+零状态响应

这说明一阶电路中，全响应是零输入响应和零状态响应的叠加，这是线性电路叠加性的体现。零输入响应和零状态响应都是全响应的一种特例。

8.4.2 三要素法

通过前面的讨论内容可以看到，用经典法分析任何一个一阶电路，都是求解一阶微分方程的过程，方程的解都由稳态分量和暂态分量组成。如果将待求电压或电流用 $f(t)$ 表示，其初始值和稳态值分别用 $f(0_+)$ 和 $f(\infty)$ 表示，则解的形式可以写成

$$f(t) = f(\infty) + Ae^{-\frac{t}{\tau}}$$

在 $t=0_+$ 时有

$$f(0_+) = f(\infty) + Ae^{-\frac{0}{\tau}} = f(\infty) + A$$

则 $A = f(0_+) - f(\infty)$，可见 A 是电路的初始值与稳态值之差。

所以一阶电路的解可以表达为

$$f(t) = f(\infty) + [f(0_+) - f(\infty)]e^{-\frac{t}{\tau}} \tag{8.18}$$

式中，$f(0_+)$、$f(\infty)$ 和 τ 称为一阶电路的三要素，式（8.18）称为一阶电路的三要素公式。直接利用三要素公式求解一阶电路，称为求解一阶电路的三要素法。

一阶电路三要素的求取方法如下：

（1）初始值 $f(0_+)$，按 8.1 节所述方法求取。

（2）稳态值 $f(\infty)$ 可在换路后 $t \to \infty$ 时的稳态等效电路中求取。当电路激励是直流量时，电路达到稳态后，电容 C 应视为开路，电感 L 应视为短路，此时就是对稳态直流电阻电路的分析计算。

（3）时间常数 τ 仅与电路结构和参数有关，在 RC 电路中，$\tau = R_{eq}C$；在 RL 电路中，$\tau = \dfrac{L}{R_{eq}}$，这里的 R_{eq} 是指换路后对于动态元件两端的戴维南等效电阻。

需要注意的是，三要素法只适用于外加激励为恒定直流的一阶线性电路，对二阶或高阶电路是不适用的。

【例 8.6】 在图 8.13 所示的电路中，已知 $U_S=10\text{V}$，$R=2\Omega$，$L=4\text{H}$，$I_S=2\text{A}$，试求 S 闭合后电路中的电流 i_L 和 i。

解：换路前由于有电流源存在，故电感中有储能，换路后，又有新的电源接入，故此问题为 RL 电路的全响应。

（1）求初始值。由换路定律得

$$i_L(0_+) = i_L(0_-) = -2\text{A}$$

（2）由换路后的电路求稳态值

$$i_L(\infty) = \frac{U_S}{R} - I_S = \frac{10}{2} - 2 = 3\text{A}$$

（3）求时间常数

$$\tau = \frac{L}{R} = \frac{4}{2}\text{s} = 2\text{s}$$

根据式（8.18）解得

$$i_L(t) = 3 + (-2-3)\text{e}^{-0.5t} = (3 - 5\text{e}^{-0.5t})\text{A}$$

根据 KCL，换路后电路的电流为

$$i(t) = I_S + i_L = 2 + 3 - 5\text{e}^{-0.5t} = (5 - 5\text{e}^{-0.5t})\text{A}$$

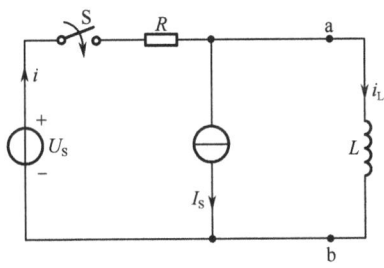

图 8.13　例 8.6 图

8.5　阶跃函数和一阶电路的阶跃响应

为了更方便地描述电路的激励和响应，引入了阶跃函数的概念。

8.5.1　阶跃函数

单位阶跃函数用 $\varepsilon(t)$ 表示，其定义为

$$\varepsilon(t) = \begin{cases} 0 & t < 0 \\ 1 & t > 0 \end{cases} \tag{8.19}$$

该函数在 $t=0$ 处发生单位突变，波形如图 8.14(a)所示。当 $t=0$ 时，$\varepsilon(t)$ 从 0 突变到 1。当突变

量是 K 个单位时，可以用 $K\varepsilon(t)$ 来表示，其波形如图 8.14(b)所示。当突变发生在 $t=t_0$ 时刻时，可以用延迟阶跃函数 $\varepsilon(t-t_0)$ 表示，即

$$\varepsilon(t-t_0) = \begin{cases} 0 & t < t_0 \\ 1 & t > t_0 \end{cases} \tag{8.20}$$

其波形如图 8.14(c)所示。

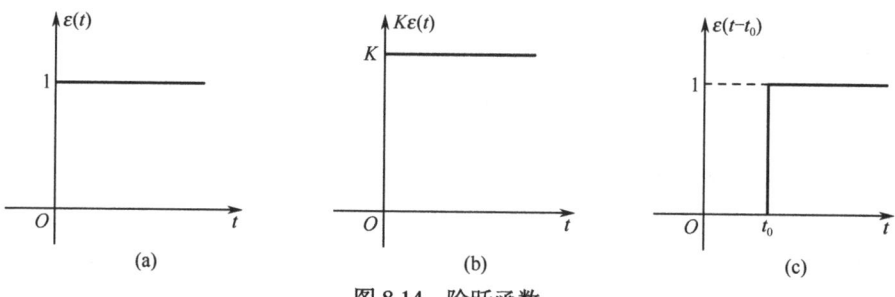

图 8.14 阶跃函数

阶跃函数的应用之一是描述某些情况下的开关动作。电路如图 8.15(a)所示，用阶跃函数表示在 $t=0$ 时把 4V 直流电压源接入电路；如图 8.15(b)所示，用延迟的阶跃函数表示在 $t=t_0$ 时把 2A 直流电流源接入电路。

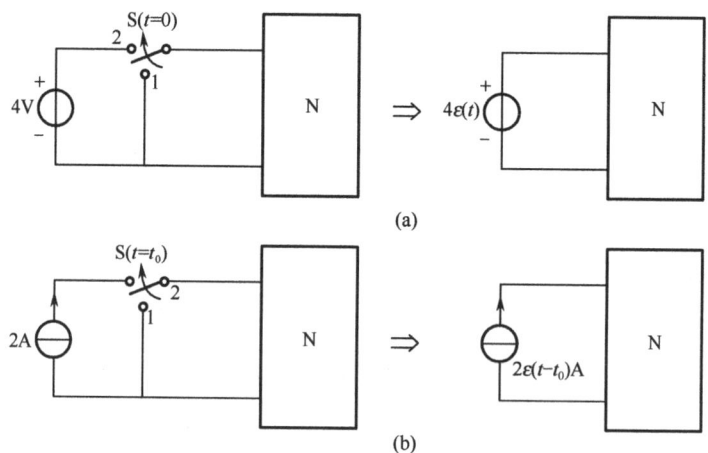

图 8.15 用阶跃函数表示开关动作

阶跃函数的另一个重要应用是可以简洁地表示某些信号。如图 8.16(a)中的矩形脉冲信号，可以看成图 8.16(b)和 8.16(c)两个阶跃信号之和，即

$$f(t) = 2\varepsilon(t) - 2\varepsilon(t-1)$$

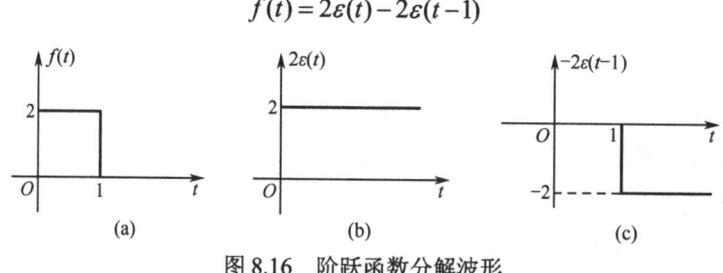

图 8.16 阶跃函数分解波形

此外，还可用单位阶跃函数描述电路响应的时间区间，可以给电路响应的函数表达式的书写带来方便。

设信号 $f(t)$ 的波形如图 8.17(a)所示，若要求 $f(t)$ 在 $t=t_0$ 时刻开始作用，可以把 $f(t)$ 乘以

$\varepsilon(t-t_0)$，如图 8.17(b)所示，即

$$f(t)\varepsilon(t-t_0) = \begin{cases} 0 & t \leq t_{0-} \\ f(t) & t \geq t_{0+} \end{cases}$$

若要求 $f(t)$ 仅在区间 (t_0, t_1) 上信号起作用，则将 $f(t)$ 乘以 $[\varepsilon(t-t_0)-\varepsilon(t-t_1)]$ 即可，波形如图 8.17(c) 所示。

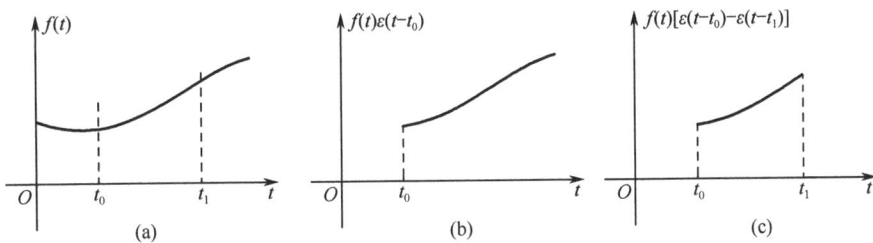

图 8.17 用单位阶跃函数表示信号的作用区间

8.5.2 一阶电路的阶跃响应

当激励为单位阶跃函数 $\varepsilon(t)$ 时，电路的零状态响应称为单位阶跃响应，简称阶跃响应，用 $s(t)$ 表示。单位阶跃函数 $\varepsilon(t)$ 作用于电路相当于单位直流源（1V 或 1A）在 $t=0$ 时接入电路，因此，一阶电路的阶跃响应仍可用三要素法求得。

对于图 8.18(a)所示的 RC 串联电路，已知其初始值 $u_C(0_+)=0$，稳态值 $u_C(\infty)=1$，时间常数 $\tau = RC$。用三要素法得到电感电流 $u_C(t)$ 的阶跃响应为

$$u_C(t) = (1-\mathrm{e}^{-\frac{t}{\tau}})\varepsilon(t)$$

对于图 8.18(b)所示的 RL 串联电路，已知其初始值 $i_L(0_+)=0$，稳态值 $i_L(\infty)=1$，时间常数 $\tau = \frac{L}{R}$。用三要素法得到电感电流 $i_L(t)$ 的阶跃响应为

$$i_L(t) = \frac{1}{R}(1-\mathrm{e}^{-\frac{t}{\tau}})\varepsilon(t)$$

因在线性电路中，零状态响应是激励的线性函数。因此，对于 RC 电路而言，如果激励是幅值为 U 的阶跃函数 $U\varepsilon(t)$，则电容电压 $u_C(t)$ 的阶跃响应为

$$u_C(t) = U(1-\mathrm{e}^{-\frac{t}{RC}})\varepsilon(t)$$

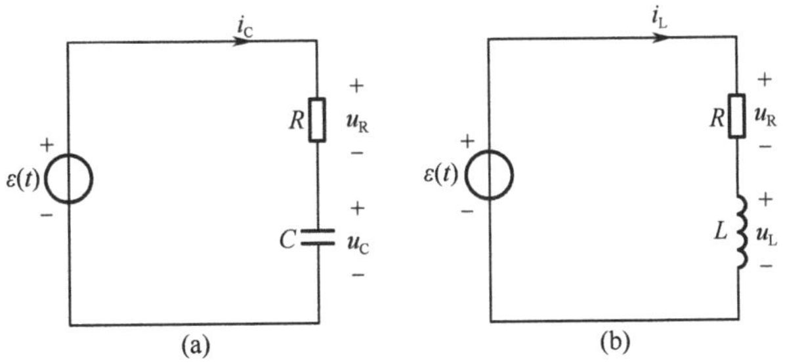

图 8.18 RC 串联和 RL 串联电路

如果激励是幅值为 U 的延迟阶跃函数 $U\varepsilon(t-t_0)$，则电容电压的阶跃响应为

$$u_C(t) = U(1-\mathrm{e}^{-\frac{t-t_0}{RC}})\varepsilon(t-t_0)$$

【例 8.7】 电路如图 8.19(a)所示，$R=8\Omega$，$C=0.25\mathrm{F}$，图 8.19(b)所示的矩形脉冲电压 $u(t)$ 在 $t=0$ 时作用于电路，求其零状态响应 $u_C(t)$。

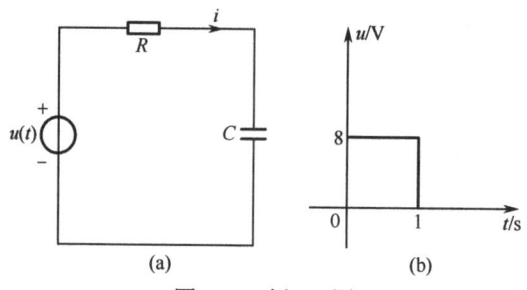

图 8.19　例 8.7 图

解： 脉冲电压可分解成两个阶跃电压之和，即
$$u(t) = 8\varepsilon(t) - 8\varepsilon(t-1)$$

时间常数
$$\tau = RC = 8 \times 0.25 = 2\text{s}$$

阶跃电压 $8\varepsilon(t)$ 作用于电路时的零状态响应为
$$u'_C(t) = 8(1-\mathrm{e}^{-\frac{t}{2}})\varepsilon(t)\text{V}$$

阶跃电压 $-8\varepsilon(t-1)$ 作用于电路时的零状态响应为
$$u''_C(t) = -8(1-\mathrm{e}^{-\frac{t-1}{2}})\varepsilon(t-1)\text{V}$$

$u(t)$ 作用于电路时的零状态响应为
$$u_C(t) = u'_C(t) + u''_C(t) = [8(1-\mathrm{e}^{-\frac{t}{2}})\varepsilon(t) - 8(1-\mathrm{e}^{-\frac{t-1}{2}})\varepsilon(t-1)]\text{V}$$

【例 8.8】 若作用于图 8.20 所示电路的电压 $u_s(t) = [6+6\varepsilon(t)]\text{V}$，试求 $u(t)$。

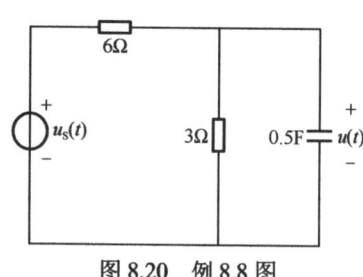

图 8.20　例 8.8 图

解： 可利用叠加定理求解。

当 6V 直流电压作用时，电容可视为开路，其电压为
$$u'(t) = \frac{3}{6+3} \times 6 = 2\text{V}$$

当 $6\varepsilon(t)$ 作用时，电容的零状态响应为
$$u''(t) = u(\infty)(1-\mathrm{e}^{-\frac{t}{\tau}})\varepsilon(t)$$

其中
$$u(\infty) = 6 \times \frac{3}{6+3}\text{V} = 2\text{V}$$
$$\tau = RC = \frac{6 \times 3}{6+3} \times 0.5 = 1\text{s}$$

故
$$u(t) = u'(t) + u''(t) = [2 + 2(1-\mathrm{e}^{-\frac{t}{1}})\varepsilon(t)]\text{V}$$

8.6　冲激函数和一阶电路的冲激响应

8.6.1　冲激函数

单位冲激函数定义为
$$\delta(t) = 0 \quad (t \neq 0)$$
$$\int_{-\infty}^{+\infty} \delta(t)\mathrm{d}t = 1$$

其波形如图 8.21(a)所示，强度为 K 的冲激函数可用图 8.21(b)表示。若冲激函数发生在 $t=t_0$ 处，则用 $\delta(t-t_0)$ 表示，且用 $K\delta(t-t_0)$ 表示强度为 K 反生在 $t=t_0$ 时刻的延迟冲激函数，如图 8.21(c)

所示。

根据 $\varepsilon(t)$ 和 $\delta(t)$ 的定义，两者存在以下重要关系

$$\int_{-\infty}^{t} \delta(\xi)\mathrm{d}\xi = \begin{cases} 0 & t<0 \\ 1 & t>0 \end{cases} = \varepsilon(t) \tag{8.21}$$

$$\frac{\mathrm{d}\varepsilon(t)}{\mathrm{d}t} = \delta(t) \tag{8.22}$$

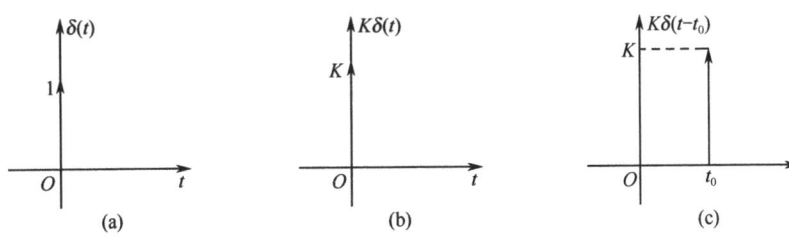

图 8.21 冲激函数

单位冲激函数具有一个重要性质——筛选性，因为冲激函数在 $t \neq 0$ 时为零，则对任意 $t=0$ 处连续的函数 $f(t)$，将有

$$f(t)\delta(t) = f(0)\delta(t) \tag{8.23}$$

故

$$\int_{-\infty}^{+\infty} f(t)\delta(t)\mathrm{d}t = f(0)\int_{-\infty}^{+\infty} \delta(t)\mathrm{d}t = f(0)$$

同理，对任意一个在 $t=t_0$ 时连续的函数 $f(t)$，有

$$\int_{-\infty}^{+\infty} f(t)\delta(t-t_0)\mathrm{d}t = f(t_0)\int_{-\infty}^{+\infty} \delta(t-t_0)\mathrm{d}t = f(t_0)$$

8.6.2 一阶电路的冲激响应

零状态电路对单位冲激函数的响应称为单位冲激响应，用 $h(t)$ 表示。响应可以是电压，也可以是电流。

根据线性时不变电路的一个重要性质，即如果激励 x 产生响应 y，那么激励 $\dfrac{\mathrm{d}x}{\mathrm{d}t}$ 产生的响应为 $\dfrac{\mathrm{d}y}{\mathrm{d}t}$。考虑到式（8.22）所示的关系，可得出下述结论

$$h(t) = \frac{\mathrm{d}s(t)}{\mathrm{d}t} \tag{8.24}$$

即线性时不变电路的冲激响应是它的阶跃响应的导数。

【例 8.9】 电路如图 8.22 所示，求 RC 并联电路在冲激电流源 $\delta(t)$ 作用下电压 $u(t)$ 的单位冲激响应。

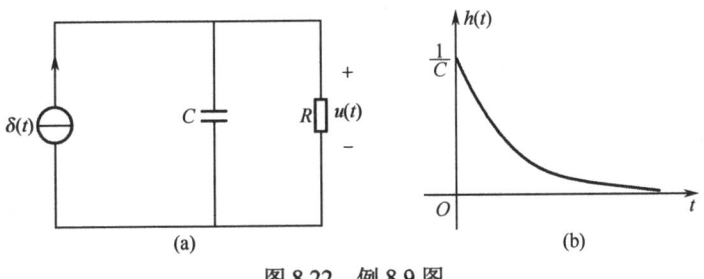

图 8.22 例 8.9 图

解： 电路中电压 $u(t)$ 的单位阶跃响应为

$$s(t) = R(1-e^{-\frac{t}{RC}})\varepsilon(t)$$

由于

$$h(t) = \frac{ds(t)}{dt}$$

故该电路电压 u 的单位冲激响应

$$h(t) = R\frac{d}{dt}[\varepsilon(t) - e^{-\frac{t}{RC}}\varepsilon(t)]$$

$$= R[\delta(t) - \delta(t)e^{-\frac{t}{RC}} + \frac{1}{RC}e^{-\frac{t}{RC}}\varepsilon(t)]$$

$$= R[\delta(t) - \delta(t) + \frac{1}{RC}e^{-\frac{t}{RC}}\varepsilon(t)]$$

$$= \frac{1}{C}e^{-\frac{t}{RC}}\varepsilon(t)$$

波形如图 8.22(b)所示。

从上例不难看出：$t=0_+$ 时，$u=\frac{1}{C}$，而 $t=0_-$ 时，$u=0$。可见冲激电压源使电容电压发生了突变。可见在 u_L 和 i_C 不是有限值时，换路定律不成立。

8.7 RLC 串联电路的零输入响应

当电路中包含两个独立的动态元件时，描述这种电路的方程是二阶线性常系数微分方程，电路中含有一个电感和一个电容的电路是一种典型的二阶电路，本节将重点讨论 RLC 串联电路的零输入响应。

在如图 8.23 所示的电路中，$u_C(0_-) = U_0$，$i_L(0_-) = 0$，开关 S 在 $t=0$ 时闭合，由于外加电源不存在，电路中仅由电容的初始储能产生响应，故称为电路的零输入响应。

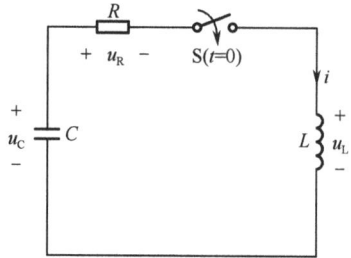

图 8.23 RLC 串联电路的零输入响应

电路的 KVL 方程为

$$u_R + u_L - u_C = 0 \quad t \geq 0$$

将 $i = -C\frac{du_C}{dt}$，$u_R = Ri$，$u_L = L\frac{di}{dt} = -LC\frac{d^2u_C}{dt^2}$ 代入上式并整理得

$$LC\frac{d^2u_C}{dt^2} + RC\frac{du_C}{dt} + u_C = 0 \quad t \geq 0 \tag{8.25}$$

式（8.25）是一个线性常系数二阶齐次微分方程。设 $u_C(t) = Ae^{pt}$，代入上式，得出特征方程为

$$LCp^2 + RCp + 1 = 0$$

其特征根为

$$\begin{cases} p_1 = -\dfrac{R}{2L} + \sqrt{\left(\dfrac{R}{2L}\right)^2 - \dfrac{1}{LC}} \\ p_2 = -\dfrac{R}{2L} - \sqrt{\left(\dfrac{R}{2L}\right)^2 - \dfrac{1}{LC}} \end{cases} \tag{8.26}$$

上式表明，特征根 p_1 和 p_2 仅与元件参数和电路结构有关，而与激励和初始条件无关。因为二阶方程对应两个特征根，所以 u_C 应写成

$$u_C(t) = A_1 e^{p_1 t} + A_2 e^{p_2 t} \quad t \geq 0 \tag{8.27}$$

式中，A_1、A_2 为积分常数，根据初始条件可以求出，将求得的积分常数 A_1、A_2 代入式（8.27）即可得到电容电压为

$$u_C(t) = \dfrac{U_0}{p_2 - p_1}(p_2 e^{p_1 t} - p_1 e^{p_2 t}) \tag{8.28}$$

电路电流为

$$i(t) = -C\dfrac{du_C}{dt} = \dfrac{CU_0 p_1 p_2}{p_2 - p_1}(e^{p_1 t} - e^{p_2 t}) = -\dfrac{U_0}{L(p_2 - p_1)}(e^{p_1 t} - e^{p_2 t}) \tag{8.29}$$

电感电压为

$$u_L(t) = L\dfrac{di}{dt} = -\dfrac{U_0}{p_2 - p_1}(p_1 e^{p_1 t} - p_2 e^{p_2 t}) \tag{8.30}$$

由式（8.28）可见，电容放电过程的规律与特征根 p_1、p_2 的性质有关，而 p_1、p_2 仅与电路参数 R、L、C 的大小和电路的结构有关，与激励和初始储能无关。当 R、L、C 的参数不同时，特征根为不同的形式。下面分三种情况讨论。

1) $R > 2\sqrt{\dfrac{L}{C}}$

此时，特征根是两个不等的负实数。由式（8.28）可以看出电容电压衰减的指数函数。

u_C、i、u_L 随时间变化的曲线如图 8.24 所示。从图中可以看出，u_C 的单调衰减说明电容已经在释放其存储的电场能。在 $t = t_m$ 之前，电流 i 增大，说明电容释放的能量一部分供电阻消耗，另一部分转化为电感的磁场储能。在 $t = t_m$ 之后，电流 i 减小，说明电感也释放其磁场能，电感和电容的两种储能都由电阻耗尽，则放电结束。通过对电流求导，可计算时间 t_m，即

$$p_1 e^{p_1 t} - p_2 e^{p_2 t} = 0$$

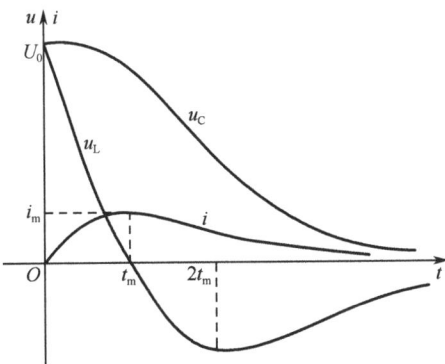

图 8.24 非振荡放电过程中的零输入响应曲线

可得

$$t_m = \frac{1}{p_1 - p_2}\ln\frac{p_2}{p_1}$$

整个放电过程是一个非振荡放电过程，所以这种情况又称为过阻尼情况。

2）$R < 2\sqrt{\dfrac{L}{C}}$

此时，p_1、p_2 是一对共轭复根，电路处于振荡放电状态。令

$$\delta = \frac{R}{2L}, \quad \omega^2 = \frac{1}{LC} - \left(\frac{R}{2L}\right)^2$$

于是有

$$p_1 = -\delta + j\omega, \quad p_2 = -\delta - j\omega;$$

电容电压 u_C 的通解形式为

$$u_C(t) = A_1 e^{p_1 t} + A_2 e^{p_2 t} = e^{-\delta t}(A_1 e^{j\omega t} + A_2 e^{-j\omega t})$$

经常把上式写成三角函数形式

$$u_C(t) = A e^{-\delta t}\sin(\omega t + \beta)$$

把 ω 称为振荡频率。根据初始条件可确定待定系数 A、β。

$$A = \frac{U_0}{\sin\beta}, \quad \beta = \arctan\frac{\omega}{\sigma}$$

由于 ω_0、ω、δ 满足图 8.25 所示的三角关系，有 $\omega = \omega_0 \sin\beta$，$A = \dfrac{\omega_0}{\omega}U_0$，则有

电容电压
$$u_C = \frac{U_0 \omega_0}{\omega} e^{-\delta t}\sin(\omega t + \beta)$$

电流
$$i = \frac{U_0}{\omega L} e^{-\delta t}\sin(\omega t)$$

电感电压
$$u_L = -\frac{U_0 \omega_0}{\omega} e^{-\delta t}\sin(\omega t - \beta)$$

从 u_C、i、u_L 的表达式可以看出，它们的波形呈现衰减振荡的状态，函数是按指数规律衰减的正弦函数，所以这种放电过程称为振荡放电过程，因为 $R < 2\sqrt{\dfrac{L}{C}}$，故又称为欠阻尼电路。在整个放电过程中，u_C、i、u_L 将周期性地改变方向，储能元件 L、C 也将周期性地交换能量。它们的变化曲线如图 8.26 所示。

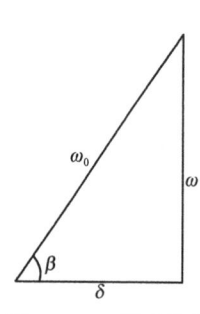

图 8.25 ω_0、ω 和 δ 的关系

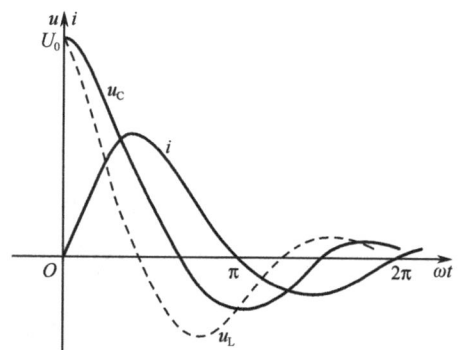

图 8.26 振荡放电过程中的零输入响应曲线

通过 u_C、i、u_L 的表达式，可以得出：

（1）$\omega t = k\pi$，$k = 0, 1, 2, 3, \cdots$，为电流 i 的过零点，即电容电压 u_C 的极值点。

（2）$\omega t = k\pi + \beta$，k=0, 1, 2, 3, …，为电感电压 u_L 的过零点，即电流 i 的极值点。
（3）$\omega t = k\pi - \beta$，k=1, 2, 3, …，为电容电压 u_C 的过零点。
（4）$\omega t = k\pi + 2\beta$，k=0, 1, 2, 3, …，为电感电压 u_L 的极值点。

由图 8.26 所示的曲线可以看出，在振荡过程中，两个储能元件之间能量转换、吸收的情况，见表 8.2。

表 8.2 储能元件的能量转换

储能元件	$0 < \omega t < \beta$	$\beta < \omega t < \pi - \beta$	$\pi - \beta < \omega t < \pi$
电感	吸收	释放	释放
电容	释放	释放	吸收

3）$R = 2\sqrt{\dfrac{L}{C}}$

此时，特征根 p_1、p_2 为相等的负实根，即 $p_1 = p_2 = -\dfrac{R}{2L} = -\delta$，电路处于临界阻尼状态。

电容电压
$$u_C(t) = U_0(1+\delta t)e^{-\delta t}$$

电流
$$i(t) = -C\dfrac{du_C}{dt} = \dfrac{U_0}{L} t e^{-\delta t}$$

电感电压
$$u_L(t) = L\dfrac{di}{dt} = U_0 e^{-\delta t}(1-\delta t)$$

从上述表达式可以看出，u_C、i、u_L 放电情况是非振荡的性质，波形与图 8.24 相似。因为这种过程是振荡与非振荡过程的分界线，所以 $R = 2\sqrt{\dfrac{L}{C}}$ 时的瞬态过程也称为临界非振荡过程，此时的电阻称为临界电阻。

8.8 应用举例

以图 8.27 所示的简化闪光灯电路为例进行分析。图 8.27 所示电路由直流电压源、电阻、电容和一个在临界电压下能够导通的灯组成。当灯两端的电压达到 U_{max} 时，灯导通发光，此时灯相当于一个电阻，设阻值为 R_d；当灯两端的电压降到电压 U_{min} 时，灯停止发光，此时相当于开路。

在分析电路以前，先对电路的工作做一个简单的分析。首先，当灯不亮，即开路时，直流电压源通过电阻 R_1 对电容充电，当电容电压 $u_C(t)$（即灯两端的电压）达到 U_{max} 时，灯导通发光，此时电容开始放电，一旦电容电压 $u_C(t)$ 下降到 U_{min}，灯开路，电容又开始充电。

令电容开始充电的瞬间为 $t=0$；到 $t=t_1$ 时，电容电压达到 U_{max}，灯导通并开始工作，直到 $t=t_2$ 时，电容电压降到 U_{min}，灯停止工作，相当于开路，电容又重新开始充电完成一个循环。

假设电路已经运转一段时间，在 $t=0$ 时，灯开路，等效电路如图 8.28 所示。在此电路中求不导通时（$0 \leqslant t < t_1$）灯两端的电压，也就是电容电压 $u_C(t)$。用三要素法，求解如下：

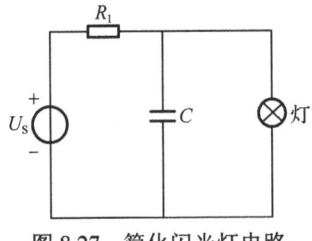
图 8.27 简化闪光灯电路

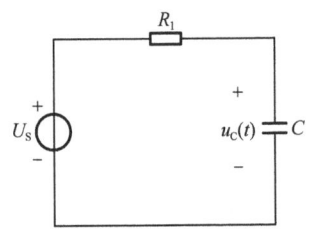
图 8.28 $t=0$ 时刻的闪光灯电路

电容电压初始值

$$u_C(0_+) = U_{min}$$

电容电压稳态值

$$u_C(\infty) = U_S$$

时间常数

$$\tau = R_1 C$$

代入三要素法公式得

$$u_C(t) = U_S + (U_{min} - U_S)e^{-\frac{t}{\tau}} \qquad t \geq 0$$

当 $t = t_1$ 时，$u_C(t_1) = U_{max}$，灯导通，此时间为

$$t_1 = \tau \ln \frac{U_{min} - U_S}{U_{max} - U_S}$$

在 $t = t_1$ 时刻，$u_d(t_1) = u_C(t_1) = U_{max}$，灯导通，等效电路如图 8.29(a)所示，灯两端的电压 $u_d(t) = u_C(t)$，需要求出电容电压 $u_C(t)$（此时 $t \geq t_1$）。为求时间常数 τ，需要将电路变换成图 8.29(b) 所示的形式，求得等效电阻 $R_0 = R_1 // R_d$。电路达到稳定状态时电容相当于开路，等效电路如图 8.29(c) 所示。

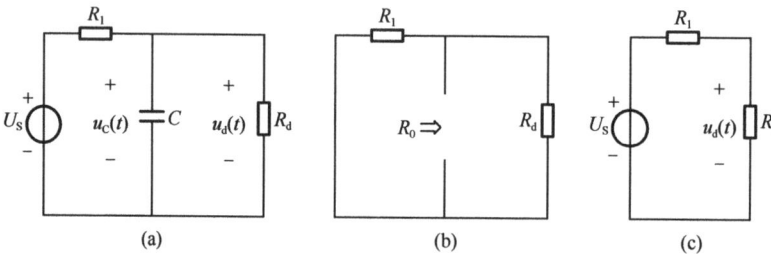

图 8.29 $t \geq t_1$ 时闪光灯等效电路

当 $t \geq t_1$ 时，用三要素法求解如下：

电容电压初始值

$$u_C(t_{1+}) = U_{max}$$

电容电压稳态值

$$u_C(\infty) = u_d(\infty) = \frac{R_d}{R_1 + R_d} U_S = U_d$$

时间常数

$$\tau' = R_0 C$$

代入三要素法公式得

$$u_C(t) = U_d + (U_{max} - U_d)e^{-\frac{t-t_1}{\tau'}} \qquad t \geq t_1$$

同理，当 $u_C(t_2) = U_{min}$ 时，灯截止，可求出灯导通的时间

$$(t_2 - t_1) = \tau' \ln \frac{U_{max} - U_d}{U_{min} - U_d}$$

闪光灯电路中电容电压的波形图如图 8.30 所示。

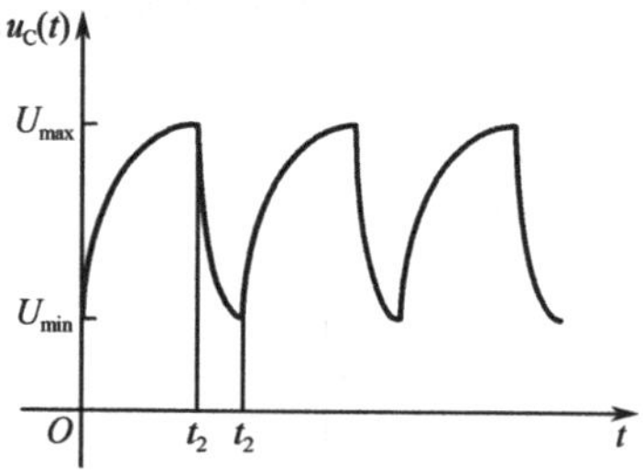

图 8.30 闪光灯电路中电容电压的波形图

8.9 技能训练——一阶电路的暂态过程

一、实验目的
① 测定一阶 RC 电路的零输入响应、零状态响应及全响应，加深对暂态过程的理解。
② 学习用示波器测定 RC 电路时间常数的方法。
③ 学习用示波器观察和分析电路响应的方法。

二、实验原理
（1）一阶 RC 电路的零输入响应
见 8.2.1 节。
（2）一阶 RC 电路的零状态响应
见 8.3.1 节。
（3）测量一阶 RC 电路时间常数 τ

为了用普通示波器观察电路的暂态过程，需采用图 8.31 所示的周期性方波信号 u_S 作为电路的激励信号，方波信号的周期为 T，只要满足 $T/2 \geq 5\tau$，便可在示波器的荧光屏上形成稳定的响应波形。

电阻 R、电容 C 串联与方波发生器的输出端连接，用双踪示波器观察电容电压 u_C，便可观察到稳定的指数曲线，如图 8.32 所示，在荧光屏上测得电容电压最大值 $U_{Cm} = a$ (cm)，取 $b = 0.632a$ (cm)，与指数曲线交点对应时间 t 轴的 x 点，则根据时间 t 轴比例尺（扫描时间 t/cm），该电路的时间常数 $\tau = x$ (cm)$\times t$/cm。

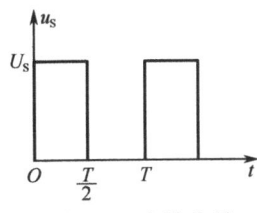 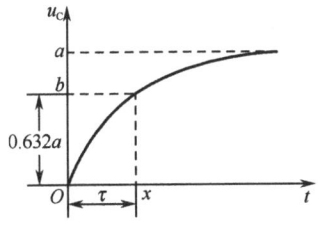

图 8.31　方波信号　　　　　图 8.32　时间常数的测量

三、实验设备
实验设备见表 8.3。

表 8.3　一阶电路的暂态过程实验设备

序　号	名　称	型号与规格	数　量
1	函数信号发生器		1
2	双踪示波器	DS1022C	1
3	电阻	EEL-52 组件	1
4	电容	EEL-52 组件	1

四、实验内容
实验电路如图 8.33 所示，图中电阻 R、电容 C 从 EEL-52 组件上选取，用双踪示波器观察电路激励（方波）信号和响应信号。u_S 为方波信号，将信号源的"波形选择"开关置于方波信号位置上，将信号源的信号输出端与示波器探头连接，接通信号源电源，调节信号源的频率旋钮（包括"频段选择"开关、频率粗调和频率细调旋钮），使输出信号的频率为 1kHz（由频率计读出），调节输出信号的"幅值调节"旋钮，使方波的峰－峰值 $V_{P-P}=2V$，固定信号源的频率和幅值不变。

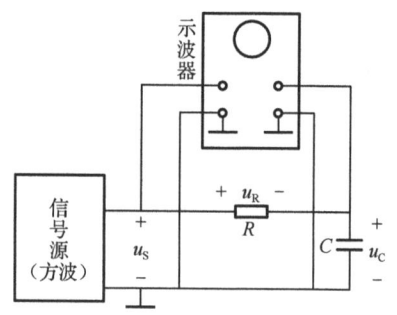

图 8.33 一阶电路的暂态过程实验电路

观察一阶 RC 电路的充、放电过程。

① 测量时间常数 τ：令 $R=10\text{k}\Omega$，$C=0.01\mu\text{F}$，用示波器观察激励 u_S 与响应 u_C 的变化规律，测量并记录时间常数 τ。

② 观察时间常数 τ（即电路参数 R、C）对暂态过程的影响：令 $R=10\text{k}\Omega$，$C=0.01\mu\text{F}$，观察并描绘响应的波形，继续增大 C（取 $0.01\sim0.1\mu\text{F}$）或增大 R（取 $10\sim30\text{k}\Omega$），定性地观察对响应的影响。

五、一阶电路的暂态过程仿真

① 创建电路。仿真电路如图 8.34 所示。

② 用示波器观察输入、输出波形（见图 8.35），试读出充放电的时间常数 τ。

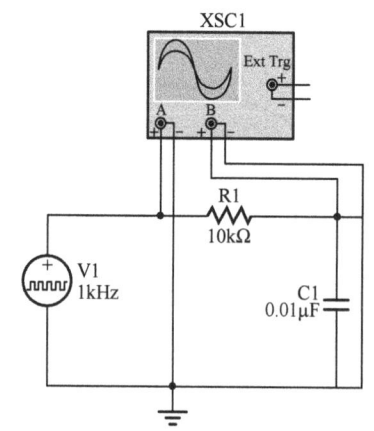

图 8.34 一阶电路的暂态过程仿真电路

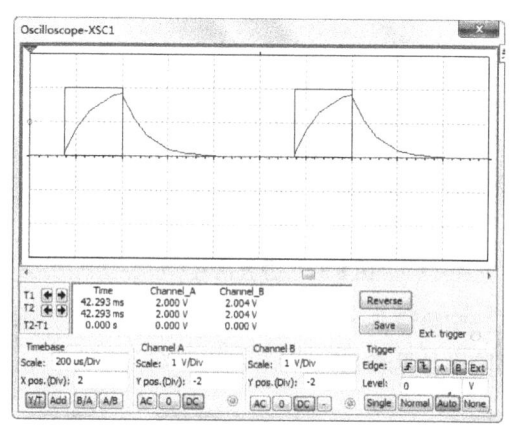

图 8.35 示波器显示输入、输出波形

六、实验报告要求

根据实验观测结果，绘制一阶 RC 电路充、放电时 U_C 与激励信号对应的变化曲线，由曲线测得 τ 值，并与参数值的理论计算结果做比较，分析误差原因。

本章小结

1. 含有动态元件（电感、电容）的电路称为动态电路。

2. 当电路的结构或元件参数发生变化时，电路中电源或其他元件的接入与断开，电路发生短路、断路等情况称为电路发生换路。换路定律是指电感中的电流和电容中的电压在换路前后不能突变，即

$$u_\text{C}(0_+) = u_\text{C}(0_-)$$
$$i_\text{L}(0_+) = i_\text{L}(0_-)$$

$t=0_+$ 时刻的电路中的电压、电流值称为初始值。独立初始值由换路定律求得，非独立初始值由 $t=0_+$ 时的等效电路求得。

3．零输入响应是指无电源激励，仅由初始储能引起的响应，其实质是储能元件放电的过程；零状态响应是指换路前初始储能为零，仅由外加激励引起的响应，其实质是电源给储能元件充电的过程；全响应是指电源激励和初始储能共同作用的结果，其实质是零输入响应和零状态响应的叠加，同时又可以视为稳态分量和暂态分量之和。

4．时间常数 τ 越大，暂态过程越长；时间常数 τ 越小，暂态过程越短。在 RC 电路中 $\tau=RC$，在 RL 电路中 $\tau=\dfrac{L}{R}$。

5．三要素是指初始值 $f(0_+)$、稳态值 $f(\infty)$、电路的时间常数 τ。一阶电路在直流电源激励下全响应的表达式为

$$f(t)=f(\infty)+[f(0_+)-f(\infty)]\mathrm{e}^{-\frac{t}{\tau}}$$

6．一阶电路的单位阶跃响应 $s(t)=(1-\mathrm{e}^{-\frac{t}{\tau}})\varepsilon(t)$。

7．二阶电路中至少含有两个独立的动态元件，需要两个初始条件才能求得电路的响应。由于 R、L、C 参数的不同，响应有振荡和非振荡两类。当 $R>2\sqrt{\dfrac{L}{C}}$ 时，电路处于非振荡放电过程；当 $R=2\sqrt{\dfrac{L}{C}}$ 时，电路处于临界非振荡放电过程；当 $R<2\sqrt{\dfrac{L}{C}}$ 时，电路处于振荡放电过程。

习题 8

8.1 电路产生暂态过程的条件是什么？是否任何电路发生换路时都会产生暂态过程？

8.2 在含有储能元件的电路中，电容和电感什么时候可以看成开路？什么时候可以看成短路？

8.3 电容的初始电压越高，放电的时间是否越长？

8.4 电路如图 8.36 所示，换路前电路稳定，在 $t=0$ 时开关 S 断开，求换路后电路的初始值 $i(0_+)$、$u_L(0_+)$。

8.5 在图 8.37 所示的电路中，开关 S 闭合前电路已处于稳态，试确定 S 闭合后电压 $u_C(0_+)$ 和电流 $i_C(0_+)$、$i_1(0_+)$、$i_2(0_+)$。

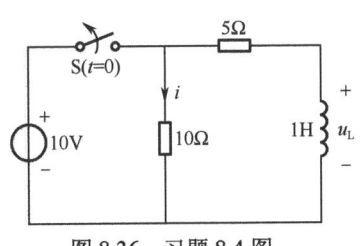
图 8.36 习题 8.4 图

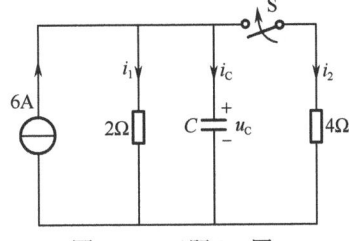
图 8.37 习题 8.5 图

8.6 电路如图 8.38 所示，直流电压源的电压 $U_S=50\mathrm{V}$，电阻 $R_1=30\Omega$，$R_2=20\Omega$，电路原已达稳态，在 $t=0$ 时闭合开关 S，试求电容电压初始值 $u_C(0_+)$ 和电容电流初始值 $i_C(0_+)$。

8.7 电路如图 8.39 所示，直流电压源的电压 $U_S=40\mathrm{V}$，电阻 $R_1=25\Omega$，$R_2=15\Omega$，电路原已达稳态，在 $t=0$ 时闭合开关 S，试求电感电流初始值 $i_L(0_+)$ 和电感电压初始值 $u_L(0_+)$。

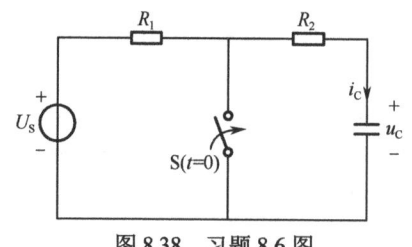
图 8.38 习题 8.6 图

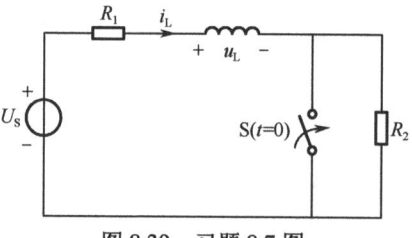
图 8.39 习题 8.7 图

8.8 电路如图 8.40 所示，直流电压源的电压 $U_S=100V$，电阻 $R_1=1\Omega$，$R_2=2\Omega$，$R_3=3\Omega$，$C=100\mu F$，电路原已达稳态，在 $t=0$ 时打开开关 S，试求电容电压 u_C 和电容电流 i_C。

8.9 电路如图 8.41 所示，直流电压源的电压 $U_S=50V$，电阻 $R_1=R_2=2\Omega$，$C=0.5\mu F$，电路原已达稳态，在 $t=0$ 时打开开关 S，试求：（1）电容电压 u_C；（2）$t=4\mu s$ 时的 u_C 值。

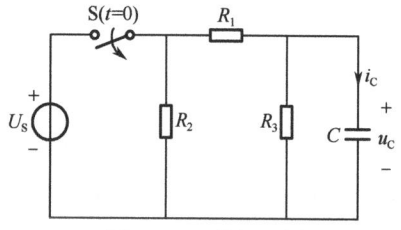
图 8.40 习题 8.8 图

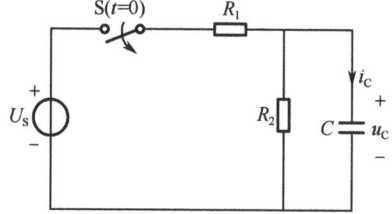
图 8.41 习题 8.9 图

8.10 在图 8.42 所示的电路中，$R=4\Omega$，$L=5H$ 的电感线圈从电压 $U=110V$ 的直流电源上切断后，立即接在电阻 $R_1=6\Omega$ 上，求断闸后 $t=1s$ 时的电流。

8.11 在图 8.43 所示的电路中，当开关 S 闭合时，电压表显示线圈端电压为 2V，现开关 S 突然断开，问此瞬间电压表承受多大电压（线圈电阻 $R=1\Omega$，电压表内阻 $R_0=20k\Omega$）。

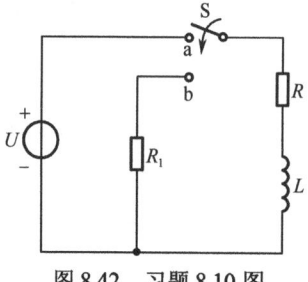
图 8.42 习题 8.10 图

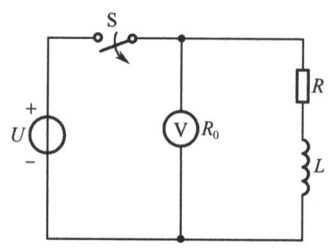
图 8.43 习题 8.11 图

8.12 在图 8.44 所示的电路中，已知 $U_S=20V$，$R_1=4k\Omega$，$R_2=6k\Omega$，$R_3=1.6k\Omega$，$C=2.5\mu F$，在 $t=0$ 时，将开关 S 闭合，试求开关 S 闭合后的响应 u_C 和 i_1、i_2，并画出其变化曲线。

8.13 电路如图 8.45 所示，直流电压源 $U_S=16V$，电阻 $R_1=6\Omega$，$R_2=3\Omega$，$R_3=6\Omega$，$L=2H$，电路原已达稳态，在 $t=0$ 时闭合开关 S，试求电感电压 u_L 和电流 i。

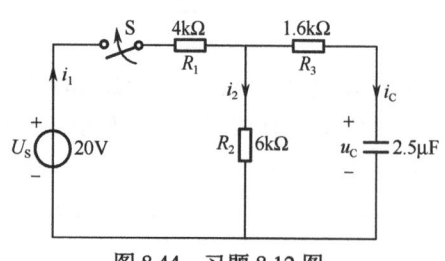
图 8.44 习题 8.12 图

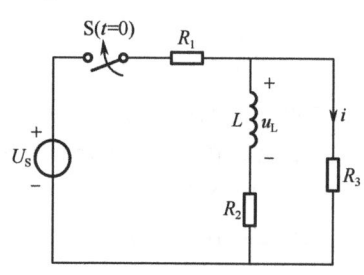
图 8.45 习题 8.13 图

8.14 RC 串联电路接至直流电压源 U_S=24V，C=20μF，$u_C(0_-)$=0，如果接通后 10s 时电容电压为 20V，试求所需的电阻 R。

8.15 线圈接到直流电压源 U_S=100V 上，其中线圈的电阻 R=20Ω，电感 L=20H，$i_L(0_-)$=0。（1）电流的稳态值是多少？达到稳态所需的时间是多少？（2）改变电压源电压，使电流达到原来稳态值所需的时间减少为原来的 1/3，试求 U_S'。

8.16 电路如图 8.46 所示，S 原已合在 a 位置上，试求当开关 S 在 t=0 时合在 b 位置后，电容元件的端电压 u_C。

8.17 图 8.47 所示的电路原已处于稳态。试用三要素法求开关 S 断开后的 i_L 和 u_L。

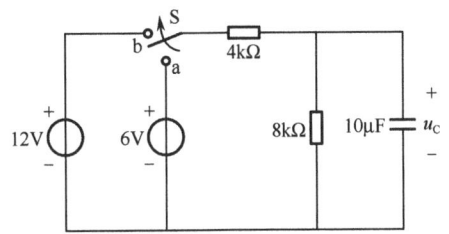

图 8.46 习题 8.16 图

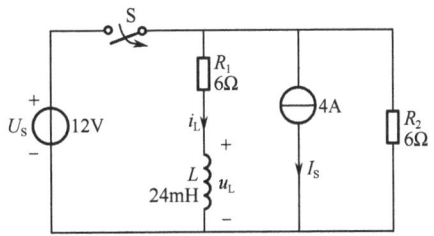

图 8.47 习题 8.17 图

8.18 电路如图 8.48 所示，直流电压源的电压 U_S=100V，直流电流源的电流 I_S=0.2A，R_1=400Ω，R_2=100Ω，C=125μF，电路原已稳定。试用三要素法求换路后的 u_C 和 i。

8.19 在图 8.49 所示的电路中，U=2V，R_1=R_2=1Ω，L=2H，C=0.5F。原来电路处于稳定状态，t=0 时将开关 S 闭合。试求：（1）电路中电压 u_C、i_L 和 i 的变化规律。（2）画出 u_C、i_L 和 i 的变化曲线。

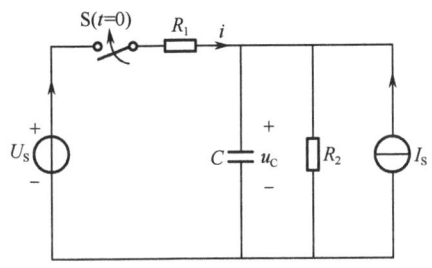

图 8.48 习题 8.18 图

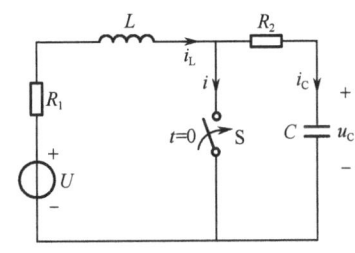

图 8.49 习题 8.19 图

8.20 电路如图 8.50(a)所示，R=1Ω，C=1F，$u_C(0_-)$=0，若 $u_S(t)$=2ε(t)，写出该电路的阶跃响应；若 u_S 的波形如图 8.50(b)所示，试求 u_C。

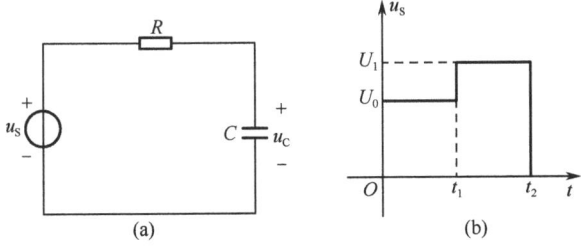

图 8.50 习题 8.20 图

8.21 试求图 8.51 所示电路中的阶跃响应 i 和 i_L。

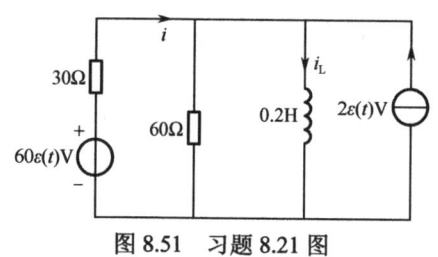

图 8.51 习题 8.21 图

8.22 已知 $u_C(0_-)=1$V，$i(0_-)=0$，试求 $R=1\Omega$，$L=1$H，$C=1$F 的串联电路的零输入响应 u_C、i。

第 9 章 线性动态电路的复频域分析

第 8 章介绍了动态电路,采用微分方程能够求解一些简单信号输入的时域响应特性,但若输入信号较为复杂,或者是高阶电路,微分方程的求解就很麻烦了。为便于求解微分方程,常常在数学上采用某种变换,即从时域变换到频域。例如,在正弦交流电路中应用相量法,将时域中求微分方程的正弦函数特解的问题转化为在频域中求解相量代数方程的问题。如果激励是非周期信号,则通常采用傅里叶变换的方法。但是傅里叶变换一般只用来分析信号的频谱而不用来分析电路的暂态响应。通常拉普拉斯变换是解决任意信号输入线性电路响应问题的工具之一。用拉普拉斯变换求解电路暂态过程的方法,称为运算电路法或复频域分析法。

9.1 拉普拉斯变换的定义及性质

9.1.1 拉普拉斯变换的定义

一个定义在 $[0, \infty)$ 区间的函数 $f(t)$,它的拉普拉斯变换用 $F(s)$ 表示,其定义为

$$F(s) = \int_{0_-}^{\infty} f(t) e^{-st} dt \tag{9.1}$$

式(9.1)称为 $f(t)$ 的单边拉普拉斯变换,式中 $s = \sigma + j\omega$ 为复数,$F(s)$ 为 $f(t)$ 的象函数,$f(t)$ 为 $F(s)$ 的原函数。拉普拉斯变换简称拉氏变换,记为

$$\mathscr{L}[f(t)] = F(s) \tag{9.2}$$

式(9.1)表明拉普拉斯变换是一种积分变换。$f(t)$ 的积分变换 $F(s)$ 存在的条件是式(9.1)右边的积分为有限值,故 e^{-st} 称为收敛因子。对于一个函数 $f(t)$,如果存在正的有限值 M 和 σ,使得对于所有 t 满足条件

$$|f(t)| \leqslant M e^{\sigma t}$$

则 $f(t)$ 的拉普拉斯变换 $F(s)$ 总存在,因为总可以找到一个合适的 s 值,使式(9.1)中的积分为有限值,假设本书中所涉及的 $f(t)$ 都满足此条件。

如果 $F(s)$ 已知,要求出与之对应的原函数,由 $F(s)$ 到 $f(t)$ 的变换称为拉普拉斯反变换(简称拉氏反变换),其定义为

$$f(t) = \frac{1}{2\pi j} \int_{c-j\infty}^{c+j\infty} F(s) e^{st} ds \tag{9.3}$$

式中,c 为正的有限常数。式(9.3)还可简写为 $f(t) = \mathscr{L}^{-1}[F(s)]$,式中符号 $\mathscr{L}^{-1}[\cdot]$ 表示对方括号里的函数做拉普拉斯反变换。

【例 9.1】 求以下函数的象函数。

(1) 单位阶跃函数 $f(t) = \varepsilon(t)$; (2) 单位冲激函数 $f(t) = \delta(t)$;
(3) 指数函数 $f(t) = e^{at}$; (4) 斜坡函数 $f(t) = t$。

解: (1) 单位阶跃函数 $f(t) = \varepsilon(t)$ 的象函数

$$F(s) = \mathscr{L}[f(t)] = \int_{0_-}^{\infty} \varepsilon(t) e^{-st} dt = \int_{0_-}^{\infty} e^{-st} dt = -\frac{1}{s} e^{-st} \Big|_{0_-}^{\infty} = \frac{1}{s}$$

(2) 单位冲激函数 $f(t) = \delta(t)$ 的象函数

$$F(s) = \mathscr{L}[f(t)] = \int_{0_-}^{\infty} \delta(t) e^{-st} dt = \int_{0_-}^{0_+} \delta(t) e^{-st} dt = \int_{0_-}^{0_+} \delta(t) e^{0} dt = \int_{0_-}^{0_+} \delta(t) dt = 1$$

(3) 指数函数 $f(t) = e^{at}$ 的象函数

$$F(s) = \mathscr{L}[f(t)] = \int_{0_-}^{\infty} e^{\alpha t} e^{-st} dt = \int_{0_-}^{\infty} e^{-(s-\alpha)t} dt = -\frac{1}{s-\alpha} e^{-(s-\alpha)t} \Big|_{0_-}^{\infty} = \frac{1}{s-\alpha}$$

(4) 斜坡函数 $f(t) = t$ 的象函数

$$F(s) = \mathscr{L}[f(t)] = \int_{0_-}^{\infty} t e^{-st} dt = \left[t \frac{e^{-\alpha t}}{-s} \right]_{0_-}^{\infty} - \int_{0_-}^{\infty} \frac{e^{-\alpha t}}{-s} dt = \frac{1}{s^2}$$

9.1.2 拉普拉斯变换的性质

拉普拉斯变换有很多性质，这里仅介绍与分析线性电路有关的一些基本性质。

1）线性性质

设函数 $f_1(t)$ 和 $f_2(t)$ 对应的象函数分别为 $F_1(s)$ 和 $F_2(s)$，且 a 和 b 为任意数，则

$$\mathscr{L}[af_1(t) \pm bf_2(t)] = aF_1(s) \pm bF_2(s) \tag{9.4}$$

证明
$$\mathscr{L}[af_1(t) \pm bf_2(t)] = \int_{0_-}^{\infty} [af_1(t) \pm bf_2(t)] e^{-st} dt$$
$$= a\int_{0_-}^{\infty} af_1(t) e^{-st} dt \pm b\int_{0_-}^{\infty} bf_2(t) e^{-st} dt$$
$$= aF_1(s) \pm bF_2(s)$$

【例 9.2】 利用线性性质求 $\sin \omega t$ 和 $\cos \omega t$ 的象函数。

解： 因为

$$\sin \omega t = \frac{e^{j\omega t} - e^{-j\omega t}}{2j}, \quad \cos \omega t = \frac{e^{j\omega t} + e^{-j\omega t}}{2}$$

所以

$$\mathscr{L}[\sin \omega t] = \mathscr{L}\left[\frac{1}{2j} e^{j\omega t} - \frac{1}{2j} e^{-j\omega t}\right] = \frac{1}{2j} \mathscr{L}[e^{j\omega t}] - \frac{1}{2j} \mathscr{L}[e^{-j\omega t}]$$
$$= \frac{1}{2j}\left(\frac{1}{s-j\omega} - \frac{1}{s+j\omega}\right) = \frac{\omega}{s^2 + \omega^2}$$

同理可得

$$\mathscr{L}[\cos \omega t] = \mathscr{L}\left[\frac{1}{2} e^{j\omega t} + \frac{1}{2} e^{-j\omega t}\right] = \frac{1}{2} \mathscr{L}[e^{j\omega t}] + \frac{1}{2} \mathscr{L}[e^{-j\omega t}]$$
$$= \frac{1}{2}\left(\frac{1}{s-j\omega} + \frac{1}{s+j\omega}\right) = \frac{s}{s^2 + \omega^2}$$

2）微分性质

设函数 $f(t)$ 对应的象函数为 $F(s)$，则其导数 $f'(t) = \dfrac{df(t)}{dt}$ 的象函数与 $F(s)$ 满足

$$\mathscr{L}[f'(t)] = sF(s) - f(0_-) \tag{9.5}$$

证明 应用分部积分法，有

$$\mathscr{L}[f'(t)] = \int_{0_-}^{\infty} f'(t) e^{-st} dt$$
$$= f(t) e^{-st} \Big|_{0_-}^{\infty} - \int_{0_-}^{\infty} f(t) de^{-st}$$
$$= f(\infty) e^{-s \cdot \infty} - f(0_-) + s\int_{0_-}^{\infty} f(t) e^{-st} dt$$
$$= sF(s) - f(0_-) + f(\infty) e^{-s \cdot \infty}$$

只要 s 的实部 δ 取正值，则上式中 $f(\infty) e^{-s \cdot \infty} = 0$，所以有

$$\mathscr{L}[f'(t)] = sF(s) - f(0_-)$$

微分性质也可推广到二阶导数

$$\mathscr{L}\left[\frac{\mathrm{d}^2}{\mathrm{d}t^2}f(t)\right] = s^2F(s) - sf(0_-) - f'(0_-) \tag{9.6}$$

进一步以此类推，对高阶导数的变换式有

$$\mathscr{L}\left[\frac{\mathrm{d}^n}{\mathrm{d}t^n}f(t)\right] = s^nF(s) - s^{(n-1)}f(0_-) - s^{(n-2)}f'(0_-) - \cdots - f^{(n-1)}(0_-)$$

【例 9.3】 已知 $\mathscr{L}[\delta(t)] = 1$，应用微分性质求 $\delta(t)$ 各阶导数的象函数。

解：由微分性质可得 $\delta(t)$ 各阶导数的象函数为

$$\mathscr{L}[\delta'(t)] = s, \quad \mathscr{L}[\delta''(t)] = s^2, \quad \cdots, \quad \mathscr{L}[\delta^n(t)] = s^n$$

【例 9.4】 利用微分性质求函数 $f(t) = \cos\omega t$ 的象函数。

解：由于

$$f(t) = \cos\omega t = \frac{1}{\omega}\frac{\mathrm{d}(\sin\omega t)}{\mathrm{d}t}$$

所以

$$F(s) = \frac{1}{\omega}\mathscr{L}\left[\frac{\mathrm{d}(\sin\omega t)}{\mathrm{d}t}\right] = \frac{1}{\omega}\left[\frac{s\omega}{s^2+\omega^2} - \sin 0\right] = \frac{s}{s^2+\omega^2}$$

3）积分性质

设函数 $f(t)$ 对应的象函数为 $F(s)$，则其积分 $\int_{0_-}^{t}f(\xi)\mathrm{d}\xi$ 的象函数与 $F(s)$ 满足

$$\mathscr{L}\left[\int_{0_-}^{t}f(\xi)\mathrm{d}\xi\right] = \frac{F(s)}{s} \tag{9.7}$$

证明 应用分部积分法，有

$$\mathscr{L}\left[\int_{0_-}^{t}f(\xi)\mathrm{d}\xi\right] = \int_{0_-}^{\infty}\left[\int_{0_-}^{t}f(\xi)\mathrm{d}\xi\right]\mathrm{e}^{-st}\mathrm{d}t$$

$$= \frac{\mathrm{e}^{-st}}{-s}\left[\int_{0_-}^{t}f(\xi)\mathrm{d}\xi\right]\bigg|_{0_-}^{\infty} - \int_{0_-}^{\infty}f(t)\frac{\mathrm{e}^{-st}}{-s}\mathrm{d}t$$

$$= \frac{\mathrm{e}^{-s\cdot\infty}}{-s}\left[\int_{0_-}^{\infty}f(\xi)\mathrm{d}\xi\right] + \frac{1}{s}\int_{0_-}^{\infty}f(t)\mathrm{e}^{-st}\mathrm{d}t$$

$$= \frac{F(s)}{s} + \frac{\mathrm{e}^{-s\cdot\infty}}{-s}\left[\int_{0_-}^{\infty}f(\xi)\mathrm{d}\xi\right]$$

只要 s 的实部 δ 取正值，则 $\frac{\mathrm{e}^{-s\cdot\infty}}{-s}\left[\int_{0_-}^{\infty}f(\xi)\mathrm{d}\xi\right] = 0$，所以有

$$\mathscr{L}\left[\int_{0_-}^{t}f(\xi)\mathrm{d}\xi\right] = \frac{F(s)}{s}$$

【例 9.5】 利用积分性质求下列函数的象函数。

(1) $f(t) = t$ (2) $f(t) = \frac{1}{2}t^2$ (3) $f(t) = \sin\omega t$

解：(1) 由于 $f(t) = t = \int_{0_-}^{t}\varepsilon(\xi)\mathrm{d}\xi$，而 $\mathscr{L}[\varepsilon(t)] = \frac{1}{s}$，所以有

$$\mathscr{L}[t] = \mathscr{L}\left[\int_{0_-}^{t}\varepsilon(\xi)\mathrm{d}\xi\right] = \frac{\mathscr{L}[\varepsilon(t)]}{s} = \frac{1}{s^2}$$

(2) 由于 $f(t) = \frac{1}{2}t^2 = \int_{0_-}^{t}\xi\mathrm{d}\xi$，而 $\mathscr{L}[t] = \frac{1}{s^2}$，所以有

$$\mathscr{L}\left[\frac{1}{2}t^2\right] = \mathscr{L}\left[\int_{0_-}^{t}\xi d\xi\right] = \frac{\mathscr{L}[t]}{s} = \frac{1}{s}\frac{1}{s^2} = \frac{1}{s^3}$$

(3) 由于 $f(t) = \sin\omega t = \omega\int_{0_-}^{t}\cos\omega\xi d\xi$，而 $\mathscr{L}[\cos\omega t] = \frac{s}{s^2+\omega^2}$，所以有

$$\mathscr{L}[\sin\omega t] = \mathscr{L}\left[\omega\int_{0_-}^{t}\cos\omega\xi d\xi\right] = \omega\frac{\mathscr{L}[\cos\omega t]}{s} = \omega\frac{1}{s}\frac{s}{s^2+\omega^2} = \frac{\omega}{s^2+\omega^2}$$

4）时域延迟性质

设函数 $f(t)\varepsilon(t)$ 对应的象函数为 $F(s)$，则其延迟函数 $f(t-t_0)\varepsilon(t-t_0)$ 的象函数为 $\mathrm{e}^{-st_0}F(s)$，即

$$\mathscr{L}[f(t-t_0)\varepsilon(t-t_0)] = \mathrm{e}^{-st_0}F(s) \tag{9.8}$$

证明 根据拉普拉斯变换的定义有

$$\mathscr{L}[f(t-t_0)\varepsilon(t-t_0)] = \int_{0_-}^{\infty}[f(t-t_0)\varepsilon(t-t_0)]\mathrm{e}^{-st}dt$$

$$= \int_{t_0}^{\infty}f(t-t_0)\mathrm{e}^{-st}dt$$

令 $\xi = t - t_0$，则

$$\mathscr{L}[f(t-t_0)\varepsilon(t-t_0)] = \int_{0_-}^{\infty}f(\xi)\mathrm{e}^{-s(\xi+t_0)}d\xi$$

$$= \mathrm{e}^{-st_0}\int_{0_-}^{\infty}f(\xi)\mathrm{e}^{-s\xi}d\xi$$

$$= \mathrm{e}^{-st_0}F(s)$$

【例 9.6】 $f(t)$ 的波形图如图 9.1 所示，求其象函数。

解：由图 9.1 可得函数的时域表达式为
$f(t) = 2t\varepsilon(t) - 2t\varepsilon(t-1) + 2\varepsilon(t-1) - 2\varepsilon(t-2)$
$= 2t\varepsilon(t) - 2(t-1)\varepsilon(t-1) - 2\varepsilon(t-2)$

根据拉普拉斯变换的线性性质和时域延迟性质可得其象函数为

$$F(s) = \frac{2}{s^2} - \frac{2}{s^2}\mathrm{e}^{-s} - \frac{2}{s}\mathrm{e}^{-2s}$$

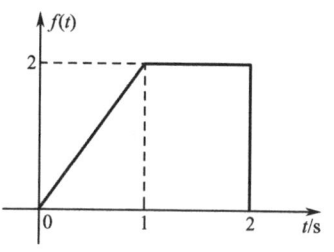

图 9.1 例 9.6 波形图

5）复频域位移性质

设 $f(t)$ 的象函数为 $F(s)$，则 $f(t)\mathrm{e}^{-\alpha t}$ 的象函数为 $F(s+\alpha)$，即

$$\mathscr{L}[f(t)\mathrm{e}^{-\alpha t}] = F(s+\alpha) \tag{9.9}$$

证明 根据拉普拉斯变换的定义有

$$\mathscr{L}[f(t)\mathrm{e}^{-\alpha t}] = \int_{0_-}^{\infty}f(t)\mathrm{e}^{-\alpha t}\mathrm{e}^{-st}dt = \int_{0_-}^{\infty}f(t)\mathrm{e}^{-(s+\alpha)t}dt = F(s+\alpha)$$

【例 9.7】 利用复频域位移性质求 $f(t) = t\mathrm{e}^{-\alpha t}$ 和 $f(t) = \mathrm{e}^{-\alpha t}\cos\omega t$ 的原函数。

解：因为 $\mathscr{L}[t] = \frac{1}{s^2}$，根据复频域位移性质，可得

$$\mathscr{L}[t\mathrm{e}^{-\alpha t}] = \frac{1}{(s+\alpha)^2}$$

因为 $\mathscr{L}[\cos\omega t] = \frac{s}{s^2+\omega^2}$，根据复频域位移性质，可得

$$\mathscr{L}[\mathrm{e}^{-\alpha t}\cos\omega t] = \frac{s+\alpha}{(s+\alpha)^2+\omega^2}$$

根据拉普拉斯变换的定义和基本性质，可以方便地求得一些常用的时间函数的拉普拉斯变换。一些常见函数的拉普拉斯变换见表 9.1。

表9.1 常见函数的拉普拉斯变换表

原函数 $f(t)$	象函数 $F(s)$	原函数 $f(t)$	象函数 $F(s)$
$\varepsilon(t)$	$\dfrac{1}{s}$	$\dfrac{1}{n!}t^n \mathrm{e}^{-\alpha t}$	$\dfrac{1}{(s+\alpha)^{n+1}}$
$\delta(t)$	1	$(1-\alpha t)\mathrm{e}^{-\alpha t}$	$\dfrac{s}{s+\alpha^2}$
$\delta^n(t)$	s^n	$f(t)\mathrm{e}^{-\alpha t}$	$F(s+\alpha)$
T	$\dfrac{1}{s^2}$	$\sin\omega t$	$\dfrac{\omega}{s^2+\omega^2}$
$\dfrac{1}{n!}t^n$	$\dfrac{1}{s^{n+1}}$	$\cos\omega t$	$\dfrac{s}{s^2+\omega^2}$
$\mathrm{e}^{-\alpha t}$	$\dfrac{1}{s+\alpha}$	$\mathrm{e}^{-\alpha t}\sin\omega t$	$\dfrac{\omega}{(s+\alpha)^2+\omega^2}$
$t\mathrm{e}^{-\alpha t}$	$\dfrac{1}{(s+\alpha)^2}$	$\mathrm{e}^{-\alpha t}\cos\omega t$	$\dfrac{s+\alpha}{(s+\alpha)^2+\omega^2}$

9.2 拉普拉斯反变换的部分公式展开法

用拉普拉斯变换求解线性电路的时域响应时,需要把求得响应的象函数反变换为时域函数。拉普拉斯反变换可以直接用定义求得,但涉及计算一个复变函数的积分,一般比较复杂。如果象函数比较简单,可以由拉普拉斯变换表直接获得。对于不能从表中查出原函数的情况,可以将象函数分解成若干个简单的部分分式之和,就可以查出各个项所对应的原函数了。这种方法称为部分分式展开法或分解定理。在电路分析中,数学方程的形式取决于支路的 VCR 关系和电路结构的 KCL、KVL 关系。可以判断,线性电路响应的象函数 $F(s)$ 通常是两个实系数 s 的多项式之比,即

$$F(s)=\frac{N(s)}{D(s)}=\frac{a_m s^m + a_{m-1}s^{m-1}+\cdots+a_1 s+a_0}{b_n s^n + b_{n-1}s^{n-1}+\cdots+b_1 s+b_0} \tag{9.10}$$

式中,m 和 n 均为正整数,所有的系数均为实数,且 $m \leq n$。当 $m=n$ 时,有理分式 $F(s)$ 应化为常数项和余数项之和。对于常数项的象函数查表9.1,可得其原函数,余数项为真分式。当 $m<n$ 时,$F(s)$ 为有理真分式,将真分式用部分分式展开法展开成若干简单分式之和,就通过可以查表9.1求得其原函数。用部分分式展开法展开真分式时,需要对分母多项式做因式分解,这需要先求出 $D(s)=0$ 的根。$D(s)=0$ 的根有单根、共轭复根和重根三种情况。

1) $D(s)=0$ 具有 n 个单根的情况

若 $D(s)=0$ 具有 n 个单根,分别用 $p_1,p_2,\cdots,p_n$ 表示,则 $F(s)$ 可分解为

$$F(s)=\frac{N(s)}{D(s)}=\frac{k_1}{s-p_1}+\frac{k_2}{s-p_2}+\cdots+\frac{k_n}{s-p_n} \tag{9.11}$$

式中,$k_1,k_2,\cdots,k_n$ 为待定系数,各系数可按下述方法确定。

将式(9.11)两边同时乘 $(s-p_1)$,得

$$(s-p_1)F(s)=k_1+(s-p_1)\left(\frac{k_2}{s-p_2}+\cdots+\frac{k_n}{s-p_n}\right)$$

令 $s=p_1$,则等号右边除第一项外都变为零,所以

$$k_1=(s-p_1)F(s)\big|_{s=p_1}$$

同理可求得 $k_2,\cdots,k_n$。

所以式(9.11)中各待定系数的计算公式为

$$k_i=(s-p_i)F(s)\big|_{s=p_i} \qquad (i=1,2,\cdots,n) \tag{9.12}$$

由于 p_i 为 $D(s)=0$ 的一个根，所以式（9.12）可视为 $s \to p_i$ 时的极限，在求极限的过程中，出现 $\dfrac{0}{0}$ 的不定式，应用洛必达法则，得

$$k_i = \lim_{s \to p_i} \frac{(s-p_i)N(s)}{D(s)} = \lim_{s \to p_i} \frac{(s-p_i)N'(s)+N(s)}{D'(s)} = \frac{N(p_i)}{D'(p_i)}$$

所以确定式（9.11）中各待定系数的另一公式为

$$k_i = \left.\frac{N(s)}{D'(s)}\right|_{s=p_i} \qquad (i=1,2,\cdots,n) \tag{9.13}$$

确定了各系数后，利用 $\mathscr{L}^{-1}\left[\dfrac{1}{s-p_i}\right]=\mathrm{e}^{p_i t}$，并根据拉普拉斯变换的线性性质，可求得 $F(s)$ 的原函数为

$$f(t)=\sum_{i=1}^{n} k_i \mathrm{e}^{p_i t}, \quad t \geq 0 \tag{9.14}$$

【例 9.8】 求象函数 $F(s)=\dfrac{s+20}{s^3+7s^2+10s}$ 对应的原函数 $f(t)$。

解： 因为 $D(s)=s^3+7s^2+10s=s(s+2)(s+5)=0$ 的根为 $p_1=0$，$p_2=-2$，$p_3=-5$，所以 $F(s)$ 可分解为

$$F(s) = \frac{k_1}{s} + \frac{k_2}{s+2} + \frac{k_3}{s+5}$$

根据式（9.12）可求出各待定系数为

$$k_1 = sF(s)\big|_{s=0} = \left.\frac{s+20}{(s+2)(s+5)}\right|_{s=0} = 2$$

$$k_2 = (s+2)F(s)\big|_{s=-2} = \left.\frac{s+20}{s(s+5)}\right|_{s=-2} = -3$$

$$k_3 = (s+5)F(s)\big|_{s=-5} = \left.\frac{s+20}{s(s+2)}\right|_{s=-5} = 1$$

或者根据式（9.13）可求出各待定系数为

$$k_1 = \left.\frac{N(s)}{D'(s)}\right|_{s=0} = \left.\frac{s+20}{3s^2+14s+10}\right|_{s=0} = 2$$

$$k_2 = \left.\frac{N(s)}{D'(s)}\right|_{s=-2} = \left.\frac{s+20}{3s^2+14s+10}\right|_{s=-2} = -3$$

$$k_3 = \left.\frac{N(s)}{D'(s)}\right|_{s=-5} = \left.\frac{s+20}{3s^2+14s+10}\right|_{s=-5} = 1$$

则有

$$F(s) = \frac{2}{s} - \frac{7}{s+2} + \frac{1}{s+5}$$

故得原函数为

$$f(t) = 2 - 7\mathrm{e}^{-2t} + \mathrm{e}^{-5t}, \quad t \geq 0$$

【例 9.9】 求象函数 $F(s)=\dfrac{4s-1}{4s^2+8s}$ 对应的原函数 $f(t)$。

解： 分母的最高次幂项系数（$b_2=4$）不等于 1，因此先将分子和分母都除以 b_2，即

$$F(s) = \frac{4s-1}{4s^2+8s} = \frac{s-\dfrac{1}{4}}{s^2+2s}$$

因为 $D(s)=s^2+2s=s(s+2)=0$ 的根为 $p_1=0$，$p_2=-2$，所以 $F(s)$ 可分解为

$$F(s)=\frac{k_1}{s}+\frac{k_2}{s+2}$$

根据式（9.13）可求出各待定系数为

$$k_1=sF(s)\big|_{s=0}=\frac{s-\frac{1}{4}}{s+2}\bigg|_{s=0}=-\frac{1}{8} \qquad k_2=(s+2)F(s)\big|_{s=-2}=\frac{s-\frac{1}{4}}{s}\bigg|_{s=-2}=\frac{9}{8}$$

则有

$$F(s)=-\frac{1}{8}\times\frac{1}{s}+\frac{9}{8}\times\frac{1}{s+2}$$

故得原函数为

$$f(t)=-\frac{1}{8}+\frac{9}{8}\mathrm{e}^{-2t}, \quad t\geq 0$$

2）$D(s)=0$ 具有共轭复根的情况

设 $D(s)=0$ 具有共轭复根，分别为 $p_1=\alpha+\mathrm{j}\omega$，$p_2=\alpha-\mathrm{j}\omega$。可以将两个共轭复根当成两个单根一样处理，则 $F(s)$ 的展开式中一定含有

$$\frac{k_1}{s-\alpha-\mathrm{j}\omega}+\frac{k_2}{s-\alpha+\mathrm{j}\omega} \tag{9.15}$$

利用式（9.12）或式（9.13），可求出 k_1、k_2 为

$$k_1=[s-(\alpha+\mathrm{j}\omega)]F(s)\big|_{s=\alpha+\mathrm{j}\omega}=\frac{N(s)}{D'(s)}\bigg|_{s=\alpha+\mathrm{j}\omega}$$

$$k_2=[s-(\alpha-\mathrm{j}\omega)]F(s)\big|_{s=\alpha-\mathrm{j}\omega}=\frac{N(s)}{D'(s)}\bigg|_{s=\alpha-\mathrm{j}\omega}$$

因为 $F(s)$ 是两个实系数的多项式之比，所以 k_1、k_2 也为共轭复数。

设 $k_1=|k_1|\mathrm{e}^{\mathrm{j}\theta_1}$，则 $k_2=|k_1|\mathrm{e}^{-\mathrm{j}\theta_1}$，所以式（9.15）对应的原函数为

$$\begin{aligned}f(t)&=k_1\mathrm{e}^{(\alpha+\mathrm{j}\omega)t}+k_2\mathrm{e}^{(\alpha-\mathrm{j}\omega)t}\\&=|k_1|\mathrm{e}^{\mathrm{j}\theta_1}\mathrm{e}^{(\alpha+\mathrm{j}\omega)t}+|k_1|\mathrm{e}^{-\mathrm{j}\theta_1}\mathrm{e}^{(\alpha-\mathrm{j}\omega)t}\\&=|k_1|\mathrm{e}^{\alpha t}[\mathrm{e}^{\mathrm{j}(\omega t+\theta_1)}+\mathrm{e}^{-\mathrm{j}(\omega t+\theta_1)}]\\&=2|k_1|\mathrm{e}^{\alpha t}\cos(\omega t+\theta_1)\end{aligned} \tag{9.16}$$

上式表明，每对共轭复根的分式对应的原函数是一个衰减的正弦函数。

【例 9.10】 已知象函数 $F(s)=\dfrac{2s}{s^2+4s+8}$，求其原函数 $f(t)$。

解：$D(s)=s^2+4s+8=0$ 的根为 $p_1=-2+\mathrm{j}2$，$p_2=-2-\mathrm{j}2$，所以 $F(s)$ 可分解为

$$F(s)=\frac{k_1}{s-(-2+\mathrm{j}2)}+\frac{k_2}{s-(-2-\mathrm{j}2)}$$

根据式（9.14）可求出各待定系数为

$$k_1=\frac{N(s)}{D'(s)}\bigg|_{s=-2+\mathrm{j}2}=\frac{2s}{2s+4}\bigg|_{s=-2+\mathrm{j}2}=1+\mathrm{j}=\sqrt{2}\mathrm{e}^{\mathrm{j}45°}$$

$$k_2=\frac{N(s)}{D'(s)}\bigg|_{s=-2-\mathrm{j}2}=\frac{2s}{2s+4}\bigg|_{s=-2-\mathrm{j}2}=1-\mathrm{j}=\sqrt{2}\mathrm{e}^{-\mathrm{j}45°}$$

根据式（9.16），有

$$f(t) = 2|k_1|e^{\alpha t}\cos(\omega t + \theta_1) = 2\sqrt{2}e^{-2t}\cos(2t + 45°)$$

3) $D(s) = 0$ 具有重根的情况

设

$$F(s) = \frac{N(s)}{D(s)} = \frac{N(s)}{(s-p_1)^m(s-p_2)(s-p_3)\cdots(s-p_q)}$$

则 $D(s)$ 有 $q-1$ 个单根，为 $p_2, p_3, \cdots, p_q$，有 1 个 m 重根，为 p_1。现以 $m=3$ 为例，先讨论三重根情况下 $F(s)$ 的分解。

$$F(s) = \frac{k_{11}}{(s-p_1)^3} + \frac{k_{12}}{(s-p_1)^2} + \frac{k_{13}}{s-p_1} + \frac{k_2}{s-p_2} + \frac{k_3}{s-p_3} + \cdots + \frac{k_q}{s-p_q} \tag{9.17}$$

其中，单根 $p_2, p_3, \cdots, p_q$ 对应的待定系数可根据式（9.12）或式（9.13）求得，下面讨论 k_{11}、k_{12} 和 k_{13} 的求解。

式（9.17）两边同时乘 $(s-p_1)^3$，得

$$(s-p_1)^3 F(s) = k_{11} + (s-p_1)k_{12} + (s-p_1)^2 k_{13} + (s-p_1)^3\left(\frac{k_2}{s-p_2} + \cdots + \frac{k_q}{s-p_q}\right) \tag{9.18}$$

令 $s = p_1$，则

$$k_{11} = (s-p_1)^3 F(s)\big|_{s=p_1}$$

再对式（9.18）求导，则

$$\frac{d}{ds}[(s-p_1)^3 F(s)] = k_{12} + 2(s-p_1)k_{13} + \frac{d}{ds}\left[(s-p_1)^3\left(\frac{k_2}{s-p_2} + \cdots + \frac{k_q}{s-p_q}\right)\right] \tag{9.19}$$

所以，有

$$k_{12} = \frac{d}{ds}[(s-p_1)^3 F(s)]\big|_{s=p_1}$$

再对式（9.19）求导，则

$$k_{13} = \frac{1}{2}\frac{d^2}{ds^2}[(s-p_1)^3 F(s)]\big|_{s=p_1}$$

从以上分析过程可以推出，式（9.17）中各待定系数为

$$\begin{cases} k_{11} = (s-p_1)^m F(s)\big|_{s=p_1} \\ k_{12} = \dfrac{d}{ds}[(s-p_1)^m F(s)]\big|_{s=p_1} \\ k_{13} = \dfrac{1}{2!}\dfrac{d^2}{ds^2}[(s-p_1)^m F(s)]\big|_{s=p_1} \\ \left(k_{1m} = \dfrac{1}{(m-1)!}\dfrac{d^{m-1}}{ds^{m-1}}[(s-p_1)^m F(s)]\big|_{s=p_1}\right) \\ k_2 = (s-p_2)F(s)\big|_{s=p_2} = \dfrac{N(s)}{D'(s)}\big|_{s=p_2} \\ \cdots \\ k_q = (s-p_q)F(s)\big|_{s=p_q} = \dfrac{N(s)}{D'(s)}\big|_{s=p_q} \end{cases} \tag{9.20}$$

如果 $D(s)=0$ 具有重根，应对每个重根分别利用上述方法求出各待定系数。

【例 9.11】 求象函数 $F(s)=\dfrac{1}{s^3(s^2-1)}$ 的原函数 $f(t)$。

解：将 $F(s)$ 分解成

$$F(s)=\frac{k_{11}}{s^3}+\frac{k_{12}}{s^2}+\frac{k_{13}}{s}+\frac{k_2}{s+1}+\frac{k_3}{s-1}$$

根据式（9.20）可得

$$k_{11}=s^3F(s)\big|_{s=0}=-1$$

$$k_{12}=\frac{\mathrm{d}}{\mathrm{d}s}[s^3F(s)]\big|_{s=0}=0$$

$$k_{13}=\frac{1}{2}\frac{\mathrm{d}^2}{\mathrm{d}s^2}[s^3F(s)]\big|_{s=0}=-1$$

$$k_2=(s+1)F(s)\big|_{s=-1}=\frac{1}{2}$$

$$k_3=(s-1)F(s)\big|_{s=1}=-\frac{1}{2}$$

所以

$$F(s)=\frac{-1}{s^3}-\frac{1}{s}+\frac{1}{2}\times\frac{1}{s+1}-\frac{1}{2}\times\frac{1}{s-1}$$

查表 9.1 可得出相应的原函数

$$f(t)=-\frac{1}{2}t^2-1+\frac{1}{2}\mathrm{e}^{-t}-\frac{1}{2}\mathrm{e}^t,\quad t\geq 0$$

9.3 复频域中的电路定律和电路模型

用复频域分析法来求解电路时，可以先在时域内列出动态电路的微分方程，然后对微分方程进行拉普拉斯变换，得到复频域的代数方程，求解该代数方程，得到响应的象函数，再利用拉普拉斯反变换得到响应的时间函数。也可以先对电路定律和元件的约束关系进行拉普拉斯变换，得到它们的复频域形式，建立电路的复频域模型（即运算电路图），列出电路的复频域代数方程，求出响应的象函数，经过拉普拉斯反变换求得时域响应。

9.3.1 基尔霍夫定律的复频域形式

利用拉普拉斯变换的线性性质，对时域形式的基尔霍夫定律 $\sum i(t)=0$ 及 $\sum u(t)=0$ 进行拉普拉斯变换，可得

$$\begin{cases}\sum I(s)=0\\ \sum U(s)=0\end{cases} \tag{9.21}$$

式（9.21）表明，对于任意节点，流入电流的象函数的代数和恒为零；对于任意支路，各支路电压的象函数的代数和恒为零。

9.3.2 电路元件的复频域分析

1）电阻元件

时域中的电阻元件如图 9.2(a)所示，其伏安关系为

$$u_R(t)=i_R(t)R$$

或

$$i_R(t)=u_R(t)G$$

对以上两式进行拉普拉斯变换，得

$$U_R(s) = I_R(s)R \tag{9.22}$$
$$I_R(s) = U_R(s)G \tag{9.23}$$

式（9.22）为欧姆定律的复频域形式，根据该式可得电阻元件的复频域模型，如图 9.2(b)所示。

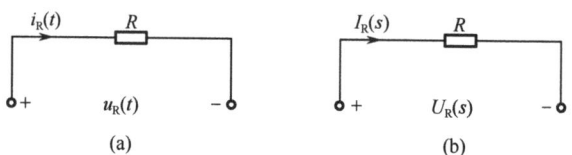

图 9.2 电阻元件的时域及复频域模型

2）电感元件

图 9.3(a)所示为电感元件的时域模型，其电压与电流关系为

$$u_L(t) = L\frac{di_L(t)}{dt}$$

对上式进行拉普拉斯变换，再根据线性、微分、积分性质，得到电感元件的电压、电流的复频域形式

$$U_L(s) = sLI_L(s) - Li_L(0_-) \tag{9.24}$$

式中，sL 具有阻抗的量纲，称为电感的运算阻抗；$Li_L(0_-)$ 为附加电压源，它体现了电感中初始电流的作用。根据式（9.24）可得图 9.3(b)所示的电感元件的串联形式的复频域模型。

式（9.24）可改写为

$$I_L(s) = \frac{1}{sL}U_L(s) + \frac{i_L(0_-)}{s} \tag{9.25}$$

式中，$\frac{1}{sL}$ 具有导纳的量纲，称为电感的运算导纳。$\frac{i_L(0_-)}{s}$ 为附加电流源，它体现了电感中初始电流的作用。由式（9.25）可得图 9.3(c)所示的电感元件的并联形式的复频域模型。

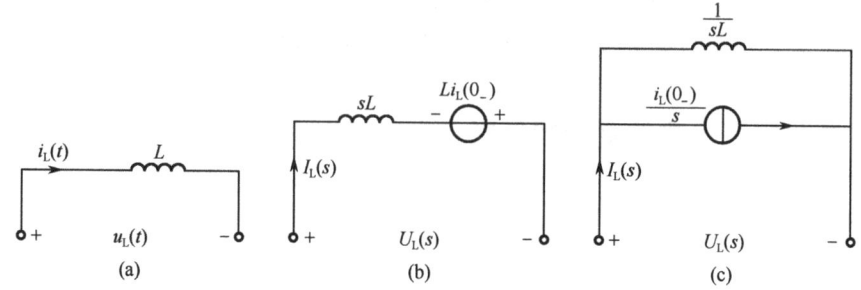

图 9.3 电感元件的时域及复频域模型

3）电容元件

图 9.4(a)所示为电容元件的时域模型，其电压与电流的关系为

$$u_C(t) = \frac{1}{C}\int_{0_-}^{t} i(\tau)d\tau + u_C(0_-)$$

对上式进行拉普拉斯变换，再根据线性、微分、积分性质，得到电容元件的电压、电流的复频域形式

$$U_C(s) = \frac{1}{sC}I_C(s) + \frac{u_C(0_-)}{s} \tag{9.26}$$

式中，$\dfrac{1}{sC}$ 具有阻抗的量纲，称为电容的运算阻抗；$\dfrac{u_C(0_-)}{s}$ 为附加电压源，它体现了电容中初始电压的作用。根据式（9.26）可得图 9.4(b)所示的电容元件的串联形式的复频域模型。

式（9.26）可改写为

$$I_C(s) = sCU_C(s) - Cu_C(0_-) \tag{9.27}$$

式中，sC 具有导纳的量纲，称为电容的运算导纳。$Cu_C(0_-)$ 为附加电流源，它体现了电容中初始电压的作用。由式（9.27）可得图 9.4(c)所示的电容元件的并联形式的复频域模型。

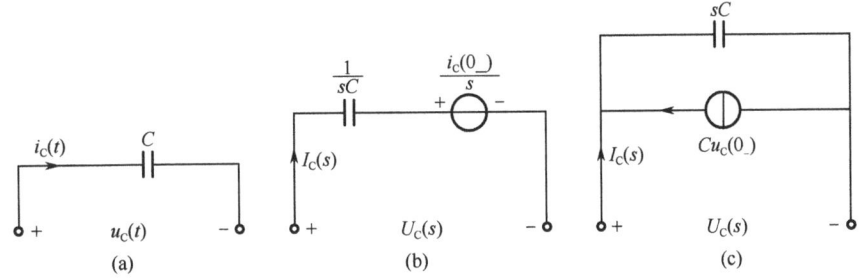

图 9.4 电容元件的时域及复频域模型

4）互感元件

图 9.5(a)所示为互感元件的时域模型，其电压、电流关系的时域形式为

$$\begin{cases} u_1 = L_1 \dfrac{di_1}{dt} + M \dfrac{di_2}{dt} \\ u_2 = M \dfrac{di_1}{dt} + L_2 \dfrac{di_2}{dt} \end{cases}$$

对上面两式进行拉普拉斯变换，再根据线性和微分性质，可得

$$\begin{cases} U_1(s) = sL_1 I_1(s) - L_1 i_1(0_-) + sMI_2(s) - Mi_2(0_-) \\ U_2(s) = sL_2 I_2(s) - L_2 i_2(0_-) + sMI_1(s) - Mi_1(0_-) \end{cases} \tag{9.28}$$

式中，sM 称为互感运算阻抗，$Mi_1(0_-)$ 和 $Mi_2(0_-)$ 都是附加电压源，其极性与电流 i_1、i_2 的参考方向及同名端有关。

式（9.28）对应的复频域模型如图 9.5(b)所示。

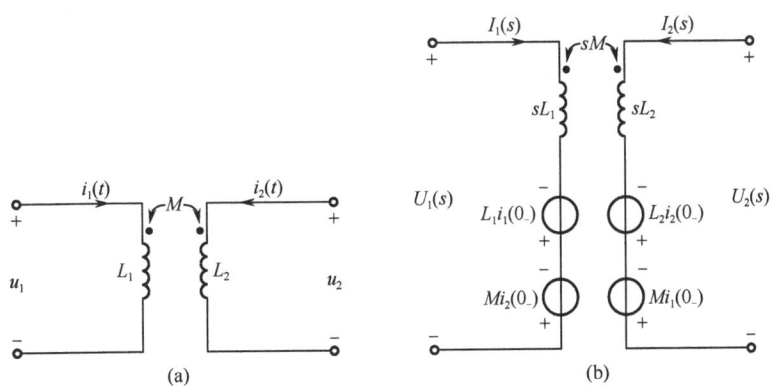

图 9.5 互感元件的时域及复频域模型

5）RLC 串联电路

图 9.6(a)所示为 RLC 串联电路的时域模型，设电源电压为 $u(t)$，电感初始电流为 $i(0_-)$，电容初始电压为 $u_C(0_-)$，可得

$$u_R(t)+u_L(t)+u_C(t)=u(t)$$

即

$$i(t)R+L\frac{\mathrm{d}i(t)}{\mathrm{d}t}+\frac{1}{C}\int_{0_-}^{t}i(\tau)\mathrm{d}\tau+u_C(0_-)=u(t)$$

对上式进行拉普拉斯变换，得

$$RI(s)+L[sI(s)-i(0_-)]+\frac{1}{C}\left[\frac{1}{s}I(s)+\frac{u_C(0_-)}{s}\right]=U(s)$$

整理，得

$$\left(R+sL+\frac{1}{sC}\right)I(s)=U(s)+Li(0_-)-\frac{u_C(0_-)}{s} \tag{9.29}$$

由式（9.29）可得 RLC 串联电路的复频域模型，如图 9.6(b)所示。

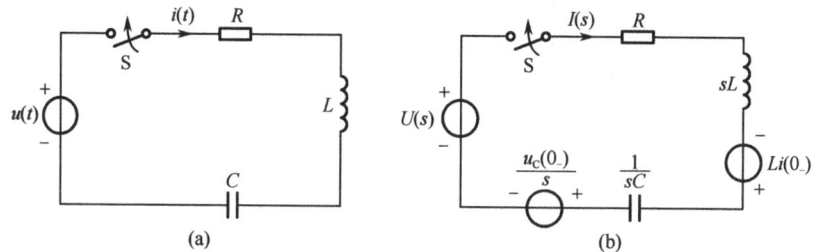

图 9.6 RLC 串联电路的时域及复频域模型

令 $Z(s)=R+sL+\dfrac{1}{sC}$，称为 RLC 串联电路的运算阻抗，令 $Y(s)=\dfrac{1}{Z(s)}$，称为运算导纳，在零初始条件下

$$I(s)Z(s)=U(s) \tag{9.30}$$

式（9.30）称为复频域形式的欧姆定律。

从上述元件的复频域模型中可以总结出：在时域中用导数关系表述的方程，经拉普拉斯变换后，电压象函数与电流象函数之间都成了代数关系，所以对复频域模型只需列写代数方程。

6）复频域模型

将电路中所有电流、电压和激励等时间函数均改用它们的象函数表示，电路元件均用其复频域模型表示，这样得到的电路图称为运算电路图或复频域模型。

【例 9.12】 电路如图 9.7(a)所示，开关 S 闭合前电路已达稳态，$t=0$ 时将 S 闭合，画出其复频域模型。

解：$i_L(0_-)=\dfrac{U_S}{R_1+R_2}$，$u_C(0_-)=\dfrac{U_S}{R_1+R_2}\times R_2$

根据各元件的复频域模型可画出图 9.7(a)所对应的复频域模型，如图 9.7(b)所示。

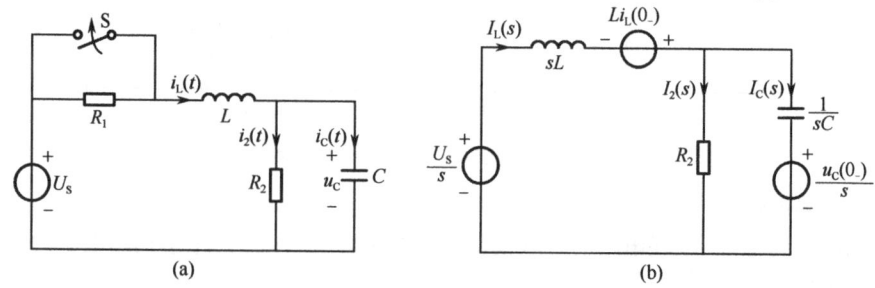

图 9.7 例 9.12 图

【例 9.13】 电路如图 9.8(a)所示，已知 $R_1 = 20\Omega$，$R_2 = 40\Omega$，$L = 0.5\text{H}$，$C = 50\mu\text{F}$，$U_S = 40\text{V}$。若原来电路已达稳态，$t=0$ 时闭合开关 S。试画出相应的复频域模型。

解：$t = 0_-$ 时刻电路处于直流稳态，电路的起始状态为
$$(20+40)i_L(0_-) = 40 + 20i_L(0_-)$$
解得 $i_L(0_-) = 1\text{A}$，则
$$u_C(0_-) = 40i_L(0_-) - 20i_L(0_-) = 40 - 20 = 20\text{V}$$

复频域模型如图 9.8(b)所示。注意，开关 S 闭合后，$i_{R_1} = 0$，所以受控源电压为零，相当于短路。

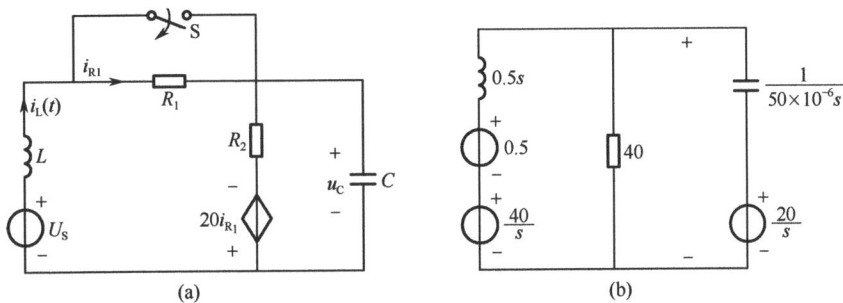

图 9.8 例 9.13 图

9.4 线性动态电路的复频域分析

从复频域模型出发，选用分析稳态电路的各种方法，求出响应的象函数，经拉普拉斯反变换，找出响应的原函数，这就是复频域分析法。其具体步骤是：

（1）由换路前的稳态电路求出电感电流的初始值 $i_L(0_-)$ 和电容电压的初始值 $u_C(0_-)$，确定附加电源；

（2）画出换路后电路的复频域模型；

（3）对复频域模型进行分析，可应用直流稳态电路的分析方法求响应的象函数；

（4）对响应的象函数求拉普拉斯反变换，求得响应的原函数。

【例 9.14】 图 9.9(a)所示的电路原处于稳态，$t=0$ 时开关 S 闭合，求换路后的电流 $i_L(t)$。

解：（1）求 $i_L(0_-)$ 和 $u_C(0_-)$。

$t = 0_-$ 时，电路处于直流稳态，电感短路，电容开路，所以
$$i_L(0_-) = 0, \quad u_C(0_-) = 1\text{V}$$

（2）求 $I_L(s)$。

画出复频域模型，如图 9.9(b)所示。根据网孔电流法，设网孔电流为 $I_a(s)$、$I_b(s)$，则
$$\left(R_1 + sL + \frac{1}{sC}\right)I_a(s) - \frac{1}{sC}I_b(s) = \frac{1}{s} - \frac{u_C(0_-)}{s}$$
$$-\frac{1}{sC}I_a(s) + \left(R_2 + \frac{1}{sC}\right)I_b(s) = \frac{u_C(0_-)}{s}$$

解得
$$I_L(s) = I_a(s) = \frac{1}{s(s^2 + 2s + 2)}$$

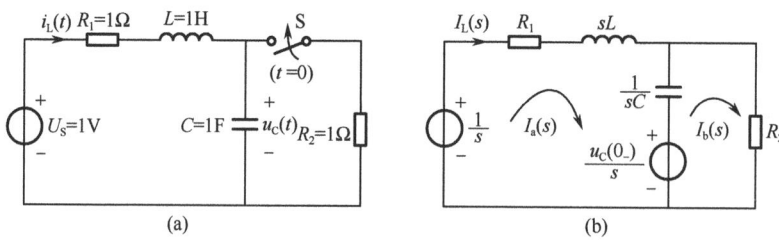

图 9.9 例 9.14 图

（3）求 $i_L(t)$。

对 $I_L(s)$ 做拉普拉斯反变换得

$$i_L(t) = \mathscr{L}^{-1}[I_L(s)] = \frac{1}{2}(1 - e^{-t}\cos t - e^{-t}\sin t)\text{A}, \quad t \geq 0$$

【例9.15】 在图9.10所示的电路中，已知 $R_1 = R_2 = 2\Omega$，$C = 0.1\text{F}$，$L = \frac{5}{8}\text{H}$，$U_{S1} = 4\text{V}$，$U_{S2} = 2\text{V}$，原电路已处于稳态，$t = 0$ 时闭合开关 S，试求 $u_C(t)$。

解：（1）求 $i_L(0_-)$ 和 $u_C(0_-)$。

$$i_L(0_-) = \frac{U_{S2}}{R_2} = 1\text{A}, \quad u_C(0_-) = U_{S1} = 4\text{V}$$

（2）求 $U_C(s)$。

画出复频域模型，如图 9.10(b) 所示。由节点电压法可知

$$\left(\frac{1}{2} + \frac{s}{10} + \frac{1}{2} + \frac{8}{5s}\right)U_C(s) = \frac{\frac{4}{s}}{2} + \frac{\frac{4}{s}}{\frac{10}{s}} + \frac{\frac{2}{s}}{2} - \frac{\frac{5}{8}}{\frac{5}{8}s}$$

$$U_C(s) = \frac{4s + 20}{s^2 + 10s + 16} = \frac{2}{s+2} + \frac{2}{s+8}$$

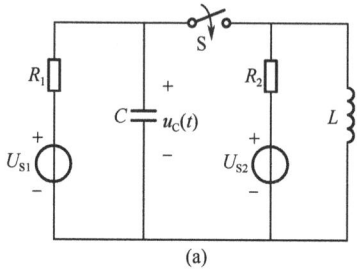 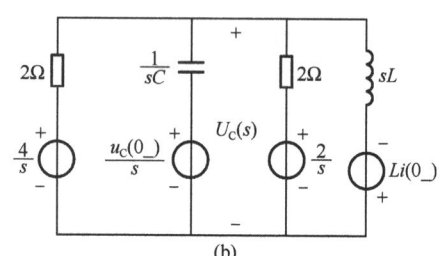

图 9.10 例 9.15 图

（3）求 $u_C(t)$。

对上式做拉普拉斯反变换得

$$u_C(t) = 2e^{-2t} + 2e^{-8t}, \quad t \geq 0$$

9.5 网络函数及其零极点

设电路在单一的独立激励下，其零状态响应 $r(t)$ 的象函数 $R(s)$ 与激励 $e(t)$ 的象函数 $E(s)$ 之比定义为该电路的网络函数 $H(s)$。

$$H(s) = \frac{R(s)}{E(s)} \tag{9.31}$$

在电路中，激励 $E(s)$ 是电压源或电流源，响应 $R(s)$ 可以是电路中任意支路的电流或任意两点之间的电压。因此网络函数可以视为驱动点阻抗（导纳）、转移阻抗（导纳）、电压转移函数或电流转移函数，见表 9.2。

表 9.2 网络函数

激励、响应的位置	$E(s)$	$R(s)$	属性	$H(s)$ 的名称
在网络的同一端口	电流	电压	阻抗	驱动点阻抗
	电压	电流	导纳	驱动点导纳
在网络的不同端口	电流	电压	阻抗	转移阻抗
	电压	电流	导纳	转移导纳
	电压	电压	电压比	电压转移函数
	电流	电流	电流比	电流转移函数

由式（9.31）可得响应的象函数为

$$R(s) = H(s)E(s) \tag{9.32}$$

当激励为冲激函数，即 $e(t)=\delta(t)$ 时，象函数 $E(s)=1$，于是 $R(s)=H(s)$。因此，网络函数与单位冲激响应之间的拉普拉斯变换关系为

$$h(t)=\mathscr{L}^{-1}[H(s)] \tag{9.33}$$

上式说明，网络函数 $H(s)$ 是电路的冲激响应 $h(t)$ 的象函数，冲激响应 $h(t)$ 是网络函数 $H(s)$ 的原函数。在已知电路冲激响应 $h(t)$ 的情况下，用式（9.32）可以在 s 域中求出任意输入信号 $E(s)$ 作用下电路的零状态响应 $R(s)$，对 $R(s)$ 求拉普拉斯反变换，即可得出任意情况下电路的时域零状态响应 $r(t)$。

【例 9.16】 如图 9.11(a)所示，求网络函数 $H(s)=\dfrac{I_2(s)}{U_s(s)}$，并求此电路的单位冲激响应 $h(t)$。

解： 首先画出复频域模型，如图 9.11(b)所示。电路中的总输入阻抗为

$$Z(s)=0.2s+6//\left(4+\frac{10}{s}\right)=\frac{s^2+13s+30}{5(s+1)}$$

$$I_2(s)=\frac{U_s(s)}{Z(s)}\times\frac{6}{6+\left(4+\dfrac{10}{s}\right)}=\frac{3s}{(s+3)(s+10)}U_s(s)$$

$$H(s)=\frac{I_2(s)}{U_s(s)}=\frac{3s}{(s+3)(s+10)}$$

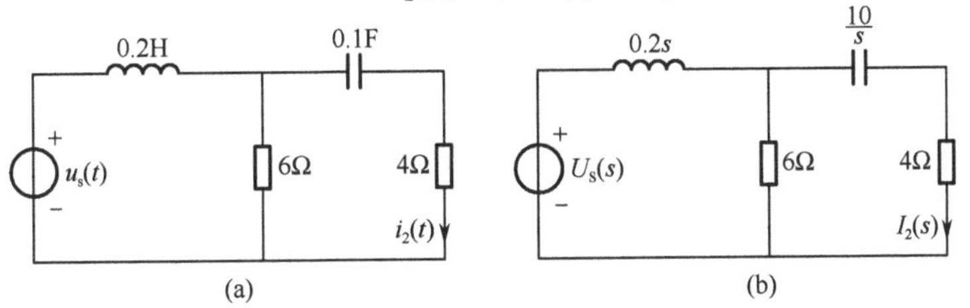

图 9.11 例 9.16 图

所以单位冲激响应为

$$h(t)=i_2(t)=\mathscr{L}^{-1}[H(s)]=\mathscr{L}^{-1}\left[\frac{-\dfrac{9}{7}}{s+3}+\dfrac{\dfrac{30}{7}}{s+10}\right]=\left(-\frac{9}{7}\mathrm{e}^{-3t}+\frac{30}{7}\mathrm{e}^{-10t}\right)\mathrm{A}, \quad t\geqslant 0$$

网络函数的一般表达式可写为

$$H(s)=\frac{N(s)}{D(s)}$$

式中，$N(s)=0$ 的根称为 $H(s)$ 的零点，它们使 $H(s)=0$。将 $D(s)=0$ 的根称为极点，它们使 $H(s)\to\infty$。将网络函数 $H(s)$ 的零点和极点画在 s 平面上，称为零、极点分布图。如图 9.12(a)所示。

设 $H(s)$ 有 n 个极点，分别用 $p_1,p_2,\cdots,p_n$ 表示，并设 $\dfrac{N(s)}{D(s)}$ 为真分式，则

$$H(s)=\frac{N(s)}{D(s)}=\frac{k_1}{s-p_1}+\frac{k_2}{s-p_2}+\cdots+\frac{k_n}{s-p_n}$$

对上式做拉普拉斯反变换，得

$$h(t)=k_1\mathrm{e}^{p_1t}+k_2\mathrm{e}^{p_2t}+\cdots+k_n\mathrm{e}^{p_nt}$$

由上式可知，要使 $h(t)$ 随着时间的增加而减小，每个极点 p_i 的实部必须是负值，也就是说，极点 $s=p_i$ 必须位于 s 平面的左半平面，如图 9.12(b)所示，这样的电路是稳定的。

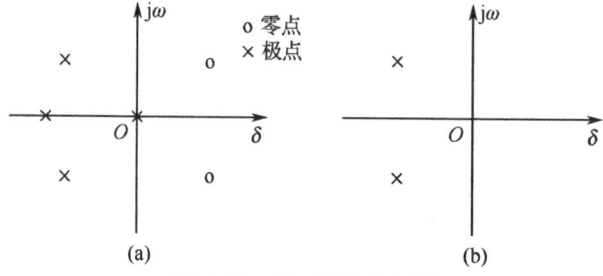

图 9.12 零、极点分布图

9.6 应用举例

利用拉普拉斯变换的微分性质和积分性质，可以求解微分方程。

【例 9.17】 用拉普拉斯变换求解微分方程，已知 $u(0_-)=1$，$u'(0_-)=-2$。

$$\frac{\mathrm{d}^2u(t)}{\mathrm{d}t^2}+6\frac{\mathrm{d}u(t)}{\mathrm{d}t}+8u(t)=2\varepsilon(t)$$

解： 对给定方程两边每一项求拉普拉斯变换，得

$$[s^2U(s)-su(0_-)-u'(0_-)]+6[sU(s)-u(0_-)]+8U(s)=\frac{2}{s}$$

将 $u(0_-)=1$，$u'(0_-)=-2$ 代入，得

$$s^2U(s)-s+2+6sU(s)-6+8U(s)=\frac{2}{s}$$

由上式求得

$$U(s)=\frac{s^2+4s+2}{s(s^2+6s+8)}=\frac{1}{4}\times\frac{1}{s}+\frac{1}{2}\times\frac{1}{s+2}+\frac{1}{4}\times\frac{1}{s+4}$$

求拉普拉斯反变换，得

$$u(t)=\left(\frac{1}{4}+\frac{1}{2}\mathrm{e}^{-2t}+\frac{1}{4}\mathrm{e}^{-4t}\right)\varepsilon(t)$$

本章小结

本章首先介绍了拉普拉斯变换的定义、性质和拉普拉斯反变换，然后介绍了动态元件的复频域

模型，最后介绍了利用拉普拉斯变换求解动态电路的方法，即复频域分析法。

1. 拉普拉斯变换

函数的拉普拉斯变换可采用拉普拉斯变换的定义或性质求得。

2. 拉普拉斯反变换

利用拉普拉斯反变换可求原函数，方法如下：

（1）查表法；

（2）真分式可用部分分式展开法，结合常用公式和性质求解。

3. 线性动态电路的复频域分析

步骤如下：

（1）由换路前的稳态电路求出电感电流的初始值 $i_L(0_-)$ 和电容电压的初始值 $u_C(0_-)$，确定附加电源；

（2）画出换路后电路的复频域模型；

（3）对复频域模型进行分析，可应用直流稳态电路的分析方法求响应的象函数；

（4）对响应的象函数求拉普拉斯反变换，求得响应的原函数。

习题 9

9.1 用拉普拉斯变换的定义求下列函数的象函数。

（1）$f(t) = 2\delta(t-5)$ 　　　　　　　　（2）$f(t) = 1 - e^{-\alpha t}$

（3）$f(t) = \varepsilon(t-4)$ 　　　　　　　　（4）$f(t) = (1-2t)e^{-2t}$

（5）$f(t) = t^2$ 　　　　　　　　　　　（6）$f(t) = \cos\omega t$

9.2 用拉普拉斯变换的性质求下列函数的象函数。

（1）$f(t) = \cos(\omega t + \theta)$ 　　　　　　　（2）$f(t) = (1 + e^{-3t})\varepsilon(t)$

（3）$f(t) = e^{-2t}\cos(3t)$ 　　　　　　　（4）$f(t) = te^{-t}\sin(2t)$

（5）$f(t) = 2\varepsilon(t) - 2\varepsilon(t-1)$ 　　　　（6）$f(t) = t\varepsilon(t-1)$

（7）$f(t) = 10\varepsilon(t-2) + 3\delta(t-1)$ 　　（8）$f(t) = t + 2 + 3\delta(t)$

9.3 计算图 9.13 所示的函数的象函数。

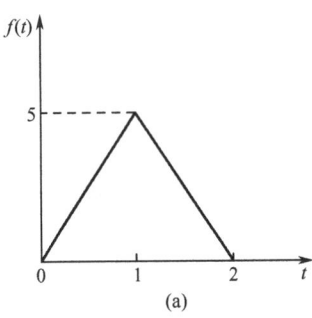
(a)

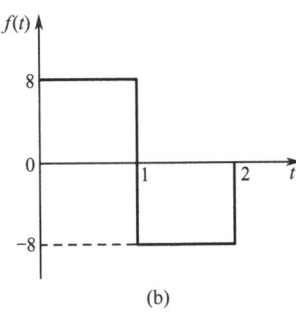
(b)

图 9.13　习题 9.3 图

9.4 求下列象函数的原函数。

（1）$F(s) = \dfrac{s^2 + 4s + 3}{s(s^2 + 6s + 8)}$ 　　　　　（2）$F(s) = \dfrac{4s + 6}{s^3 + 5s^2 + 6s}$

（3）$F(s) = \dfrac{2s + 1}{2s^2 + 6s}$ 　　　　　　　（4）$F(s) = \dfrac{2s^2 + 9s + 5}{s^2 + 3s + 2}$

(5) $F(s) = \dfrac{s+3}{(s+1)^3(s+2)}$ (6) $F(s) = \dfrac{12}{(s+2)^2(s+4)}$

(7) $F(s) = \dfrac{s+2}{s^2+2s+5}$ (8) $F(s) = \dfrac{s+1}{s^3+2s^2+2s}$

9.5 电路如图 9.14 所示，求二端网络的运算阻抗。

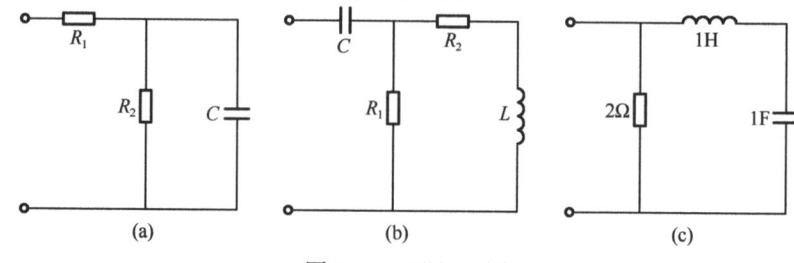

图 9.14　习题 9.5 图

9.6 用拉普拉斯变换求图 9.15 所示电路中的 $i(t)$、$u_L(t)$、$u_C(t)$。

9.7 求图 9.16 所示电路中的 $i(t)$、$u_C(t)$。

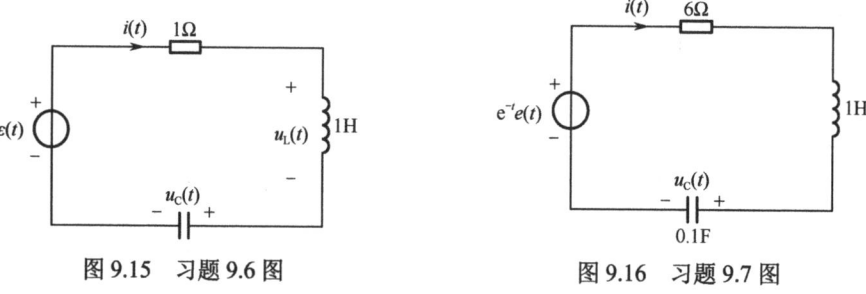

图 9.15　习题 9.6 图　　　　　图 9.16　习题 9.7 图

9.8 电路如图 9.17 所示，已知初始状态为 $i_L(0_-) = 1\text{A}$，$u_C(0_-) = 2\text{V}$，求 $t \geq 0$ 时的零输入响应 $u_C(t)$。

9.9 电路如图 9.18 所示，已知 $u(t) = (4-4\mathrm{e}^{-3t})\varepsilon(t)\text{V}$，求 $t \geq 0$ 时的零状态响应 $u_C(t)$。

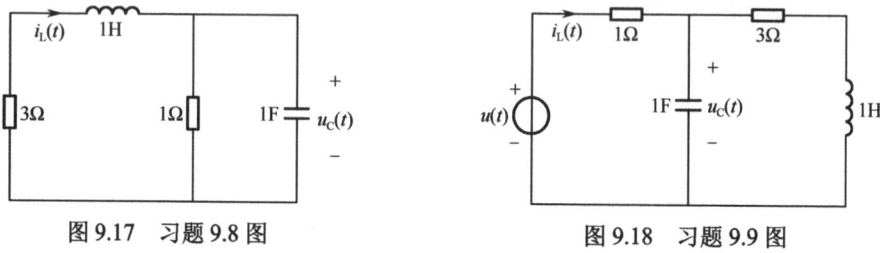

图 9.17　习题 9.8 图　　　　　图 9.18　习题 9.9 图

9.10 图 9.19 所示的电路原已稳定，换路后试求：（1）复频域模型；（2）$i_1(t)$ 及 $u_1(t)$。

9.11 电路如图 9.20 所示，在开关 S 闭合前已处于稳态，试用复频域分析法求 $u_L(t)$。

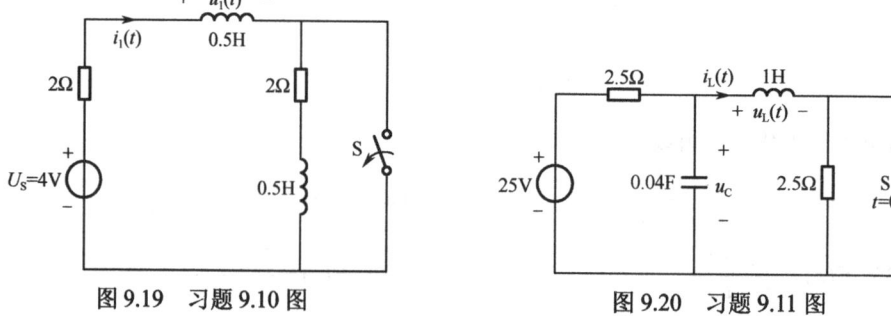

图 9.19　习题 9.10 图　　　　　图 9.20　习题 9.11 图

9.12 图 9.21 所示的电路原已稳定，3μF 电容未充电，$t=0$ 时开关 S 由 1 合到 2。（1）试画出复频域模型；（2）用复频域分析法求 $i(t)$；（3）求在 $t=2\mu s$ 时的 $i(t)$。

9.13 图 9.22 所示的电路原已稳定。试求：（1）换路后的复频域模型；（2）换路后的电流 $i(t)$。

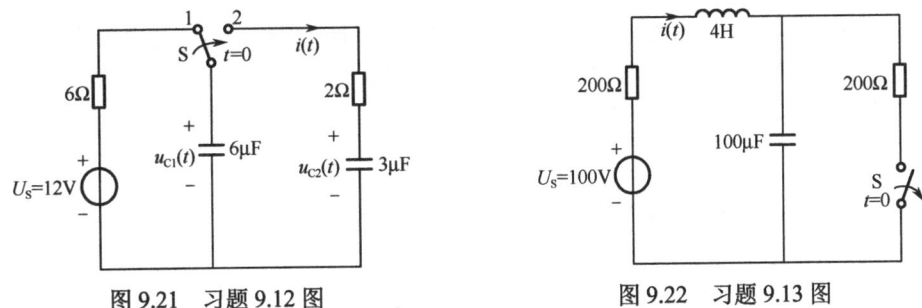

图 9.21 习题 9.12 图　　　　图 9.22 习题 9.13 图

9.14 电路如图 9.23 所示，开关 S 原是闭合的，电路已经稳定。$t=0$ 时将开关 S 断开，求 $t \geq 0$ 时的 $i(t)$、$u_{L_1}(t)$、$u_{L_2}(t)$。

9.15 图 9.24 所示的电路原已稳定，试求：换路后的复频域模型及换路后的电流 $i_L(t)$。

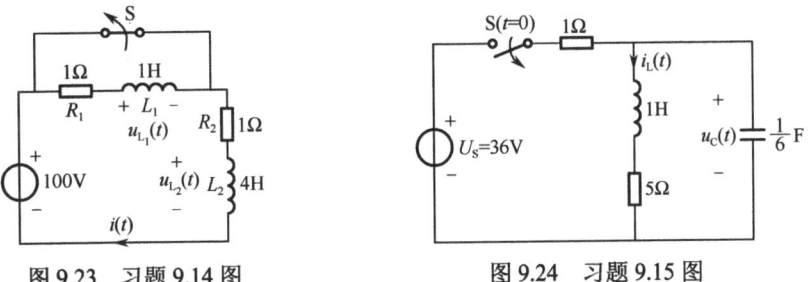

图 9.23 习题 9.14 图　　　　图 9.24 习题 9.15 图

第10章 二端口网络

在实际生活中，很多电路的内部结构是很复杂的，例如变压器、放大器、照明电路等。它们的内部结构和状态难以观测，人们更多考虑的是它们的外部特性，即端口电压与电流的关系，而忽略其内部构造及电压、电流分布。为解决工程中的这一问题，引入二端口网络理论。本章主要介绍二端口网络的基本概念、二端口网络的方程和参数、二端口网络的连接和等效电路、输入阻抗、输出阻抗等。

10.1 二端口网络概述

如果一个网络包括电能或电信号的一个输入端口和一个输出端口，就称其为二端口网络（或双口网络）。二端口网络是对外有四个端子的电路，1 和 1′ 两个端子构成一个端口，2 和 2′ 两个端子构成另一个端口。在构成一个端口的一对端子中，任一瞬间流入一个端子的电流等于流出另一个端子的电流，如图10.1所示。许多实际网络都具有二端口网络的特点，如图10.2所示，滤波器、变压器等都属于二端口网络，因此研究二端口网络具有重要的意义。

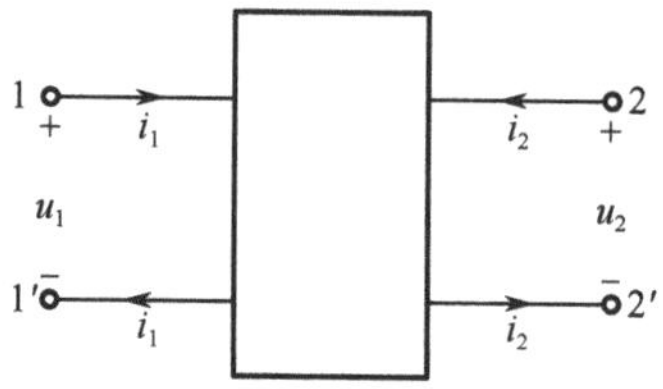

图 10.1 二端口网络

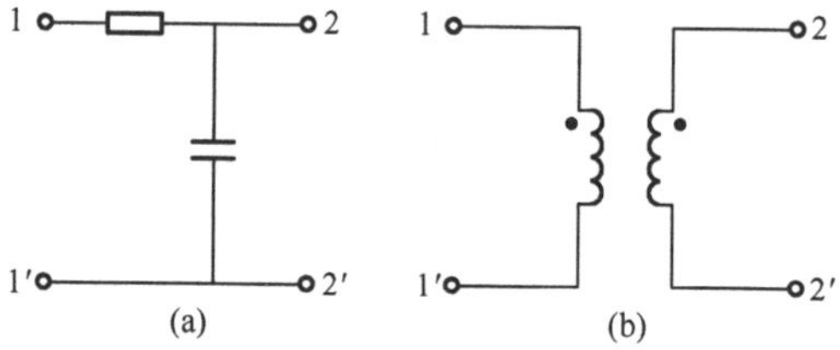

图 10.2 二端口网络实例

本章讨论由线性电阻、电感、电容、互感和线性受控源组成的线性二端口网络，其内部不含独立源。对二端口网络做时域分析时，可以使用瞬时值的形式，即 u_1、i_1、u_2、i_2；对正弦稳态电路进行频域分析时，要使用相量形式，即 $\dot{U}_1$、$\dot{I}_1$、$\dot{U}_2$、$\dot{I}_2$，它们都是与角频率 ω 有关的复数；对电路暂态响应进行复频域分析时，要使用象函数形式，即 $U_1(s)$、$I_1(s)$、$U_2(s)$、$I_2(s)$，它们都是复频率 s 的函数。

分析二端口网络的任务之一就是建立某种形式的端口方程，即端口电压与端口电流的关系。在端口电压 u_1、u_2 和端口电流 i_1、i_2 这 4 个变量中选取两个作为自变量，另外两个作为因变量，共有 6 种选法，所以一个二端口网络可以用 6 种不同的二端口网络参数表征。在此用相量法分析二端口网络的正弦稳态情况，建立端口 u-i 关系，其分析方法和结论也可以应用于复频域模型的分析。

10.2 二端口网络方程及参数

10.2.1 Y 参数

图 10.3 所示为线性二端口网络，如果以线性无源网络的电压 $\dot{U}_1$、$\dot{U}_2$ 为自变量，端口电流 $\dot{I}_1$、$\dot{I}_2$ 为因变量，则可以把 $\dot{U}_1$、$\dot{U}_2$ 视为激励，把 $\dot{I}_1$、$\dot{I}_2$ 视为响应。根据齐次定理和叠加定理，$\dot{I}_1$、$\dot{I}_2$ 必为 $\dot{U}_1$、$\dot{U}_2$ 的线性组合，即

$$\begin{cases} \dot{I}_1 = Y_{11}\dot{U}_1 + Y_{12}\dot{U}_2 \\ \dot{I}_2 = Y_{21}\dot{U}_1 + Y_{22}\dot{U}_2 \end{cases} \quad (10.1)$$

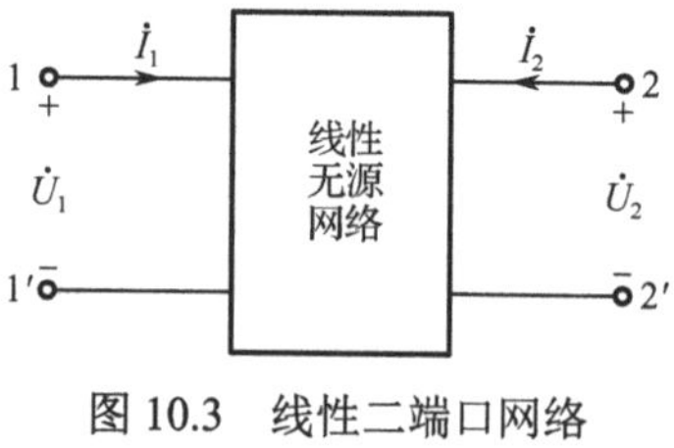

上式称为二端口网络的 Y 参数方程，其中 Y_{11}、Y_{12}、Y_{21}、Y_{22} 称为二端口网络的导纳参数，简称 Y 参数。Y 参数具有导纳的性质，式

图 10.3 线性二端口网络

(10.1) 还可以写成矩阵形式

$$\begin{bmatrix} \dot{I}_1 \\ \dot{I}_2 \end{bmatrix} = \begin{bmatrix} Y_{11} & Y_{12} \\ Y_{21} & Y_{22} \end{bmatrix} \begin{bmatrix} \dot{U}_1 \\ \dot{U}_2 \end{bmatrix} = Y \begin{bmatrix} \dot{U}_1 \\ \dot{U}_2 \end{bmatrix}$$

式中

$$Y = \begin{bmatrix} Y_{11} & Y_{12} \\ Y_{21} & Y_{22} \end{bmatrix}$$

称为二端口网络的 Y 参数矩阵。

Y 参数可以通过计算或测量来确定。如果在输入端口 1-1′ 上外加电压 $\dot{U}_1$，而把输出端口 2-2′ 短路，如图 10.4(a)所示，这时 $\dot{U}_2=0$，按式（10.1）有

$$Y_{11} = \left.\frac{\dot{I}_1}{\dot{U}_1}\right|_{\dot{U}_2=0} \qquad Y_{21} = \left.\frac{\dot{I}_2}{\dot{U}_1}\right|_{\dot{U}_2=0} \qquad (10.2)$$

其中，Y_{11} 是输出端口 2-2′ 短路时，输入端口的输入导纳；Y_{21} 是输出端口 2-2′ 短路时，输出端口对输入端口的转移导纳。

如果在输出端口 2-2′ 上外加电压 $\dot{U}_2$，而把输入端口 1-1′ 短路，如图 10.4(b)所示，这时 $\dot{U}_1=0$，按式（10.1）有

$$Y_{12} = \left.\frac{\dot{I}_1}{\dot{U}_2}\right|_{\dot{U}_1=0} \qquad Y_{22} = \left.\frac{\dot{I}_2}{\dot{U}_2}\right|_{\dot{U}_1=0} \qquad (10.3)$$

其中，Y_{12} 是输入端口 1-1′ 短路时，输入端口对输出端口的转移导纳；Y_{22} 是输入端口 1-1′ 短路时，输出端口的输入导纳。

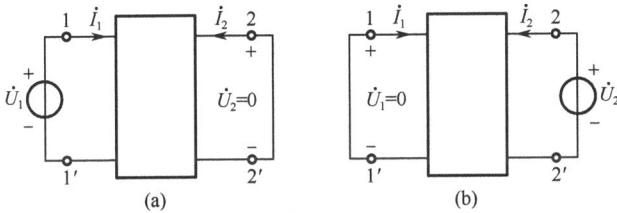

图 10.4 Y 参数测定

由线性电阻、电感、电容组成的网络满足互易定理，故称为互易网络。如果二端口网络是互易网络，根据互易定理有

$$\left.\frac{\dot{I}_2}{\dot{U}_1}\right|_{\dot{U}_2=0} = \left.\frac{\dot{I}_1}{\dot{U}_2}\right|_{\dot{U}_1=0}$$

可见，对互易二端口网络有

$$Y_{12}=Y_{21}$$

任何一个互易二端口网络，只要有三个独立的参数就足以表征它的性能了。如果互易二端口网络还满足 $Y_{11}=Y_{22}$，那么二端口网络的两个端口 1-1′ 和 2-2′ 互换位置后与外电路连接，其外部特性将不会有任何变化。这种特性称为对称，这种网络称为对称二端口网络。显然，对称二端口网络的 Y 参数中，只有两个是独立的。

【例 10.1】 电路如图 10.5(a)所示，求其 Y 参数。

解：方法一 按短路法求 Y 参数

将输出端口 2-2′ 短路，在输入端口 1-1′ 加电压 $\dot{U}_1$，如图 10.5(b)所示，可得

$$\dot{I}_1 = (Y_a + Y_c)\dot{U}_1$$
$$\dot{I}_2 = -Y_c\dot{U}_1$$

整理，可求得参数

$$Y_{11} = \left.\frac{\dot{I}_1}{\dot{U}_1}\right|_{\dot{U}_2=0} = Y_a + Y_c \qquad Y_{21} = \left.\frac{\dot{I}_2}{\dot{U}_1}\right|_{\dot{U}_2=0} = -Y_c$$

将输入端口 1-1' 短路，在输出端口 2-2' 加电压 $\dot{U}_2$，如图 10.5(c) 所示，可得

$$\dot{I}_2 = (Y_b + Y_c)\dot{U}_2$$
$$\dot{I}_1 = -Y_c\dot{U}_2$$

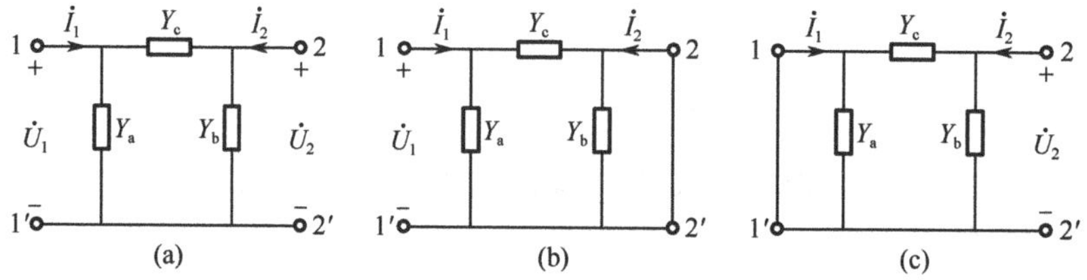

图 10.5 例 10.1 图

整理，可求得参数

$$Y_{12} = \left.\frac{\dot{I}_1}{\dot{U}_2}\right|_{\dot{U}_1=0} = -Y_c \qquad Y_{22} = \left.\frac{\dot{I}_2}{\dot{U}_2}\right|_{\dot{U}_1=0} = Y_b + Y_c$$

故二端口网络的 Y 参数矩阵为

$$Y = \begin{bmatrix} Y_{11} & Y_{12} \\ Y_{21} & Y_{22} \end{bmatrix} = \begin{bmatrix} Y_a + Y_c & -Y_c \\ -Y_c & Y_b + Y_c \end{bmatrix}$$

方法二　直接建立 Y 参数方程

由于图 10.5(a) 所示的网络结构简单，可直接建立 Y 参数方程

$$\dot{I}_1 = Y_a\dot{U}_1 + Y_c(\dot{U}_1 - \dot{U}_2) = (Y_a + Y_c)\dot{U}_1 - Y_c\dot{U}_2$$
$$\dot{I}_2 = Y_b\dot{U}_2 + Y_c(\dot{U}_2 - \dot{U}_1) = -Y_c\dot{U}_1 + (Y_b + Y_c)\dot{U}_2$$

由上述方程可以得出 Y 参数。

由本例可见，$Y_{12}=Y_{21}$，二端口网络具有互易性，四个参数中有三个参数是独立的。

10.2.2　Z 参数

图 10.3 所示的二端口网络，如果以二端口网络的电流 $\dot{I}_1$ 和 $\dot{I}_2$ 为自变量，端口电压 $\dot{U}_1$ 和 $\dot{U}_2$ 为因变量，则可以把 $\dot{I}_1$、$\dot{I}_2$ 视为激励，把 $\dot{U}_1$、$\dot{U}_2$ 视为响应。根据齐次定理和叠加定理，可得

$$\begin{cases} \dot{U}_1 = Z_{11}\dot{I}_1 + Z_{12}\dot{I}_2 \\ \dot{U}_2 = Z_{21}\dot{I}_1 + Z_{22}\dot{I}_2 \end{cases} \tag{10.4}$$

上式称为二端口网络的 Z 参数方程，其中 Z_{11}、Z_{12}、Z_{21}、Z_{22} 称为二端口网络的阻抗参数，简称 Z 参数。Z 参数具有阻抗的性质。式（10.4）还可以写成矩阵形式

$$\begin{bmatrix} \dot{U}_1 \\ \dot{U}_2 \end{bmatrix} = \begin{bmatrix} Z_{11} & Z_{12} \\ Z_{21} & Z_{22} \end{bmatrix} \begin{bmatrix} \dot{I}_1 \\ \dot{I}_2 \end{bmatrix} = \mathbf{Z} \begin{bmatrix} \dot{I}_1 \\ \dot{I}_2 \end{bmatrix}$$

式中

$$\mathbf{Z} = \begin{bmatrix} Z_{11} & Z_{12} \\ Z_{21} & Z_{22} \end{bmatrix}$$

称为二端口网络的 Z 参数矩阵。

Z 参数也可通过网络的输入端口、输出端口开路测量或计算来确定。如果在输入端口 1-1' 上外加电流 $\dot{I}_1$，把输出端口 2-2' 开路，如图 10.6(a)所示，这时 $\dot{I}_2=0$，按式（10.4）有

$$Z_{11} = \left.\frac{\dot{U}_1}{\dot{I}_1}\right|_{\dot{I}_2=0} \qquad Z_{21} = \left.\frac{\dot{U}_2}{\dot{I}_1}\right|_{\dot{I}_2=0}$$

其中，Z_{11} 是输出端口 2-2' 开路时，输入端口 1-1' 的输入阻抗；Z_{21} 是输出端口 2-2' 开路时，输出端口对输入端口的转移阻抗。

如果在输出端口 2-2' 上外加电流 $\dot{I}_2$，把输入端口 1-1' 开路，如图 10.6(b)所示，这时 $\dot{I}_1=0$，按式（10.4）有

$$Z_{12} = \left.\frac{\dot{U}_1}{\dot{I}_2}\right|_{\dot{I}_1=0} \qquad Z_{22} = \left.\frac{\dot{U}_2}{\dot{I}_2}\right|_{\dot{I}_1=0}$$

其中，Z_{12} 是输入端口 1-1' 开路时，输入端口对输出端口的转移阻抗；Z_{22} 是输入端口 1-1' 开路时，输出端口的输入阻抗。

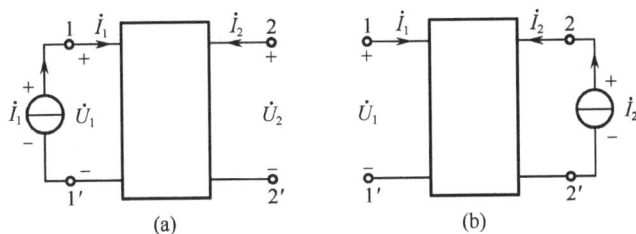

图 10.6 Z 参数测定

同理，若二端口网络是互易网络，$Z_{12}=Z_{21}$，四个参数有三个参数是独立的；如果二端口网络也是对称网络，$Z_{11}=Z_{22}$，网络的独立参数减少到两个。

【例 10.2】 求图 10.7 所示电路的 Z 参数。

解：方法一 按开路法求 Z 参数

将二端口网络的输出端口 2-2' 开路，有

$$Z_{11} = \left.\frac{\dot{U}_1}{\dot{I}_1}\right|_{\dot{I}_2=0} = Z_a + Z_b \qquad Z_{21} = \left.\frac{\dot{U}_2}{\dot{I}_1}\right|_{\dot{I}_2=0} = Z_b$$

将二端口网络的输入端口 1-1' 开路，有

$$Z_{12} = \left.\frac{\dot{U}_1}{\dot{I}_2}\right|_{\dot{I}_1=0} = Z_b \qquad Z_{22} = \left.\frac{\dot{U}_2}{\dot{I}_2}\right|_{\dot{I}_1=0} = Z_b + Z_c$$

方法二 列出 KVL 方程

$$\dot{U}_1 = \dot{I}_1 Z_a + (\dot{I}_1 + \dot{I}_2) Z_b = \dot{I}_1(Z_a + Z_b) + \dot{I}_2 Z_b$$
$$\dot{U}_2 = \dot{I}_2 Z_c + (\dot{I}_1 + \dot{I}_2) Z_b = \dot{I}_1 Z_b + \dot{I}_2(Z_b + Z_c)$$

由本例可见，$Z_{12}=Z_{21}$，二端口网络具有互易性，有三个参数是独立的。

【例 10.3】 电路如图 10.8 所示，求其 Z 参数。

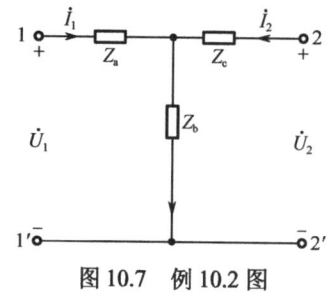
图 10.7 例 10.2 图

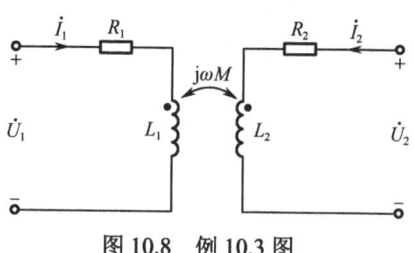
图 10.8 例 10.3 图

解：由电路的 KVL 方程可知

$$\dot{U}_1 = \dot{I}_1(R_1 + j\omega L_1) + \dot{I}_2 j\omega M$$

$$\dot{U}_2 = \dot{I}_1 j\omega M + \dot{I}_2(R_2 + j\omega L_2)$$

$$Z = \begin{bmatrix} R_1 + j\omega L_1 & j\omega M \\ j\omega M & R_2 + j\omega L_2 \end{bmatrix}$$

10.2.3 T 参数

在许多工程实际中，往往希望找到一个端口的电压、电流与另一个端口的电压、电流之间的直接关系。例如，放大器、滤波器输入与输出之间的关系，传输线的始端与终端之间的关系。另外，有些二端口网络并不同时存在阻抗矩阵或导纳矩阵表达式。因此常采用 T 参数来描述二端口网络的输入端口与输出端口的关系。

如图 10.3 所示，端口电压 $\dot{U}_2$ 和电流 $\dot{I}_2$ 为已知量，$\dot{U}_1$ 和 $\dot{I}_1$ 为未知量，可得

$$\begin{cases} \dot{U}_1 = A\dot{U}_2 + B(-\dot{I}_2) \\ \dot{I}_1 = C\dot{U}_2 + D(-\dot{I}_2) \end{cases} \quad (10.5)$$

上式称为二端口网络的 T 参数方程，其中 A、B、C、D 称为二端口网络的 T 参数或传输参数。其中系数 A 和 D 没有量纲，系数 B 具有阻抗性质，系数 C 具有导纳性质。式（10.5）还可以写成矩阵形式

$$\begin{bmatrix} \dot{U}_1 \\ \dot{I}_1 \end{bmatrix} = \begin{bmatrix} A & B \\ C & D \end{bmatrix} \begin{bmatrix} \dot{U}_2 \\ -\dot{I}_2 \end{bmatrix} = T \begin{bmatrix} \dot{U}_2 \\ -\dot{I}_2 \end{bmatrix}$$

式中

$$T = \begin{bmatrix} A & B \\ C & D \end{bmatrix}$$

称为二端口网络的 T 参数矩阵。$-\dot{I}_2$ 为流出端子 2 的电流，因为与图中假定的参考方向相反，所以在前面加负号。

由式（10.5）可得

$$\begin{cases} A = \dfrac{\dot{U}_1}{\dot{U}_2}\bigg|_{\dot{I}_2=0} & B = \dfrac{\dot{U}_1}{-\dot{I}_2}\bigg|_{\dot{U}_2=0} \\ C = \dfrac{\dot{I}_1}{\dot{U}_2}\bigg|_{\dot{I}_2=0} & D = \dfrac{\dot{I}_1}{-\dot{I}_2}\bigg|_{\dot{U}_2=0} \end{cases}$$

其中，A 是输出端口 2-2' 开路时，输入端口 1-1' 的电压与输出端口 2-2' 的电压之比，称为转移电压比；B 是输出端口 2-2' 短路时，输入端口 1-1' 的电压与输出端口 2-2' 的电流之比，称为短路转移阻抗；C 是输出端口 2-2' 开路时，输入端口 1-1' 的电流与输出端口 2-2' 的电压之比，称为开路转移导纳；D 是输出端口 2-2' 短路时，输入端口 1-1' 的电流与输出端口 2-2' 的电流之比，称为转

移电流比。

实际上，T 参数方程也可以从导纳参数方程直接推导出来，端口电压 $\dot{U}_2$ 和电流 $\dot{I}_2$ 为已知量，$\dot{U}_1$ 和 $\dot{I}_1$ 为未知量，式（10.1）可以改写成如下形式

$$\begin{cases} \dot{U}_1 = -\dfrac{Y_{22}}{Y_{21}}\dot{U}_2 + \dfrac{1}{Y_{21}}\dot{I}_2 \\ \dot{I}_1 = \left(Y_{12} - \dfrac{Y_{11}Y_{22}}{Y_{21}}\right)\dot{U}_2 + \dfrac{Y_{11}}{Y_{21}}\dot{I}_2 \end{cases}$$

所以可以用 Y 参数表示 T 参数，有

$$A = -\frac{Y_{22}}{Y_{21}}, \quad B = -\frac{1}{Y_{21}}\Omega, \quad C = Y_{12} - \frac{Y_{11}Y_{22}}{Y_{21}}\mathrm{S}, \quad D = -\frac{Y_{11}}{Y_{21}}$$

对于互易网络，$Y_{12}=Y_{21}$，则有 $AD-BC=1$。这表示互易二端口网络的四个参数中只有三个是独立的。对于对称的二端口网络，还有 $A=D$。

【例 10.4】 求图 10.9 所示电路的 T 参数。

解：根据理想变压器变电压和变电流特性有

$$\begin{cases} u_1 = nu_2 \\ i_1 = -\dfrac{1}{n}i_2 \end{cases}$$

即

$$\begin{bmatrix} u_1 \\ i_1 \end{bmatrix} = \begin{bmatrix} n & 0 \\ 0 & 1/n \end{bmatrix} \begin{bmatrix} u_2 \\ -i_2 \end{bmatrix}$$

则

$$T = \begin{bmatrix} n & 0 \\ 0 & 1/n \end{bmatrix}$$

【例 10.5】 求如图 10.10 所示的电路的 T 参数。

解：直接建立 T 参数方程

$$\dot{U}_1 = \dot{I}_1 R_1 + (\dot{I}_1 + \dot{I}_2)R_2 = \dot{I}_1(R_1 + R_2) + \dot{I}_2 R_2$$
$$\dot{U}_2 = -3\dot{I}_1 + (\dot{I}_1 + \dot{I}_2)R_2 = \dot{I}_1(R_2 - 3) + \dot{I}_2 R_2$$

代入已知条件得

$$\dot{U}_1 = 30\dot{I}_1 + 20\dot{I}_2$$
$$\dot{U}_2 = 17\dot{I}_1 + 20\dot{I}_2$$

由上式可得

$$\dot{I}_1 = \frac{1}{17}\dot{U}_2 - \frac{20}{17}\dot{I}_2$$

将上式代入 $\dot{U}_1$ 表达式，整理得

$$\dot{U}_1 = \frac{30}{17}\dot{U}_2 - \frac{260}{17}\dot{I}_2$$

由以上结果可求得

$$A = \frac{30}{17} \quad B = \frac{260}{17}\Omega \quad C = \frac{1}{17}\mathrm{S} \quad D = \frac{20}{17}$$

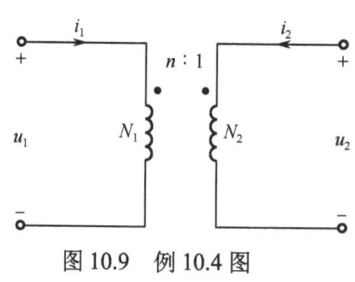

图 10.9 例 10.4 图

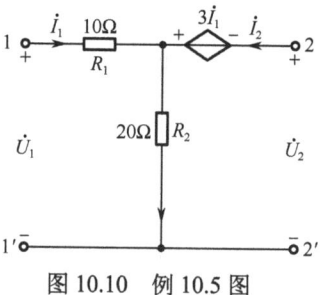

图 10.10 例 10.5 图

10.2.4 H 参数

在如图 10.3 所示的电路中，以电压 $\dot{U}_2$ 和电流 $\dot{I}_1$ 为已知量，电压 $\dot{U}_1$ 和电流 $\dot{I}_2$ 为未知量，二端口网络的参数方程为

$$\begin{cases} \dot{U}_1 = H_{11}\dot{I}_1 + H_{12}\dot{U}_2 \\ \dot{I}_2 = H_{21}\dot{I}_1 + H_{22}\dot{U}_2 \end{cases} \tag{10.6}$$

上式称为二端口网络的 H 参数方程，其中 H_{11}、H_{12}、H_{21}、H_{22} 称为二端口网络的 H 参数或混合参数。式（10.6）还可以写成

$$\begin{bmatrix} \dot{U}_1 \\ \dot{I}_2 \end{bmatrix} = \begin{bmatrix} H_{11} & H_{12} \\ H_{21} & H_{22} \end{bmatrix} \begin{bmatrix} \dot{I}_1 \\ \dot{U}_2 \end{bmatrix} = \boldsymbol{H} \begin{bmatrix} \dot{I}_1 \\ \dot{U}_2 \end{bmatrix}$$

式中

$$\boldsymbol{H} = \begin{bmatrix} H_{11} & H_{12} \\ H_{21} & H_{22} \end{bmatrix}$$

称为二端口网络的 H 参数矩阵。

由式（10.6）可得

$$\begin{cases} H_{11} = \dfrac{\dot{U}_1}{\dot{I}_1}\bigg|_{\dot{U}_2=0} & H_{12} = \dfrac{\dot{U}_1}{\dot{U}_2}\bigg|_{\dot{I}_1=0} \\ H_{21} = \dfrac{\dot{I}_2}{\dot{I}_1}\bigg|_{\dot{U}_2=0} & H_{22} = \dfrac{\dot{I}_2}{\dot{U}_2}\bigg|_{\dot{I}_1=0} \end{cases}$$

其中，H_{11} 是输出端口 2-2′ 短路时，输入端口的输入阻抗；H_{12} 是输入端口 1-1′ 开路时，输入端口电压与输出端口电压之比；H_{21} 是输出端口 2-2′ 短路时，输出端口电流与输入端口电流之比；H_{22} 是输入端口 1-1′ 开路时，输出端口的输入导纳。H 参数广泛应用于电子技术中，用来描述电子器件的端口特性。

对于互易网络，有 $H_{12} = -H_{21}$。

互易对称网络既满足上式，也满足 $H_{12}H_{22} - H_{12}H_{21} = 1$。

【例 10.6】 晶体管的小信号模型如图 10.11 所示，求该电路的 H 参数。

解：直接列 KVL 方程和 KCL 方程得

$$\dot{U}_1 = \dot{I}_1 r_{be}$$

$$\dot{I}_2 = \beta \dot{I}_1 + \frac{1}{R_C}\dot{U}_2$$

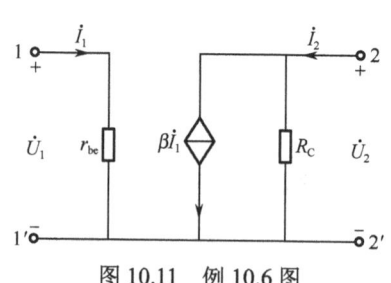

图 10.11 例 10.6 图

比较 H 参数方程有

$$H_{11} = \left.\frac{\dot{U}_1}{\dot{I}_1}\right|_{\dot{U}_2=0} = r_{be} \qquad H_{12} = \left.\frac{\dot{U}_1}{\dot{U}_2}\right|_{\dot{I}_1=0} = 0$$

$$H_{21} = \left.\frac{\dot{I}_2}{\dot{I}_1}\right|_{\dot{U}_2=0} = \beta \qquad H_{22} = \left.\frac{\dot{I}_2}{\dot{U}_2}\right|_{\dot{I}_1=0} = \frac{1}{R_C}$$

实际上，r_{be} 为晶体管的输入电阻，β 为晶体管的电流放大倍数。

10.2.5 二端口网络参数间的关系

以上介绍的 Y、Z、T、H 四个参数，都能用来表征二端口网络的端口电压、电流之间的关系。在实际工程中，根据不同的场合采用不同的参数。例如，在电力和电信传输网络中，常采用 T 参数；在电子电路中，广泛采用 H 参数；在高频电路中，用得较多的是 Y 参数。另外，并不一定每一个二端口网络都可以由四个参数来描述。有的二端口网络无 Y 参数，有的既无 Y 参数，也无 Z 参数（如理想变压器）。Y、Z、T、H 参数之间的转换关系都可以由四个参数方程推导而得，详见表 10.1。

表 10.1 二端口网络四个参数之间的转换关系

参数	Y 参数	Z 参数	T 参数	H 参数
Y 参数	$Y_{11} \quad Y_{12}$ $Y_{21} \quad Y_{22}$	$\frac{Z_{22}}{\Delta_Z} \quad -\frac{Z_{12}}{\Delta_Z}$ $-\frac{Z_{21}}{\Delta_Z} \quad \frac{Z_{11}}{\Delta_Z}$	$\frac{D}{B} \quad -\frac{\Delta_T}{B}$ $-\frac{1}{B} \quad \frac{A}{B}$	$\frac{1}{H_{11}} \quad -\frac{H_{12}}{H_{11}}$ $\frac{H_{21}}{H_{11}} \quad \frac{\Delta_H}{H_{11}}$
Z 参数	$\frac{Y_{22}}{\Delta_Y} \quad -\frac{Y_{12}}{\Delta_Y}$ $-\frac{Y_{21}}{\Delta_Y} \quad \frac{Y_{11}}{\Delta_Y}$	$Z_{11} \quad Z_{12}$ $Z_{21} \quad Z_{22}$	$\frac{A}{C} \quad \frac{\Delta_T}{C}$ $\frac{1}{C} \quad \frac{D}{C}$	$\frac{\Delta_H}{H_{22}} \quad \frac{H_{12}}{H_{22}}$ $-\frac{H_{21}}{H_{22}} \quad \frac{1}{H_{22}}$
T 参数	$-\frac{Y_{22}}{Y_{21}} \quad -\frac{1}{Y_{21}}$ $-\frac{\Delta_Y}{Y_{21}} \quad -\frac{Y_{11}}{Y_{21}}$	$\frac{Z_{11}}{Z_{21}} \quad \frac{\Delta_Z}{Z_{21}}$ $\frac{1}{Z_{21}} \quad \frac{Z_{22}}{Z_{21}}$	$A \quad B$ $C \quad D$	$-\frac{\Delta_H}{H_{21}} \quad -\frac{H_{11}}{H_{21}}$ $-\frac{H_{22}}{H_{21}} \quad -\frac{1}{H_{21}}$
H 参数	$\frac{1}{Y_{11}} \quad -\frac{Y_{12}}{Y_{11}}$ $\frac{Y_{21}}{Y_{11}} \quad \frac{\Delta_Y}{Y_{11}}$	$\frac{\Delta_Z}{Z_{22}} \quad \frac{Z_{12}}{Z_{22}}$ $-\frac{Z_{21}}{Z_{22}} \quad \frac{1}{Z_{22}}$	$\frac{B}{D} \quad \frac{\Delta_T}{D}$ $-\frac{1}{D} \quad \frac{C}{D}$	$H_{11} \quad H_{12}$ $H_{21} \quad H_{22}$

在表 10.1 中，有

$$\Delta_Y = Y_{11}Y_{22} - Y_{12}Y_{21} \quad \Delta_Z = Z_{11}Z_{22} - Z_{12}Z_{21} \quad \Delta_T = AD - BC \quad \Delta_H = H_{11}H_{22} - H_{12}H_{21}$$

10.3 二端口网络的连接和等效电路

10.3.1 二端口网络的连接

二端口网络可以用不同的方式连接，最常见的有三种，分别是级联、串联和并联。

一个二端口网络的输出端口与另一个二端口网络的输入端口相连接的方式称为二端口网络的级联，如图 10.12 所示。

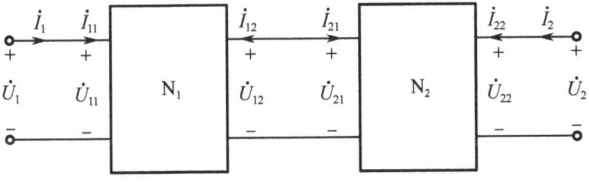

图 10.12 二端口网络的级联

由图 10.12 可知

$$\dot{U}_1 = \dot{U}_{11} \quad \dot{I}_1 = \dot{I}_{11} \quad \dot{U}_{12} = \dot{U}_{21} \quad \dot{I}_{12} = -\dot{I}_{21} \quad \dot{U}_2 = \dot{U}_{22} \quad \dot{I}_2 = \dot{I}_{22}$$

所以

$$\begin{bmatrix} \dot{U}_1 \\ \dot{I}_1 \end{bmatrix} = \begin{bmatrix} \dot{U}_{11} \\ \dot{I}_{11} \end{bmatrix} = T_1 \begin{bmatrix} \dot{U}_{12} \\ -\dot{I}_{12} \end{bmatrix} = T_1 \begin{bmatrix} \dot{U}_{21} \\ \dot{I}_{21} \end{bmatrix} = T_1 T_2 \begin{bmatrix} \dot{U}_2 \\ -\dot{I}_2 \end{bmatrix} = T \begin{bmatrix} \dot{U}_2 \\ -\dot{I}_2 \end{bmatrix}$$

式中

$$T = T_1 T_2$$

即级联后所形成的二端口网络的 T 参数矩阵等于各部分二端口网络的 T 参数矩阵之积。

分别把输入端口、输出端口相串联的连接方式称为二端口网络的串联，如图 10.13 所示。

由图 10.13 可知

$$\dot{U}_1 = \dot{U}_{11} + \dot{U}_{21} \quad \dot{U}_2 = \dot{U}_{12} + \dot{U}_{22} \quad \dot{I}_1 = \dot{I}_{11} = \dot{I}_{21} \quad \dot{I}_2 = \dot{I}_{12} = \dot{I}_{22}$$

所以

$$\begin{bmatrix} \dot{U}_1 \\ \dot{U}_2 \end{bmatrix} = Z_1 \begin{bmatrix} \dot{I}_{11} \\ \dot{I}_{12} \end{bmatrix} + Z_2 \begin{bmatrix} \dot{I}_{21} \\ \dot{I}_{22} \end{bmatrix} = (Z_1 + Z_2) \begin{bmatrix} \dot{I}_1 \\ \dot{I}_2 \end{bmatrix} = Z \begin{bmatrix} \dot{I}_1 \\ \dot{I}_2 \end{bmatrix}$$

式中

$$Z = Z_1 + Z_2$$

即串联后所形成的二端口网络的 Z 参数矩阵等于各部分二端口网络的 Z 参数矩阵之和。

分别把输入端口、输出端口并联的连接方式称为二端口网络的并联，如图 10.14 所示。

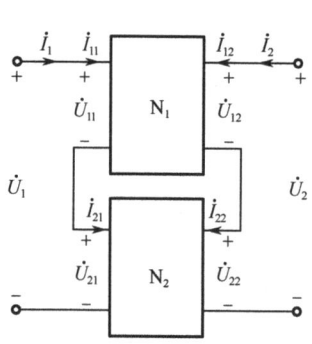
图 10.13 二端口网络的串联

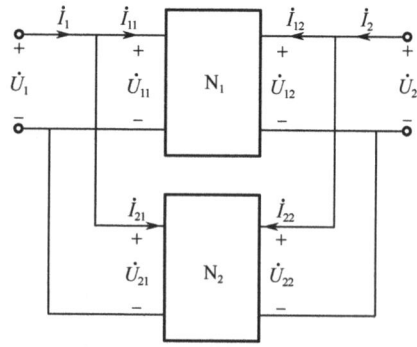
图 10.14 二端口网络的并联

由图 10.14 可知

$$\dot{I}_1 = \dot{I}_{11} + \dot{I}_{21} \quad \dot{I}_2 = \dot{I}_{12} + \dot{I}_{22} \quad \dot{U}_1 = \dot{U}_{11} = \dot{U}_{21} \quad \dot{U}_2 = \dot{U}_{12} = \dot{U}_{22}$$

所以

$$\begin{bmatrix} \dot{I}_1 \\ \dot{I}_2 \end{bmatrix} = Y_1 \begin{bmatrix} \dot{U}_{11} \\ \dot{U}_{12} \end{bmatrix} + Y_2 \begin{bmatrix} \dot{U}_{21} \\ \dot{U}_{22} \end{bmatrix} = (Y_1 + Y_2) \begin{bmatrix} \dot{U}_1 \\ \dot{U}_2 \end{bmatrix} = Y \begin{bmatrix} \dot{U}_1 \\ \dot{U}_2 \end{bmatrix}$$

式中

$$Y = Y_1 + Y_2$$

即并联后所形成的二端口网络的 Y 参数矩阵等于各部分二端口网络的 Y 参数矩阵之和。

10.3.2 二端口网络的等效电路

对于任意给定的一个线性不含独立源的二端口网络，若阻抗参数或者导纳参数已知，只要找到一个简单的二端口网络与给定的二端口网络的参数相等，则这两个二端口网络的外部特性也就完全相同，即它们是等效的。

1）互易二端口网络的等效电路

对于一个线性互易二端口网络，其阻抗或导纳参数只有三个参数独立，由三个独立参数组成的二端口网络的等效电路有两种形式，即 T 形等效电路和 π 形等效电路，如图 10.15 所示。对于一个含有受控源的线性二端口网络，则有四个独立的阻抗或导纳参数。反之，由四个独立参数组成的二端口网络的等效电路会含有受控源。

（1）T 形等效电路

给定二端口网络的 Z 参数，要确定此二端口网络的 T 形等效电路中的 Z_1、Z_2、Z_3 的值。如图 10.15(a)所示，网孔电流方程为

$$\begin{cases} \dot{U}_1 = \dot{I}_1(Z_1+Z_3) + \dot{I}_2 Z_3 \\ \dot{U}_2 = \dot{I}_1 Z_3 + \dot{I}_2(Z_2+Z_3) \end{cases} \tag{10.7}$$

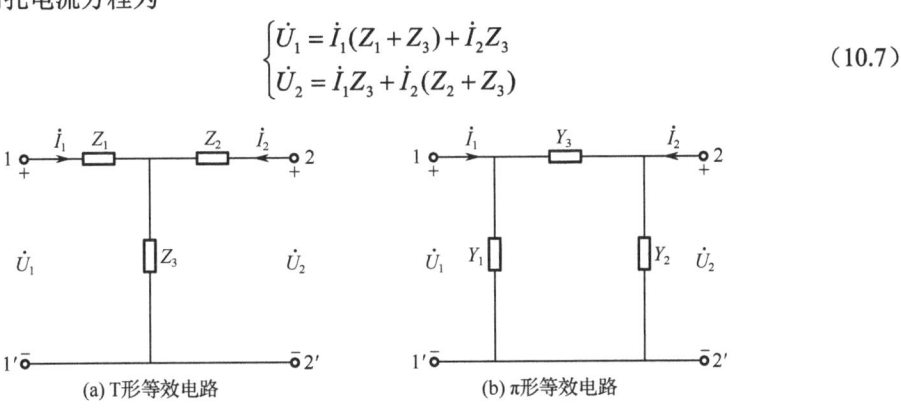

(a) T 形等效电路 (b) π 形等效电路

图 10.15 互易二端口网络的等效电路

将式（10.7）与式（10.4）对比，有

$$\begin{cases} Z_{11} = Z_1 + Z_3 \\ Z_{12} = Z_{21} = Z_3 \\ Z_{22} = Z_2 + Z_3 \end{cases}$$

整理可得

$$\begin{cases} Z_1 = Z_{11} - Z_{12} \\ Z_2 = Z_{22} - Z_{12} \\ Z_3 = Z_{12} = Z_{21} \end{cases} \tag{10.8}$$

所以，T 形等效电路的三个参数可以通过原二端口网络的 Z 参数求解。

（2）π 形等效电路

给定二端口网络的 Y 参数，要确定此二端口网络的 π 形等效电路中的 Y_1、Y_2、Y_3 的值。如图 10.15(b)所示，节点电压方程为

$$\begin{cases} \dot{I}_1 = (Y_1+Y_3)\dot{U}_1 - Y_3\dot{U}_2 \\ \dot{I}_2 = -Y_3\dot{U}_1 + (Y_2+Y_3)\dot{U}_2 \end{cases} \tag{10.9}$$

将式（10.9）与式（10.1）对比，有

$$\begin{cases} Y_{11} = Y_1 + Y_3 \\ Y_{12} = Y_{21} = -Y_3 \\ Y_{22} = Y_2 + Y_3 \end{cases}$$

整理可得

$$\begin{cases} Y_1 = Y_{11} + Y_{12} \\ Y_2 = Y_{22} + Y_{12} \\ Y_3 = -Y_{12} = -Y_{21} \end{cases} \tag{10.10}$$

所以，π形等效电路的三个参数可以通过原二端口网络的 Y 参数求解。

给定二端口网络的其他参数，欲求 T 形等效电路时，可先根据二端口网络参数之间的关系，求出 Z 参数，再按式（10.8）确定 Z_1、Z_2、Z_3；欲求 π 形等效电路时，可先根据二端口网络参数之间的关系，求出 Y 参数，再按式（10.10）确定 Y_1、Y_2、Y_3。

【例 10.7】 已知某二端口网络的 Z 参数矩阵为

$$Z = \begin{bmatrix} 4 & 2 \\ 2 & 6 \end{bmatrix} \Omega$$

求出二端口网络的 T 形和 π 形等效电路。

解：由于 $Z_{12} = Z_{21} = 2\Omega$，所以该二端口网络为互易二端口网络，即不含受控源，只有三个参数独立，它的 T 形和 π 形等效电路如图 10.15(a)和图 10.15(b)所示。由式（10.8）容易得出

$$Z_1 = 4-2=2\Omega, \quad Z_3 = 2\Omega, \quad Z_2 = 6-2=4\Omega$$

由 Z 参数矩阵可以写出 Z 参数方程

$$\begin{cases} \dot{U}_1 = 4\dot{I}_1 + 2\dot{I}_2 \\ \dot{U}_2 = 2\dot{I}_1 + 6\dot{I}_2 \end{cases}$$

由上式可得到 Y 参数方程

$$\begin{cases} \dot{I}_1 = \dfrac{3}{10}\dot{U}_1 - \dfrac{1}{10}\dot{U}_2 \\ \dot{I}_2 = -\dfrac{1}{10}\dot{U}_1 + \dfrac{1}{5}\dot{U}_2 \end{cases}$$

由上式可得到 Y 参数

$$Y_{11} = \dfrac{3}{10}\text{S}, \quad Y_{12} = Y_{21} = -\dfrac{1}{10}\text{S}, \quad Y_{22} = \dfrac{1}{5}\text{S}$$

由式（10.10）求出

$$Y_1 = \dfrac{1}{5}\text{S}, \quad Y_2 = \dfrac{1}{10}\text{S}, \quad Y_3 = \dfrac{1}{10}\text{S}$$

2）非互易二端口网络的等效电路

如果二端口网络内部含有受控源，则 $Y_{12} \neq Y_{21}$，$Z_{12} \neq Z_{21}$，二端口网络的四个参数将是相互独立的。若给定二端口网络的 Z 参数，则式（10.4）可改写成

$$\begin{cases} \dot{U}_1 = Z_{11}\dot{I}_1 + Z_{12}\dot{I}_2 \\ \dot{U}_2 = Z_{21}\dot{I}_1 + Z_{22}\dot{I}_2 = Z_{12}\dot{I}_1 + Z_{22}\dot{I}_2 + (Z_{21}-Z_{12})\dot{I}_1 \end{cases}$$

其对应的 T 形等效电路如图 10.16(a)所示。$(Z_{21}-Z_{12})\dot{I}_1$ 是一个电流控制电压源，它出现在输出端口 2-2′是因为改写的是第二个方程。当改写第一个方程时，相应的受控源将出现在输入端口 1-1′。同理可得非互易二端口网络的 π 形等效电路，如图 10.16(b)所示。

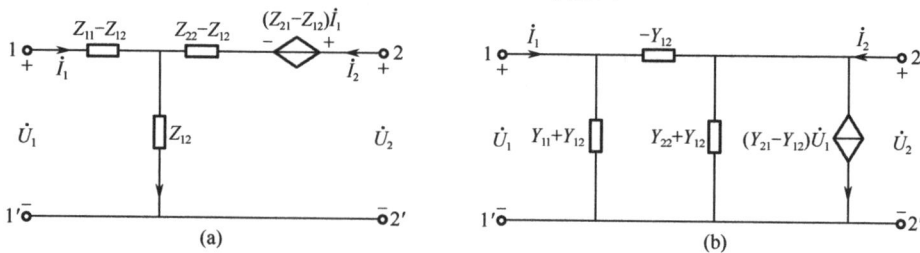

图 10.16 非互易二端口网络的等效电路

10.4 二端口网络的特性阻抗

在如图 10.17(a)所示的电路中,若在二端口网络的输出端口接负载 Z_L,则二端口网络的输入端口的输入阻抗为 $Z_{in} = \dfrac{\dot{U}_1}{\dot{I}_1}$。

若用 T 参数表示,则

$$Z_{in} = \frac{\dot{U}_1}{\dot{I}_1} = \frac{A\dot{U}_2 + B(-\dot{I}_2)}{C\dot{U}_2 + D(-\dot{I}_2)}$$

因为

$$\dot{U}_2 = -\dot{I}_2 Z_L$$

所以

$$Z_{in} = \frac{AZ_L + B}{CZ_L + D} \tag{10.11}$$

由式(10.11)可知,接不同负载时,输入阻抗不同,所以二端口网络具有变换输入阻抗的作用。

在图 10.17(b)中,若在二端口网络的输入端口接内阻 Z_S,则二端口网络的输出端口的输出阻抗为

$$Z_{out} = \frac{\dot{U}_2}{\dot{I}_2}$$

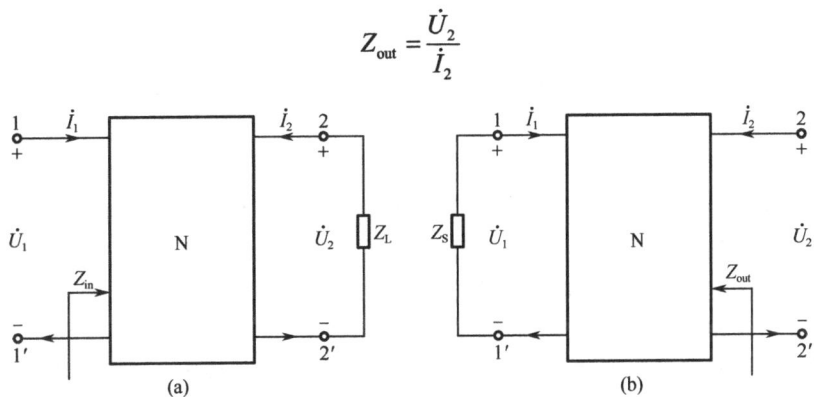

图 10.17 二端口网络的变换阻抗作用

因为

$$\dot{U}_1 = -\dot{I}_1 Z_S$$

所以用 T 参数表示可得

$$Z_{out} = \frac{DZ_S + B}{CZ_S + A} \tag{10.12}$$

由式(10.12)可知,激励源内阻不同时,其输出阻抗不同,所以二端口网络具有变换输出阻抗的作用。

对于对称的二端口网络,由于 $A=D$,所以

$$Z_{in} = \frac{AZ_L + B}{CZ_L + A}, \quad Z_{out} = \frac{AZ_S + B}{CZ_S + A}$$

若 $Z_L = Z_S$,则 $Z_{in} = Z_{out}$。如果 $Z_L = Z_S = Z_C$,恰好使 $Z_{in} = Z_{out} = Z_C$,则有

$$Z_C = \frac{AZ_C + B}{CZ_C + A}$$

由上式可得

$$Z_C = \sqrt{\frac{B}{C}} \quad (10.13)$$

Z_C 称为对称二端口网络的特性阻抗，也称为重复阻抗，即对于对称的二端口网络来说，当在其某个端口接上特性阻抗 Z_C 时，从另一个端口看进去的输入阻抗恰好等于 Z_C。

【例 10.8】 求图 10.18 所示的电路的特性阻抗。

解：因为该网络为对称二端口网络，其特性阻抗可由式（10.13）求得。故先求网络的 B 和 C 参数。

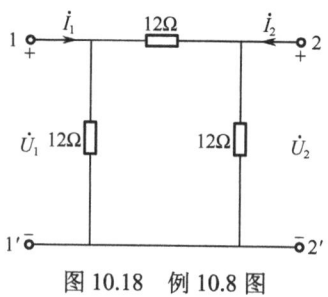

图 10.18 例 10.8 图

$$B = \left.\frac{\dot{U}_1}{-\dot{I}_2}\right|_{\dot{U}_2=0} = 12\Omega$$

$$C = \left.\frac{\dot{I}_1}{\dot{U}_2}\right|_{\dot{I}_2=0} = \frac{\dot{I}_1}{\frac{12}{12+12+12}\dot{I}_1 \times 12} = \frac{1}{4}\text{S}$$

$$Z_C = \sqrt{\frac{B}{C}} = \sqrt{48} = 6.93\Omega$$

10.5 应用举例

在实际应用中，可将满足端口性质的网络都作为二端口网络来处理。在电子电路的分析和设计中常见的电子器件线路，例如，变压器、滤波器、晶体管、移相器、衰减器、放大器电路、反馈网络等都可以视为二端口网络。

变压器是日常生活中最常见的二端口网络之一。它原理简单，利用电磁感应原理工作，具有变压、变流、变换阻抗和隔离的作用。例如，在电力系统中用变压器把发电机发出的电压升高后进行远距离传输，然后再用变压器降压供给不同用户使用；在实验室中利用自耦变压器调压；在测量上利用仪用互感器扩大交流电压和交流电流的测量范围；在电子技术中通过变压器变换、隔离输入和输出信号，解决电源和负载之间的匹配问题等。

在电力系统中，从经济角度考虑，远距离输电常采用高电压等级。这是因为，若发电厂欲将 $P = 3UI\cos\varphi$ 的功率输送到用电区域，在 P、$\cos\varphi$ 为一定值时，采用的电压越高，输电线路中的电流越小，这样可以大大减小输电线路上的损耗，且节约导电材料。事实上，目前，交流输电的电压已达 500kV 甚至更高，这样高的电压，对发电侧和用电侧会产生什么样的影响呢？

就发电侧而言，无论从发电机的安全运行还是制造成本方面考虑，都不适合也不允许由发电机直接产生高压。考虑到发电机的输出电压一般有 3.15kV、6.3kV、10.5kV 等几种，因此必须用升压变压器将电压升高才能实现电能的远距离输送。

就用电侧而言，由于多数用电器所需电压是 380V、220V，因此高电压的电能输送到用电区域后，为了适应用电设备的电压要求，还需要通过各级变电站利用降压变压器将电压降低为各类电器所需要的电压值。

本章小结

1. 在二端口网络中，在构成一个端口的一对端子中，任一瞬间流入一个端子的电流等于流出另一个端子的电流。

2. 对线性二端口网络的描述常用四个参数：Z 参数、Y 参数、T 参数和 H 参数。对应四个参数方程：Z 参数方程、Y 参数方程、T 参数方程和 H 参数方程，各参数之间存在着相互转换关系。

但是对于某个二端口网络,并不是每个参数和参数方程都存在。

3. 对于不含独立源和受控源的线性二端口网络来说,四个参数中只有三个是独立的,如 Z 参数中有 $Z_{12}=Z_{21}$; Y 参数中有 $Y_{12}=Y_{21}$; T 参数中有 $AD-BC=1$; H 参数中有 $H_{12}=-H_{21}$。具有这种性质的二端口网络称为互易二端口网络。若对于互易二端口网络,在 Z 参数、Y 参数、T 参数和 H 参数中又分别满足关系:$Z_{11}=Z_{22}$,$Y_{11}=Y_{22}$,$A=D$,$H_{11}H_{22}-H_{12}H_{21}=1$,则该网络称为互易对称二端口网络。

4. 二端口网络的参数可以按照参数的定义求得,也可以先对二端口网络建立参数方程,再从参数方程中获得。

5. 二端口网络的连接方式主要有级联、串联和并联。级联、串联和并联后的二端口网络参数矩阵和单个二端口网络参数矩阵之间的关系分别为:$T=T_1T_2$,$Z=Z_1+Z_2$,$Y=Y_1+Y_2$。

6. 二端口网络最简单的等效电路是 T 形或 π 形等效电路。当等效电路为 T 形等效电路时,采用 Z 参数表示;当等效电路为 π 形等效电路时,采用 Y 参数表示。

7. 在研究二端口网络时,有时也研究它的特性阻抗。

习题 10

10.1 四端网络与二端口网络有何区别?什么叫端口条件?

10.2 什么叫线性无源二端口网络?

10.3 如图 10.19 所示,求二端口网络的 Y 参数矩阵和 Z 参数矩阵。

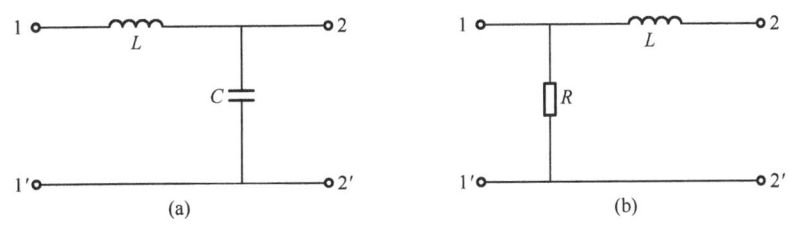

图 10.19 习题 10.3 图

10.4 已知二端口网络的导纳参数矩阵 $Y=\begin{bmatrix} 0.5 & -0.2 \\ -0.2 & 0.4 \end{bmatrix}$S,设输入端口电压 $\dot{U}_1$=12V,输入端口电流 $\dot{I}_1$=2A,试求输出端口电压 $\dot{U}_2$、电流 $\dot{I}_2$。

10.5 如图 10.20 所示,已知 R_1=1Ω,R_2=2Ω,R_3=3Ω,求二端口网络的 Y 参数矩阵和 Z 参数矩阵。

10.6 如图 10.21 所示,求二端口网络的 H 参数矩阵。

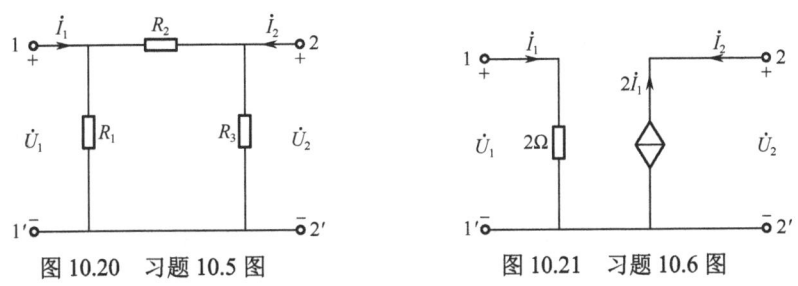

图 10.20 习题 10.5 图　　　图 10.21 习题 10.6 图

10.7 如图 10.22 所示,求二端口网络的 T 参数矩阵。

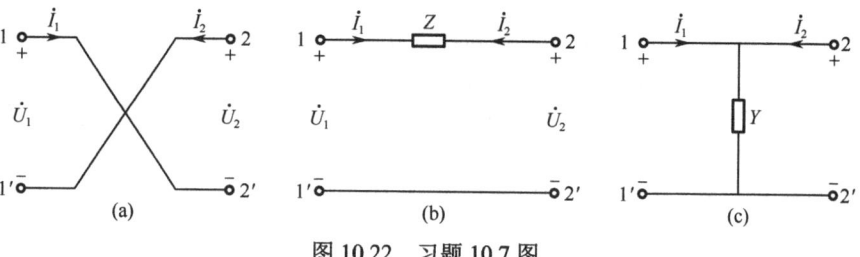

图 10.22　习题 10.7 图

10.8　求图 10.23 所示电路的 Z 参数。

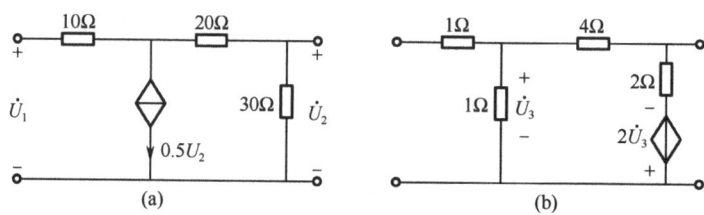

图 10.23　习题 10.8 图

10.9　求图 10.24 所示电路的 Y 参数。

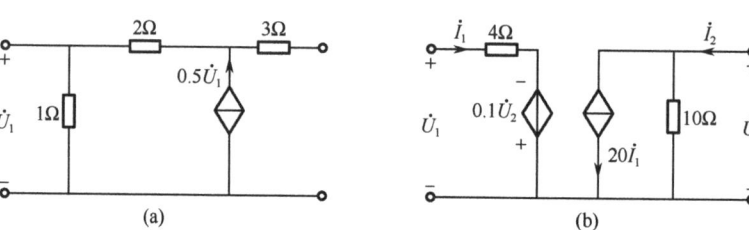

图 10.24　习题 10.9 图

10.10　如图 10.25 所示，已知网络 P_1 的 T 参数矩阵为 $\boldsymbol{T}_1 = \begin{bmatrix} A & B \\ C & D \end{bmatrix}$，求总网络的矩阵 $\boldsymbol{T}$。

10.11　如图 10.26 所示，已知网络 P_1 的 T 参数矩阵为 $\boldsymbol{T}_1 = \begin{bmatrix} A & B \\ C & D \end{bmatrix}$，求总网络的矩阵 $\boldsymbol{T}$。

10.12　如图 10.27 所示，已知网络 P_1 的 Y 参数矩阵为 $\boldsymbol{Y} = \begin{bmatrix} Y_{11} & Y_{12} \\ Y_{21} & Y_{22} \end{bmatrix}$，求总网络的矩阵 $\boldsymbol{Y}$。

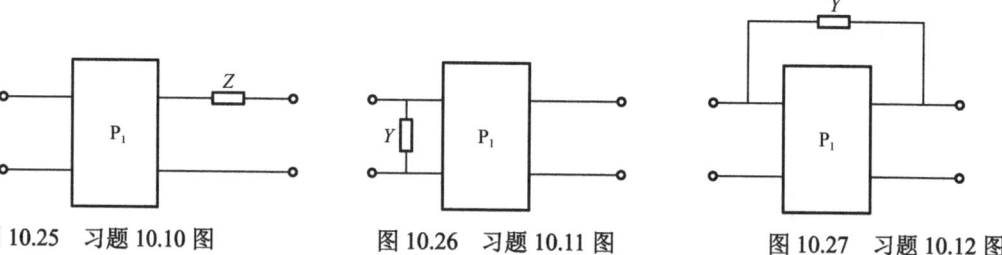

图 10.25　习题 10.10 图　　　图 10.26　习题 10.11 图　　　图 10.27　习题 10.12 图

10.13　如图 10.28 所示，其中的二端口网络的 Z 参数为：$Z_{11}=5\Omega$，$Z_{12}=Z_{21}=3\Omega$，$Z_{22}=7\Omega$，求 $\dot{I}_1$ 和 $\dot{U}_2$。

10.14　如图 10.29 所示，电路 N 的 Y 参数矩阵 $\boldsymbol{Y}=\begin{bmatrix} 0.4 & -0.2 \\ -0.2 & 0.6 \end{bmatrix}$S，若 $\dot{I}_\mathrm{S}=4\mathrm{A}$，求 $\dot{U}_1$。

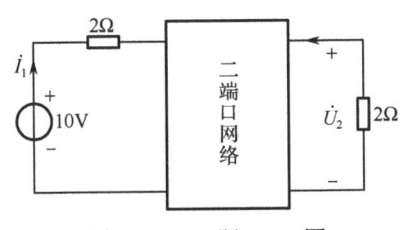
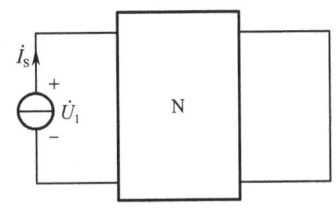

图 10.28 习题 10.13 图   图 10.29 习题 10.14 图

10.15 已知二端口网络的 Z 参数矩阵为 $\boldsymbol{Z} = \begin{bmatrix} 60 & 40 \\ 40 & 100 \end{bmatrix} \Omega$，求它的 T 形等效电路和 π 形等效电路。

10.16 图 10.1 所示的二端口网络的 Z 参数矩阵为 $\boldsymbol{Z} = \begin{bmatrix} 4 & 3 \\ 3 & 5 \end{bmatrix} \Omega$。（1）求它的 H 参数矩阵；（2）若给定 $i_1 = 10\text{A}$，$u_2 = 20\text{V}$，求它消耗的功率。

第 11 章 磁路和铁芯线圈电路

电能产生磁,磁又能产生电。电和磁相互作用且紧密联系,在许多实际应用中不能孤立分析,只有同时掌握了电路和磁路的基本理论和分析方法,才能更好地了解电工设备。本章首先介绍磁路的基本知识,并对交流铁芯线圈电路加以分析。另外,还简要地介绍铁磁材料的磁化过程、铁芯损耗及磁饱和对电流和磁通量的影响。

11.1 磁路及基本物理量

1) 磁路的概念

根据电磁场理论,磁场是由电流产生的,它与电流在空间的分布和周围空间磁介质的性质密切相关。在很多电工设备中,为了用较小的电流产生较强的磁场,常用导磁性能良好的铁磁材料做成一定形状的铁芯,将线圈绕在铁芯上。当线圈中通过电流时,铁芯即被磁化,这时通电线圈产生的磁通主要集中在由铁芯构成的闭合路径内。工程上把这种主要由铁磁材料组成,能使绝大部分磁通通过的路径称为磁路。图 11.1 所示是几种常用的电工设备磁路,分别为变压器磁路、电磁铁磁路和磁电式仪表磁路。

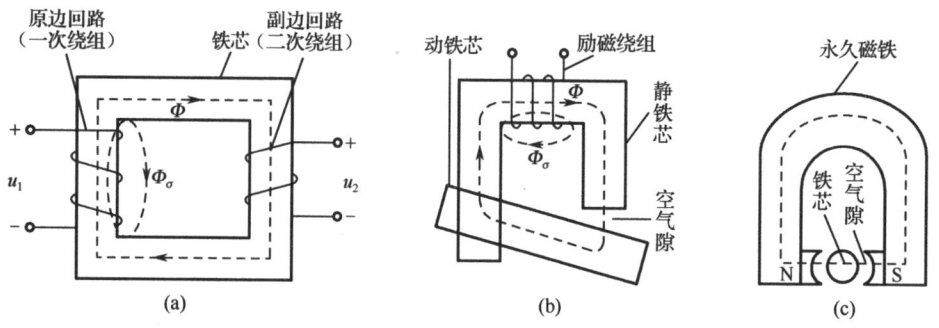

图 11.1 几种常用的电工设备磁路

由于铁磁材料的导磁性能比非铁磁材料好得多,因此,当线圈中有电流流过时,产生的磁通绝大部分将集中在铁芯中,沿铁芯闭合,这部分磁通称为主磁通,用"Φ"表示。但仍然有少量磁通通过磁路周围的物质闭合,这部分磁通称为漏磁通,用"Φ_σ"表示。在实际应用中,由于漏磁通很少,因此在工程上分析计算时常将其忽略。

2) 磁路的主要物理量

磁路的主要物理量有磁感应强度 B、磁通 Φ、磁导率 μ 和磁场强度 H 等。

(1) 磁感应强度 B

磁感应强度 B 是表示磁场内某点的磁场强弱和方向的物理量。它是一个矢量,其方向与该点磁力线的切线方向一致,与产生它的电流之间的方向关系满足右手螺旋定则。若磁场内各点的磁感应强度大小相等、方向相同,则为均匀磁场。磁感应强度的大小可用该点磁场作用于长 1m、通有 1A 电流的导体上的力 F 的大小来衡量,该导体与磁场方向垂直,磁感应强度的大小 B 可用下式表示:

$$B = \frac{F}{Il} \tag{11.1}$$

在 SI 中,磁感应强度 B 的单位为特斯拉(T),简称特。

(2）磁通 Φ

在均匀磁场中，磁感应强度的大小 B 与垂直于磁场方向的面积 S 的乘积，称为通过该面积的磁通 Φ，即

$$\Phi = BS \text{ 或 } B = \frac{\Phi}{S} \tag{11.2}$$

由此可见，磁感应强度的大小 B 在数值上等于与磁场方向垂直的单位面积上通过的磁通，所以磁感应强度又称为磁通密度。磁感应强度是通过通电导线在磁场中的受力来反映磁场强弱和方向的；而磁通密度是从磁通的疏密程度来反映磁场强弱和方向的。因此，某一点的磁感应强度即该点的磁通密度。

在 SI 中，磁通的单位是韦伯（Wb），简称韦。磁通密度的单位为 Wb/m², 即 1T=1Wb/m²。

磁通连续性原理是磁场的一个基本性质。其含义为：对于磁场中任意封闭曲面来说，进入封闭曲面的磁通等于穿出封闭曲面的磁通。即任意封闭曲面穿出的净磁通等于零。

$$\oint \boldsymbol{B} \cdot \mathrm{d}\boldsymbol{S} = 0 \tag{11.3}$$

（3）磁导率 μ

磁导率 μ 是用来表征物质导磁能力的物理量，它的单位是亨利/米（H/m）。真空（或空气）的磁导率是一个常数，为

$$\mu_0 = 4\pi \times 10^{-7} \text{ H/m}$$

其他物质的磁导率 μ 与真空的磁导率 μ_0 的比值，称为该物质的相对磁导率 μ_r，即

$$\mu_r = \frac{\mu}{\mu_0} \tag{11.4}$$

凡是 $\mu_r \approx 1$，即 $\mu \approx \mu_0$ 的物质称为非铁磁材料；$\mu_r \gg 1$ 的物质称为铁磁材料，如铁、钴、镍、硅钢等。

（4）磁场强度 H

磁场强度 H 是为了方便分析和计算磁路而引入的一个物理量，它也是一个矢量，反映的是电流产生的磁场中某点的磁场强弱和方向，而与磁场中有无磁介质无关。故定义为

$$H = \frac{B}{\mu} \text{ 或 } B = \mu H \tag{11.5}$$

即磁场强度 H 为磁场中某点的磁感应强度 B 与磁导率 μ 的比值，它的单位是安培/米（A/m）。

H 与 B 的主要区别是：H 代表电流本身所产生的磁场的强弱和方向，它反映了电流的励磁能力，其大小只与产生该磁场的电流大小有关，与磁介质的性质无关；B 代表电流所产生的及磁介质被磁化后所产生的总磁场的强弱和方向，其大小不仅与电流的大小有关，而且还与磁介质的性质有关。

11.2 铁磁材料的磁性能

根据导磁性的好坏，自然界中的物质可分为两大类。一类为铁磁材料，如铁、钢、镍、钴等，这类材料的导磁性好，磁导率 μ 值大，具有磁化特性；另一类为非铁磁材料，如铜、铝、纸、空气等，此类材料的导磁性差，磁导率 $\mu \approx \mu_0$，基本上不具有磁化特性。

铁磁材料是制造变压器、电机、电器等各种电工设备的主要材料，铁磁材料的磁性能对电磁器件的性能和工件状态有很大的影响。铁磁材料的磁性能主要体现为高导磁性、磁饱和性和磁滞性。

1）高导磁性

铁磁材料具有很强的导磁能力，在外磁场的作用下，其内部的磁感应强度会大大增强，相对磁

导率 μ_r 可达 $10^2 \sim 10^4$ 的数量级，这种现象称为磁化。在铁磁材料的内部存在许多磁化小区，称为磁畴，每个磁畴都有自己的磁矩（一个微小的磁场），在没有外磁场作用时，这些磁畴无规则排列，磁场相互抵消，对外不显示磁性，如图 11.2(a)所示。在一定强度的外磁场作用下，铁磁材料内部的磁畴将顺着外磁场的方向转动；当外磁场逐渐增强时，磁畴就逐渐转到与外磁场相同的方向，产生一个与外磁场同方向的附加磁场，如图 11.2(b)所示，使铁磁材料内的磁感应强度大大增强，显示出很强的导磁性。

而非铁磁材料没有磁畴结构，所以不具有磁化特性。

2）磁饱和性

铁磁材料的磁饱和性表现在其磁化所产生的磁场不会随着外磁场的增强而无限地增强。当外磁场（或励磁电流）增强到一定程度时，其内部所有的磁畴已经基本上转到与外磁场一致的方向，因而，再增大外磁场时其导磁性不能继续增强。

铁磁材料的磁化特性可用磁化曲线，即 $B = f(H)$ 曲线来表示。铁磁材料的磁导率 μ 不但远大于 μ_0，而且不是常数，即 B 与 H 不成正比。两者的关系一般很难用准确的数学式来表达，都是用实验方法测绘出来的。铁磁材料的磁化曲线如图 11.3 所示，它不是直线，大致上可分为四段，其中 Oa 段的磁感应强度大小 B 随磁场强度大小 H 的增大而缓慢增大；ab 段的磁感应强度大小 B 随磁场强度大小 H 的增大而迅速增大，斜率较大、线性度较好；bc 段 B 随 H 增大的速率又减慢下来，逐渐趋于饱和；过了 c 点以后，其磁化曲线近似于直线，达到磁饱和状态。工程上称 a 点为附点，b 点为膝点，c 点为饱和点。

从图中可以看出，铁磁材料的 B 与 H 具有非线性关系，因而由铁磁材料作为磁介质的线圈的电感也不再是线性电感，即 $\dfrac{\Phi}{i}$ 中的 Φ 与 i 不具有线性关系。

磁导率 μ 的数值将随磁场强度大小 H 的变化而改变，如图 11.3 中的曲线所示。铁磁材料在磁化起始的 Oa 段和进入饱和以后的 bc 段，μ 值均不大，在膝点 b 附近 μ 达到最大值，所以电气工程上通常要求铁磁材料工作在膝点附近。

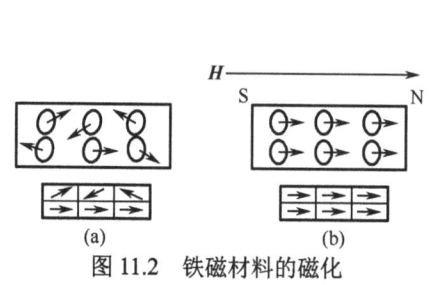

图 11.2 铁磁材料的磁化

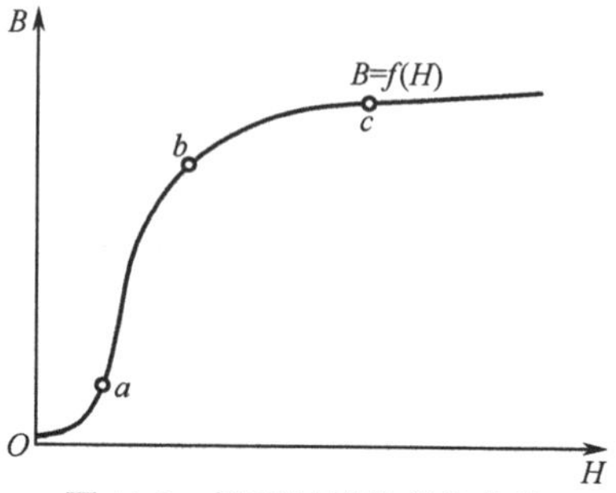

图 11.3 铁磁材料的磁化曲线

3）磁滞性

图 11.3 所示的曲线也称为起始磁化曲线，它是描述磁场强度大小 H 从 0 逐渐增大时磁感应强度 B 随之变化的规律。但当 H 做交变时，即当铁芯线圈中通有交变电流时，铁芯受到交变磁化，B 并不按照如图 11.3 所示的曲线来回变化，而是按照如图 11.4 所示曲线变化，表现为回线的形式。当铁磁材料达到磁饱和状态后，如果减小 H，B 并不沿着起始磁化曲线减小，B 的变化滞后于 H 的变化，这种现象叫磁滞。由图可见，当 H 从 0 增至 H_m 时，B 按照起始磁化曲线沿 $Oabc$ 运行；当 H 从 H_m 减小至 0 时，B 沿着 cd 变化。当 $H=0$ 时，$B = B_r \neq 0$，B_r 称为剩余磁场强度（简称为剩磁）。这说明铁磁材料内部已经排齐的磁畴不会完全恢复到磁化前杂乱无章的状态。要想使剩磁消失（即 $B_r=0$），必须加入反向磁场。只有 H 反向增大到 $-H_c$，B 才等于 0，H_c 称为矫顽磁力，它表示铁磁材料反抗退磁的能力。

若再反向增大磁场，则铁磁材料将反向磁化；当反向磁场减小时，同样会产生反向剩磁（$-B_r$）。随着磁场强度不断正反向变化，得到的磁化曲线为一条封闭曲线，这条封闭曲线称为磁滞回线。磁滞回线的面积表示经历一个周期过程后铁磁材料损耗的能量。

永久磁铁的磁性就是由剩磁产生的。磁滞和剩磁现象的产生主要由于磁化过程的不可逆性。当外磁场强度降为0时，各磁畴间的某种排列仍将保留下来，表现为剩磁和磁滞现象。

铁磁材料根据其磁滞性的不同，又可分为软磁材料、硬磁材料和矩磁材料三种类型，它们的磁滞回线分别如图11.5(a)、图11.5(b)、图11.5(c)所示。

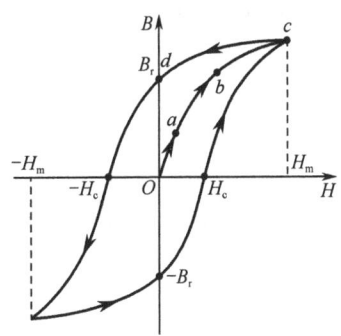

图 11.4　铁磁材料的磁滞回线

软磁材料的剩磁和矫顽磁力较小，磁滞回线较窄，磁导率高，所包围的面积较小。它既容易磁化，又容易退磁，一般用于有交变磁场的场合，例如，用来制造镇流器、变压器、电动机及各种中、高频电磁元件的铁芯等。常见的软磁材料有硅钢片、铁镍合金、纯铁、铸铁、铸钢及非金属软磁铁氧体等。

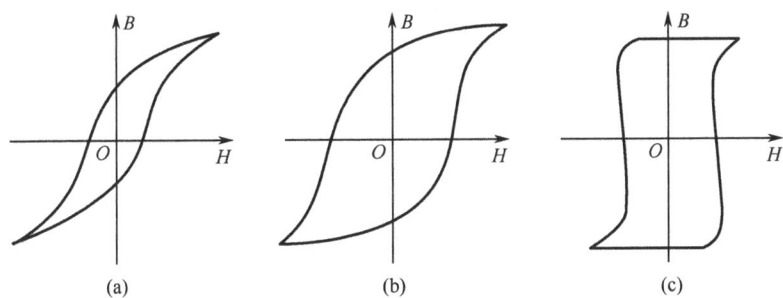

图 11.5　不同类型的磁滞回线

硬磁材料的剩磁和矫顽磁力较大，磁滞回线较宽，所包围的面积较大，适用于制作永久磁铁，例如，扬声器、耳机、电话机、录音机及各种磁电式仪表中的永久磁铁都是由硬磁材料制成的。常见的硬磁材料有碳钢、钴钢及铁镍铝钴合金等。

矩磁材料的磁滞回线近似于矩形，具有较小的矫顽磁力和较大的剩磁，接近饱和磁感应强度，稳定性好。但由于矫顽磁力较小，易于翻转，常在计算机和控制系统中作为记忆元件和开关元件。常见的矩磁材料有镁锰铁氧体及某些铁镍合金等。

11.3　磁路的基本定律

磁感应强度 $\boldsymbol{B}$ 是根据洛伦兹力定义的，它与电流的关系满足毕奥-萨伐尔定律。对于磁场中任一封闭曲面，进入该封闭曲面的磁通等于穿出该封闭曲面的磁通，则有

$$\varPhi = \oint \boldsymbol{B} \cdot \mathrm{d}\boldsymbol{S} = 0$$

上式为基尔霍夫磁通定律，又称磁路的基尔霍夫第一定律。

在磁场中，对磁场强度 $\boldsymbol{H}$ 的任意闭合路径（环路）的线积分，等于穿过该闭合路径的电流的代数和，即

$$\oint \boldsymbol{H} \cdot \mathrm{d}\boldsymbol{l} = \sum I \tag{11.6}$$

该式为磁路的基尔霍夫第二定律。当电流的参考方向与环路的绕向符合右手螺旋定则时，该电流前取"+"；反之，取"-"。

磁路欧姆定律是分析磁路的基本定律。以图 11.6 所示的磁路来介绍该定律的内容。

该磁路由铁芯和空气隙两部分组成。设铁芯部分各处材料相同、横截面积相等，用 A_μ 表示，它的平均长度即中心线的长度为 l_μ；空气隙部分的磁路横截面积为 A_0，长度为 l_0。当励磁绕组中通入电流 i 后，磁路中就产生磁通 Φ。根据磁通连续性原理，通过铁芯中的磁通必等于通过空气隙中的磁通，而且磁力线的分布是均匀的，故铁芯和空气隙两部分的磁感应强度和磁场强度的大小分别为

$$B_\mu = \frac{\Phi}{A_\mu} \qquad H_\mu = \frac{B_\mu}{\mu} = \frac{\Phi}{\mu A_\mu}$$

$$B_0 = \frac{\Phi}{A_0} \qquad H_0 = \frac{B_0}{\mu_0} = \frac{\Phi}{\mu_0 A_0}$$

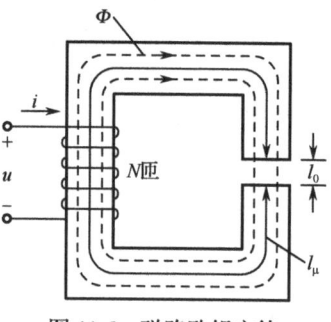

图 11.6　磁路欧姆定律

根据磁路的基尔霍夫第二定律，取中心线处的磁力线回路为积分回路。由于中心线上各点的 H 方向与 l 方向一致，铁芯中各点的磁场强度大小是相同的，空气隙中各点的磁场强度大小也是相同的，故式（11.6）的左侧为

$$\oint \boldsymbol{H} \cdot \mathrm{d}\boldsymbol{l} = H_\mu l_\mu + H_0 l_0 = \left(\frac{l_\mu}{\mu A_\mu} + \frac{l_0}{\mu_0 A_0}\right)\Phi$$

令

$$R_{m\mu} = \frac{l_\mu}{\mu A_\mu}$$

$$R_{m0} = \frac{l_0}{\mu_0 A_0}$$

$$R_m = \frac{l_\mu}{\mu A_\mu} + \frac{l_0}{\mu_0 A_0}$$

它们分别称为铁芯的磁阻、空气隙的磁阻、磁路的磁阻。

而式（11.6）的右侧的 $\sum I$ 等于线圈的匝数 N 与电流 I 的乘积，即

$$\sum I = NI$$

NI 又称为磁通势，可用 F_m 表示，即 $F_m = NI$，其单位为 A。

因此

$$R_m \Phi = NI$$

或者写成

$$\Phi = \frac{NI}{R_m} = \frac{F_m}{R_m} \tag{11.7}$$

若磁路由几段小磁路串联组成，则

$$\Phi = \frac{F_m}{\sum R_m} \tag{11.8}$$

式中，$\sum R_m$ 为各段磁路的磁阻之和。式（11.7）的结构和电路的欧姆定律类似：磁通相当于电流，磁通势相当于电动势，磁阻相当于电阻，如表 11.1 所示，因此，通常把式（11.7）表达的关系称为磁路欧姆定律。必须注意的是，由于铁芯的 μ 不是常数，因此，即使铁芯的长度和横截面积一定，$R_{m\mu}$ 也不是常数，$R_{m\mu}$ 是随 B 的变化而变化的。

下面根据磁路欧姆定律来分析一下空气隙对磁路工作情况的影响。例如，对于图 11.6 所示的

磁路，其磁阻为 $\frac{l_\mu}{\mu A_\mu}+\frac{l_0}{\mu_0 A_0}$，虽然 $l_\mu > l_0$，但因为 $\mu_0 \ll \mu$，所以空气隙的磁阻很大，从而使整个磁路的磁阻增大。这时如果保持磁通势不变，增大磁路中的空气隙，则磁通减小。这时如果保持前后两种情况的磁通势不变，则磁通增大。因此在磁路中，总是希望空气隙尽可能小些。

表 11.1 电路和磁路中对应的物理量及其关系式

电 路		磁 路	
电流	I	磁通	Φ
电阻	$R = \rho \frac{l}{S}$	磁阻	$R_m = \frac{l}{\mu S} = \frac{l_\mu}{\mu A_\mu}+\frac{l_0}{\mu_0 A_0}$
电阻率	ρ	磁导率	μ
电动势	E	磁通势	F_m
电路欧姆定律	$I = \frac{E}{R}$	磁路欧姆定律	$\Phi = \frac{F_m}{R_m}$

但磁路与电路还有许多不同之处。

（1）磁通不代表某种粒子的运动，不消耗能量。电流表示带电粒子的定向移动，在具有一定电阻的导体中移动时，会消耗一定的能量，其功率损耗为 I^2R。但磁通不代表某种粒子的运动，$\Phi^2 R_m$ 并不代表功率损耗，这是磁路与电路的本质区别。

（2）磁路中没有断路状态。对电流来说自然界中存在很多能阻断电流的绝缘材料，存在断路的状态。在磁路中，非铁磁材料也具有一定的导磁性，即不存在有磁通势而无磁通的现象。磁通是连续的，无断路状态。

（3）磁路几乎都是非线性的。磁路大多数由铁磁材料组成，而铁磁材料的磁化曲线是非线性的。故磁路欧姆定律主要用来定性分析磁路，一般不直接用于磁路计算。只有在磁路中各段材料的磁化曲线是线性的或可做线性处理时才用于定量分析。

【例 11.1】 一个空芯环形螺旋线圈，其平均长度为 30cm，横截面积为 10cm²，匝数 $N=10^3$，线圈中电流为 10A，求线圈磁阻、磁通势及磁通。

解：
$$R_m = \frac{l}{\mu_0 S} = \frac{0.3}{4\pi \times 10^{-7} \times 10^{-3}} \approx 2.39 \times 10^2 \text{H}^{-1}$$

$$F_m = NI = 10^4 \text{A}$$

$$\Phi = \frac{F_m}{R_m} = \frac{10^4}{2.39 \times 10^2} \approx 4.3 \times 10^{-3} \text{Wb}$$

11.4 交流铁芯线圈的电路模型

铁芯线圈是把导线缠绕在由铁磁材料加工而成的具有一定形状的骨架上而构成的。由于线圈中有铁磁材料，线圈的电感值会大大增加，但不是常数，即铁芯线圈的电感为非线性电感，不能用理想电感元件来代替它。根据铁芯线圈所连接电源种类的不同，其可分为直流铁芯线圈和交流铁芯线圈两种。直流铁芯线圈由直流电来励磁，产生的磁通是恒定的，线圈中不会产生感应电动势，线圈中的电流由外加电压和线圈本身的电阻决定，功率损耗也只有线圈电阻上的损耗，分析比较简单；交流铁芯线圈由交流电来励磁，产生的磁通是交变的，其在电磁关系，电压、电流关系及功率损耗等方面与直流铁芯线圈不同，其分析计算要复杂得多。本节主要分析交流铁芯线圈的电磁关系及功率损耗。

1)交流铁芯线圈的电磁关系

图 11.7 所示是一个闭合的交流铁芯线圈电路,设线圈电阻为 R,线圈的匝数为 N,当在线圈两端加上正弦交流电压 u 时,就有交变励磁电流 i 流过,在交变磁通势 Ni 的作用下产生交变的主磁通 Φ 和漏磁通 Φ_σ。这两种交变的磁通将在线圈中产生感应电动势 e 和 e_σ,其参考方向根据主磁通 Φ 的方向,由右手螺旋定则决定。

根据基尔霍夫电压定律,铁芯线圈的电压方程为

$$u = Ri - e - e_\sigma \quad (11.9)$$

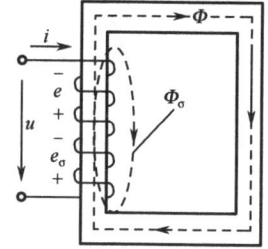

图 11.7 交流铁芯线圈电路

由于线圈电阻上的电压降 Ri 和漏磁通电动势 e_σ 都很小,与主磁通电动势 e 比较,均可忽略,故式(11.9)可写成

$$u \approx -e \quad (11.10)$$

根据电磁感应定律,在规定的参考方向下

$$e = -N\frac{d\Phi}{dt}$$

故

$$u \approx N\frac{d\Phi}{dt}$$

当电源电压 u 为正弦量时,Φ 和 e 都为同频率的正弦量。

设主磁通 $\Phi = \Phi_m \sin\omega t$,则

$$e = -N\frac{d\Phi}{dt} = -N\omega\Phi_m\cos\omega t$$
$$= 2\pi f N\Phi_m \sin(\omega t - 90°) = E_m\sin(\omega t - 90°)$$

式中,$E_m = 2\pi f N\Phi_m$ 是主电动势 e 的幅值,其有效值为

$$E = \frac{E_m}{\sqrt{2}} = 4.44 f N\Phi_m$$

故

$$u \approx -e = E_m \sin(\omega t + 90°)$$

可见,外加电压的相位超前于铁芯中的磁通 $90°$,而外加电压的有效值

$$U \approx E = 4.44 f N\Phi_m = 4.44 f N B_m S \quad (11.11)$$

式中,B_m 为铁芯中磁感应强度的最大值。

式(11.11)给出了铁芯线圈在正弦交流电压的作用下,铁芯中磁通最大值与外加电压有效值的数量关系。在忽略线圈电阻和漏磁通的条件下,当线圈匝数 N 和电源频率 f 一定时,铁芯中的磁通最大值 Φ_m 近似与外加电压有效值 U 成正比。也就是说,当线圈匝数 N、外加电压 U 和频率 f 都一定时,铁芯中的磁通最大值 Φ_m 将基本保持不变,与磁路的磁阻 R_m 无关。这是交流磁路的一个重要特点,式(11.11)是分析、计算交流电磁器件的重要公式。

2)交流铁芯线圈的功率损耗

在交流铁芯线圈中,除在线圈电阻上有功率损耗外,铁芯中也会有功率损耗。线圈电阻上损耗的功率称为铜损,用 ΔP_{Cu} 表示,$\Delta P_{Cu} = I^2 R$,其中 I 是铁芯线圈中交流电流的有效值,R 是线圈的等效电阻。铁芯中损耗的功率称为铁损,用 ΔP_{Fe} 表示,铁损包括磁滞损耗和涡流损耗两部分。铁损将使铁芯发热,从而影响设备绝缘材料的使用寿命。

(1)由磁滞现象所引起的损耗称为磁滞损耗,用 ΔP_h 表示。铁磁材料在反复磁化和退磁过程中,励磁电流形成的外磁场不断地驱使铁芯内部的磁畴来回翻转,而磁畴翻转时要克服一定的阻力,因

此要消耗一定的能量，这就是磁滞损耗。实验证明，磁滞损耗 ΔP_h 与励磁电流频率 f、铁芯材料的磁滞回线的面积 S 及铁芯磁感应强度的最大值 B_m 有关系，即 $\Delta P_h \propto f B_m^2 S$。为了减小磁滞损耗，应选用磁滞回线面积小的铁磁材料制造铁芯，例如，变压器、交流电机中的硅钢片，磁滞损耗就较小。

（2）如图 11.8(a)所示，当线圈中通入交变电流时，铁芯中的交变磁通将在铁芯内产生感应电动势和感应电流，感应电流在垂直于磁通的铁芯平面内围绕磁力线呈旋涡状，所以称为涡流。铁芯具有一定的电阻，涡流存在并不断地交变，也会引起铁芯发热，其功率损耗称为涡流损耗，用 ΔP_e 表示。实验证明：$\Delta P_e \propto f^2 B_m^2$，即涡流损耗与电源频率的平方及铁芯磁感应强度最大值的平方成比例。为了减小涡流损耗，当线圈用于一般工频交流电时，可采用由彼此绝缘且顺着磁场方向的硅钢片叠成铁芯，如图 11.8(b)所示。这样能将涡流限制在较小的界面内流通，铁芯含硅，电阻率较大，也使涡流及其损耗大为减小。一般电机和变压器的铁芯常采用厚度为 0.35mm 或 0.5mm 的硅钢片叠成。对高频铁芯线圈，常采用铁氧体铁芯，其电阻率很高，可大大降低涡流损耗。

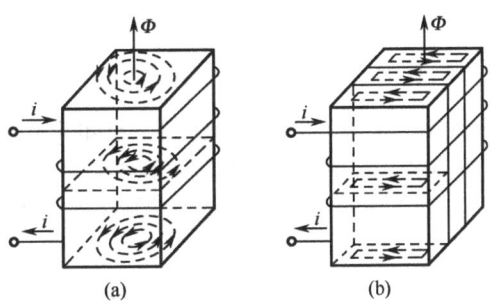

图 11.8 铁芯中的涡流

涡流也有优点，可以利用其热效应来冶炼金属，如中频感应炉。

综上所述，交流铁芯线圈的功率损耗为

$$\Delta P = UI\cos\varphi = \Delta P_{Cu} + \Delta P_{Fe} = I^2 R + \Delta P_h + \Delta P_e$$

【例 11.2】 某铁芯线圈，当加 12V 直流电压时，电流为 1A；当加 110V 交流电压时，电流为 2A，且消耗功率为 88W。试求当加 220V 交流电压时铁芯线圈的 ΔP_{Cu}、ΔP_{Fe} 及 $\cos\varphi$。

解：设铁芯的等效电阻为 R，则

$$R = \frac{U}{I} = \frac{12}{1} = 12\Omega$$

在 110V 交流电压作用下的铜损为

$$\Delta P_{Cu} = I^2 R = 2^2 \times 12 = 48W$$

则铁损为

$$\Delta P_{Fe} = \Delta P - \Delta P_{Cu} = 88 - 48 = 40W$$

由 $\Delta P = UI\cos\varphi$ 可求得

$$\cos\varphi = \frac{\Delta P}{UI} = \frac{88}{220 \times 2} = 0.2$$

3）交流铁芯线圈的等效电路

交流铁芯线圈用途很广，例如，用于电动机、变压器、电磁铁和电抗器中，由于其电感为非线性电感，且电与磁相互影响，因此，交流铁芯线圈的分析计算要比无铁芯的电感电路复杂得多。

根据上述分析，可以画出交流铁芯线圈的等效电路，如图 11.9(a)所示。其中：

（1）R_1 为线圈直流电阻，对应的铜损为 $I^2 R_1$。

（2）L_σ 和 L_φ 分别是对应漏磁通和主磁通的等效电感，$L_\sigma \ll L_\varphi$。

（3）R_{Fe} 表示铁损（包括磁滞损耗和涡流损耗）等效电阻。

（4）$\dot{I}_\varphi$ 是产生主磁通的磁化电流，$\dot{I}_{Fe}$ 为铁损电流，$\dot{I}$ 为励磁电流，$\dot{I}=\dot{I}_\varphi+\dot{I}_{Fe}$，其中 $\dot{I}_{Fe}$ 为 $\dot{I}$ 的有功分量，$\dot{I}_\varphi$ 为 $\dot{I}$ 的无功分量。

（5）$\dot{U}_\sigma$ 和 $\dot{U}_\varphi$ 分别是对应漏磁通和主磁通的电压。

由于线圈的直流电阻 R_1 和漏磁通等效电感 L_σ 一般很小，对应的电压 $\dot{U}_1$ 和 $\dot{U}_\sigma$ 也很小，可忽略不计。因此常用简化的交流铁芯线圈的等效电路来简化分析，如图 11.9(b)所示。此时，$\dot{U}\approx\dot{U}_\varphi$。

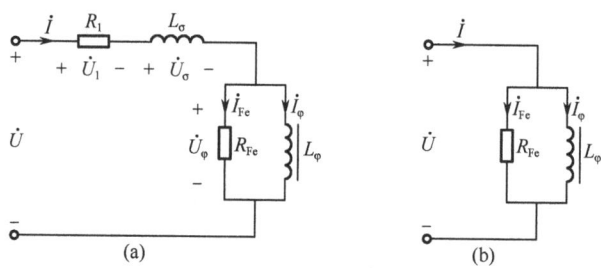

图 11.9 交流铁芯线圈的等效电路

【例 11.3】某环形铁芯线圈接到工频、220V 的电压下，已知其匝数 $N=600$，横截面积 $S=5\text{cm}^2$。测得电流为 0.6A，损耗功率为 60W。线圈电阻和漏磁通等效电感忽略不计，试求：铁芯中最大磁感应强度 B_m、铁损等效电阻 R_{Fe} 和主磁通等效电感 L_φ，并画出等效电路图。

解：主磁通最大值

$$\Phi_m=\frac{U}{4.44fN}=\frac{220}{4.44\times 50\times 600}=1.65\times 10^{-3}\text{Wb}$$

最大磁感应强度

$$B_m=\frac{\Phi_m}{S}=\frac{1.65\times 10^{-3}}{5\times 10^{-4}}=3.3\text{T}$$

其等效电路如图 11.9(b)所示，忽略线圈电阻和漏磁通等效电感，其损耗功率即铁损。

铁损等效电阻

$$R_{Fe}=\frac{U^2}{P}=\frac{220^2}{60}=806.7\Omega$$

磁化电流

$$I_\varphi=\sqrt{I^2-I_{Fe}^2}=\sqrt{0.6^2-0.273^2}=0.543\text{A}$$

主磁通等效电感

$$L_\varphi=\frac{\omega L_\varphi}{\omega}=\frac{U}{\omega I_\varphi}=\frac{220}{2\pi\times 50\times 0.543}=1.29\text{H}$$

本章小结

1. 磁路的基本概念

（1）磁路的基本物理量包括磁感应强度、磁通、磁导率、磁场强度等。

（2）磁路的基本定律包括磁路的基尔霍夫第一定律 $\Phi=\oint \boldsymbol{B}\cdot d\boldsymbol{S}=0$、磁路的基尔霍夫第二定律 $\oint \boldsymbol{H}\cdot d\boldsymbol{l}=\sum I$，以及磁路欧姆定律 $\Phi=\dfrac{F_m}{R_m}$。

（3）铁磁材料的分类。铁磁材料包括软磁材料、硬磁材料和矩磁材料。

2. 交流铁芯线圈

1）磁通与电压的关系

$$U \approx 4.44 fN\Phi_m$$

上式表明：铁芯中的磁通最大值 Φ_m 近似与外加电压有效值 U 成正比。也就是说，当线圈匝数 N、外加电压 U 和频率 f 都一定时，铁芯中的磁通最大值 Φ_m 将基本保持不变，与磁路的磁阻 R_m 无关。

2）功率损耗

在交流铁芯线圈电路中，功率损耗包括铜损和铁损。在线圈电阻上损耗的功率称为铜损，用 ΔP_{Cu} 表示，$\Delta P_{Cu} = I^2 R$。在铁芯中损耗的功率称为铁损，用 ΔP_{Fe} 表示，铁损主要由两部分组成，即磁滞损耗和涡流损耗。

习题 11

11.1 磁感应强度 B 与磁场强度 H 有何异同？

11.2 什么叫磁滞损耗？主要与哪些因素有关？

11.3 简述交流铁芯线圈空气隙增大时对电路的影响。

11.4 已知某铁芯线圈，其上有 220V、频率为 50Hz 的电源电压，欲保持铁芯线圈中的最大磁通 $\Phi_m = 5 \times 10^{-3}$ Wb，试求该铁芯线圈的匝数。若电源电压改为 100V，线圈匝数不变，试求该铁芯线圈中的最大磁通 Φ_m。

11.5 要绕制一个铁芯线圈，已知电源电压为 220V，频率为 50Hz，现测得铁芯横截面积为 30.2cm²，铁芯由硅钢片叠成，设叠片间隙系数为 0.91（一般取 0.9~0.93）。（1）取 $B_m = 1.2$T，线圈匝数为多少？（2）如果磁路平均长度为 60cm，励磁电流为多大？

11.6 某铁芯线圈，当加 10V 直流电压时，电流为 1A；当加 220V 交流电压时，电流为 2A，且消耗功率为 188W。试求当加 220V 交流电压时，铁芯线圈的 ΔP_{Cu}、ΔP_{Fe} 及 $\cos\varphi$。

第 12 章 均匀传输线

12.1 分布参数电路

一个电路应该作为集总参数电路，还是作为分布参数电路，取决于其本身的线性尺寸与表征其内部电磁过程的电压、电流的波长之间的关系。用 l 表示电路的最大线性尺寸，用 λ 表示电压或电流的波长，若满足 $l \ll \lambda$，如图 12.1(a)所示，电路的电压和电流处于同样的变化状态，则使用集总参数电路。若 l 可与 λ 进行比较，如图 12.1(b)所示，此时整个电路沿线上的电压和电流有明显的波动，各处数值不一，则必须采用分布参数电路。例如，在电力系统中，高电压远距离的电力传输线是比较典型的分布参数电路。该电路中，虽然电压、电流的频率很低（50Hz），波长很长（6000千米），但其传输线长度达数百千米甚至几千千米，已可与波长近似。另外，在通信系统中所用的信号传输线、发射天线和接收天线等也应作为分布参数电路处理。

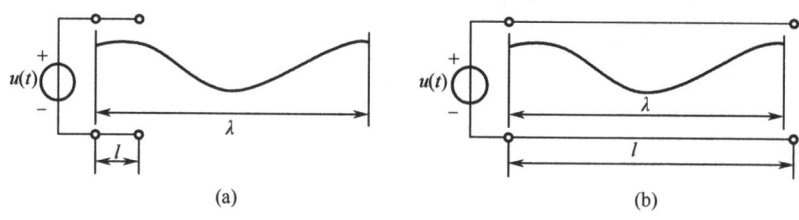

图 12.1 l 与 λ 的关系

分布参数电路是考虑电路元件参数分布性的电路。参数的分布性指电路中同一瞬间相邻两点的电位和电流都不相同。因此分布参数电路中的电压和电流不仅是时间的函数，还是空间坐标的函数。

12.2 均匀传输线及方程

以电力系统为例，电路始端接电源，终端接负载。中间传输线部分为两条平行导线，而且参数沿线均匀分布，这种传输线称为均匀传输线。均匀传输线模型见图 12.2。

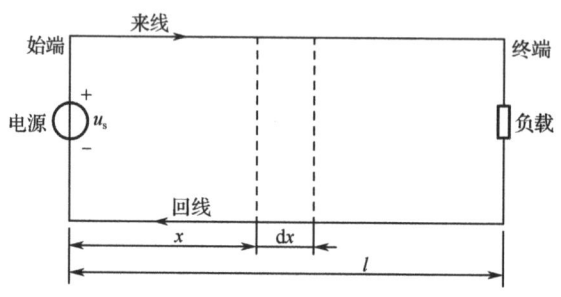

图 12.2 均匀传输线模型

在均匀传输线中，一方面，电流沿着导线引起沿线电压降，并在导线的周围产生磁场，即沿线不仅分布着电阻，也分布着电感；另一方面，两条导线构成电容，导线间还有漏电导。因此，电阻、电感、电容和电导是沿线均匀分布的。用 R_0、L_0、C_0 和 G_0 作为均匀传输线的分布参数，它们的定义如下：

R_0 代表单位长度来线与回线的电阻，单位为 Ω/km；

L_0 代表单位长度来线与回线的电感，单位为 H/km；

C_0 代表单位长度来线与回线间的电容，单位为 F/km；

G_0 代表单位长度来线与回线间的电导，单位为 S/km。

这些参数是由导线所用的材料、横截面的几何形状与尺寸、导线间的距离，以及导线周围介质决定的。

在图 12.3 中，设均匀传输线由许多无穷小的长度元 dx 组成，每一长度元 dx 具有电阻 $R_0 dx$ 和电感 $L_0 dx$，而两条导线间具有电容 $C_0 dx$ 和电导 $G_0 dx$。设 dx 左端的电压和电流分别为 u 和 i，则 dx 右端的电压和电流为 $u + \frac{\partial u}{\partial x} dx$ 和 $i + \frac{\partial i}{\partial x} dx$，根据 KCL，对于节点 b，有

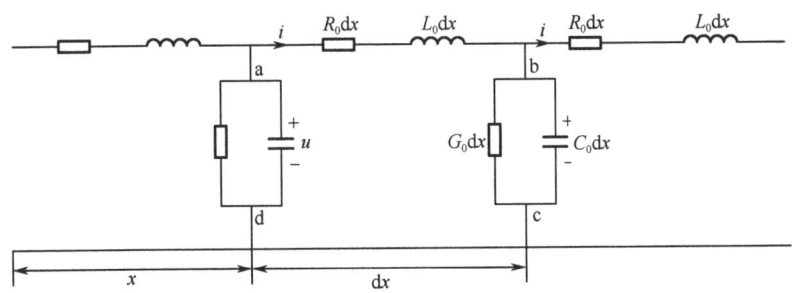

图 12.3 均匀传输线电路模型

$$i - \left(i + \frac{\partial i}{\partial x} dx\right) = G_0 \left(u + \frac{\partial u}{\partial x} dx\right) dx + C_0 \frac{\partial}{\partial t} \left(u + \frac{\partial u}{\partial x} dx\right) dx$$

对回路应用 KVL，则有

$$u - \left(u + \frac{\partial u}{\partial x} dx\right) = R_0 i dx + L_0 \frac{\partial i}{\partial t} dx$$

略去二阶无穷小量并约去 dx 后，得

$$\begin{aligned} -\frac{\partial u}{\partial x} &= R_0 i + L_0 \frac{\partial i}{\partial t} \\ -\frac{\partial i}{\partial x} &= G_0 u + C_0 \frac{\partial u}{\partial t} \end{aligned} \tag{12.1}$$

式（12.1）是均匀传输线方程，它是一组偏微分方程。根据边界条件和初始条件，求出方程的解，就可以得到电压 u 和电流 i，它们是 x 和 t 的函数。可见电压和电流不仅随时间变化，而且随距离变化，这是分布参数电路与集总参数电路的一个显著区别。

12.3 均匀传输线方程的正弦稳态解

在均匀传输线正弦稳态的情况下，可以用相量法分析沿线的电压和电流，于是式（12.1）可以写成

$$\frac{-\mathrm{d}\dot{U}}{\mathrm{d}x} = (R_0 + j\omega L_0)\dot{I} = Z_0 \dot{I} \tag{12.2}$$

$$\frac{-\mathrm{d}\dot{I}}{\mathrm{d}x} = (G_0 + j\omega C_0)\dot{U} = Y_0 \dot{U} \tag{12.3}$$

$\dot{U}$ 和 $\dot{I}$ 均为 x 的函数，$Z_0 = R_0 + j\omega L_0$，$Y_0 = G_0 + j\omega C_0$。将式（12.2）两边对 x 求一次导数，并把式（12.3）代入，得

$$\frac{\mathrm{d}^2 \dot{U}}{\mathrm{d}x^2} = \gamma^2 \dot{U}$$

上式是一个二阶常系数线性微分方程。它的通解是

$$\dot{U} = A_1 \mathrm{e}^{-\gamma x} + A_2 \mathrm{e}^{\gamma x} \tag{12.4}$$

把式（12.4）代入式（12.3），得

$$\dot{I} = \frac{A_1}{Z_C}e^{-\gamma x} - \frac{A_2}{Z_C}e^{\gamma x} \qquad (12.5)$$

其中，$\gamma = \sqrt{Z_0 Y_0} = \sqrt{(R_0 + j\omega L_0)(G_0 + j\omega C_0)}$ 为均匀传输线的传播常数，是无量纲的复数；$Z_C = \sqrt{\frac{Z_0}{Y_0}} = \sqrt{\frac{R + j\omega L_0}{G_0 + j\omega C_0}}$ 称为均匀传输线的特性阻抗或波阻抗，是具有电阻量纲的复数。γ 和 Z_C 用来表征均匀传输线的主要特性。

设均匀传输线的始端电压 $\dot{U}_1$ 和电流 $\dot{I}_1$ 已知，在始端处 $x=0$，由边界条件，得

$$\dot{U}_1 = A_1 + A_2$$

$$\dot{I}_1 = \frac{A_1}{Z_C} - \frac{A_2}{Z_C}$$

从而

$$A_1 = \frac{1}{2}(\dot{U}_1 + Z_C \dot{I}_1)$$

$$A_2 = \frac{1}{2}(\dot{U}_1 - Z_C \dot{I}_1)$$

将 A_1、A_2 代入式（12.4）、式（12.5）中，得到传输线上与始端的距离为 x 处的电压 $\dot{U}$ 和电流 $\dot{I}$ 分别为

$$\begin{aligned} \dot{U} &= \frac{1}{2}(\dot{U}_1 + Z_C \dot{I}_1)e^{-\gamma x} + \frac{1}{2}(\dot{U}_1 - Z_C \dot{I}_1)e^{\gamma x} \\ \dot{I} &= \frac{1}{2}\left(\frac{\dot{U}_1}{Z_C} + \dot{I}_1\right)e^{-\gamma x} - \frac{1}{2}\left(\frac{\dot{U}_1}{Z_C} - \dot{I}_1\right)e^{\gamma x} \end{aligned} \qquad (12.6)$$

利用双曲线函数

$$\text{ch}(\gamma x) = \frac{1}{2}(e^{\gamma x} + e^{-\gamma x})$$

$$\text{sh}(\gamma x) = \frac{1}{2}(e^{\gamma x} - e^{-\gamma x})$$

式（12.6）又可以改写为

$$\begin{aligned} \dot{U} &= \dot{U}_1 \text{ch}(\gamma x) - Z_C \dot{I}_1 \text{sh}(\gamma x) \\ \dot{I} &= \dot{I}_1 \text{ch}(\gamma x) - \frac{\dot{U}_1}{Z_C} \text{sh}(\gamma x) \end{aligned} \qquad (12.7)$$

若设均匀传输线的终端电压 $\dot{U}_2$ 和电流 $\dot{I}_2$ 已知，在终端处 $x'=0$，得到用双曲线函数表示均匀传输线上与终端的距离为 x' 处的电压 $\dot{U}$ 和电流 $\dot{I}$ 分别为

$$\begin{aligned} \dot{U} &= \dot{U}_2 \text{ch}(\gamma x') + Z_C \dot{I}_2 \text{sh}(\gamma x') \\ \dot{I} &= \dot{I}_2 \text{ch}(\gamma x') + \frac{\dot{U}_2}{Z_C} \text{sh}(\gamma x') \end{aligned} \qquad (12.8)$$

【例 12.1】 一高压线长 $l=300\text{km}$，终端接负载，功率为 30MW，功率因数 $\lambda=0.9$（感性），已知传输线的 $Z_0 = 1\underline{/80°}\ \Omega/\text{km}$，$Y_0 = 6.5\times10^{-6}\underline{/90°}\ \text{S/km}$。设负载端电压 $\dot{U}_2 = 115.5\underline{/0°}\ \text{kV}$，求距离传输线始端 200km 处的电压和电流的相量形式。

解：

$$I_2 = \frac{30\times10^6}{115.5\times10^3 \times 0.9} = 288.6\text{A}$$

$$\dot{I}_2 = 288.6\underline{/-25.84°}\ \text{A}$$

$$\gamma = \sqrt{Z_0 Y_0} = 2.55\times10^{-3}\underline{/85°}\ \text{km}^{-1}$$

$$Z_C = \sqrt{\frac{Z_0}{Y_0}} = 392.2\underline{/-5°}\ \Omega$$

距离传输线始端200km即距离传输线终端100km，该处电压和电流的相量形式分别为

$$\dot{U} = \dot{U}_2\text{ch}(100\gamma) + Z_C\dot{I}_2\text{sh}(100\gamma) = 128.3 + \text{j}23.95 = 130.5\underline{/10.5°}\ \text{kV}$$

$$\dot{I} = \dot{I}_2\text{ch}(100\gamma) + \frac{\dot{U}_2}{Z_C}\text{sh}(100\gamma) = 252.9 - \text{j}44.11 = 256.7\underline{/-9.893°}\ \text{A}$$

其中，$100\gamma = 0.255\underline{/85°} = 0.0222 + \text{j}0.254$，$\text{sh}(100\gamma) = 0.252\underline{/85.11°}$，$\text{ch}(100\gamma) = 0.968\underline{/0.33°}$。

下面说明传输线上的电压、电流是怎样波动的。有式（12.4）：

$$\dot{U} = A_1\text{e}^{-\gamma x} + A_2\text{e}^{\gamma x}$$

先将该式中的 $\dot{U}$ 写成

$$\dot{U} = \dot{U}^+ + \dot{U}^- \tag{12.9}$$

其中

$$\dot{U}^+ = A_1\text{e}^{-\gamma x} = \frac{1}{2}(\dot{U}_1 + Z_C\dot{I}_1)\text{e}^{-\gamma x} = |A_1|\text{e}^{\text{j}\varphi_+}\text{e}^{-\gamma x} = U_0^+\text{e}^{\text{j}\varphi_+}\text{e}^{-\gamma x}$$

$$\dot{U}^- = A_2\text{e}^{\gamma x} = \frac{1}{2}(\dot{U}_1 - Z_C\dot{I}_1)\text{e}^{\gamma x} = |A_2|\text{e}^{\text{j}\varphi_-}\text{e}^{\gamma x} = U_0^-\text{e}^{\text{j}\varphi_-}\text{e}^{\gamma x}$$

式中，$U_0^+ = |A_1|$，$U_0^- = |A_2|$。

对于电流有 $\dot{I}^+ = \dfrac{\dot{U}^+}{Z_C}$，$\dot{I}^- = \dfrac{\dot{U}^-}{Z_C}$。由于 $\gamma = \alpha + \text{j}\beta$，式（12.9）可写为

$$\dot{U} = U_0^+\text{e}^{-\alpha x}\text{e}^{\text{j}(\varphi_+ - \beta x)} + U_0^-\text{e}^{\alpha x}\text{e}^{\text{j}(\varphi_- + \beta x)}$$

电压 $\dot{U}$ 的瞬时表达式为

$$u = \sqrt{2}U_0^+\text{e}^{-\alpha x}\cos(\omega t - \beta x + \varphi_+) + \sqrt{2}U_0^-\text{e}^{\alpha x}\cos(\omega t + \beta x + \varphi_-) = u^+ + u^- \tag{12.10}$$

u 可以看成电压分量 u^+ 和 u^- 的叠加。分量 u^+ 为

$$u^+ = \sqrt{2}U_0^+\text{e}^{-\alpha x}\cos(\omega t - \beta x + \varphi_+)$$

它既是时间 t 的函数，又是空间位置 x 的函数。从表达式可以看出，u^+ 沿传输线按照正弦规律变化，其振幅按照指数规律衰减。可见，可以把 u^+ 看成一个随时间增加且向 x 增加方向（即从传输线的始端向终端的方向）运动的衰减波。通常将这种波称为电压入射波、直波或正向行波，如图12.4所示。

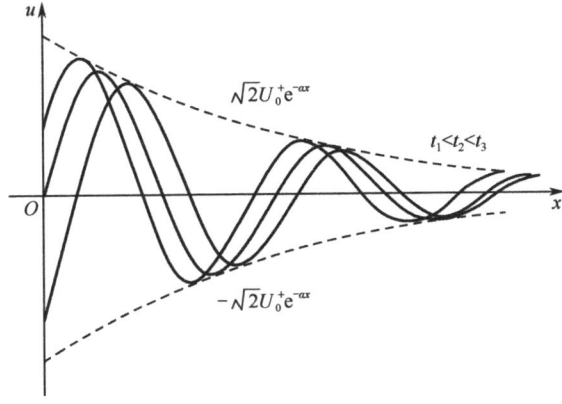

图 12.4 电压入射波

接下来讨论电压入射波 u^+ 传播的速度。

假设 $\alpha = 0$，这时 $u^+ = \sqrt{2}U_0^+ \cos(\omega t - \beta x + \varphi_+)$，此时，$u^+$ 是一个不衰减的正弦波。设 x_1 与 x_2 是由始端到终端传输线上一个周期波长上的两个点（$x_2 > x_1$）。

在 $x = x_1$ 处，有 $u^+(x_1,t) = \sqrt{2}U_0^+ \cos(\omega t - \beta x_1 + \varphi_+)$。

在 $x = x_2$ 处，有 $u^+(x_2,t) = \sqrt{2}U_0^+ \cos(\omega t - \beta x_2 + \varphi_+)$。

相位差为 $(-\beta x_1 + \varphi_+) - (-\beta x_2 + \varphi_+) = \beta(x_2 - x_1) = \beta \Delta x$。

设时间差为 Δt，有 $\omega \Delta t = \beta \Delta x$。

故 u^+ 沿传输线从始端向终端的传播速度 v_φ 为

$$v_\varphi = \lim_{\Delta t \to 0} \frac{\Delta x}{\Delta t} = \frac{\omega}{\beta} \tag{12.11}$$

电压入射波 u^+ 的传播速度 v_φ 也称为相位速度，简称相速。

用同样的方法研究 $u^- = \sqrt{2}U_0^- e^{\alpha x} \cos(\omega t + \beta x + \varphi_-)$。

可知 u^- 也是一种行波，但其传播方向和 u^+ 相反，即 u^- 是沿 x 减少的方向（即从传输线的终端向始端的方向）以相速 v_φ 传播的正弦衰减波。通常把 u^- 称为电压反射波、回波或反向行波。

$u = u^+ + u^-$，所以 u^+ 和 u^- 所取参考方向与 u 的参考方向一致，也就是把传输线的来线方向取为正极。在波的传播方向上，相位差 2π 的两点间的距离称为波长，用 λ 表示。由 $\omega t - \beta(x + \lambda) + \varphi_+ = \omega t - \beta x + \varphi_+ - 2\pi$，得

$$\lambda = \frac{2\pi}{\beta} \tag{12.12}$$

$$v_\varphi = \frac{\omega}{\beta} = \frac{2\pi f}{\beta} = \lambda f = \frac{\lambda}{T} \tag{12.13}$$

电流 i 的瞬时表达式为

$$i = \sqrt{2}\frac{U_0^+}{|Z_C|}e^{-\alpha x}\cos(\omega t - \beta x + \varphi_+ - \theta) - \sqrt{2}\frac{U_0^-}{|Z_C|}e^{\alpha x}\cos(\omega t + \beta x + \varphi_- - \theta) = i^+ + i^- \tag{12.14}$$

其中 $|Z_C|$ 和 θ 为特性阻抗 Z_C 的模和辐角。电流 i 也可以视为两个以相同的相速但以相反方向传播的衰减正弦波，即电流入射波 i^+ 和电流反射波 i^- 叠加的结果。可以看出，对同一方向行进的电压入射波与电流入射波，或是电压反射波与电流反射波，都是随行进方向衰减的行波，且电压波与电流波之间的关系由传输线特性阻抗 Z_C 来决定。

【例 12.2】 有一均匀传输线长 300km，在频率 $f = 50$Hz 时，传播常数 $\gamma = 1.06 \times 10^{-3} \underline{/84.7°}$ km^{-1}，$Z_C = 400 \underline{/-5.3°}\,\Omega$，已知 $\dot{U}_1 = 120\underline{/0°}$ kV，$\dot{I}_1 = 30\underline{/-10°}$ A。求：(1) 行波的相速；(2) 距始端 50km 处的电压、电流入射波和电流反射波的瞬时值表达式。

解：（1）由于 $\gamma = 1.06 \times 10^{-3}\underline{/84.7°}$ km^{-1} ≤ 1km^{-1} = $(0.979 \times 10^{-4} + j1.055 \times 10^{-3})$ km^{-1}，故相速

$$v_\varphi = \frac{\omega}{\beta} = \frac{2\pi \times 50}{1.055 \times 10^{-3}} = 2.98 \times 10^5 \text{km/s}$$

（2）按式（12.6）和式（12.9）求出 $\dot{U}_1^+$ 和 $\dot{U}_1^-$ 为

$$\dot{U}_1^+ = \frac{1}{2}(\dot{U}_1 + Z_C \dot{I}_1) = 65806\underline{/-1.381°}\text{V}$$

$$\dot{U}_1^- = \frac{1}{2}(\dot{U}_1 - Z_C \dot{I}_1) = 54236\underline{/1.673°}\text{V}$$

由式（12.10）得

$$u^+ = \sqrt{2} \times 65806 e^{-0.979 \times 10^{-4} x}\cos(314t - 1.055 \times 10^{-3}x - 1.381°)\text{V}$$

$$u^- = \sqrt{2} \times 54236 e^{0.979 \times 10^{-4} x}\cos(314t + 1.055 \times 10^{-3}x + 1.673°)\text{V}$$

所以在 $x=50\text{km}$ 处，有
$$u^+ = \sqrt{2} \times 65486\cos(314t - 4.405°)\text{V}$$
$$u^- = \sqrt{2} \times 54502\cos(314t + 4.697°)\text{V}$$

根据电压、电流的入射波与反射波之间的关系，可得
$$i^+ = \sqrt{2} \times 163.71\cos(314t + 0.9°)\text{A}$$
$$i^- = \sqrt{2} \times 136.25\cos(314t + 10°)\text{A}$$

当传输线终端的负载阻抗 $Z_2 = Z_C$ 时，电压波、电流波中均没有反射波，因此可以认为反射波是由 $Z_2 \neq Z_C$ 引起的。定义传输线终端的反射系数为该处电压（电流）反射波与电压（电流）入射波相量之比，即

$$n = \frac{\dot{U}_2^-}{\dot{U}_2^+} = \frac{\dot{I}_2^-}{\dot{I}_2^+} = \frac{\dot{U}_2 - Z_C\dot{I}_2}{\dot{U}_2 + Z_C\dot{I}_2} = \frac{Z_2 - Z_C}{Z_2 + Z_C} \tag{12.15}$$

反射系数是一个复数，反映了反射波与入射波在幅值和相位上的差异。当 $n = 0$ 时，不存在反射波，称终端阻抗与传输线阻抗相匹配。

当终端开路时，$Z_2 \to \infty$，$n = 1$；当终端短路时，$Z_2 = 0$，$n = -1$。$|n| = 1$ 时产生全反射，即终端开路或短路都会产生全反射，但相位不同，前者使 $\dot{I}_2 = 0$，后者使 $\dot{U}_2 = 0$，满足了边界条件。

12.4 均匀传输线的原参数和副参数

均匀传输线单位长度的电阻 R_0、电感 L_0、电容 C_0 和电导 G_0 称为它的原参数，传播常数 γ 和特性阻抗 Z_C 称为它的副参数。

如果均匀传输线的电阻 R_0 和导线间的电导 G_0 等于零，这种传输线称为无损耗传输线，简称为无损耗线。

若工作频率较高，$\omega L_0 \gg R_0$，$\omega C_0 \gg G_0$，略去损耗，则均匀传输线也可以视为无损耗线。此时

$$\gamma = \sqrt{Z_0 Y_0} = \sqrt{(j\omega L_0)(j\omega C_0)} = j\omega\sqrt{L_0 C_0} \tag{12.16}$$

$$Z_C = \sqrt{\frac{Z_0}{Y_0}} = \sqrt{\frac{L_0}{C_0}} \tag{12.17}$$

传播常数 γ 的 $\alpha = 0$，$\beta = \omega\sqrt{L_0 C_0}$；特性阻抗 Z_C 是一个纯电阻，与频率无关。

设无损耗线距终端 x 处的电压、电流分别为
$$\dot{U}(x) = \dot{U}_2 \cos(\beta x) + jZ_C \dot{I}_2 \sin(\beta x)$$
$$\dot{I}(x) = \dot{I}_2 \cos(\beta x) + j\frac{\dot{U}_2}{Z_C} \sin(\beta x) \tag{12.18}$$

距终端 x 处的输入端阻抗为

$$Z_i(x) = \frac{\dot{U}(x)}{\dot{I}(x)} = \frac{\dot{U}_2 \cos(\beta x) + jZ_C \dot{I}_2 \sin(\beta x)}{\dot{I}_2 \cos(\beta x) + j\frac{\dot{U}_2}{Z_C}\sin(\beta x)} = \frac{Z_2 \cos(\beta x) + jZ_C \sin(\beta x)}{Z_C \cos(\beta x) + jZ_2 \sin(\beta x)} Z_C$$

其中 $Z_2 = \dfrac{\dot{U}_2}{\dot{I}_2}$ 为终端的负载阻抗。

（1）当终端的负载阻抗与传输线匹配，即 $Z_2 = Z_C$ 时，有
$$\dot{U}(x) = \dot{U}_2 \cos(\beta x) + jZ_C \dot{I}_2 \sin(\beta x) = \dot{U}_2[\cos(\beta x) + j\sin(\beta x)] = \dot{U}_2 e^{j\beta x}$$
$$\dot{I}(x) = \dot{I}_2 e^{j\beta x}$$

$$Z_i(x) = \frac{\dot{U}(x)}{\dot{I}(x)} = Z_C \tag{12.19}$$

传输线上出现的电压、电流是从始端向终端传输的入射波，且无振幅衰减；在相位上，离始端越远，相位越落后，但在同一点上，电压、电流同相位，其振幅比等于Z_C。电压波、电流波将电能从始端无损耗地传递到终端的负载阻抗中，不产生反射。

（2）当终端开路，即$Z_2 \to \infty$，$\dot{I}_2 = 0$时，有

$$\dot{U}(x) = \dot{U}_2 \cos(\beta x)$$

$$\dot{I}(x) = j\frac{\dot{U}_2}{Z_C}\sin(\beta x)$$

$$Z_i(x) = \frac{\dot{U}(x)}{\dot{I}(x)} = -jZ_C \cot(\beta x) = -jZ_C \cot\left(\frac{2\pi}{\lambda}x\right) = jX_{OC} \tag{12.20}$$

（3）当终端短路，即$Z_2 = 0$，$\dot{U}_2 = 0$时，有

$$\dot{U}(x) = jZ_C \dot{I}_2 \sin(\beta x)$$

$$\dot{I}(x) = \dot{I}_2 \cos(\beta x)$$

$$Z_i(x) = \frac{\dot{U}(x)}{\dot{I}(x)} = jZ_C \tan(\beta x) = jZ_C \tan\left(\frac{2\pi}{\lambda}x\right) = jX_{SC} \tag{12.21}$$

上述无损耗线在终端开路或短路时，其输入阻抗具有的特性在高频技术中获得了一定的应用。

【例 12.3】 现有一条长度为 0.0625m、终端开路且 $Z_C = 50\Omega$ 的无损耗线，已知其工作频率为 600MHz，试求其输入阻抗，它相当于什么元件？

解： 根据题意

$$Z_C = 50\Omega, \quad \lambda = \frac{3\times 10^8}{600\times 10^6} = 0.5\text{m}, \quad l = 0.0625\text{m}$$

$$Z_i(x) = -jZ_C \cot\left(\frac{2\pi}{\lambda}x\right) = -j50\Omega$$

它相当于容抗，电容值为

$$C = \frac{1}{50\omega} = 5.305\text{pF}$$

习题 12

12.1 一对架空传输线的原参数是 $L_0 = 2.89\times 10^{-3}$H/km，$C_0 = 3.85\times 10^{-9}$F/km，$R_0 = 0.3\Omega$/km，$G_0 = 0$。试求当工作频率为 50Hz 时，其特性阻抗 Z_C、传播常数 γ、相位速度 v_φ 和波长 λ。

12.2 一个同轴电缆的原参数为 $L_0 = 0.3$mH/km，$C_0 = 0.2\mu$F/km，$R_0 = 7\Omega$/km，$G_0 = 0.5\times 10^{-6}$S/km。试求当工作频率为 800Hz 时，此电缆的特性阻抗 Z_C、传播常数 γ、相位速度 v_φ 和波长 λ。

12.3 均匀传输线的长度 $l = 70.8$km，$R_0 = 1\Omega$/km，$\omega C_0 = 4\times 10^{-4}$S/km，$G_0 = 0$，$L_0 = 0$；在传输线的终端所接的负载阻抗 $Z_2 = Z_C$；终端电压 $U_2 = 3$V。试求传输线始端的电压 U_1 和电流 I_1。

12.4 均匀传输线的长度 $l = 100$m，特性阻抗 $Z_C = 300\Omega$，波长 $\lambda = 1200$m 的正弦波在其终端开路时的终端电压 $U_2 = 10$V。试求传输线始端的电压 U_1 和电流 I_1。

12.5 长度为传输信号波长的 $\frac{1}{6}$ 的一段均匀传输线，其特性阻抗为 400Ω，已知其终端短路时

的始端电压 $U_1 = 5\text{V}$。试求传输线始端电流 I_1 和终端电流 I_2 的有效值。

12.6 一条高压传输线长 300km，原参数 $R_0 = 0.06\Omega/\text{km}$，$L_0 = 1.40\times10^{-3}\text{H/km}$，$C_0 = 9.0\times10^{-9}\text{F/km}$，$G_0 = 3.75\times10^{-8}\text{S/km}$；电源的频率为 50Hz；终端为一个电阻负载，终端的电压为 220kV，电流为 455A。试求传输线始端的电压 $\dot{U}_1$ 和电流 $\dot{I}_1$。

12.7 一条电缆的原参数 $R_0 = 0.00184\Omega/\text{km}$，$L_0 = 0.07\times10^{-6}\text{H/km}$，$C_0 = 0.031\times10^{-9}\text{F/km}$，$G_0 = 0.5\times10^{-9}\text{S/km}$。试求工作频率为 800Hz 时该电缆的特性阻抗。

12.8 无损耗均匀传输线的原参数 $L_0 = 1.3\times10^{-3}\text{H/km}$，$C_0 = 8.6\times10^{-9}\text{F/km}$，欲使该传输线工作在匹配状态，终端应接多大的负载？

部分习题的参考答案

习题 1

1.1 (a) –6V；(b) –10V；(c) 3A；(d) –2A

1.2 3V

1.3 (a) $u = -15000i$；(b) $u = 10^{-2}\dfrac{\mathrm{d}i}{\mathrm{d}t}$；(c) $i = 1.5 \times 10^{-5}\dfrac{\mathrm{d}u}{\mathrm{d}t}$

1.4 (a) P=5W，负载；(b) P=–5mW，电源；(c) P=5W，负载；(d) U=–2V，电源；(e) I=1mA，负载；(f) I=2mA，电源

1.5 (a) 6V；(b) 20Ω；(c) 60V；(d) –2A

1.6 –1V

1.7 (a) $U = U_\mathrm{S} - IR$；(b) $U = U_\mathrm{S} + IR$

1.8 （1）$U = 2\mathrm{V}$；（2）$P_\mathrm{R} = 8\mathrm{W}$，吸收功率；$P_\mathrm{IS} = 4\mathrm{W}$，吸收功率；$P_\mathrm{US} = -12\mathrm{W}$，发出功率

1.9 $u = 50\mathrm{e}^{-100t}\mathrm{V}$

1.10 （1）$i = 20\pi\cos(2\pi)t \mathrm{A}$；（2）$i = 20\mathrm{e}^{-2t}\mathrm{A}$

1.11 （1）略；（2）$7.5 \times 10^{-11}\mathrm{J}$，0

1.12 (a) 0.5V，0.125A；(b) –3A，4A，–4V

1.14 (a) $U = 10 - 10I$；(b) $U = 25 + 10I$；(c) $U = -5 + 5I$

1.15 (a) 5V；(b) –2V；(c) –4V

习题 2

2.1 不可以

2.3 24V

2.4 (a)12Ω；(b)2Ω

2.5 (a)2Ω；(b)5Ω

2.6 (a) 4.45Ω；(b) 0.5Ω；(c)28Ω；(d)6.75kΩ

2.7 (a) $R_\mathrm{ab} = \dfrac{1}{7}R$；(b) $R_\mathrm{ab} = \dfrac{3}{2}R$

2.10 （1）$U = 5\mathrm{V}$；（2）$U_\mathrm{ab} = 150\mathrm{V}$

2.12 –1A

2.13 2A

2.14 $u = 0.75u_\mathrm{S}$

2.15 I=1A

2.16 $u = 6.67\mathrm{V}$

习题 3

3.1 $i_1 = \dfrac{27}{8}\mathrm{A}$；$i_2 = \dfrac{3}{8}\mathrm{A}$；$i_3 = \dfrac{15}{4}\mathrm{A}$

3.2 $i_1 = 1\mathrm{A}$；$i_2 = 0\mathrm{A}$；$i_3 = 2\mathrm{A}$

3.3 i_1=2A

3.4 $i_1 = 1\mathrm{A}$；$i_2 = 0\mathrm{A}$；$i_3 = 2\mathrm{A}$

3.5 $(R_1 + R_2 + R_3)i_1 - R_2 i_2 - R_3 i_\mathrm{S} = u_\mathrm{S1}$
$(R_2 + R_4)i_2 - R_2 i_1 - R_4 i_\mathrm{S} = -u_\mathrm{S2}$

3.6 (a) $4i_1 + 2i_2 + i_3 = -2$; (b) $5i_1 - 3i_2 = -2 + 2i_a$
$5i_2 + 2i_1 = -6$ $5i_2 + 2i_3 = -4$
$3i_3 + i_1 = 6$ $3i_3 + 2i_2 = 2i_a$
$i_a = i_2 + i_3$

3.7 $i_1 = 1A$；$i_2 = 0A$；$i_3 = 2A$

3.9 $\left(\dfrac{1}{R_2+R_3}+\dfrac{1}{R_4}\right)u_{n1} - \dfrac{1}{R_4}u_{n2} = i_{S1} - i_{S5}$

$-\dfrac{1}{R_4}u_{n1} + \left(\dfrac{1}{R_4}+\dfrac{1}{R_6}\right)u_{n2} = \beta i$

$i = \dfrac{u_{n1}}{R_2+R_3}$

3.10 1A

3.11 $u=8$V

3.12 −14V

3.13 $u=16$V，$i=-4$A

3.14 (a) $u_{OC}=25$V，$i_{SC}=5$A，$R_{eq}=5\Omega$；(b) $u_{OC}=1$V，$i_{SC}=\dfrac{3}{4}$A，$R_{eq}=\dfrac{4}{3}\Omega$

3.15 1A

3.16 $u=8$V

3.17 $i=-0.3$A

3.18 $u_{OC}=12$V，$R_L=4$kΩ，$P_{max}=9$mW

3.19 $u_{OC}=36$V，$R_L=12\Omega$，$P_{max}=27$W

3.20 $u_{OC}=12$V，$R_L=6\Omega$，$P_{max}=6$W

3.21 $u=2$V

3.22 （1）$u=2$V；（2）$i_{ab}=0.5$A

习题4

4.5 $u_1 = 220\sqrt{2}\sin(314t+90°)$V；$u_2 = 220\sin(314t-30°)$V；$i=5\sqrt{2}\sin(314t)$A；相量表达式略

4.6 (a) 67.1V；(b) 25V

4.8 $R=45\Omega$，$L=68.95$mH

4.9 $R=100\Omega$，$\dot{I}=2.2e^{j30°}$A

4.10 $\dot{I}=10\sqrt{2}e^{j45°}$A；$\dot{U}_S=100$V

4.11 容性

4.12 $\dot{U}=\sqrt{2}e^{-j45°}$V

4.13 $R=20\Omega$；$X_L=51.2\Omega$；$X_C=6.6\Omega$

4.15 $\dot{U}_{OC}=20\sqrt{2}e^{-45°}$V，$Z=(10+j10)\Omega$

4.16 $\cos\varphi=0.8$，$R=8\Omega$，$L=2$mH

4.17 26.3A；10kVA；8kvar

4.18 $R=10\Omega$；$Q=4$var

习题5

5.1 $\dot{I}_A = 2\sqrt{3}\angle{-30°}$A

5.2 $U_{AB} = 73.3\text{V}$；$U_{BC} = U_{CA} = 194\text{V}$

5.3 $U_{AB} = U_{BC} = 220\text{V}$；$U_{CA} = 380\text{V}$

5.4 （1）$38e^{j64°}\Omega$；（2）能，17.3A，10A，10A

5.5 Y形连接：$I_P = 22\text{A}$，$I_L = 22\text{A}$；△形连接：$I_P = 38\text{A}$，$I_L = 65.8\text{A}$

5.6 电流表的读数分别为5.774A，10A，5.774A

5.7 （1）$I_A = 5.8\text{A}$；$I_B = 10\text{A}$；$I_C = 5.8\text{A}$；
    （2）$I_A = 0\text{A}$；$I_B = I_C = 8.7\text{A}$

5.8 （1）电流表读数为22A，线电压$U_{AB} = 1209.75\text{V}$；（2）略

5.9 （1）Y形连接：$R = 11\Omega$，$X_L = 19\Omega$；（2）△形连接：$R = 33\Omega$，$X_L = 57\Omega$

5.10 $U_{AB} = 332.78\text{V}$，$\lambda' = 0.992$

5.11 54.8A

5.12 （1）10A，20A，26.5A；（2）16.5kW

5.13 （1）$\dot{I}_A = 26.44\underline{/-43.8°}\text{A}$，$\dot{I}_B = 26.44\underline{/-163.8°}\text{A}$，$\dot{I}_C = 26.44\underline{/76.2°}\text{A}$；（2）$P = 12.6\text{kW}$

5.14 $P_1 = 4320\text{W}$，$P_2 = 380\text{W}$，$P = 5322\text{W}$

5.15 $Q = 866\text{var}$

习题6

6.3 $u(t) = \left(5 - \dfrac{10}{\pi}\sin\omega t - \dfrac{10}{2\pi}\sin 2\omega t - \dfrac{10}{3\pi}\sin 3\omega t - \dfrac{10}{4\pi}\sin 4\omega t\right)\text{V}$

  直流分量为15V，基波为$-3.18\sin\omega t$，2次谐波为$-1.59\sin 2\omega t$

6.4 直流分量为10V，基波为$8.11\sin\omega t$，无2次谐波分量

6.5 (a) 有效值为5V，平均值为3.18V；
    (b) 有效值为7.07V，平均值为6.37V

6.6 750W

6.7 60V，80V

6.8 $u_o(t) = [20 + 30.3\sin(\omega t - 72.3°) + 7.4\sin(3\omega t - 83.9°)]\text{V}$

6.9 （1）$i(t) = [10 + 12\sin(314t - 53.1°)]\text{A}$，$I = 13.1\text{A}$；（2）516W

6.10 （1）$R = 10\Omega$，$L = 31.8\text{mH}$，$C = 318.5\mu\text{F}$；（2）$\varphi_{i3} = -99.4°$；（3）515.4W

习题7

7.1 $\dfrac{1}{4}$

7.2 (a) B、C；(b) B、C；(c) 略

7.3 $L = 20\text{H}$，$L' = 8\text{H}$

7.4 $M = 52.86\text{mH}$

7.5 $u(t) = 8\sin(10t)\text{A}$

7.6 $I_1 = 0.28\text{A}$，$I_2 = 0.2\text{A}$，$U_2 = 2\text{V}$，$P = 0.4\text{W}$

7.7 $\dot{U}_{AB} = 30\underline{/0°}\text{V}$

7.9 （1）略；（2）$i_1(t) = i_3(t) = 0.2\sqrt{2}\cos(1000t - 84.29°)\text{A}$，$i_2 = 0\text{A}$

7.10 （1）略；（2）$i_1(t) = i_3(t) = 10\sqrt{2}\cos(10t - 53.1°)\text{A}$

7.11 $\dot{I}_1 = 0\text{A}$，$\dot{U}_2 = 32\underline{/0°}\text{V}$

7.12 $\dot{U}_2 = 4\underline{/36.2°}\text{V}$

7.13 $\dot{I} = \dot{I}_1 = 1.1\underline{/-83.66°}\text{A}$，$\dot{I}_2 = 0\text{A}$

习题 8

8.4 $i(0_+)=-2\text{A}$，$u_\text{L}(0_+)=0\text{V}$

8.5 $u_\text{C}(0_+)=12\text{V}$，$i_\text{C}(0_+)=-3\text{A}$，$i_1(0_+)=6\text{A}$，$i_2(0_+)=3\text{A}$

8.6 $u_\text{C}(0_+)=50\text{V}$；$i_\text{C}(0_+)=-2.5\text{A}$

8.7 $i_\text{L}(0_+)=1\text{A}$；$u_\text{L}(0_+)=15\text{V}$

8.8 $u_\text{C}(t)=75\text{e}^{-6670t}\text{V}$，$t\geq 0$；$i_\text{C}(t)=-50\text{e}^{-6670t}\text{A}$

8.9 （1）$u_\text{C}(t)=25\text{e}^{-10^6 t}\text{V}$，$t\geq 0$；（2）$u_\text{C}(4\mu\text{s})=0.46\text{V}$

8.10 3.72A

8.11 40kV

8.12 $u_\text{C}(t)=12(1-\text{e}^{-100t})\text{V}$，$i_1(t)=(2+1.8\text{e}^{-100t})\text{A}$，$i_2(t)=(2-1.2\text{e}^{-100t})\text{A}$；变化曲线略

8.13 $u_\text{L}(t)=8\text{e}^{-3t}\text{V}$，$t\geq 0$；$i(t)=\dfrac{2}{3}(1-\text{e}^{-3t})\text{A}$，$t\geq 0$

8.14 279kΩ

8.15 （1）5A，5s；（2）123.3V

8.16 $u_\text{C}(t)=8+(4-8)\,\text{e}^{-\frac{t}{\tau}}=8-4\text{e}^{-37.5t}\text{ V}$

8.17 $i_\text{L}(t)=(-2+4\text{e}^{-500t})\text{A}$，$u_\text{L}(t)=-48\text{e}^{-500t}\text{V}$

8.18 $u_\text{C}(t)=36-16\text{e}^{-100t}\text{V}$，$t\geq 0$；$i(t)=2+\text{e}^{-100t}\text{A}$，$t\geq 0$

8.19 $i_\text{L}(t)=2(1-\text{e}^{-0.5t})\text{A}$，$u_\text{C}(t)=2\text{e}^{-2t}\text{V}$，$i(t)=2(1-\text{e}^{-0.5t})+2\text{e}^{-2t}\text{A}$

8.20 $u_\text{C}(t)=U_0\left(1-\text{e}^{-\frac{t}{\tau}}\right)\varepsilon(t)+(U_1-U_0)\left(1-\text{e}^{-\frac{t-t_1}{\tau}}\right)\varepsilon(t-t_1)-U_1\left(1-\text{e}^{-\frac{t-t_2}{\tau}}\right)\varepsilon(t-t_2)$

8.21 $i(t)=4(1-\text{e}^{-100t})\varepsilon(t)\text{A}$，$i_\text{L}(t)=\left(2-\dfrac{8}{3}\text{e}^{-100t}\right)\varepsilon(t)\text{A}$

8.22 $u_\text{C}(t)=1.155\text{e}^{-0.5t}\sin(0.866t+60°)\text{V}$，$i(t)=1.155\text{e}^{-0.5t}\sin(0.866t)\text{A}$

习题 9

9.1 （1）2e^{-5s}；（2）$\dfrac{\alpha}{s(s+\alpha)}$；（3）$\dfrac{1}{s}\text{e}^{-4s}$；（4）$\dfrac{s}{(s+2)^2}$；（5）$\dfrac{2}{s^3}$；（6）$\dfrac{s}{s^2+\omega^2}$

9.2 （1）$\dfrac{s\cos\theta-\omega\sin\theta}{s^2+\omega^2}$；（2）$\dfrac{1}{s}+\dfrac{1}{s+3}$；（3）$\dfrac{s+2}{(s+2)^2+3^2}$；（4）$\dfrac{4(s+1)}{[(s+1)^2+2^2]^2}$；

（5）$\dfrac{2}{s}-\dfrac{2}{s}\text{e}^{-s}$；（6）$\dfrac{s+1}{s^2}\text{e}^{-s}$；（7）$\dfrac{10}{s}\text{e}^{-2s}+3\text{e}^{-s}$；（8）$\dfrac{1}{s^2}+\dfrac{2}{s}+3$

9.3 (a) $\dfrac{6}{s^2}-\dfrac{12}{s^2}\text{e}^{-s}+\dfrac{6}{s^2}\text{e}^{-2s}$；(b) $\dfrac{10}{s^2}-\dfrac{20}{s^2}\text{e}^{-s}+\dfrac{10}{s}\text{e}^{-2s}$

9.4 （1）$\dfrac{3}{8}+\dfrac{1}{4}\text{e}^{-2t}+\dfrac{3}{8}\text{e}^{-4t}$；（2）$f(t)=1+\text{e}^{-2t}-2\text{e}^{-3t}$；

（3）$f(t)=\dfrac{1}{6}+\dfrac{5}{6}\text{e}^{-3t}$；（4）$2\delta(t)-2\text{e}^{-t}+5\text{e}^{-2t}$；

（5）$f(t)=(t^2-t+1)\text{e}^{-t}-\text{e}^{-2t}$ $(t>0)$；（6）$-3\text{e}^{-2t}+6t\text{e}^{-2t}+3\text{e}^{-4t}$；

（7）$f(t)=1.118\text{e}^{-t}\sin(2t+63.4°)$；（8）$\dfrac{1}{2}+\dfrac{\sqrt{2}}{2}\text{e}^{-t}\cos(t-135°)$

9.5 (a) $\dfrac{R_1+R_2+R_1R_2sC}{1+R_2sC}$；(b) $\dfrac{R_1LCs^2+(R_1R_2C+L)s+(R_1+R_2)}{sC(R_1+R_2+sL)}$；(c) $\dfrac{2(s^2+1)}{(s+1)^2}$

9.6 $i(t)=\dfrac{2}{\sqrt{3}}\mathrm{e}^{-\frac{t}{2}}\cos\left(\dfrac{\sqrt{3}}{2}t-90°\right)\mathrm{A}$; $u_L(t)=\dfrac{2}{\sqrt{3}}\mathrm{e}^{-\frac{t}{2}}\cos\left(\dfrac{\sqrt{3}}{2}t+30°\right)\mathrm{V}$;

$u_C(t)=\left[1+\dfrac{2}{\sqrt{3}}\mathrm{e}^{-\frac{t}{2}}\cos\left(\dfrac{\sqrt{3}}{2}t+150°\right)\right]\mathrm{V}$

9.7 $i(t)=-\dfrac{1}{5}\mathrm{e}^{-t}+\sqrt{2}\mathrm{e}^{-3t}\cos(t-81.87°)\mathrm{A}$; $u_C(t)=[2\mathrm{e}^{-t}+2\sqrt{5}\mathrm{e}^{-3t}\cos(t+116.565°)]\mathrm{V}$

9.8 $u_C(t)=2\mathrm{e}^{-2t}+3t\mathrm{e}^{-2t}$ ($t\geqslant 0$)

9.9 $u_C(t)=3(1-\mathrm{e}^{-2t})-6t\mathrm{e}^{-2t}$ ($t\geqslant 0$)

9.10 （1）略；（2）$i_1(t)=\varepsilon(t)\mathrm{A}$ $u_1(t)=-0.5\delta(t)\mathrm{V}$

9.11 $(62.5t+12.5)\mathrm{e}^{-5t}\mathrm{V}$

9.12 （1）略；（2）$i(t)=6\mathrm{e}^{-250000t}\mathrm{A}$, $t\geqslant 0$；（3）$i(2\,\mu\mathrm{s})\approx 3.64\mathrm{A}$

9.13 （1）略；（2）$i(t)=(0.29\mathrm{e}^{-5.6t}-0.036\mathrm{e}^{-44.4t})\mathrm{A}$, $t>0$

9.14 $i(t)=(50+30\mathrm{e}^{-0.4t})\mathrm{A}$; $u_{L_1}(t)=[80\sigma(t)-12\mathrm{e}^{-0.4t}]\mathrm{V}$; $u_{L_2}(t)=[-80\sigma(t)-48\mathrm{e}^{-0.4t}]\mathrm{V}$

9.15 $i_L(t)=(18\mathrm{e}^{-2t}-\mathrm{e}^{-3t})\mathrm{A}$, $t\geqslant 0$

习题 10

10.3 (a) $\boldsymbol{Y}=\begin{bmatrix}\dfrac{1}{\mathrm{j}\omega L} & -\dfrac{1}{\mathrm{j}\omega L}\\ -\dfrac{1}{\mathrm{j}\omega L} & \mathrm{j}\omega C+\dfrac{1}{\mathrm{j}\omega L}\end{bmatrix}$ $\boldsymbol{Z}=\begin{bmatrix}\mathrm{j}\omega L+\dfrac{1}{\mathrm{j}\omega C} & \dfrac{1}{\mathrm{j}\omega C}\\ \dfrac{1}{\mathrm{j}\omega C} & \dfrac{1}{\mathrm{j}\omega C}\end{bmatrix}$;

(b) $\boldsymbol{Y}=\begin{bmatrix}\mathrm{j}\omega C+\dfrac{1}{\mathrm{j}\omega L} & -\dfrac{1}{\mathrm{j}\omega L}\\ -\dfrac{1}{\mathrm{j}\omega L} & \dfrac{1}{\mathrm{j}\omega L}\end{bmatrix}$ $\boldsymbol{Z}=\begin{bmatrix}\dfrac{1}{\mathrm{j}\omega C} & \dfrac{1}{\mathrm{j}\omega C}\\ \dfrac{1}{\mathrm{j}\omega C} & \mathrm{j}\omega L+\dfrac{1}{\mathrm{j}\omega C}\end{bmatrix}$

10.4 20V, 5.6A

10.5 $\boldsymbol{Y}=\begin{bmatrix}\dfrac{3}{2} & -\dfrac{1}{2}\\ -\dfrac{1}{2} & \dfrac{5}{6}\end{bmatrix}\mathrm{S}$ $\boldsymbol{Z}=\begin{bmatrix}\dfrac{5}{6} & \dfrac{1}{2}\\ \dfrac{1}{2} & \dfrac{3}{2}\end{bmatrix}\Omega$

10.6 $\boldsymbol{H}=\begin{bmatrix}2\Omega & 0\\ -2 & 0\mathrm{S}\end{bmatrix}$

10.7 (a) $\boldsymbol{T}=\begin{bmatrix}-1 & 0\\ 0 & -1\end{bmatrix}$; (b) $\boldsymbol{T}=\begin{bmatrix}1 & Z\\ 0 & 1\end{bmatrix}$; (c) $\boldsymbol{T}=\begin{bmatrix}1 & 0\\ Y & 1\end{bmatrix}$

10.8 (a) $Z_{11}=13.125\Omega$, $Z_{12}=-16.875\Omega$, $Z_{21}=1.875\Omega$, $Z_{22}=1.875\Omega$；

(b) $Z_{11}=\dfrac{5}{3}\Omega$, $Z_{12}=\dfrac{2}{9}\Omega$, $Z_{21}=\dfrac{2}{3}\Omega$, $Z_{22}=\dfrac{10}{9}\Omega$

10.9 (a) $Y_{11}=0.9\mathrm{S}$, $Y_{12}=-0.2\mathrm{S}$, $Y_{21}=-0.4\mathrm{S}$, $Y_{22}=0.2\mathrm{S}$；

(b) $Y_{11}=0.25\mathrm{S}$, $Y_{12}=0.025\mathrm{S}$, $Y_{21}=5\mathrm{S}$, $Y_{22}=0.6\mathrm{S}$

10.10 $\boldsymbol{T}=\begin{bmatrix}A & ZA+B\\ C & ZC+D\end{bmatrix}$

10.11　$T = \begin{bmatrix} A & B \\ YA+C & YB+D \end{bmatrix}$

10.12　$Y = \begin{bmatrix} y_{11}+y & y_{12}-y \\ y_{21}-y & y_{22}+y \end{bmatrix}$

10.13　$\dot{I}_1 = \dfrac{5}{3}$A，$\dot{U}_2 = \dfrac{10}{9}$V

10.14　10V

10.15　T 形等效电路：20Ω；40Ω；60Ω
　　　 π 形等效电路：0.0136S；0.0091S；0.0045S

10.16　（1）$H = \begin{bmatrix} 2.2\Omega & 0.6 \\ -0.6 & 0.2S \end{bmatrix}$；（2）P=300W

习题 11

11.4　N=198，$\Phi_m = 2.28 \times 10^{-3}$Wb

11.5　（1）N=300，查磁化曲线，B_m=1.2T 时，H_m=700A/m；（2）I=1A

11.6　40W，140W，0.43

习题 12

12.1　$Z_C = 889.14\underline{/-9.142°}\,\Omega$，$\gamma = 0.1708 \times 10^{-3} + \text{j}1.0617 \times 10^{-3}\,\text{km}^{-1}$，$v_\varphi = 2.958 \times 10^5$km/s，
　　　$\lambda = 5924$km

12.2　$Z_C = 84.39\underline{/-38.9°}\,\Omega$，$\gamma = (53.32 + \text{j}65.99) \times 10^{-3}\,\text{km}^{-1}$，$v_\varphi = 7.617 \times 10^4$km/s，$\lambda = 95.2$km

12.3　U_1=8.164V，I_1=0.1633A

12.4　U_1=8.66V，I_1=16.7mA

12.5　I_1=7.22mA，I_2=14.4mA

12.6　$\dot{U}_1 = 224.1\underline{/15.73°}$kV，$\dot{I}_1 = 470.4\underline{/23.5°}$A

12.7　$Z_C = 109\underline{/-39.5°}\,\Omega$

12.8　$Z_L = 389\Omega$

参考文献

[1] 贺洪江，王振涛. 电路基础[M]. 2 版. 北京：高等教育出版社，2011.
[2] 陈希有. 电路理论教程 [M]. 北京：高等教育出版社，2013.
[3] 邱关源，罗先觉. 电路[M]. 5 版. 北京：高等教育出版社，2006.
[4] 程隆贵. 电路基础[M]. 3 版. 北京：中国电力出版社，2015.
[5] 王玫. 电路原理 [M]. 北京：中国电力出版社，2011.
[6] 李瀚荪. 电路分析基础[M]. 5 版. 北京：高等教育出版社，2017.
[7] 孙玉坤，陈晓平. 电路原理 [M]. 北京：机械工业出版社，2006.
[8] 钱建平. 电路分析[M]. 北京：北京理工大学出版社，2016.
[9] 卢小芬. 电路分析[M]. 北京：中国电力出版社，2011.